언어 현상과 언어학적 분석

언어와 정보사회 학술 총서 03

언어 현상과 언어학적 분석

Language Phenomena and Linguistic Analyses

신승용 · 황화상 · 정한데로 · 정인기 · 전재연
박종언 · M. Barrie · 이정훈 · 강병규

역락

간행사

언어는 자연물로 존재하는 동시에 역사성과 사회성도 띤다. 따라서 언어의 정체를 온전히 밝히려면 자연물로서의 언어를 탐구하는 과학적 자세와 더불어 역사적, 사회적 존재로서의 언어를 이해하기 위한 인문학적, 사회학적 자세도 필요하다. 이러한 관점에서 서강대학교 언어정보연구소는 다양한 활동을 기획, 실행해 오고 있는바, "『언어와 정보사회』 학술총서"는 학술지 『언어와 정보사회』와 상호보완적이며, 특히 짧은 논문에 담기 어려운 긴 호흡과 깊은 통찰을 필요로 하는 연구에 초점을 둔다. 이 총서를 통해 지금까지의 연구가 노정하고 있는 한계를 넘어선 새로운 이해의 지평이 개척되길 기원한다.

서강대학교 언어정보연구소

책머리에

언어 현상은 매우 다양한 동시에 매우 체계적인 성격을 띤다. 이에 따라 언어 연구는 언어 현상을 발굴해서 모으는 작업과 모아진 현상들을 체계적으로 기술하고 설명하는 일을 주축으로 진행된다.

*

언어 연구가 원활히 진행되려면 어떻게 해야 하는가? 여러 언어가 보이는 풍부한 현상을 연구 대상으로 삼아 그 현상들을 이해하는 일을 어느 한 사람이 혼자서 감당할 수는 없는 듯하다. 할 수야 있지만 그런 연구의 결과는 대개 피상적인 수준에 머물기 마련이다. 그래서 피상적인 수준을 탈피해서 언어의 내면을 탐구하려면 여러 사람의 협업이 필요하다.

위와 같은 맥락에서 이 책의 아홉 저자는 한데 모여서 각자가 주로 연구하는 언어와 언어 현상을 토대로 한 권의 책을 꾸미기로 했고, 이제 그 결과를 내 놓는다.

*

언어에서 발견되는 언어 현상은 몇 가지나 되는가? 이 질문에 대해 절대적인 답을 제시하기는 어렵다. 아직까지 모든 언어 현상을 연구의 대상으로 삼았는지 확신하기 어려울 뿐더러 우리의 시야에 포착된 언어 현상들도 견해에 따라서, 또 연구가 진행되면서 여러 현상이 하나의 현상으로 통합되기도 하고, 하나의 현상으로 간주되던 것이 여러 현상으로 재편되기도 하기 때문이다. 이러한 상황은 언뜻 혼란스럽게 느껴진다. 하지만 관찰된 언어 자료를 일정한 기준에 따라 분류한 것이 각각의 언어 현상이며, 분류 기준은 수준과 다양성에서 둘 이상일 수 있다는 점을 고려하면, 위와 같은 상황은 혼란스러움이 아니라 자연스러움과 통한다. 핵심은 발굴되고 연구되는 언어 현상 속에서 혼란이 아니라 다양성을 즐길 수 있는 토대를 갖추고 역량을 기르는 것이다.

*

언어 현상 속에서 혼란이 아니라 다양성을 통찰하려면 어째야 하는가? 당연히 여러 언어 현상을 접해야 하며, 그 현상들을 설명할 수 있는 이론을 구성해야 한다. 특히 이론 구성은 특정 언어 현상을 다루는 동시에 그 언어 현상을 다른 여러 언어 현상과 관련짓는 것을 중시하는바, 이를 통해 혼란이 아니라 다양성 차원에서 여러 언어 현상들을 통합적으로 이해할 수 있게 된다.

*

과연 이 책은 여러 언어 현상을 통할하는 통합적 이해에 도달했는가? 아직은 그렇다고 자신있게 답하기 어렵다. 저자들은 하는 데까지 했으나 독자들의 평가가 남아 있기 때문이다. 이 책이 널리 읽히면서 이해되고 이를 토대로 건설적인 비판의 목소리가 여기저기서 들릴 때 '그렇다'고 답할 수 있을 것이다. 그 날을 고대하며 이제 논의를 시작한다.

2015년 10월 9일

신승용, 황화상, 정한데로, 정인기

전재연, 박종언, M. Barrie, 이정훈, 강병규

차례

교체와 기저형, 그리고 어휘부*

신승용

1. 서론

기저형과 표면형의 대응 개념은 생성음운론에서 본격적으로 등장하였다. 생성음운론 이전인 구조주의 언어학에서는 기저와 표면의 대응 개념이 없었다. 정확히 일치하는 것은 아니겠지만 구조주의 언어학에서는 표면 층위만이 있었다고 할 수 있다. 구조주의 언어학에서 생성음운론의 기저형(underlying form)에 대응되는 것이 기본형(basic form)인데, 기본형은 이형태들 중에서 가장 기본이 되는 형이다. 이형태들 간의 관계에서 기본이 되는 형을 결정하는 것은 표면 층위 내에서의 일이다. 설명의 층위가 표면 층위 하나였던 구조주의 언어학에 비해 생성음운론에서는 기저 층위와 표면 층위라는 두 층위를 상정함으로써 음운 현상을 설명하는 설명력에 있어서 장점을 갖게 되었다. 그러나 설명력을 지나치게 강조함

---

* 이 글은 그동안 필자가 쓴 논문들(신승용 2007, 2013가, 2013나, 2014)에서 글의 주제에 부합하는 내용들을 발췌하고, 여기에 새로운 내용을 추가하면서 보완하여 쓴 것임을 밝혀 둔다.

으로써 표면 층위에 존재하지 않는 소리를 기저 음소로 설정하는 등의 추상적인 설명으로 나아가는 문제점을 노출하기도 하였다.

기저형과 표면형은 촘스키 언어학에서 말하는 언어 능력과 언어 수행과 평행하게 대응된다. 즉 기저형이 언어 능력의 차원이라면, 표면형은 언어 수행의 차원이다. 언어 수행을 통해 언어 능력을 귀납적으로 분석해 내는 것과 평행하게 표면형을 통해 기저형을 분석해 낼 수 있다. 기저형과 표면형이 일치하는 경우도 있지만, 많은 경우 기저형이 그대로 표면형으로 실현되지 않는다. 만일 기저형이 그대로 표면형으로 실현된다면 기저형과 표면형의 대응이라는 개념이 존재할 이유가 없을 것이다.

생성음운론에서 음운 현상을 설명하는 기본적인 절차는 먼저 표면형을 통해 기저형을 찾아내고, 이렇게 찾은 기저형으로부터 표면형에 이르는 과정동안 어떤 규칙들이 적용되었는지를 분석하는 것이다. 그렇기 때문에 기저형을 어떻게 설정하느냐에 따라 동일한 표면형에 대한 설명이 달라질 수도 있다. 이처럼 음운론에서 기저형은 음운 현상을 설명하는 출발점이자 핵심이기도 하다. 기저형이 확립됨으로써 표면형과의 대응을 통해 교체의 내용이 밝혀지게 된다. 하지만 교체의 내용이 공시적인 음운 과정(phonological process)이냐 통시적인 변화의 결과이냐에 따라 다시 기저형이 다르게 설정될 수 있다. 그렇기 때문에 기저형과 교체의 내용에 대한 공시성·통시성 판단은 밀접하게 관련되어 있다. 이 문제는 2장에서 자세히 살펴보게 될 것이다.

기저형은 어휘부에 저장되는 형태이다. 여기에서 기저형과 어휘부의 접면(interface)이 발생한다. 어휘부라고 할 때 그것이 명확히 일치된 개념으로 사용되고 있지는 않은데, 이 글에서 말하는 '어휘부'는 단어 형성부를 포함하지 않는 어휘부 즉, 어휘 저장소로서의 머릿속 사전(mental lexicon)을 말한다.[1] 어휘부에 저장되는 단위가 무엇이냐 하는 문제는 기저형과 어휘부가 직접적으로 관련을 맺게 되는 부분이다. 형태론에서 어휘부에 저장되는 단위가 형태소이냐 단어이냐에 대한 논쟁이 있었는데, 전통적으로 어휘부에 저장되는 최소의 단위는 형태소이고 또한 단어 형성에서 입력의 최소 단위도 형태소이다.[2] 형태론에서 어휘부와 관련하여 논란이 되는 문제는 굴절형의 어휘부 저장 유무이다. Halle(1973)처럼 단어 형성에 굴절형을 포함할 경우에 굴절형도 어휘부에 저장되게 되는데, 이렇게 되면 굴절형 역시 기저형이 될 수도 있다. 그리고 음운론에서는 어휘부에 저장되는 기저형이 단일 형태 즉 단일 기저형이어야 하느냐 복수의 형태인 복수 기저형도 가능하냐 하는 논란이 있다. 여기서 복수기저형의 문제는 활용형의 어휘부 등재와 또 관련을 맺고 있다. 이에 대해서는 3장에서 살펴볼 것이다.

마지막으로 4장에서는 파생어와 합성어 경계에서의 교체의 공시성·통시성 문제를 살펴볼 것이다. 이 역시 기저형이 무엇이냐 하는 문제와 직결되어 있다. 두 구성 요소 'X'와 'Y'가 결합하여 복합어 'XY'가 형성될 때 복합어 경계 'X+Y'에 어떤 교체 α가 적용되어 그 표면형이 [xy]가 되었다고 하자.[3] 이때 그 기저형 즉, 어휘부에 저장되는 형태가

1) 이하에서 사용되는 '어휘부' 역시 마찬가지이다. 이론 어휘부에서 말하는 '어휘부'는 단어 형성부를 포함한 소위 어휘 부분(lexical component)을 가리킬 때가 많은데, 이처럼 '어휘부'라고 할 때는 그 외연이 서로 다르게 사용되기도 한다. '어휘부'의 외연의 차이에 대한 정리는 최형용(2013 : 364-375)을 참조할 수 있다.

2) 단어 기반 형태론(word-based morphology)을 주창한 Aronoff(1976 : 21)에서는 단어 형성에서 입력의 최소 단위를 단어라고 해석하였다. 만일 어휘부의 최소 단위나 단어 형성에서 입력의 최소 단위가 형태소라면 기저형의 최소 단위 역시 형태소가 될 것이고, 그렇지 않고 단어라면 기저형의 최소 단위 역시 단어가 될 것이다.

3) 여기서 복합어(complex word)는 파생어(derivative)와 합성어(compound)의 상위어로 사용한다. Complex word를 compound와 derivative로 나눈 것은 Bauer(1983 : 28-30)를 따른 것이다.

/XY/이냐, /xy/이냐? 이를 결정하는 것은 교체 α가 공시적인 교체이냐 통시적인 교체이냐이다. 이 문제는 다시 파생어나 합성어의 경계가 공시적인 환경이냐 아니냐 하는 문제와 연결된다.

음운론에서 기저형은 교체를 분석하는 출발점이다. 동시에 교체를 분석하는 일은 기저형을 설정하는 작업의 출발점이다. 그리고 교체의 내용이 무엇인지를 분석하는 것 못지 않게, 그 교체가 공시적인 교체인지 아닌지가 기저형을 결정하는 데 직접적인 영향을 준다. 아무튼 기저형을 논의하기 위해서는 필연적으로 교체를 살펴보지 않을 수 없고, 또한 기저형이라는 것이 어휘부에 저장되는 형태라는 점에서 어휘부에 대해서도 살펴보지 않을 수 없다.

2. 교체와 기저형

2.1. 교체의 정의

교체(alternation)는 원래 형태론에서 형태소의 이형태 기술과 관련하여 사용된 용어이다. 이러한 관점에서 교체는 환경에 따른 이형태의 실현 정도로 정리할 수 있다. 형태론에서 교체는 '음운론적으로 조건된 교체 : 형태(론)적으로 조건된 교체', '규칙적 교체 : 불규칙 교체', '자동적 교체 : 비자동적 교체'로 분류해 왔다(Hockett 1958 : 277-283).

교체는 음운론에서도 사용되는 개념이다. 생성음운론에서 교체는 기저형과 표면형의 대응에서 표면형이 기저형과 달라졌을 때를 이르는 개념이다. 기저형의 단위가 형태소와 일치할 때는 형태론에서의 교체와 음운론에서의 교체가 같다고 할 수도 있다. 하지만 기저형이 정확히 형태론에서의 형태소와 일치한다고 확언할 수 없기 때문에, 형태론에서의 교체와 음운론에서의 교체가 정확히 같다고 하기는 어렵다. 이처럼 교체는 원래의 형태 — 형태론에서는 형태소, 음운론에서는 기저형 — 로부터 모종의 변화가 있었음을 전제한다. 형태소(음운론에서는 기저형)는 음소의 연쇄로 이루어져 있으므로 형태소가 변화했다는 것은 필연적으로 형태를 구성하고 있는 음소의 연쇄 중에서 적어도 하나 이상의 음소가 변화했다는 것을 의미한다. 이처럼 교체는 기저형과 표면형이 일치하지 않을 때 적용되는 개념이다. 표면형이 항상 기저형과 같다면 교체는 없다. 형태론의 관점에서 표면형이 기저형과 항상 같다는 말은 어떤 형태가 항상 똑같은 모습으로만 실현된다는 의미이므로 당연히 교체를 운운할 필요가 없다.

구체적으로 교체를 정의한 몇 논의를 살펴보자.

(1)

가. 어떤 형태소가 둘 이상의 음소적 형상(phonemic shape)으로 실현될 때, 그 형상들은 서로 교체의 관계에 있으며, 그 형태소는 교체를 보인다. 각 표상(representation)은 형태이고, 주어진 형태소를 표상하는 모든 형태는 이형태라고 부른다(Hockett 1958 : 272).

나. 하나의 단어가 그 위치하는 음운론적 환경 때문에 발음이 바뀌는데, 이러한 상황을 교체라 하고, 두 발음을 교체형이라고 한다(Spencer 1996 : 49-50).

다. 어휘 형식의 표면에서의 다양한 실현형이 교체형이다. 어휘 표상(lexical representation)이 규칙의 적용에 의해 음성 표상(phonetic representation)으로 실현되는 과정을 도출(derivation), 어휘 표상과 차이가 나는 현상을 교체라고 하고, 그렇게 실현된 음성형을 교체형이라고 한다(Roca and Johnson 1999 : 52-53).

(1가)는 형태론에서의 전형적인 교체의 정의이고, (1나, 다)는 생성음운론에서의 교체의 정의이다. 교체의 대상 단위가 (1가)에서는 형태소, (1나)에서는 단어, (1다)에서는 어휘 형식으로 차이가 있다. 대상의 단위가 형태소, 단어, 어휘 형식 등으로 차이가 나는 것은 이론적 배경의 차이 때문이기도 하고, 교체를 설명하는 분야가 음운론이냐 형태론이냐의 차이 때문이기도 하다.[4] (1가-다)의 교체의 외연 역시 같지는 않다. 예컨대 (1가)의 Hockett(1958 : 272)에서 교체의 예로 든 것은 'sell'과 'sold'이다. 그러나 (1나, 다)의 관점에서 'sell'과 'sold'는 더 이상 교체의 관계가 아니다. 'sell'에 공시적으로 어떤 교체가 적용되어 [sold]가 될 수 없고, 또한 'sold'는 'sell+과거시제'의 융합형으로서 'sell'의 이형태도 아니기 때문에 'sell'과 'sold'는 교체의 관계에 있다고 볼 수 없다. 이처럼 동일하게 '교체'라는 용어를 사용하더라도 그 내포와 외연은 이론적 배경에 따라 서로 다르고, 또한 연구자에 따라서도 약간씩 차이가 있다. 그러나 그럼에도 (1가-다)를 포함한 여러 교체의 정의에서 공통적으로 확인할 수 있는 것은, 교체의 대상이 되는 단위가 무엇이든지간에 교체가 일어났다는 것은 교체가 일어난 시점을 기준으로 교체가 일어나기 전과 후의 형태가 달라졌다는 사실이다.

음운론에서 교체는 (1나, 다)에서 확인할 수 있듯이 기저형으로부터 표면형이 도출되는 과정에서 기저형에 모종의 변화가 생겨 기저형과 다른 표면형이 도출되었을 때 적용되는 개념이다. 기저형에 모종의 변화가

4) 이론적 배경에 따라 용어에 차이가 있고, 음운론과 형태론에서 사용하는 용어도 동일하지 않다. 그렇지만 기본적으로 가리키는 외연은 일정 정도 평행하다. '형태소=어휘 표상=기저형'이 평행한 개념이고, '이형태=변이형=교체형' 역시 평행한 개념이다. '표면형(=음성형=음성 표상)'은 '기저형'에 교체가 적용된 것도 표면형이지만, 기저형이 교체 없이 실현된 경우에도 '표면형'이라고 하므로, '교체형'과 '표면형'은 구분된다.

생기는 것에는 어떤 소리가 다른 소리로 바뀌는 것, 있던 음운이 탈락하는 것, 또는 없던 음운이 첨가되는 것, 음소 배열이 바뀌는 것 등을 포함한다. 즉 교체는 동화, 이화, 탈락, 첨가, 도치 등의 현상을 아우르는 개념이다.

그런데 국어음운론에서 '교체'라는 용어를 'alternation'이 아닌, (2)처럼 'substitution'의 개념으로 사용하기도 한다(이병근·최명옥 1996, 최명옥 2004, 백두현 외 2013 등).

> (2) 교체의 정의
> 형태소와 형태소가 통합하는 경우에, 그 경계에 있는 음운이 다른 음운으로 변동하는 것(이병근·최명옥 1996 : 60-62).

(2)에서 사용된 교체는 'alternation'을 의미하는 것이 아니라 단순히 'substitution'을 의미한다. '교체'를 'substitution'의 개념으로 사용할 경우 '교체'는 첨가, 탈락, 축약 등과 같은 위계에 있는 하나의 현상을 가리키게 된다.

일반적으로 생성음운론에서의 'alternation'의 번역어는 '교체'이다. 'alternation'에 해당하는 개념으로 '교체' 이외의 번역 용어를 찾기도 어렵다.[5] 그렇다면 동일한 용어 '교체'를 (2)처럼 'substitution'의 개념으로 사용하는 것은 적절하지 않다고 하겠다. 이혁화(2002)는 '교체'를 첨가, 탈락, 축약 등의 음운 과정과 같은 위계에 있는 음운 과정으로 사용하는 것은 바람직하지 않다고 하면서, 그 이유로 생성음운론에서 음운 과정의

5) 물론 '교체'와 평행한 개념으로 '변동(variation)'을 사용하기도 하는데, 변동은 'variation'의 번역어이고 'alternation'의 번역어는 아니다.

유형으로 '교체'가 설정된 바 없다고 하였다(이혁화 2002 : 64, 각주 4)). 생성음운론에서 음운 과정의 한 유형으로 교체가 설정된 바가 없는 것은 명확한 사실이다. 왜냐하면 생성음운론에서 교체는 첨가, 탈락, 축약 등의 음운 과정의 상위어이기 때문이다. 이혁화(2002)에서 생성음운론에서 음운 과정의 유형으로 '교체'가 설정된 바 없다고 할 때의 '교체'는 당연히 'alternation'의 의미이다. 그렇기 때문에 당연히 생성음운론에서 교체는 첨가, 탈락, 축약 등의 음운 과정의 한 유형으로 설정될 수 없는 것이다.

Kenstowicz and Kisserberth(1979 : 45-71)에서 교체(alternation)를 설명하면서 예를 든 현상 중에는 동화, 어말무성음화, 탈락 등을 포함하고 있고, Kenstowicz(1994 : 89-114)에서도 교체를 설명하면서, 교체의 예로 자질 변경, 탈락, 첨가 등의 현상을 제시하였다. Spencer(1996 : 45-69)는 음운 과정(phonological process)을 동화, 이화, 강화, 약화, 삽입, 탈락, 융합 등으로 분류하고, 이러한 음운 과정들이 나타나는 현상을 교체로 정의하였다. Spencer(1996)는 교체를 음운 과정과 평행한 개념으로 사용하고 있다는 것을 알 수 있다.

이상의 사실을 통해서 볼 때 국어음운론에서 '교체'를 'alternation'이 아닌 'substitution'의 개념으로 사용하는 것은 적절하지 않다는 것을 알 수 있다. 이러한 이유로 (2)의 정의에 해당하는 현상을 가리키는 용어로 '교체' 대신 '대치'를 사용하기도 한다(배주채 2013, 이진호 2014 등).

생성음운론에서 교체는 당연히 공시적인 음운 과정이다. 그래서 (3가)처럼 공시적인 음운 과정인 교체에 대응하는, 통시적인 변화를 가리킬 때는 변화(change)라고 하여 교체와 구분하였다. 그런데 교체를 (3나)처럼 시간의 개입에 중립적인 개념으로 쓰면서, 시간의 개입 유무에 따라 '공시적 교체', '통시적 교체'로 구분하기도 한다.

(3) 가.

변화 ─ 교체(alternation)(또는 변동(variation))
　　 └ 변화(change)

나.

교체 ─ 공시적 교체
　　 └ 통시적 교체

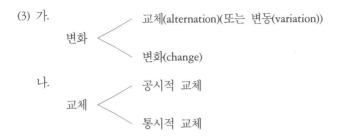

여기서는 (3나)를 따라 공시적 교체, 통시적 교체로 구분한다. x가 교체 전의 형태이고 y가 교체 후의 형태라고 할 때, x와 y의 관계가 공시적 교체인지 통시적 교체인지를 어떻게 구분하는가? 물론 x와 y의 관계에서 x가 기저형이라면 $x \rightarrow y$에 적용된 교체는 공시적인 교체가 될 것이고, x가 선대형이라면 y에 적용된 교체는 통시적인 교체인 $x > y$가 될 것이다. 당연히 전자일 때는 공시적인 음운 기술의 대상이 되겠지만, 후자일 때는 공시적인 음운 기술의 대상일 수 없다. 이처럼 어떠한 교체가 공시적이냐 통시적이냐 하는 문제는 공시 음운론의 외연을 결정하는 매우 중요한 문제이기도 하다.

어떠한 교체가 공시적이냐 통시적이냐 하는 문제와 관련하여 최명옥(1988)의 교체의 정의를 살펴볼 필요가 있다.

(4) 동일 형태음소 또는 형태소에 둘 이상의 이음 또는 이형태가 나타나는 현상으로 국어에서 공시적인 교체는 곡용과 활용으로 한정된다(최명옥 1988 : 66).

최명옥(1988)은 구체음운론을 국어 음운론에 도입하면서 국어의 관점에서 교체를 재해석한 것이라고 할 수 있다. (4)에서는 공시적인 교체를 곡용과 활용으로만 분명히 한정하고 있다. 그렇기 때문에 활용과 곡용이 아닌 환경에서의 교체는 정의에 따라 자동으로 통시적인 교체가 되어 버린다. 즉 (4)의 정의를 그대로 따를 경우 단일 형태소 내부는 물론이거니와 파생어나 합성어 경계에서도 더 이상 공시적인 교체가 있을 수 없다. 다시 말해 단일 형태소 내부는 물론이고 파생어, 합성어 경계에서 나타나는 교체는 모두 단일 형태소, 파생어, 합성어라는 이유만으로 자동적으로 통시적인 교체가 되고 만다. 과연 이것이 현상의 본질과 일치하는 설명인가? 문제는 최명옥(1988)에서 활용과 곡용 외의 다른 환경, 예컨대 파생어나 합성어 경계 같은 환경에서 나타나는 교체가 왜 공시적인 교체가 아닌지에 대해서는 설명이 없다는 점이다. 다시 말해 '공시적인 교체는 곡용과 활용으로 한정된다'는 선언적인 진술만 있을 뿐 그 밖의 환경에서는 왜 공시적인 교체가 없는지에 대한 설명이 없다.

(4)의 정의의 근간이 되는 이론적 배경은 Kiparsky(1968b)의 교체조건(Alternation Condition), 그리고 Vennemann(1971)의 강력자연성조건(Strong Naturalness Condition)이라고 할 수 있다.

(5) 교체 조건(Kiparsky 1968b/1982 : 130-131)

음성적으로 항상 동일한 형태소의 기저형은 표면형이 곧 기저형이다. 음성적으로 구별되는 즉, 교체가 있는 형태소는 교체형 중의 하나가 기저형이다.

(6) 강력 자연성 조건(Vennemann 1971)[6]

가. 교체형이 없는 형태소의 기저형은 음성형과 동일하다.

나. 하나 또는 그 이상의 이형태가 있는 경우, 이형태 중의 하나가 그 음성형으로 어휘부에 등록되고, 다른 것들은 그것으로부터 도출된다.

---

6) Hooper(1976 : 116-117)에서 재인용.

(5), (6)의 조건을 따르게 되면, 결과적으로 표면형으로 나타나지 않는 형태를 기저형으로 설정하기는 어렵다. Kiparsky(1968b)의 핵심은 절대중화를 인정해서는 안 된다는 것이었지만,[7] 나아가 이는 구체음운론의 기반이 되었다고 할 수 있다. 구체음운론이 절대중화를 반대하고 표면에 존재하지 않는 소리를 기저에 설정하는 것을 반대하였지만,[8] 구체음운론의 어디에서도 공시적인 교체를 활용과 곡용으로 한정한다는 진술을 이끌어낼 만한 내용을 찾을 수 없다.

미국을 비롯한 인구어의 경우에는 교착어가 아니기 때문에 교체를 다룰 때 도출 환경(derived environment)이냐 아니냐가 중요한 문제였다. 도출 환경이란 '형태소 결합에 의해서 또는 음운론적 과정의 적용에 의해서 유발된 환경(Kiparsky 1973 : 65)'인데, 기본적으로 도출 환경에서의 교체는 공시적 교체로 다루어 왔다. 그런데 최명옥(1988)에서는 도출 환경이냐 아니냐 하는 문제보다는 체언 어간에 조사가 결합하거나 용언 어간에 어미가 결합하는 환경이냐 그렇지 않은 환경이냐를 공시적 교체이냐 통시적 교체이냐를 결정하는 핵심으로 파악했다고 할 수 있다.

(5), (6)에서 기저형의 단위는 파생어나 합성어를 포함하지 않은, 말 그대로 형태소이다. 다시 말해 파생어나 합성어는 설명의 대상에 포함되어 있지 않다. 그 이유는 파생어나 합성어 경계는 전형적인 도출 환경이고, 도출 환경에서의 교체는 공시적인 설명의 대상이기 때문이다. 하지만 (4)에서는 공시적인 교체를 굴절 경계인 곡용과 활용의 경계로만 제

7) 이후 Kiparsky(1973 : 65)에서 "중화 규칙은 도출 환경에서만 적용된다."는 수정된 교체조건(Revised Alternation Condition)을 제안하게 된다.

8) 절대중화가 기저에 추상 음소의 설정을 가능하게 하는 기제였기 때문에 절대중화를 반대했다는 것과 표면에 존재하지 않는 소리를 기저에 설정하는 것을 반대했다는 것은 별개의 것이 아니라 결국 같은 내용의 다른 표현이라고 할 수도 있을 듯하다.

한함으로써 결과적으로 파생어나 합성어 경계에서의 교체를 공시 음운론의 외연에서 제외시켜 버렸다. 그리하여 결과적으로 국어의 공시 음운론은 활용과 곡용 환경에서만 존재 가능하고, 파생어나 합성어는 모두 통시음운론이 되어 버렸다. 파생어나 합성어가 통시음운론이 되어 버렸다는 얘기는 파생어나 합성어에서의 교체를 모두 어휘부의 짐으로 돌려버렸다는 말이기도 하다.

신승용(2013가)에서 지적했듯이 파생어나 합성어 경계에서의 교체를 언중들의 공시적인 언어 능력이 아니라고 보는 것은 언어적 사실에 부합한다고 볼 수 없다.

(7) 가. 밥맛[밤맏]
나. 잎만[임만]

(7가), (7나)에는 동일하게 중화와 비음동화가 적용되었다. 그런데 합성어인 (7가)에서의 중화와 비음동화는 언중들의 공시적인 언어 능력이 아니고, 곡용인 (7나)에서의 중화와 비음동화는 언중들의 공시적 언어 능력이라고 하는 것이 언어적 사실인가 하는 문제는 다시 한 번 생각해 볼 필요가 있다. 공시적인 교체를 활용과 곡용으로 제한하게 되면 (7가)의 경우 기저형은 표면형 [밤맏]과 동일한 /밤맏/이 되어야 할 것이다. 이것이 과연 언중들의 언어 능력을 그대로 반영한 설명인가? 문제의 핵심은 바로 여기에 있다. 파생어나 합성어 경계에서의 교체를 통시적이라고 선험적으로 규정하기에 앞서 그것이 정말 통시적인지 아닌지에 대한 검증과 논증이 먼저 제시되어야 할 것이다.

교체는 기본적으로 방향성을 내포하고 있다. 이는 변화 역시 마찬가지이다. 김현(2012 : 60)은 Dressler(1985 : 16)의 '교체는 이형태들이 대응을 이루고 있는 상태를 뜻하는 개념으로서 무방향적 또는 양방향적 성격을 띤다.'는 진술을 들어 교체가 무방향적이라고 설명하고 있다.9) 언어 변화나 언어 현상이 항상 체계적이고 규칙적이라고 할 수는 없지만, 상당 부분 체계적인 질서 안에서 규칙적인 양상을 띠고 있다. 교체가 무방향적이라는 것은 이러한 언어 변화나 언어 현상의 체계성 및 규칙성과 배치되는 사고이다.

구조주의 언어학이든 생성언어학이든 실제 지금까지 교체를 언급한 대부분의 논의들에서 교체를 설명할 때 방향성을 내포하고 있다는 것은 쉽게 확인할 수 있다. Bloomfield(1933 : 213)는 교체를 하나의 이형태(basic form)가 있고 그것으로부터 다른 형태들이 규칙에 의해 도출되는 것으로 설명하고 있는데,10) 여기서 '기본형→이형태'라는 방향성을 확인할 수 있다. 생성음운론에서의 교체는 '기저형→표면형'이라는 방향성을 명확히 전제한 개념이다. 경우에 따라서는 '기저형→표면형'의 방향성뿐만 아니라, '표면형→또 다른 표면형'의 방향성도 나타난다.

(8) 가. /낱말/ → [난말]
나. [난말] → [남말]

(8가)의 교체 즉, /낱말/→[난말]에 적용된 교체는 기저형이 표면형으

9) Dressler는 언어학의 다양한 분야에 관심을 가지고 있었던 학자로 정통 음운론자는 아니며, 굳이 음운론과 형태론 중에서 어느 쪽에 더 가깝냐고 한다면 형태론자에 가깝다.

10) 그 예로 'knife[naɪf]'의 복수형 'knifes[naɪvz]'를 들어 설명하고 있는데, 단수형의 말음 [f]가 복수접미사 앞에서 [v]로 대치된다고 말하는 데서 방향성을 설정하고 있음을 분명히 확인할 수 있다.

로 도출되는 과정에서의 교체이다. 반면 (8나)의 교체 즉, [난말]→[남말]은 표면형 [난말]이 입력이 되어 또 다른 표면형 [남말]이 도출되는 교체이다. 이처럼 교체는 기본적으로 방향성이 전제되어 있다. [남말]이 [난말]로 될 수는 없기 때문이다. 언어 보편적으로 양순 자음이 치조 자음으로 위치 동화되는 예는 나타나지 않는다. 이러한 단순한 사실에서도 교체가 방향성을 내포하고 있음을 분명히 확인할 수 있다.

언어 현상이 무질서해 보이지만 그 속에 일정한 질서와 규칙성이 있다는 것을 부정할 수 없다. 교체에 내재된 방향성은 언어에 내재된 일정한 질서와 규칙성을 증명하는 것이기도 하다.

2.2. 교체의 해석과 기저형

기저형은 형태소 또는 단어가 기저 층위에서 가지는 형태이다. 기저형에 대응되는 것이 표면형인데, 표면형은 기저형이 표면 층위에서 나타나는 형태이다. 앞에서 이미 언급한 바 있듯이 기저형은 생성음운론에서 제안된 개념으로 구조주의 음운론에서는 기저 층위가 없고 표면 층위에 해당하는 층위만 있다. 즉 구조주의 음운론에서는 표면 층위에서 '형태음소 층위-음소 층위-음성 층위'의 세 층위를 구분하였다. 형태음소 층위는 형태소를 구성하고 있는 음소를 가리킨다는 점에서 생성음운론의 기저형과 평행한 성격을 띤다. 물리적으로 실현되는 표면형에 대응되는 인식적 실재로서의 기저형이라는 개념의 설정은 생성 음운론에서 확립된 것으로 생성 음운론과 구조주의 음운론을 가르는 중요한 차이이기도 하다.

기저형은 표면형과 일치하는 경우가 많지만, 그렇다고 기저형이 정확히 표면형과 일치하는 것은 아니다. 언어 능력과 언어 수행을 구분한 생성음운론의 관점에서 기저형은 언어 능력에 해당하는 것이고, 그렇기 때문에 기저형은 표면형에 대한 분석을 통해 설정되며 그 자체로 관찰될 수 있는 것이 아니다. 즉 기저형은 표면형에 대한 분석을 통해 설정된, 해석된 실재이다.

기저형과 표면형이 같은, 다시 말해 표면형이 하나의 형태로만 나타나는 경우도 있지만, 많은 경우 기저형은 둘 이상의 표면형들과 관계를 맺고 있다. 예컨대 '강', '바다' 등은 항상 [강], [바다]의 형태로만 나타나기 때문에 그 기저형이 /강/, /바다/라는 것을 아는 데 어려움이 없다. 기저형이 무엇이냐 하는 것이 문제가 되는 것은 표면형이 둘 이상일 때인데, 이때에도 많은 경우 기저형을 설정하는 데 큰 어려움이 없다. 표면형이 둘 이상이라는 것은 교체가 적용되었음을 의미하는데, 표면형들 간의 관계를 분석해서 적용된 교체를 해석해 냄으로써 교체가 일어나기 전의 형태인 기저형을 설정할 수 있기 때문이다.

(9) 가. [입, 임만, 이브로]
나. [먹따, 먹는다, 머그면]

(9가)에서 체언 어간의 표면형으로 [입]과 [임]을 확인할 수 있고, (9나)에서 용언 어간의 표면형으로 [먹]과 [멍]을 확인할 수 있다. 여기서 [임], [멍]이 각각 [입], [먹]에 비음동화가 적용된 결과라는 사실을 분석해 냄으로써 그 기저형이 /입/, /먹-/이라는 것을 알게 된다.

그런데 정작 기저형 설정과 관련하여 어려움을 겪게 되는 것은 분석된 교체가 공시적이냐 아니냐의 해석이다. 이 해석의 결과에 따라 또한 기저형이 달라지게 되기 때문이다. 표면형들 간의 관계에서 교체를 분석해 낼 수 있어도, 그 교체가 공시적인 현상이 아닐 때는, 즉 통시적인 변화의 결과라면 교체가 적용되기 전의 형태가 기저형이 될 수 없다. 공시적인 교체를 적용하는 것은 언중들의 언어 능력이지만, 통시적인 변화의 내용을 언중들이 현재 기억하면서 말한다고 할 수는 없기 때문이다. 즉 통시적인 변화는 언중들의 공시적인 언어 능력일 수 없다.

(10) 가. 암탉[암탁](<암ㅎ+닭)
나. 축협[추켭]
다. 놓고[노코]

(10가-다) 모두 /ㅎ/ 축약이라는 교체가 적용되었다는 것을 분석해 낼 수 있다. 그런데 (10가)의 경우 /암/과 /닭/이 결합해서 [암탁]이 될 수 없다는 사실에서 /암탉/에 적용된 /ㅎ/ 축약은 공시적인 교체일 수 없다. 그렇기 때문에 [암탉]의 기저형은 /ㅎ/ 축약이 적용된 형태인 /암탉/이다. 반면 (10다)에서 /ㅎ/ 축약은 활용의 경계에서 일어난 /ㅎ/ 축약이라는 사실에서 공시적인 교체로 해석하는 데 이견이 없다. 활용형이 어휘부에 저장되어 있다고 하지 않는 한 기본적으로 용언 어간과 어미가 결합하는 것은 공시적인 과정이고, 그 과정에서 나타나는 교체 역시 공시적이다.

문제는 (10나)인데 [추켭]은 물론 '축협'에서 /ㅎ/ 축약이라는 교체가 일어난 형태이다. 그런데 문제는 표면형으로 [축협]은 나타나지 않는다. 따라서 만일 앞서 살펴본 (4)의 정의에 따를 경우 [추켭]에 적용된 /ㅎ/ 축약을 공시적인 교체로 해석할 수 없게 된다. 공시적인 교체로 해석할 수 없다는 것은 [추켭]의 기저형을 /축협/으로 설정할 수 없다는 말이기도 하다.[11] 반면 /ㅎ/ 축약이 일어나는 환경이 도출 환경이라는 사실에서[12] [추켭]에 적용된 /ㅎ/ 축약을 공시적인 교체로 해석할 수도 있다. 이럴 경우 그 기저형은 당연히 /축협/이다.

이처럼 어떠한 교체가 공시적이냐 아니냐 하는 문제는 해당 교체가 적용된 형태의 기저형을 결정하는 데 직접적으로 영향을 미친다. 기저형이라는 것이 선험적으로 존재하는 것이 아니라 표면형에 대한 분석을 통해 설정된, 해석된 실재이다. 그렇기 때문에 필연적으로 교체의 내용에 대한 분석이나 해당 교체가 공시적이냐 통시적이냐에 대한 해석 여하에 따라 기저형이 달라질 수 있는 것이다. 이처럼 교체의 공시성·통시성의 문제는 단순히 교체가 공시적이냐 통시적이냐의 문제뿐만 아니라 기저형을 결정하는 일과 직결되어 있다.

Kiparsky(1968b)와 Hyman(1970)의 추상성 논쟁은 표면에 존재하지 않는 음소를 기저형에 설정할 수 있느냐 없느냐 하는 것이었지만,[13] 여기에 내재된 실질적인 문제는 절대중화라는 교체의 인정 유무였다고 할 수 있다. 즉 절대중화를 인정하느냐 아니냐에 따라 설정되는 기저형이 달라질 수밖에 없다. 또한 어떠한 교체를 공시적이라고 해석하느냐 아니냐에 따라서도 그 기저형의 형태가 달라지게 된다.

---

11) 최명옥(2007)처럼 단어는 형성되는 그 순간 통시적이고 해당 단어에 적용된 교체도 통시적이라고 보게 되면 (10다)의 /ㅎ/ 축약은 통시적이 될 것이다. 그러나 적어도 단어가 형성되는 그 순간에 적용된 /ㅎ/ 축약은 공시적이어야만 할 것이다.

12) 앞서 파생어나 합성어 경계가 전형적인 도출 환경의 하나라고 한 바 있다. '축협'이 합성어이냐 아니냐가 논란이 될 수는 있겠지만, 어찌 되었건 '축'과 '협'의 경계가 도출 환경이라는 사실이 바뀌지는 않을 것이다.

13) 추상성 논쟁이 야기된 단초는 기저형에 대한 *SPE*의 모호한 진술이었다고 할 수 있다. 즉 "기저형은 표면에 나타날 때의 음성의 모습으로 표시할 수도 없고, 또한 음성과는 전혀 상관없는 자의적인 기호로 표시할 수도 없다. 가장 좋은 표시는 이 양 극단 사이의 어느 중간 지점에 해당하는 표시이다(Chomsky and Halle, 1968 : 296)."라고 하였는데, 여기서 '음성과 자의적인 기호 표시 사이의 중간 지점'에 대한 추가적인 언급이나 정의가 없다.

국어학계에서 교체의 공시성・통시성과 관련된 논란의 핵심은 파생어, 합성어 경계에서의 교체에 대한 해석이다. (4)의 최명옥(1988)의 관점에서는 이미 활용과 곡용에서 일어나는 교체만 공시적이라고 선언하였으므로 파생어, 합성어 경계에서의 교체는 통시적이다. 만일 (4)의 관점이 맞다면 현재 국어 사전에 등재된 체언의 상당수는 그 기저형이 잘못 올라 있다고 해야 할 것이다. 합성어, 파생어에는 공시적인 교체가 없다고 하였으므로 그 기저형은 모두 소리나는 대로 표기해야만 할 것이기 때문이다. (4)의 이론적 바탕이 되었던 구체음운론에서도 파생어나 합성어 경계에서의 교체를 통시적이라고 해석한 적은 없다.

기저형이 반드시 표면형 중의 하나이어야 한다는 것 역시 구체음운론의 절대적인 입장은 아니다. 구체음운론에서 실질적으로 강조했던 것은 표면에 존재하지 않는 음소를 기저형에 설정할 수 없다는 것과, 절대중화를 인정하지 않는 것이었다. 절대중화는 표면에 존재하지 않는 음소를 기저형에 설정하는 것을 가능하게 하는 기제였기 때문에 당연히 절대중화를 인정할 수가 없었다. 구체음운론의 입장을 적극적으로 지지했던 Hooper(1976)도 표면형 중에 어느 것도 기저형이 아닌 경우가 있음을 지적한 바 있다.

(11) palauan language[14)]

- [ma-téʔəb] : present middle verb
- [təʔib-l] : future past
- [təʔəb-áll] : pull out

14) Shane(1974 : 300)에서 인용.

이 언어에서 강세를 받지 못하는 모음은 ə로 약화되는 생산적인 교체가[15] 존재하기 때문에, 그 기저형은 /teʔib/로 분석되어야 한다(Hooper 1976 : 117-119). 하지만 [teʔib]라는 표면형은 실재하지 않는다. 이러한 사실은 기저형이 반드시 표면형 중의 하나가 아닐 수도 있음을 말해 준다. 그리고 기저형이 반드시 물리적 실재로서의 표면형 중의 하나가 아니라 표면형에 대한 분석을 통해 설정된, 해석된 실재임을 말해 준다. 이러한 예는 국어 음운론의 기술에서도 나타난다.

(12) 가. [노타, 노코, 노으니, 노으면, 노아라]
나. [걸:꾸, 걸:뜨나, 걸:째, 거르문, 거르니]

(12가)는 '-ㅎ' 말음 어간 /놓-/의 활용인데, 어느 표면형에서도 [놓]이라는 형태를 확인할 수 없다. (12나)는 이익섭(1972 : 102)에서 제시한 강릉방언의 예로 그 기저형을 /걿-/로 설정한 경우인데, 역시 표면형에서 어간 [걿]이라는 형태를 확인할 수 없다. /놓-/의 /ㅎ/과 /걿-/의 /ㆆ/(/ʔ/)은 그 자체로 표면형으로 나타나는 경우가 없다.[16] 그렇기 때문에 [놓]과 [걿]이라는 형태를 표면형에서는 결코 확인할 수 없다. 그럼에도 기저형 /놓-/, /걿-/을 설정하는 것은 활용형에 적용된 교체에 대한 음운론적 분석 및 해석을 통해서이다. 이때의 해석은 표면형에 대한 실증적 분석에 기반한 해석을 말하는 것으로, 추상적 기저형의 설정과는 차원이

15) 여기서 생산적인 교체는 공시적인 교체이다.

16) /ʔ/을 기저형에 설정한 논의들은 많다. 최명옥(1982 : 101-102)에서는 표준어 '줍다'의 경북방언 [주:꼬, 주떠라, 주모]의 기저형으로 /cooʔ-/를, 그리고 최명옥(1985 : 168)에서는 'ㅅ' 불규칙 용언 어간의 기저 말자음으로 /ʔ/을 설정한 바 있다. 그리고 곽충구(1994 : 555)에서는 경북방언의 [흐리, 흘또]의 곡용을 설명하면서 그 기저형을 /hilʔ/로 설정하였다.

다른 문제이다. 어쨌든 기저형 /놓-/, /끊-/은 표면형에 존재하는 형태 중의 하나가 아닌 것만큼은 명백한 사실이다.

기저형이 반드시 표면형 중의 하나가 아닐 수도 있다는 것, 다시 말해 기저형은 결국 표면형에 적용된 교체에 대한 분석 및 해석을 통해 설정된 형태라는 것은 비모음(鼻母音)의 기저형 설정과 관련된 논란을 통해서도 확인할 수 있다.

(13) 아니다[a~i~da], 토깽이[t^hok'ε~i~]

이진호(2001 : 68-76)는 비모음(鼻母音)이 비록 음소는 아니지만, 이들 비모음들을 그대로 기저형에 포함시켜야 한다고 주장하였는데,17) 그 이유는 (13)의 예들이 단어 내부이고 또한 항상 (13)의 형태로 표면형으로 실현되다는 사실을 들었다.18) 이는 기본적으로 활용과 곡용의 경계만을 공시적인 교체로 보는 (4)의 관점에 입각한 해석이라고 할 수 있다. 이에 반해 정작 (4)를 제안한 최명옥(2006 : 214)이나, 정인호(2007 : 157-158)에서는 비모음은 변이음이라는 사실에서 비모음을 기저형에 설정하는 것에 반대한다. 그러면서 /-Vni-/→[-V~i~-], /-VŋV-/→[-V~V~-]라는 변이음 규칙으로 설명하는 것이 타당하다고 설명하고 있다.

이러한 논란은 단어 내부에 적용된 비모음화(鼻母音化)라는 교체—비록 음성 차원에서의 교체이긴 하지만—가 공시적으로 작동된 것인지 아닌

17) 이를 위해 예측되지 않는 분절음은 음소가 아니어도 기저형에 포함할 수 있다는 조건을 세우기도 하였다(이진호 2007 : 149).

18) (13)이 항상 (13)의 형태로만 실현된다는 것은 증명하기 어렵다. [a~i~da]의 경우 항상 [a~i~da]로만 실현된다고 말할 수 없다. 즉 [anida]도 나타난다. 다만 [anida]와 [a~i~da]의 관계를 어떻게 해석하느냐 하는 것은 논쟁이 될 수 있다.

지에 대한 해석의 차이에서 비롯된 것이기도 하다. 그리고 이러한 논란의 존재 자체가 기저형이라는 것이 표면형에 대한 분석을 통해서 해석된 실재임을 증언하는 것이기도 하다.

3. 복수기저형, 굴절형과 어휘부

3.1. 복수기저형 설명 방식의 문제

추상성 논쟁 이후 주류로 등장하게 된 구체음운론이 국어학계에 수용되면서 소위 복수기저형이라는 설명 방식이 제안되었다. 복수기저형을 설정하는 설명 방식은 Kiparsky(1968b/1982 : 119)가 구체성의 극단이라고 표현한 미국 기술언어학의 '형태소의 기저형은 단지 그것의 이형태들의 집합이다.'라는[19] 관점과 상당히 비슷하다고 할 수 있다. 구체음운론의 관점은 Kiparsky(1968b)의 교체 조건, Vennimann(1971)의 강력 자연성 조건을 거쳐 Hooper(1976 : 13)에서 '순수 일반성 조건(True Generalization Condition)'으로 구체화된다. 순수 일반성 조건은 '모든 규칙은 표면형에 대한 투명한 일반화를 나타내야 하고, 또한 표면형들 사이의 관계를 가능한 직접적인 방식으로 나타내어야 한다.'는 것이다. 이는 규칙이 기저형과 표면형을 연결하는 것이라기보다는 표면형들 간의 관계를 연결해 주는 것이어야 한다는 입장이다.

생성음운론의 이러한 흐름은 80년대 들어서 국어 음운론에도 수용된

19) 이를 'item-and arrangement model'로 불렀다.

다. 국어 음운론에서 구체음운론의 관점에서 본격적으로 다루어진 주제는 불규칙 용언의 활용이었다(최명옥 1985, 한영균 1985, 박창원 1986 등). 이들 연구에서는 앞서 추상음운론의 관점에서 불규칙 활용을 하는 용언어간의 기저형에 표면에 존재하지 않는 음소 'β', 'z', 'd'와 같은 소리를 설정한 논의들을 비판하면서, 이들 불규칙 활용에 대한 구체음운론의 관점에서의 대안으로 복수기저형이라는 설명 방식을 제안하였다. '덥다, 더우니'의 이형태 '덥-'과 '더우-'는 과거에 음소로 존재했던 소리 'β'가 모음 앞에서 /w/로, 자음 앞에서 /p/로 변한 것은 사실이다. 하지만 그렇다고 공시적으로 '덥-'과 '더우-'가 기저형 /təβ-/으로부터 도출되었다고 하는 것은 공시적인 언어적 사실에 대한 설명이라기보다는 형식 논리상의 설명을 위한 설명이라고 할 수 있다. 'təβ-'이라는 형태도 이미 소멸되었고, β 역시 공시적인 음운 체계 내에 존재하지 않는데, 그런 어간 및 소리를 현재의 언중들이 인식한다고 하는 것은 추상적이라고 할 수밖에 없는 것이다.

복수기저형을 설정하는 설명 방식에서 복수의 기저형들은 과거의 어느 시점에서는 공시적인 음운 규칙으로 설명되던 관계였을 수 있지만, 현 시점에서는 공시적으로 서로 아무런 관계가 없는 것으로 가정된다. 복수의 형태로 어휘부에 등재되어 있다는 것은 복수의 기저형들이 암기 처리 방식에 의해 표면형에서 선택되는 것이기 때문에 기저형과 표면형 사이에 어떠한 공시적인 교체도 없다는 것을 의미한다. 따라서 복수의 기저형들은 더 이상 공시적인 설명의 대상이 아니게 된다. 그리고 암기 처리 방식이긴 하지만 통사부에서 결합하게 될 어미가 무엇이냐에 따라 암기된 복수의 기저형 중 하나가 선택되어야 하는 부분적 암기 처리 방식이기 때문에 복수의 기저형들에는 각각 표면에서 선택되는 선택 조건이 반드시 병기되어 있어야 한다.

예컨대 'ㅂ' 불규칙 활용을 하는 [덥따, 덥꼬, 더우니, 더워]의 경우를 보자.

(14) /덥-(자음으로 시작하는 어미 앞) ∝ 더우-(모음으로 시작하는 어미 앞)/

(14)에서 보듯이 복수의 기저형 '덥-'과 '더우-'에는 각각 통사부에서 어떤 어미가 올 때 선택된다는 선택 조건이 명시되어 있어야 한다. 이러한 선택 조건은 표면에서 부적격한 활용형이 나타나는 것을 막아 준다. 선택 조건이 함께 명시되어 있지 않을 경우, *[더브니], *[더우고]와 같은 부적격한 표면형의 출현을 막을 수 없다.

복수기저형을 설정하는 설명 방식에서 복수 기저형의 수가 몇 개까지 가능한지 즉, 복수기저형의 개수에 대한 제한을 언급한 논의는 없는 듯하다. 복수기저형이라는 설명 방식 자체가 암기 처리 방식에 가깝다는 점에서 복수기저형의 수에 제한을 둘 이유가 없기도 하다.

(15) [곱다, 고우니, 고우면, 고와서]

(14)와 (15)는 동일한 패러다임의 활용이라고 할 수 있을 것 같지만, '-아/어X'계 어미와의 결합에서 그 양상이 서로 다르다. '-아/어X'계 어미는 현대국어에서도 여전히 모음조화에 관여적인 어미이다. 따라서 어간이 '고우-'라면 이때 결합하는 어미는 '-어서'이어야 한다. 하지만 표면형 [고와서]를 설명하기 위해서는 어간이 '고오-'이어야 한다. '고우-'에 '-아서'가 결합하는 것은 '-아/어서'의 전체적인 결합 양상과 맞지

않기 때문이다. 이러한 사실은 '고와서'를 설명하기 위해서 '고우-'와 또 다른 '고오-'라는 어간을 상정해야 함을 말해 준다. 그래서 (15)에서는 /곱- ∝, 고우- ∝ 고오-/라는 세 개의 복수기저형을 설정하게 된다.

그런데 그럴 경우 (14)와 달리 선택 조건이 상당히 복잡하게 된다. /곱-/의 선택 조건은 '자음으로 시작하는 어미 앞'으로 별 문제가 없다. 하지만 /고우-/의 선택 조건은 ''-아/어X' 어미를 제외한 모음으로 시작하는 어미 앞' 그리고, /고오-/의 선택 조건은 ''-아X' 어미 앞'이 되어야 한다. 음운론적인 정보뿐만 아니라 형태론적인 정보까지 도입된 이러한 복잡한 선택 조건을 머릿속에 저장하여 '고우니', '고와'를 발화한다고 하는 것이 과연 언어적 직관과 일치한다고 할 수 있을까?

사실 선택 조건의 내용은 미래의 일을 예지적으로 살펴 이를 어휘부에 미리 밝혀 둔 것과 다르지 않다. 이러한 설명 방식은 초기 생성음운론에서 잠시 설정되었다가 문법에 과도한 짐을 부과한다는 비판을 받으면서 폐기된 전국규칙(global rule)과 일정 부분 유사하다.20) 전국규칙이 도출의 전 과정을 미리 살펴 중간 도출형에 규칙 적용의 유무를 남겨두는 것이라면, 복수기저형은 복수의 각 기저형에 통사부에서의 굴절형을 미리 살펴 그것을 어휘부에 명시해 둔다는 점에서 차이는 있다. 그렇긴 하지만 선택 조건이라는 것이 통사부에서의 굴절 조건을 미리 어휘부에 기록해 두고, 통사부에서는 이 기록을 보고 어간(또는 어미)을 선택한다는 점에서 선험적으로 미래의 일을 예언해 두는 방식이라는 점에서는 전국규칙과 유사한 면이 있다. 전국규칙이 문법에 과도한 짐을 부과한다면,

20) 전국규칙은 Kenstowicz and Kisserberth(1970)에서 규칙순의 문제를 논의하면서 제안된 것으로 도출의 전 국면을 미리 살펴 규칙이 적용되었다는 구별 자질([+rule n])을 중간 도출형에 남겨두는 설명 방식이다.

복수기저형은 통사부의 활용을 미리 기저형에 표시해 둔다는 점에서 어휘부에 과도한 짐을 부과한다는 비판으로부터 자유로울 수 없다.

복수기저형의 설명 방식의 문제점은 선택 조건이라는 것이 어간과 어미의 결합 조합을 명시해 주는 것이기 때문에 어간의 기저형도 복수이고, 어미의 기저형도 복수일 경우에는 필연적으로 조합에 문제가 생기는 경우가 발생하게 된다. 즉 어간의 선택 조건과 어미의 선택 조건이 충돌하는 경우가 생길 수 있다.

(16) /묻-(자음으로 시작하는 어미 앞) ∝ 물-(모음으로 시작하는 어미 앞)/

(17) /-으니(자음으로 끝난 어간 뒤) ∝ -니(모음으로 끝난 어간 뒤)/

'묻-'의 선택 조건을 따르면 *[묻니]가 도출되어야 하고, '-으니'의 선택 조건을 따르면 [물으니]도 가능하고 *[묻으니]도 가능하다. 즉 선택 조건이 서로 충돌하여 적형의 표면형이 실현되는 것을 보장할 수 없게 된다. 이러한 사실은 복수기저형을 설정하는 설명 방식이 음운 현상에 내재된 원리를 규명하는 것이라기보다는 결과적 사실을 분류하는 성격이 강함을 말해 준다. 그리고 그 결과적 사실을 모두 어휘부에 저장되어 있다고 가정함으로써, 언어 행위를 어휘부에 저장된 정보를 단순히 암기해서 처리하는 것으로 만드는 면도 없지 않다.

복수기저형의 설명 방식은 표면의 활용형에서 어간과 어미를 분석하여 어간을 분리해 낸다는 점에서 분석적 처리 방식이라고 할 수 있다. 그러나 결국은 어휘부에 저장된 복수의 기저형 중 적형의 표면형이 나올 수 있게 하나를 선택하는 것에 지나지 않기 때문에 분석적 처리 방식이라고 보기는 어렵다. 복수의 어간(또는 어미)과 복수의 각 어간(또는 어미)

에 병기된 선택 조건을 암기해서 선택하는 것에 지나지 않는다는 점에서 암기 처리 방식에 더 가깝다고 할 것이다.

불규칙 활용을 설명하는 또 다른 설명 방식은 활용형이 어휘부에 등재되어 있다고 보는 것이다. 이는 (15)처럼 '-아/어X'계 어미와의 결합에서 모음조화를 지키지 않는 /ㅜ/ 말음 어간의 활용형을 설명하기 위해 도입되었다.[21] 활용형 '고와'를 '고오-+-아'로 분리하여 어간 '고오-'를 어휘부에 저장하여 암기 처리한다고 보는 관점이 복수기저형이라면, 활용형 '고와'를 어간과 어미로 분리하지 않고 '고와'를 통째로 어휘부에 저장하여 암기 처리한다고 보는 관점이 활용형의 어휘부 등재이다.

3.2. 활용형은 어휘부에 저장될 수 없는가

불규칙 활용을 하는 어간의 표면형들의 관계를 추상음운론에서처럼 표면에 존재하지 않는 추상적인 음소를 기저에 설정하지 않는 한 공시적인 교체로 타당하게 설명할 수 없는 것은 분명하다. 실제 어간 이형태들의 관계가 공시적인 교체가 적용된 것이 아니라 통시적인 변화의 결과인 예들이 분명 존재한다. 따라서 이를 공시적인 교체로 설명하는 것은 추상성의 문제를 떠나 현상의 본질을 왜곡하는 것이다. 그렇다고 불규칙 활용을 설명할 수 있는 길이 복수기저형을 설정하는 방식만 있는 것은 아니다. 복수기저형은 공시적인 교체로 설명할 수 없는 표면형들의 관계를 설명하는 하나의 중요한 방법론임에는 분명하다. 하지만 그렇다

21) 이러한 활용 양상은 강릉방언(이익섭 1972), 동해안 방언(이병근 1973), 전남 고흥방언(배주채 1991), 전남 구례방언(이승재 1997) 등 다양한 방언권에서 나타나는 것으로 보고되어 있다.

고 불규칙 활용을 설명하는 유일한 방법론은 아니며, 3.1.에서 살펴본 것처럼 여러 가지 문제 또한 안고 있는 설명 방법이다.

통시적인 변화의 결과 어간이 재구조화되었음에도 특정 활용형에서는 재구조화된 어간의 활용이 아닌 이전 시기의 활용형으로 나타나는 경우가 분명 존재한다. 이는 해당 어간이 하나의 단일 어간으로 완전히 재구조화되지 못했다는 말이기도 하다. 이렇게 되면 해당 어간의 전체적인 활용은 불규칙한 양상을 띠게 된다. 이런 경우에는 복수기저형이 아니라 활용형 자체를 어휘부에 등재하는 것이 현상의 본질에 더 부합하는 것으로 보인다.

주지하다시피 교체가 일어나는 단위는 어간 내부일 수도 있지만 많은 경우 어간과 어미가 결합한 활용형이다. 마찬가지로 음운 변화도 어간 내부에서 일어나기도 하지만 어간과 어미가 결합한 활용형에 일어난다. 그 결과 어간이 단일 형태로 재구조화되기도 하지만, 그렇지 않고 서로 다른 변화의 결과를 반영한 활용형이 그대로 계승되기도 한다.

(18) 가. 고ᄫᆞ니 > 고우니
나. 지ᅀᅥ > 지어

즉 활용형 '고ᄫᆞ니'에서 /ᄫ/이 /w/로 변화되면서 활용형 '고우니'가 되었고, 마찬가지로 활용형 '지ᅀᅥ'에 /ᅀ/ > Ø 변화가 일어나 활용형 '지어'가 되었다. '고우니', '지어'에서 언중들이 어간과 어미를 분석해서 어간 따로, 어미 따로 어휘부에 저장하는지, 아니면 음운 변화가 일어난 활용형 '고우니', '지어' 그대로 어휘부에 저장하는지를 증명하는 것은 현실적으로 어렵다. 그러나 음운 변화가 적용된 대상이 어간이 아니라 활용형이라는 사실에서 변화형 자체를 즉, 변화가 적용된 활용형을 다시 분석하지 않고 그대로 어휘부에 저장한다고 보는 것이 더 타당할 수 있다. 왜냐하면 '고와서'를 '고오-+-아서'로 분석한다 하더라도 또 다른 어간 '곱-'과 '고우-'와의 공시적 관련성을 포착해 낼 수 없게 되는데, 그렇다면 활용형을 통째로 저장하는 것이 기억의 편의성이라는 측면에서도 더 낫기 때문이다.

사실 활용형이나 곡용형의 어휘부 등재에 대해서는 국어학계에서 진지하게 논의된 바도 없는 듯하다. 기본적으로 활용과 곡용은 통사부의 과정이고, 통사부가 어휘부에 저장된다고 하는 것은 기억의 부담이 엄청나게 커진다는 문제가 있다. 이러한 이유로 활용형이나 곡용형은 어휘부에 저장하여 암기 처리하는 것보다는 조합에 의해 처리하는 것이 기억의 부담을 덜 뿐만 아니라 경제적임에는 분명하다. 하지만 활용형나 곡용형이라고 해서 언제나 모두 조합에 의해서만 도출된다는 것은 너무 강력한 전제일 수도 있다. 앞서 언급한 것처럼 음운 변화가 활용형에 적용이 된다는 사실을 감안할 때 음운 변화가 적용된 활용형을 다시 어간과 어미로 분석하여 음운 변화가 적용된 새로운 어간을 기억할 수도 있지만, 활용형 전체를 하나의 단위로 기억할 수도 있는 것이다. 이러한 생각은 이미 여러 논의들에서 제기된 바 있다.

Bybee(1985 : 7)는 형태론적 표현 가운데 교체형과 불규칙형, 그리고 보충법 형태들이 존재하는 것은 형태론적으로 복잡한 형태까지도 암기 처리할 수 있기 때문에 가능하다고 보았다. 따라서 모든 연쇄를 작은 부분으로 분절하는 것은 필요치 않으며, 암기 처리는 분석적 처리와 상호작용한다고 보았다. 그리고 형태론에서 암기에 의한 학습과 저장이 필요하다는 것은 의심할 여지가 없으며, 보충법과 불규칙 형태는 암기에 의해 학습될 것이라고 하였다(Bybee 1985 : 112).[22] 여기서 나아가 Bybee(1985 : 114)는 모든 규칙적 굴절 형태는 아니더라도 어떤 규칙적 굴절 형태들은 어휘 표상을 가지고 있다고 하였다.[23] 그 근거로 Provençal어와 스페인어 특정 방언들에서 3인칭 단수 부정 과거 형태들이나 1인칭 단수형들이 다른 부정 과거 형태를 도출해 낼 때 기본형 역할을 한다는 증거를 제시하기도 하였다.

그러면 여기서 말하는 불규칙형에 국어의 불규칙 활용형도 포함될 수 있느냐 하는 문제가 남는다. 복수의 어간을 선택 조건과 함께 어휘부에 등재하지 않는 한, 불규칙 활용형은 어간과 어미의 조합적 규칙에 의해서는 적형의 도출을 보장할 수 없다. 불규칙 어간들이 일반적인 조합 규칙을 따르지 않는다는 것은 이들의 활용형이 암기에 의해 처리되었을 가능성이 있음을 시사한다.

Aronoff and Fudeman(2005 : 53-54)도 굴절형의 어휘부 등재에 대해 언급했는데, 접사가 첨가된 굴절형 says가 어휘부에 등재되어 있어야 한다고 보았다. 그 이유는 says가 "3인칭 단수 현재형을 만들기 위해서는 동사의 기본 어간에 /-z/를 첨가하라"라는 일반 규칙의 예외이기 때문이다. 즉 say[sej]는 긴장모음을 갖지만, says[sɛz]는 이완모음을 갖는다. 그러므로 영어 화자는 say의 3인칭 단수는 영어의 정상적인 규칙을 따르지 않는다는 사실을 기억해야 한다. 다시 말하면, 화자는 이 단어를 자신의 어휘부에 저장해야 한다는 것이다. 영어에서 3인칭 단수 현재형의 실현

22) 그러나 암기 처리에도 제약은 있다. 상대적으로 더 많이 사용되는 항목들만이 암기에 의해 학습되는 경향이 있다. 그 결과 불규칙성은 패러다임 안에서 상대적으로 더 많이 사용되는 어휘 항목이나 형태들에만 남아 있게 될 것이라고 설명하였다(Bybee 1985 : 7).

23) 여기서 어휘 표상을 가지고 있다는 것은 어휘부에 등재되어 있음을 의미한다.

양상은 굴절적인 특성이 아니라 교착적인 특성이다. 이러한 논의가 타당하다면 국어의 불규칙 활용형의 어휘부 등재 역시 다시 한 번 생각해 볼 수 있을 듯하다.

물론 활용형이 어휘부에 등재된다고 해서 활용형의 전면적 어휘부 등재를 말하는 것은 결코 아니다. 여기서 말하는 활용형의 어휘부 등재는 특정 활용형의 제한적 어휘부 등재이다. 국어 형태론에서는 통사부에서의 파생을 인정하고 있다. 예컨대 '목걸이, 줄넘기'류의 단어는 통사부의 VP에 해당하는 'NP+V' 구성의 '목걸-', '줄넘-'에 접사 '-이', '-기'가 결합하여 형성되었다고 보는 것이다.[24] 이는 통사부의 과정 중 어떤 과정은 다시 어휘부로 등재될 수 있다는 것인데, 평행하게 활용 역시 통사부에서의 과정이긴 하지만 일부 활용형은 어휘부로 등재될 수 있다고 보는 것이 특이한 것은 아니다. 활용형의 어휘부 등재를 본격적으로 논의한 경우는 거의 없지만, 활용형도 경우에 따라서는 어휘부에 등재되어 있다고 보아야 한다는 논의들은 있어 왔다(김성규 1989, 김경아 1990, 최전승 1997, 이동석 2002, 이진호 2002, 신승용 2007 등).

활용형도 어휘부에 등재될 수 있다고 보아야 하는 가장 적극적인 증거는 소위 불구동사로 불려온 용언의 활용이다. (19)와 같은 불구동사의 경우에는 언중들이 활용형으로부터 어간을 분석해 내는 것 자체가 어렵다.

(19)[25] 가. 가로되
나. 더불어, 더불지
다. 다가, 다그니

24) 물론 '목걸이', '줄넘기'를 파생어가 아닌 '목+걸이', '줄+넘기'의 합성어로 보는 견해도 있다. 이는 조어론에서의 오래된 논쟁이기도 하다.

25) 이밖에도 '데려/데리고(데리다), 달아(달다)' 등이 추가될 수 있다.

(19)는 여타의 용언 어간들과 달리 활용에 극히 제약을 받는 용언들이다.[26] (19)의 경우 일반적인 용언 어간과 달리 활용이 조합에 의해 만들어지게 되면 오히려 비적격형을 양산하는 결과를 초래한다. 따라서 적어도 불구동사는 일반적인 어간과 평행한 방식으로 즉, 조합에 의한 활용을 해서는 안 된다. (19)의 어간들이 이처럼 특정 어미와만 결합한 형으로 나타난다는 것은 이들 활용형이 조합에 의해서가 아니라, 그 자체로 암기에 의해 사용된다고 보는 것이 타당하다. 즉 어간이 어휘부에 등재되어 있는 것이 아니라 활용형 자체가 어휘부에 등재되어 있다고 보아야 한다.

그러면 (19)에서 활용형이 어휘부에 등재되어 있다고 할 때 어떠한 형식으로 올라 있느냐? 그것은 어간 자체는 어휘부에 등재되어 있지 않고, 활용형만 어휘부에 등재되어 있는 형식이다. 그 양상은 (20)과 같다.

(20) 가. /가로되/
나. /더불어, 더불지/
다. /다가, 다그니/

(20)의 특징은 어간이 어휘부에 등재되지 않고, 활용형만 어휘부에 등재되어 있다는 점이다. 불구동사의 활용이 제약되어 있다는 것과 어간이 어휘부에 등재되어 있지 않다는 것은 서로가 서로를 증명하는 관계가 된다. 즉 어간이 어휘부에 등재되어 있지 않기 때문에 보통의 어간처럼 다른 어미들과 활용의 조합에 참여하지 못하게 됨으로써 활용이 제약되

26) 중세국어에서는 현대국어보다 활용에 제약이 적었다. ‘ᄃᆞ리니(데리니)’, ‘더블오(더불고), 더븐(더불은)’ 등의 활용도 나타난다.

는 것이다. 또한 어간이 어휘부에 등재되어 있지 않기 때문에 비적격형의 활용형이 과잉 생성될 이유도 없게 된다. 이처럼 불구동사의 어휘부 등재 양상을 (20)처럼 상정함으로써 왜 (19)의 어간들이 활용의 일반적인 조합을 거부하고, 활용에 제약을 보이는지에 대한 이유를 설명해 낼 수 있게 된다.

어휘부에 등재되어 있다고 보아야 하는 활용형의 예로 (21)을 추가할 수 있다.

(21) 가. 배우다, 배우고, 배우면, **배와**
나. 나누다, 나누고, 나누면, **나놔**
다. 가꾸다, 가꾸고, 가꾸면, **가꽈**

(21)에서 [배와, 나놔, 가꽈]는 모음조화에 예외적인데, 공통적으로 어간 말음절 모음이 중세국어에서 모두 양성모음 /ㅗ/였던 어간들이다. 즉 (21가-다)의 중세국어 어간 형태는 '배호다', '난호다', '갓고다'였다. 근대국어를 거치면서 어간 말음절 모음이 /ㅜ/로 변화했음에도 불구하고 활용형 [배와, 나놔, 가꽈]는 '-아/어X'계 어미와의 결합에서 어간 말음절 모음이 /ㅗ/였던 시기의 활용형을 보여주고 있는 것이다. 그래서 이를 활용형을 보수적으로 유지하고 있는 예들로 설명하기도 하였다(김성규 1989, 김경아 1990, 최전승 1997 등).

활용형을 보수적으로 유지하고 있다는 설명과 복수기저형을 설정하는 설명은 서로 전혀 성격이 다르다. 복수기저형을 설정하는 방식은 '배와'를 공시적으로 '배오-+-아'로 분석하여 연결어미 '-아/어' 앞에서 쓰이는 어간 /배오-/를 /배우-/와 함께 복수의 기저형으로 인정하는 것이다. 따라서 이에 의하면 활용형 '배와'는 어간 /배오-/와 어미 /-아/가 결합한 공시적인 결합형일 수는 있어도, 이전 시기의 활용형을 보수적으로 유지한 형일 수는 없게 되는 것이다. 다시 말해 '배와'가 이전 시기의 활용형을 보수적으로 유지하고 있는 것이라고 하면서 /배우- ∝ 배오-/의 복수기저형을 설정하는 것은 그 내용상 서로 양립할 수 없다. [배와, 나놔, 가꽈]가 이전 시기의 활용형을 보수적으로 계승한 것이 맞다면, 활용형 [배와], [나놔], [가꽈]는 그대로 어휘부에 저장되어 있어야 한다.

어휘부에 등재되어 있다고 보아야 하는 활용형의 또 다른 예로 (22)를 들 수 있다.

(22) [노라타, 노라코, 노라니, 노라면, 노래]

(22)에서 우선 어간의 이형태 '노랗-'과 '노라'를 분석해 낼 수 있다. 그러나 활용형 [노래]의 경우에는 어간이 무엇인지 분석하기도 쉽지 않다. '노래'를 '노라-'에 종결어미가 결합한 것이라고 한다면, 종결어미 '-아/어'의 이형태로 '-이'를 추가해야 한다. 그럴 경우 이형태 '-이'의 결합 조건에는 형태론적으로 아주 복잡한 정보가 요구된다.

그런데 과연 언중들이 '노래'에서 '노랗-'의 이형태 '노라-'와 종결어미 '-아/어'의 이형태 '-이'를 분석해 낼 수 있을까? 이는 추상적 기저형을 설정하는 것만큼이나 언중들의 인식과 괴리가 존재한다고 할 것이다. 활용형 '노래'는 어간과 어미의 조합에 의해서가 아니라, 활용형을 암기에 의해서 처리한다고 보는 것이 오히려 언어적 사실과 부합한다고 할 것이다.

활용형이 어휘부에 등재된다고 할 때 그러면 어떻게 등재되는가 하는 것은 또 다른 논란이 될 수 있다. 기본적으로 어간과 어미가 결합하는 활용은 통사부의 과정으로서 암기가 아니라 조합에 의해 처리되므로 어휘부에는 어간만 등재되는 것이 타당할 것이나, 특정 활용형은 조합이 아니라 암기 처리되는 방식이 되어야 할 것이다. 하나의 시론으로서 제안을 하면 (23)과 같은 방식이 아닐까 한다.

(23) /노랗- :: 노라니, 노라면, 노래, 노란, 노랄 ……/

(24) [노라니까, 노라면서, 노래서, 노래라 ……]

즉 [노라타, 노라코, 노라케, 노라치] 등은 어휘부에 저장된 어간 '노랗-'의 조합에 의해 처리될 것이고, '노라니, 노라면, 노래, 노란, 노랄' 등은 활용형 그대로 어휘부에 저장되어 암기 처리되는 방식이다. 공시적으로 어간 '노랗-'의 조합으로 예측되지 않는 표면형의 목록을 처음부터 모두 어휘부에 저장하고 있을 수는 없다. 언어 사용 과정에서 그러한 활용형이 등장할 때 화자의 어휘부에 새로이 활용형이 저장될 것이기 때문에 공시적인 조합으로 예측되지 않는 활용형의 어휘부 등재는 진행형일 수밖에 없다. (23)에서 '……'으로 처리한 것은 바로 이러한 의미에서이다.

그렇다고 /노랗-/의 조합으로 설명할 수 없는 모든 활용형이 어휘부에 저장된다고 하는 것은 아니다. 즉 (24)의 활용형들은 (23)에 저장된 활용형 '노라니', '노라면', '노래'가 어간처럼 활용의 조합에 참여하여 형성된다. 즉 '노라니까, 노라면서'는 어휘부에 저장된 활용형 '노라니'와 '노라면'이 또 다른 활용의 조합에 참여하여 형성된 것으로 설명할 수 있다. 굴절형이 또 다른 굴절의 어간처럼 행동할 수 있다는 것은 앞서 Bybee(1985)의 설명에서 언급한 바 있다.

이처럼 불규칙한 활용형이라고 해서 모두 어휘부에 등재되는 것이 아니라, 불규칙한 활용형 가운데서 일부가 어휘부에 등재된다. 그리고 이렇게 어휘부에 등재된 활용형은 다시 더 큰 단위의 활용의 조합에 참여함으로써 기억의 부담도 현저하게 줄어들게 된다.

활용형의 어휘부 등재와 관련하여 몇 가지 예들을 더 살펴보자.

(25) 가. 이르다, 이르고, 이르지, 이르니, 이르면, **이르러**
나. 알다, 알고, 알지, 알면, 아니, **아오**, **아오며**, **아오니**, **아마**
다. 오다, 오고, 오지, 오니, 오면, **오너라**

(25)는 특정 어미와의 결합에서 불규칙한 현상을 보이는 예들이다. (25가)는 전통적으로 '러' 불규칙으로 불려졌던 예인데, 복수기저형을 설정하는 입장에서는 /이르- ∝ 이를-/로 그 기저형을 설정해 왔다.[27] (25나)는 원래 '아ᅀᆞ(알+ᅀᆞ),[28] 아ᅀᆞ오며(알+ᄉᆞᆸ+ᄋᆞ며), 아ᅀᆞ오니(알+ᄉᆞᆸ+ᄋᆞ니)'처럼 /ᅀ/ 앞에서 적용되던 /ㄹ/ 탈락이었지만(이병근 1981 : 239), /ᅀ/ > ø 변화에 의해 불규칙 활용 양상을 보이는 예이다.[29] (25다)는 소위 형태론적으로 조건된 이형태로 불려 온 예이다.

(25가)의 '이르러'는 '-아/어X'계 어미 앞에서만 나타나는 형인데, 복수기저형을 설정할 경우 /이르-/와 함께 /이를-(-아/어X계 어미 앞)/을 복수의 기저형으로 설정하게 된다. 그런데 그 내용을 들여다보면 결국 어

27) 어간 '이르-'가 '이를- > 이르-'의 변화를 겪은 것으로 본다면 '이르러'는 이전 시기의 활용형을 보수적으로 유지하고 있는 형으로 해석될 수 있다.

28) '-ᅀᆞ'는 '-ᄉᆞᆸ-'의 변이형인 '-ᅀᆞ오-'에서 변화한 것으로 추정된다(허웅 1999 : 172).

29) '아오, 아오며, 아오니, 아마'의 /ㄹ/ 탈락을 '아니, 아시니'의 /ㄹ/ 탈락과 평행하게 다룰 수는 없다.

간 /이를-/과 여기에 부가된 '-아/어X계 어미 앞'이라는 선택 조건을 암기하는 것에 지나지 않는다. 활용형 '이르러'가 어휘부에 등재되어 있다고 보는 것은 언중들이 '이르러'를 분석하지 않고 그 자체로 암기하여 처리한다는 것이다. 반면 복수기저형을 설정하는 것은 언중들이 '이르러'를 분석하여 분석된 어간 '이를-'과 '이를-'이 나타나는 조건 환경 '-아/어X계 어미 앞'을 함께 암기한다고 보는 것이다. 어느 것이 언어적 사실에 가까운 설명인가? 이는 사실 쉽게 판단할 수 없는 문제이다. 그렇지만 똑같이 암기에 의한 처리라면 단순한 방식이 선호될 것이다. 그렇다면 당연히 활용형을 그대로 암기하는 것이 활용형을 어간과 어미로 쪼갠 후 해당 어간이 실현되는 환경까지 암기하는 것에 비해 훨씬 더 단순하다. 즉 전자가 후자에 비해 훨씬 더 간결하고 또 언어적 직관에 더 가깝다. 활용형 '이르러'가 어휘부에 등재된다고 한다면, '이르러서, 이르렀다, 이르렀고'와 같은 활용형은 어휘부에 저장된 활용형 '이르러'가 다시 조합에 참여함으로써 만들어지므로, 이들은 어휘부에 저장될 필요가 없다.

(25나)의 경우 이를 복수기저형으로 처리한다면 /아-(하오체 어미 '-오X' 앞, '-으마' 앞) ~ 알-(그 밖의 환경)/과 같이 그 기저형을 설정하게 된다.[30] 하지만 이진호(2002 : 169)에서도 지적되었듯이 어간 '아-'의 선택 조건의 환경 '하오체 어미 '-오X' 앞', '-으마' 앞' 간에는 아무런 공통적인 속성이 없다. 이러한 이유로 이진호(2002)에서는 '아오, 아오니, 아오며, 아마'의 활용형 자체를 어휘부에 등재하는 방식을 제안하였다. 그런데 이

30) [아니, 아시고]에서 분석되는 '아-'는 어간 '알-'로부터 공시적인 /ㄹ/ 탈락 규칙으로 설명할 수 있으므로 '아-'의 선택 조건에 명시될 필요가 없다.

글에서는 이들 활용형 모두가 어휘부에 등재되는 것이 아니라, 이들 가운데서 '아오'와 '아마'만이 어휘부에 등재된다고 본다는 점에서 이진호(2002)와는 다르다. 나머지 '아오니, 아오며' 및 '아오시니, 아오시며, 아오시면' 등과 같은 활용형은 어휘부에 등재되는 것이 아니라, 어휘부에 등재된 활용형 '아오'가 어간처럼 또 다른 활용에 참여하여 만들어진다.

따라서 (25가~다)가 어휘부에 저장되는 방식은 (26)과 같다.

(26) 가. /이르- :: 이르러/
나. /알- :: 아오, 아마/
다. /오- :: 오너라/

즉 불규칙 활용형을 사용할 때는 암기 처리하고, 여타의 활용은 조합에 의해 처리하는 방식이다. 그리고 어휘부에 저장된 활용형도 다시 새로운 조합에 참여하는 방식이다. '*이르어', '*알으오'와 같은 활용형이 만들어지지 않는 것은 이미 어휘부에 저장된 활용형 '이르러', '아오'에 의해 차단되기 때문이다. 즉 조합에 의한 처리 방식에 앞서 암기에 의한 처리가 먼저 적용됨으로써 비적격형의 조합을 차단하게 된다.

특히 (25다)의 경우 활용형 '오너라'가 어휘부에 등재되어 있다고 봄으로써 문법 기술이 훨씬 간명해지는 효과를 얻을 수 있다. '-너라'는 동사 '오-'와만 결합하는 유일 형태소 같은 것인데, 활용형 '오너라'를 어휘부에 등재함으로써 명령형 어미의 이형태 하나를 줄일 수 있다. 이는 단순히 산술적인 감소의 의미만 있는 것이 아니다. 기왕의 방식에서는 '오다'가 어휘부에 등재될 때 명령형 어미는 '-너라'와 결합해야 한다는 정보가 명시되어 있어야 하고, 또한 '-너라'에도 '오다'와만 결합해야 한다는 정보가 어휘부에 명시되어 있어야 한다. 그러나 활용형 '오너라'를 어휘부에 등재함으로써 이러한 것들이 모두 필요 없어지는 이점이 있다.

4. 단어 형성에서의 교체의 공시성·통시성과 어휘부

4.1. 복합어 경계에서의 교체와 기저형

'X+Y'의 복합어가 형성될 때 음운 규칙의 적용 환경이 충족되면 필연적으로 공시적으로 존재하는 음운 규칙이 적용된다. 이렇게 새로 형성된 단어가 어휘부에 저장될 때 단어 형성 과정에서 음운 규칙이 적용된 형태로 저장되느냐, 아니면 음운 규칙이 적용되기 전의 형태로 저장되느냐? 다시 말해 복합어를 이루는 두 요소 'X+Y'가 결합하여 음운 규칙이 적용된 표면형 [xy]가 도출될 때,[31] 해당 단어의 기저형이 /XY/이냐 아니면 /xy/이냐 하는 것이다. 기저형은 곧 어휘부에 저장되는 형태이므로 기저형과 어휘부 저장 형태는 같다고 해도 무방하리라 본다. 앞서 (4)의 관점에 입각하게 되면 복합어 내부는 정의상 활용과 곡용이 아니므로 공시적인 교체를 상정할 수 없게 되고, 그렇기 때문에 그 기저형은 교체가 적용된 /xy/로 상정하게 될 것이다. 반면 파생어나 합성어의 경계는 굴절 경계와 마찬가지로 전형적인 도출 환경이라는 사실에서 파생어나 합성어 경계에서의 교체를 공시적인 교체로 해석하게 되면, 그 기저형은 당연히 /XY/가 될 것이다.

---

31) 단어 형성 과정에서 적용된 교체는 적어도 단어가 형성될 당시에는 당연히 공시적인 교체이므로 공시적인 도출이다.

(27) 가. 국+밥, 낟+개, 집+구석
　　나. 국+물, 낟+말, 앞+머리

(27´) 가. [국빱], [낟깨], [집꾸석]
　　나. [궁물], [난말], [암머리]

(27)의 단어가 최초로 형성될 당시에 표면형은 의심의 여지 없이 교체가 적용된 (27´)였을 것이다. 그리고 현대국어에서 이들의 표면형 역시 (27´)이다. 그런데 논란이 되는 것은 표면형 (27´)의 기저형이 (28)이냐 (28´)이냐 하는 것이다.

(28) 가. /국밥/, /낟개/, /집구석/
　　나. /국물/, /낟말/, /앞머리/

(28´) 가. /국빱/, /낟깨/, /집꾸석/
　　나. /궁물/, /난말/, /암머리/

신승용(2011 : 47-48)에서 지적한 바 있듯이 복합어 내부 교체를 통시적으로 해석하는 입장에서는 (27´)의 기저형이 표면형과 동일한 (28´)가 되어야 한다. 반면 복합어 경계에서의 교체를 공시적인 것으로 해석하는 입장에서 (27´)의 기저형은 (28)이 될 것이다. (28)을 기저형으로 보는 관점은 (27´)에 적용된 '음절말 불파파에 이은 경음화', '비음동화'를 공시적인 교체로 해석하는 것이고, (28´)를 기저형으로 보는 관점은 이를 공시적인 교체가 아니라 과거 단어가 형성되던 그 당시에 적용되었던 통시적인 교체로 해석하는 것이다.

단어 형성이 통시적인 사건이므로 단어 형성시 적용된 교체도 통시적이라고 한다면(송원용 2002, 최명옥 2007 등), 복합어는 더 이상 공시 음운론의 대상이 될 수 없다. 최명옥(2007 : 36)은 '어휘부에 등록된 단어들을 포함하여 현재 사용되는 모든 파생어와 합성어는 과거에 형성된 것이고, 새롭게 만들어지는 단어는 그것이 만들어지는 순간에 역사적인 산물로 되는 것이다.'고 하여 단어 형성이 통시적이라고 하면서, 또한 단어 형성 과정에서 적용된 교체 역시도 통시적인 것으로 해석하였다. 이러한 관점에 서게 되면 복합어는 모두 단어 형성시 교체가 적용된 형태로 어휘부에 등재될 것이므로 기저형과 표면형이 다른 경우가 존재할 수 없다. 그리고 그렇기 때문에 복합어 내부에서는 공시적인 교체를 아예 상정할 수 없게 된다.

하지만 이런 관점을 취하게 되면 동일한 교체가 그것이 적용된 대상이 무엇이냐에 따라 즉, 복합어 경계이냐 굴절 경계이냐 같은 형태·통사론적인 정보에 따라 성격이 완전히 달라지게 된다. (29가, 나)는 (27´가, 나)에 적용된 것과 동일한 교체 즉, '음절말 불파화에 이은 경음화', '비음동화'가 적용되었다. (27´)와 차이라면 단지 교체가 적용된 대상이 (27´)가 복합어 경계인데 반해 (29)는 활용의 경계라는 점이다.

(29) 가. 먹다[먹따], 입지[입찌], 닫고[닫꼬]
나. 먹는[멍는], 입는[임는], 닫는[단는]

(29)는 활용이라는 사실에서 여기에 적용된 음절말 불파화에 이은 경음화, 비음동화가 공시적인 음운 과정이라는 데에는 이견이 없다. 활용은 통사적 과정이고, 기본적으로 통사적 과정은 3.2.에서 살펴보았던 특별한 경우를 제외하면 공시적인 과정이기 때문이다.

(27´)와 (29)에는 정확히 동일한 교체가 적용되었다. 그럼에도 (29)에 적용된 교체는 공시적이고, (27´)에 적용된 교체는 통시적이라고 해석하는 입장에서의 근거는 무엇인가? 그것은 (27´)는 복합어 내부이고 (29)는 굴절이라는 것 외에는 다른 이유가 없다. 다시 말해 (27´)에 적용된 교체가 통시적이라는 어떠한 직접적인 증거도 제시되지 않았다. (27´)에 적용된 교체가 통시적이라고 하기 위해서는 복합어에는 공시적인 교체가 존재하지 않는다는 전제가 먼저 증명되어야 한다. 그렇지 않은 상태에서 (27´)에 적용된 교체가 통시적이라고 하는 것은 단지 선험적인 결론 이상도 이하도 아니며, 따라서 (27´)의 기저형이 (28´)라는 것도 전혀 증명되지 않은 하나의 주장일 뿐이라고 할 것이다.

(27´)의 기저형과 관련하여 형태와 발음이 각각 따로 어휘부에 저장된다는 해석이 있을 수 있다. 즉 (27´)가 어휘부에 저장될 때, 형태는 /국물/로 저장되면서 이 형태의 발음이 [궁물]이라는 정보도 동시에 저장된다고 보는 것이다. 이 역시 가능한 해석이긴 하지만, 그러기 위해서는 마찬가지로 /국물/에 적용된 비음동화가 통시적이라는 사실이 먼저 구명되어야 한다. /국물/→[궁물]에 적용된 비음동화가 화자의 공시적인 언어능력이라면 굳이 발음 정보를 어휘부에 저장할 필요가 없을 것이기 때문이다. 그리고 이러한 설명은 복합어 경계에서의 교체를 통시적이라고 보는 입장과도 차이가 있다. 복합어 내부 교체를 통시적으로 보는 입장에서는 기저형이 /국물/이 아니라 이미 표면형 [궁물]과 같은 형태인 /궁물/이어야 하기 때문이다. 따라서 기저형은 /국물/로, 발음 정보는 [궁물]로 어휘부에 저장된다는 식의 설명은 이것도 저것도 아닌 어정쩡한 설명이 되고 만다.

음절말 불파화에 이은 경음화, 비음동화는 현대국어의 표면음성제약에 의해 야기되는 소위, 자동적 교체라고 불려왔던 현상들이다.[32] 표면음성제약은 그 정의상 공시적인 제약이기 때문에 절대로 통시적인 사건일 수 없다. 그런데도 표면음성제약이 굴절에서만 공시적으로 작동하고 복합어 내부에서는 공시적으로 작동하지 않는다고 하는 것은 논리적으로 맞지 않다. 음절말 불파화에 이은 경음화, 비음동화가 현대국어의 표면음성제약에 따른 현상이 맞다면, (27´)의 복합어 경계에서 적용된 음절말 불파화에 이은 경음화, 비음동화 역시 (29)의 굴절경계에서와 마찬가지로 공시적인 음운 과정이어야 한다.[33] 원인이 동일한 현상을 형태·통사론적인 정보에 기대어 다르게 해석하는 것은 본말이 전도된 것이라고 할 것이다.

이 문제와 관련하여 또 다른 예를 살펴보자.

(30) 가. 젖병[젇뼝~접뼝], 옷걸이[옫꺼리~옥꺼리], 밥그릇[밥끄른~박끄른]
나. 신발[신발~심발], 논길[논낄~농낄], 밤길[밤낄~방낄]

(31)[34] 가. 닫고[닫꼬~닥꼬], 집고[집꼬~직꼬]
나. 안고[안꼬~앙꼬], 감고[감꼬~강꼬]

(30)과 (31)은 위치동화의 예이다. (30)은 복합어 경계에서 일어난 것이고, (31)은 굴절 경계에서 일어난 것이다. 그런데 복합어 내부에서의

32) 표면음성제약은 Shibatani(1973)에 의해 제안되었다.

33) 김경아(2000 : 48)에서도 형태소의 결합에 의해 음운 교체를 보일 수 있는 파생과 합성의 경우도 형태음운론적 교체에 포함해야 함을 제기하였는데, 이때 형태음운론적 교체는 물론 공시적 교체를 말하는 것이다.

34) 굴절에서는 자음 뒤에서 /ㅂ/으로 시작하는 어미가 오는 경우가 없기 때문에 'ㄷ → ㅂ'의 위치동화 예는 나타나지 않는다.

교체는 통시적이라는 선험적인 관점을 고수하게 되면, (30)의 위치동화와 (31)의 위치동화의 성격이 다르게 해석되어야 한다. 하지만 (30)에 적용된 위치동화와 (31)에 적용된 위치동화의 성격이 다르다고 할 어떠한 이유도 없다. 단지 위치 동화가 적용되는 대상의 형태·통사론적 정보만이 다를 뿐이다.

주지하다시피 위치동화는 전형적인 발음의 편의성과 관련된 음운 현상이다. 그렇기 때문에 위치동화가 된 형태를 기저형의 하나라고 할 수는 없다. 또한 한 화자의 발화 내에서도 위치동화가 적용되지 않은 형과 위치동화가 적용된 형이 수의적으로 나타난다. 이러한 사실은 (30)에 적용된 위치동화가 공시적인 교체임을 말해 주는 하나의 증거이다. 즉 (30)의 복합어가 설령 통시적인 결과물이라고 하더라도 (30)의 복합어에서 나타나는 교체 즉, 위치동화는 공시적인 음운 과정이다.

(30)에 대해서 복합어 내부 교체가 통시적이라는 입장을 고수하면서 /전뻥 ~ 접뻥/의 복수기저형을 설정하는 방식을 생각해 볼 수도 있다. 하지만 동일한 조건 환경에서 위치동화가 적용되기도 하고 적용되지 않기도 하기 때문에 즉, 적용 유무의 환경이 조건화되지 않기 때문에 복수기저형의 선택 조건을 설정할 수 없다. 복수기저형은 복수의 기저형 각각에 선택 조건이 부여되어야 하는데, 이 경우는 선택 조건을 설정할 수 없다는 점에서 복수기저형의 설정 역시 타당성을 확보할 수 없다. 뿐만 아니라 발화의 편의와 관련된 수의적인 형태가 어휘부에 복수의 기저형으로 저장되어 있다는 것도 논리적으로도 어색하다. 어휘부에 이미 저장되어 있는 것을 선택하여 쓴다면, 발화의 편의 운운할 필요가 없기 때문이다.

영어와 같은 인구어에서 파생어나 합성어 경계에서의 교체를 공시적인 교체로 다루는 것은 당연하다. (32)는 영어의 구어체 발화에서 많이 나타나는 동화 현상의 예들 중 몇 가지를 제시한 것이다.

(32)[35] 가. income[inkəm ~ iŋkəm] : n → ŋ
grandpa[grændpa ~ græmpə] : n → m
나. newspaper[nyu:zpeipə ~ nyuspeipɚ] : z → s
다. horseshoe[hɔ:ɚsʃu: ~ hɔ:ɚʃʃu:] : s → ʃ

(32가-다)는 영어의 구어체 발화에서 흔히 나타나는 발음의 편의성과 관련된 수의적인 교체이다. (32)는 합성어와 파생어 경계라는 도출 환경에서 일어나는 교체이므로 영어에서 (32)는 당연히 공시적인 현상으로 다루어진다. 이러한 사실은 이론 내적으로도 교체의 공시성・통시성에 대한 판단이 복합어 경계이냐 굴절 경계이냐와 같은 형태・통사론적인 정보에 의해 선험적으로 결정되는 것이 타당하지 않음을 말해 준다. 물론 영어와 국어가 다르다고 할 수도 있겠지만, 이럴 경우 설명적 타당성은 심각하게 훼손될 수밖에 없다. 영어와 국어의 특성이 같지는 않지만, 그것이 평행한 성격의 교체의 공시성・통시성에 대한 판단을 다르게 할 이유가 될 수는 없기 때문이다.

4.2. 단어 내부 구성의 분석 능력과 교체의 공시성

복합어 'X+Y'의 두 구성 요소의 경계에서 나타나는 모든 음운 현상을 통시적이라고 하는 것은 언어 현상에 대한 인간의 분석 능력이 단어

35) Bronstein(1960 : 211)에서 정리.

내부에서는 작동하지 않는다는 것과 다르지 않다. 만일 복합어 내부의 두 구성 요소를 언중들이 분석해 내지 못한다면, 당연히 해당 복합어는 더 이상 두 구성 요소의 결합이 아닌 하나의 단일 구성으로 인식될 것이다. 물론 '자주, 할아버지, 도깨비'처럼 과거에는 복합어였지만 공시적으로 더 이상 더 작은 구성으로 분석하지 못하는 복합어들도 분명 있다. 하지만 많은 경우 복합어를 더 작은 구성으로 분석해 낼 수 있다.

복합어의 내부 구성을 분석해 내지 못한다면 복합어 경계에서 일어났던 교체는 당연히 공시적인 교체일 수 없다. 그러나 복합어의 내부 구성을 공시적으로 분석해 낸다면, 해당 복합어 경계에서의 교체가 공시적인 교체일 가능성이 있다. 이와 관련하여 박창원(1991 : 316)은 파생어를 대상으로 형태소 분석이 가능하고 어근과 파생 접미사가 공시적으로 사용되고 있다면 그 경계에서 일어난 교체는 공시적이라고 해석한 바 있다.[36] 이는 교체의 공시성·통시성을 판단할 때 언중들의 분석 능력이 고려되어야 함을 지적한 것이라고 하겠다. 송철의(2006 : 130)에서 지적한 것처럼 인간의 언어 능력에는 새로운 단어를 생성할 수 있는 능력과 함께 형성된 단어를 분석할 수 있는 능력도 포함되어 있다고 보아야 한다.

물론 언중들이 복합어의 내부를 더 작은 구성으로 분석할 수 있다고 해서 그 경계에서 일어난 교체를 모두 공시적이라고 할 수는 없다. 예컨대 '콧날'의 경우 '코'와 '날'이 결합한 것으로 분석할 수 있지만, 그렇다고 '콧날'의 'ㅅ'이 공시적으로 첨가되었다고 하기는 어렵기 때문이다.

36) 이때 대상으로 삼은 현상은 움라우트이다. '잡-'의 피동형 '재피-'가 하나의 형태소가 아니라 어근 '잡-'에 파생 접미사 '-히-'가 결합한 것으로 인식되며, 이러한 분석이 공시적으로 타당성을 가진다면 '재피-'에 적용된 움라우트 현상을 공시적인 것으로 보아야 한다는 것이다.

즉 분석 가능성과 공시성이 항상 일치한다고 일반화할 수는 없다. 하지만 분석 능력이 공시적인 언어 능력임을 부정할 수는 없다. 언중들은 활용형과 곡용형의 경계를 분석해 낼 수 있는 것과 마찬가지로 많은 경우 파생어나 합성어 경계 역시 분석해 낼 수 있다. 전자의 분석 능력과 후자의 분석 능력이 다르다고 할 어떠한 증거도 없다. 분석 능력을 객관적으로 규명하는 것이 어렵다고 해서 단어 내부에서는 공시적 분석 능력이 존재하지 않는다고 일반화해 버리는 것은 사실을 규명하려는 태도와는 거리가 있다고 할 것이다.[37)]

활용과 곡용에서의 분석 능력만 공시적인 언어 능력이고 단어 내부에서의 분석 능력은 통시적이라고 하는 것은 형식논리상의 편의적 구분에 지나지 않는다. 이는 단순히 형태소와 단어는 어휘부에 저장되고 활용형과 곡용형은 어휘부에 저장되지 않는다는 가설을 편의적으로 적용한 것과 다르지 않다. 송철의(2006), 신승용(2013가)에서 지적하였듯이 단어 형성의 공시성·통시성과 단어 형성에 의해 만들어진 파생어나 합성어 경계에서 일어나는 교체의 공시성·통시성이 같은 차원인지 다른 차원인지는 여전히 증명이 필요한, 논쟁이 되는 문제이다.

생성과 분석이 별개의 유리된 사건일 수는 없다. 단어 형성 기제가 유추이든 규칙이든 새로운 단어의 생성은 결국 분석을 기반으로 한다. 분석 능력이 공시적인 언어 능력이 아닌데, 유추나 규칙의 기제가 작동할

37) Milroy(1992 : 21)가 언어 변화에서 촉발의 문제를 규명하는 것이 어렵지만 그럼에도 촉발을 연구해야만 한다고 하면서 든 일기 예보의 비유가 여기에도 적용될 듯하다. 즉 일기 예보의 정확도가 낮다고 해서 아예 일기 예보를 하지 않는다거나 일기 예보의 정확도를 향상시키는 노력을 게을리해서는 안 되는 것처럼, 공시적 분석 능력을 규명하는 것이 어렵다고 해서 일괄적으로 복합어 내부는 공시적으로 분석할 수 없다는 식으로 일반화해 버린다거나 또는 공시적인 분석 능력에 대한 규명 작업 자체를 소홀히 할 수는 없다.

수는 없을 것이기 때문이다. 그리고 복합어의 내부 구성을 분석할 수 있다는 것은 복합어 경계에서 적용된 교체를 분석해 낼 수 있음을 전제해야 한다. 교체를 분석해 내지 못하는데 복합어의 구성 요소를 제대로 분석해 낼 수는 없기 때문이다.

(33) 가. 학생들, 아이들, 문제들, 이야기들, 노래들, 별들……
　　나. 과장님, 부장님, 사장님, 회장님, 지점장님, 소장님……

(33)은 굴절에 버금갈 정도로 매우 생산적인 결합을 보이는 접미사 '-들'과 '-님'이다. 이들 접미사에 의한 파생은 매우 생산적이기 때문에 이들 접미사가 결합한 파생어는 어휘부에 바로 저장되지 않는 것으로 보기도 한다. 이는 적어도 생산적인 파생에서는 언어 현상을 분석할 수 있는 언중들의 공시적인 분석 능력을 인정하는 것이라고 할 수 있다. 분석 가능성은 빈도나 생산성의 정도로 판단할 수 있는 것은 아니다. (33)에서 'X+Y'를 분석해 낼 수 있다면 다른 파생어나 합성어에서도 마찬가지라고 보아야 한다.

물론 분석 불가능한 경우가 있고, 그럴 경우 해당 복합어 경계에서 적용된 교체는 당연히 통시적이다.

(34) 가. 어깨, 으뜸, 거꾸로
　　나. 암캐, 수캐

(34가)에는 음절말 불파화에 이은 경음화가 적용되었지만 이미 경음화가 적용된 형태로 어간이 재구조화된 예들이다. 어간이 재구조화되었기 때문에 공시적으로 언중들이 (34가)를 듣고 이를 '엇+개', '읏+듬', '것

굴+오(<ᄀᆞᆺ갈-오)'로 분석하지 못한다. 따라서 (34가)에 적용된 음절말 불파화에 이은 경음화는 통시적이다. 마찬가지로 (34나) 역시 언중들이 '암ㅎ+개', '수ㅎ+개'로 분석할 수 없다. '암ㅎ', '수ㅎ'이 이미 '암', '수'로 변화하였기 때문에 (34나)는 이미 축약이 된 상태로 어간이 재구조화되었고, 그렇기 때문에 (34나)에 적용된 /ㅎ/ 축약은 당연히 통시적이다.

언중들이 복합어의 내부 구성을 분석할 수 있다는 것은 곧 해당 복합어 경계에 적용된 교체를 분석해 낼 수 있다는 것을 의미한다. 그리고 복합어 경계에서 적용된 교체를 분석해 낼 수 있다는 것은 해당 교체가 언중들의 공시적인 언어 능력에 포함되어 있음을 말해 주며, 또한 해당 교체가 공시적이라는 것을 의미한다.

(35) 가. [꾀보, 떼보, 째보, 털보, 울보, 뚱뚱보, 느림보]
나. [먹뽀, 잠뽀, 심술뽀]

(35)는 접미사 '-보'가 결합한 파생어의 표면형이다. (35가)에서는 접미사의 표면형이 [보]로 실현되지만, (35나)에서는 [뽀]로 실현된다.[38] 그런데 (35가)와 마찬가지로 (35나)에서도 언중들이 특별한 어려움 없이 접미사 '-보'를 분석해 낼 수 있다. 즉 (35나)를 듣고 이것을 '먹+보', '잠+보', '심술+보'로 분석해 낼 수 있다. 이는 (35나)에서 경음화 현상을 분석해 내어야만 가능하다. (35나)를 듣고서 경음화 현상을 분석해 낸다는 사실은 (35나)에 적용된 경음화가 공시적인 교체라는 것을 증명한다. 나아가 이는 어휘부에 저장되는 형태가 경음화가 적용된 표면형

38) 물론 '먹보'에서의 경음화와 '잠보, 심술보'에서의 경음화의 원인은 다르다. [먹뽀]는 음절말 불파화에 이은 경음화인데, [잠뽀], [심술뽀]는 설명이 단순하지 않다. 사이시옷 개재에 따른 경음화로 보이지만, 이럴 경우 '-보'가 접미사라는 것이 문제가 될 수 있다.

(35나)가 아니라, 경음화가 적용되기 전의 /먹보, 잠보, 심술보/임을 말해 준다. 이는 설령 단어 형성이 통시적인 사건이라고 하더라도 복합어 경계에서 일어난 교체까지 통시적이라고 할 수 없음을 말해 준다.

복합어를 구성하는 두 구성 요소 'X+Y'를 언중들이 공시적으로 분석해 낼 수 있다는 것은 (36)을 통해서도 분명히 확인할 수 있다. (36)은 무작위로 추출된 10명에게 아무런 배경 설명 없이 (27)의 예들을 대상으로 불쑥 "[국빱]을 거꾸로 하면……" 하는 방식으로 물었을 때의 반응이다.[39] 대상자들은 별 주저 없이 모두 (36)처럼 대답하였다.

(36) 가. [밥꾹], [개낟], [구석찝]
　　 나. [물국], [말낟], [머리압]

(36)은 일단 화자들이 복합어의 내부 구조를 공시적으로 분석할 수 있음을 보여 준다. 그런데 여기서 주목하고자 하는 것은 복합어를 구성하는 선후행 요소를 뒤바꿀 때, 'X+Y'가 형성될 당시에 교체가 적용된 [xy] 상태에서 'yx'로 뒤바꾸는 것이 아니라 교체가 적용되기 전의 'YX'로 뒤바꾼다는 사실이다. 만일 단어 내부 교체를 통시적이라고 보는 관점에서처럼 기저형이 /xy/라고 한다면 'yx'로 뒤바꾸는 것이 자연스럽다고 할 것이다. 즉 (36)이 아니라 [빱국], [물궁]처럼 나타나야 할 것이다.

하지만 교체가 적용되기 전의 'X+Y'에서 'YX'로 뒤바꾼다는 것은 [xy]에 적용된 교체를 분석할 수 있다는 말이고, 이는 그 기저형 역시 /XY/로 인식하고 있음을 말해 준다. 즉 (36)처럼 대답한다는 것은 그 기

39) 즉답이 나오지 않은 경우는 배제하고 즉답을 한 10명을 대상으로 하였다. 즉답이 나오지 않은 경우는 직관이 아니라 배운 지식이 동원되었을 가능성이 있기 때문이다.

저형이 /국밥/, /국물/임을 예증하며, 아울러 각각에 적용된 음절말 불파화에 이은 경음화, 비음동화 역시 공시적인 음운 과정임을 증언한다. (36)의 결과가 문자 학습의 영향이라는 비판이 제기될 수 있어서 문맹자 3인을 대상으로 추가로 같은 질문을 하였다.[40] 결과는 (36)과 같았다.

분석 능력이 공시적인 언어 능력의 일부라면, 표면형으로부터 교체를 분석해 내는 것이 굴절 경계에서와 복합어 경계에서 다르다고 할 특별한 이유가 없다.[41] 굴절에서 음절말 불파화에 이은 경음화, 비음동화를 분석해 낼 수 있다면, 동일한 교체가 적용된 [국빱], [궁물]에서도 음절말 불파화에 이은 경음화, 비음동화를 분석해 낼 수 있다고 보는 것이 타당하다고 할 것이다.

지금까지 살펴본 것처럼 설령 단어 형성이 통시적인 사건일지라도, 단어 형성시 적용된 교체의 공시성·통시성은 단어 형성의 공시성·통시성과 다를 수 있다. 적어도 단어 형성이 통시적인 사건이라는 이유로 복합어 경계에서 나타나는 교체를 모두 통시적이라고 하는 것은 타당하지 않다. 단어 형성의 공시성·통시성과 복합어 내부 교체의 공시성·통시성은 별개의 차원에서 검증되어야 한다. 적어도 단어 내부이냐 굴절이냐와 같은 형태·통사론적인 정보에 의해 선험적으로 교체의 공시성·통시성을 재단하는 것은 언어적 사실에 맞지 않다. 언중들이 'X+Y'가 결합할 때 교체가 적용된 [xy]를 듣고서 이를 다시 'X+Y'로 분석해 낼 수

---

40) 세 분의 경우 무학이면서 한글 읽기와 쓰기가 안 되기 때문에 문자의 영향은 완전히 배제된다.

41) 김경아(2000 : 102-105)는 교체를 기술함에 있어서 환부호화 과정으로서 발화 산출과 해부호화 과정으로서의 형태음운 과정을 구분하였는데, 이는 기본적으로 교체가 적용되는 도출 과정(음운 과정)뿐만 아니라 도출 과정에서의 교체를 역으로 분석하는 과정(형태음운 과정) 역시 언중들의 공시적인 언어 능력의 일부로 보고 있는 것이다.

있는 경우에는 복합어 내부라는 이유만으로 [xy]에 적용된 교체를 모두 통시적이라고 할 수 없다. 그것은 무엇보다도 언중들의 언어 능력과 일치하지 않는다고 할 것이다.

그러면 복합어 내부 교체의 공시성·통시성을 어떻게 판단할 수 있는가? 가장 이상적인 것은 교체 자체의 특성을 통해 규명하는 것이다. 그러나 어떠한 교체가 공시적이다 아니다를 교체 자체만으로 규명하는 것은 분명 쉽지 않은 일이다. 이 자리에서 복합어 내부에서 나타나는 교체의 공시성·통시성을 판단하는 완벽한 기준을 마련하기는 현실적으로 어렵다. 그러나 지금까지의 논의를 통해서 적어도 적극적인 기준은 아니더라도 소극적이면서 최소 기준이라고 할 수 있는 기준은 제안할 수 있다. 이를 정리하면 (37)과 같다.

(37) 굴절 환경에서 작동하는 어떠한 교체가 복합어를 이루는 두 구성 요소 'X+Y'의 경계에서도 나타나고, 해당 교체가 적용된 [xy]로부터 두 구성 요소 'X+Y'를 언중들이 공시적으로 분석해 낼 수 있다면, [xy]에 적용된 교체는 공시적이다.

교체에 따라서는 /ㄴ/ 첨가나 비모음화(鼻母音化)처럼 굴절 경계에서는 나타나지 않는 것도 있다. 이들의 경우 (37)의 기준으로는 공시성·통시성을 판단할 수 없다. 이러한 경우에는 해당 교체 자체의 특성을 통해서나 또 다른 기준을 도입하여 공시성·통시성이 판단되어야 할 것이다. 또한 언중들이 복합어의 내부 구성을 분석해 낼 수 있다는 것만으로 해당 복합어 경계에서 적용된 교체를 모두 공시적이라고 할 수도 없을 것이다. (37)이 소극적 기준이고, 최소 기준이라고 하는 것은 바로 이러한 까닭에서이다.

언중들이 단어의 내부 구조를 분석한다는 것은 그러한 분석 능력이 공시적인 언어 능력으로 존재함을 의미한다. 그리고 단어의 내부 구조를 분석할 수 있다는 것은 또한 'X+Y'의 경계에서 적용된 교체를 공시적으로 분석해 낼 수 있다는 것을 뜻한다. 만일 언중들이 단어의 내부 구조를 분석하지 못한다면, 그것은 해당 단어의 내부 구조에 대한 정보뿐만 아니라 거기에 어떠한 교체가 적용되었는지도 알 수 없을 것이기 때문이다.[42)]

5. 결론

공시음운론의 핵심은 공시적으로 존재하는 교체의 종류를 분석해 내고, 그러한 교체가 일어나는 기제를 밝히는 것이라고 할 수 있다. 이러한 작업을 하는 출발점은 기저형을 밝히는 것이다. 기저형이 밝혀져야만 그 기저형과 표면형들과의 관계를 통해 교체를 분석해 낼 수 있고, 또한 그러한 교체의 기제를 밝혀낼 수 있기 때문이다. 그런데 기저형을 밝히기 위해서는 어떠한 교체가 적용되었느냐 하는 것뿐만 아니라 어떠한 교체가 공시적이냐 통시적이냐 하는 문제도 중요하다. 표면형들로부터 분석해 낸 어떤 교체가 공시적이라면 교체가 적용되기 전의 형태가 기저형일 것이고, 그렇지 않고 통시적이라면 교체가 적용된 형태가 기저형일 것이다. 이런 점에서 어떠한 교체가 적용되었느냐 하는 분석도 중요하지만, 기저형을 밝혀내는 데 있어서는 그 교체가 공시적이냐 통시적이

42) 앞서 살펴본 (34)의 예들이 이에 해당하는 전형적인 사례가 될 것이다.

냐 하는 것도 핵심적인 문제이다.

기저형은 어휘부에 저장되는 형태이다. 그렇기에 이 글에서는 교체의 공시성·통시성에 대한 해석과 기저형의 관계, 그리고 기저형과 어휘부의 문제를 살펴보았다. 그리고 나아가 단어 형성에서 적용되는 교체의 공시성·통시성 문제도 함께 살펴보았다. 이러한 문제들은 음운론을 연구하는 가장 기본적인 문제이면서 또한 핵심적인 문제라고 생각한다. 이 글이 문제와 관련된 사실을 온전히 규명하였다고 말할 수 없다. 그렇지만 이 문제들과 관련한 사실들을 규명하는 데 이 글이 도움이 되었으면 하는 바람에서 이 문제들을 정리하면서 필자 나름대로의 의견을 개진해 보았다. 이 글에서 제기한 문제 의식들에 대한 연구가 활발히 이루어져 보다 사실에 가까운 규명이 이루어지기를 바라면서 논의를 마친다.

참고문헌

곽충구(1994), "系合 內에서의 單一化에 의한 語幹 再構造化," 南川 朴甲洙 先生 華甲紀念論文集, 태학사.
김경아(1990), "활용에서의 기저형 설정과 음운현상," 석사학위논문, 서울대학교.
김경아(2000), 국어의 음운표시와 음운과정, 태학사.
김성규(1989), "活用에 있어서의 化石形," 周時經學報 3, 塔出版社, 159-164.
김 현(2012), "자유 변이의 공시론과 통시론," 형태론 14(1), 형태론학회, 53-72.
박창원(1986), "음운교체와 재어휘화," 어문논집 2(경남대), 민족어문학회, 1-31.
박창원(1991), "음운 규칙의 변화와 공시성—움라우트 현상을 중심으로," 國語學의 새로운 認識과 展開, 金完鎭先生 回甲記念論叢, 民音社, 297-322.
배주채(1991), "고흥방언 '-아'활용형의 음운론적 고찰," 國語學의 새로운 認識과 展開, 金完鎭先生 回甲記念論叢, 民音社, 373-398.
배주채(2013), 한국어의 발음(개정판), 삼경문화사.
백두현 · 이미향 · 안미애(2013), 한국어음운론, 태학사.
송원용(2002), "형태론과 공시태 · 통시태," 국어국문학 131, 국어국문학회, 165-189.
송철의(2006), "국어 형태론 연구의 문제점," 배달말 39, 배달말학회, 117-141.
신승용(2007), "사전과 복수기저형 및 활용형," 한국어학 37, 한국어학회, 75-104.
신승용(2011), "공시태와 공시적 음운 기술의 대상으로서 진행 중인 변화," 국어국문학 167, 국어국문학회, 36-60.
신승용(2013가), "단어 형성의 공시성 · 통시성과 음운 현상의 공시성 · 통시성," 국어학 67, 국어학회, 145-166.
신승용(2013나), "이론 내적인 형식적 타당성과 음운 현상의 실재," 우리말연구 35, 우리말학회, 5-29.
신승용(2014), "교체의 정의와 교체의 해석 그리고 기저형," 한말연구 35, 한말연구학회, 77-100.
이동석(2002), "국어 음운 현상의 소멸과 변화에 대한 연구," 박사학위논문, 고려대학교.
이병근(1973), "동해안방언의 이중모음에 대하여," 震檀學報 36, 진단학회, 135-147.
이병근(1981), "유음 탈락의 음운론과 형태론," 한글 173 · 174, 한글학회, 223-246.
이병근 · 최명옥(1996), 국어음운론, 한국방송대학교출판부.
이승재(1997), "전북 지역의 모음조화 현상에 대하여," 한국어문학논고, 태학사, 635-659.

이익섭(1972), "강릉방언의 형태음소론적 고찰," 震檀學報 24, 진단학회, 99-119.
이진호(2001), "국어 비모음화와 관련된 이론적 문제," 국어학 37, 국어학회, 61-84.
이진호(2002), "음운 교체 양상의 변화와 공시론적 기술," 박사학위논문, 서울대학교.
이진호(2007), "국어의 기저형 설정 조건," 어문학 96, 한국어문학회, 139-160.
이진호(2014), 국어음운론강의, 삼경문화사.
이혁화(2002), "교체에 대하여," 형태론 4(1), 형태론학회, 59-80.
정인호(2007), "소위 '비모음화' 현상의 지리적 분포와 그 성격," 우리말글 41, 우리말글학회, 135-162.
최명옥(1982), 月城地域語의 音韻論, 嶺南大學校出版部.
최명옥(1985), "變則動詞의 音韻現象에 대하여 : p-, s-, t- 變則動詞를 중심으로," 국어학 14, 국어학회, 149-188.
최명옥(1988), "國語 UMLAUT의 硏究史的 檢討," 震檀學報 65, 진단학회, 63-80.
최명옥(2004), 국어음운론, 태학사.
최명옥(2006), "경북 상주지역어의 공시음운론," 방언학 4, 한국방언학회, 193-231.
최명옥(2007), "한국어 형태론의 문제점과 그 대안," 西江人文論叢 22, 서강대학교 인문과학연구소, 19-52.
최전승(1997), "용언 활용의 비생성적 성격과 부사형어미 '-아/어'의 교체 현상," 국어학 연구의 새 지평, 태학사, 1207-1258.
최형용(2013), "어휘부와 형태론," 국어학 66, 국어학회, 361-413.
한영균(1985), "음운변화와 어휘부의 재구조화," 冠嶽語文硏究 10, 관악어문학회, 375-402.
허 웅(1999), 16세기 우리 옛말본, 샘문화사.
Aronoff, M. & K. Fudeman(2005), *What is Morphology?*, Blacwell.
Aronoff, M.(1976), *Word Fomation in Generative Grammar*, The MIT Press.
Bauer, L.(1983), *English Word-fomation*, Cambridge University Press.
Bloomfield, L.(1933), *Language*, New York : Holt, Rinehart and Winston.
Bronstein, Arthur J.(1960), *The Pronunciation of American English : An Introduction to Phonetics*, Appleton-Century-Crofts, Inc., New York.
Bybee, J.L.(1985), *Morphology*, John Benjamins Publishing Company.
Chomsky, N. & Halle, M.(1968), *The Sound Pattern of English*, New York : Harper.
Dressler, W.U.(1985), *Morphonology : the dynamics of derivation*, Karoma Publishers. Inc.
Fujimura, O. ed.(1973), *Three Dimensions of Linguistic Theory*, Tokyo : TEC.
Halle, M.(1973), "Prolegomena to a theory of word formation", *Linguistic Inquiry*

4(1), 3-16.

Hockett, Charles F.(1958), *A Course in Modern Linguistics*, New York : The Macmillan Company.

Hooper, J.B.(1976), *An Introduction to Natural Generative Phonology*, Academic Press.

Hyman, L.M.(1970), "How concrete is phonology?," *Language* 46, 58-76.

Kenstowicz, M. & C.W. Kisseberth(1979), *Generative Phonology*, Academic Press.

Kenstowicz, M. & C.W. Kisseberth(1970), "Rule ordering and the asymmetry hypothesis," *CLS* 6, 504-519.

Kenstowicz, M.(1994), *Phonology in Generative Phonology*, Blackwell.

Kiparsky(1968a), "Linguistic universals and linguistic change, Universals in linguistic theory," (Ed.), by E. Bach and R. Harms, 191-212, New York : Holt, Rinehart and Winston. Reprinted in Kiparsky(1982), 13-44.

Kiparsky, P.(1968b), "How abstract is phonology?," Distributed by Indiana Universkiy Linguistics Club, Reprinted in Kiparsky(1982), 119-164.

Kiparsky, P.(1973), "Abstractness, opacity, and global rules," In *Three dimentsions of linguistic theory*, ed. by o. Fujimura(1973), Tokyo : TEC, 57-86.

Kiparsky, P.(1982), *Explanation in Phonology*, Dordrecht : Foris.

Milroy, J.(1992), *Linguistic Variation and Change*, Blackwell.

Roca, I. & Wyn Johnson(1999), *A Course in Phonology*, Blackwell Publishers.

Shane, S.A.(1974), "How abstract is abstract? Natural Phonology Parasession," *Chicago Linguistic Society*, 297-317.

Shibatani, M.(1973), "The role of surface phonetic constraints in generative phonology," *Language* 49, 87-106.

Spencer, A.(1996), *Phonology*, Blackwell.

Vennemann, T.(1971), "Natural generative phonology," Paper read at annual meeting of Linguistic Society of America, St. Louis, Missouri.

통사적 접사 논의의 양상과 쟁점

황화상

1. 서론

전통적인 관점에서 접사는 크게 두 부류, 곧 파생 접사와 굴절 접사로 나뉜다. 이 가운데 파생 접사는 형태 단위로서의 어근에 결합하여 새로운 형태 단위(곧 단어)를 만드는 일련의 접사들을 말한다. 그런데 흔히 파생 접사의 하나로 다루어져 온 것들 가운데에는 그 문법적 성격이 보통의 파생 접사와는 다른, 곧 그 기능이 통사 단위로서의 구와 관련된 접사들이 있다. 통사적 접사 논의는 이와 같은 새로운 부류의 접사들에 대한 인식에서 비롯되었다.

통사적 접사 논의는 김창섭(1984)에서 '-답-'의 통사론적 기능에 주목한 이래 고창수(1986, 1992), 임홍빈(1989), 시정곤(1994), 황화상(1996, 2001) 등에서 다양한 방향으로 검토되어 왔다. 고창수(1986, 1992), 시정곤(1994) 등에서는 파생 접사와 굴절 접사의 전통적 접사 분류 체계를 대신하여 어휘부에서 어근에 결합하는 어휘적 접사와 통사부에서 구에 결합하는 통사적 접사를 구분하는 새로운 접사 분류 체계를 제시했다. 임홍빈(1989)에서는 새로운 부류의 접사들이 첨가되는 현상을 통사적 파생이라는 새로운 개념을 도입하여 설명했다. 그리고 황화상(1996, 2001)에서는 어휘적 접사와 통사적 접사의 분류 체계를 받아들이되 통사적 접사 또한 어휘부에서 어근에 결합한다고 보고 두 부류 접사의 차이를 설명하는 새로운 관점을 제시했다.

이 글에서는 그간 통사적 접사 논의가 어떻게 전개되어 왔는지를 주요 관련 연구를 중심으로 살펴본다. 논의의 초점은 접사의 통사론적 기능을 확인하고 이를 문법적으로 설명하는 다양한 방법을 이해하는 데 있다. 아울러 이 글에서는 통사적 접사 논의와 관련된 주요 쟁점을 살펴본다.

2. 통사적 접사 논의의 배경 : 통사론적 기능의 접미사 '-답-'에 대한 검토

비록 통사적 접사라는 용어를 쓰지는 않았지만 통사적 접사 논의는 '-답-'의 통사론적 기능을 확인한 김창섭(1984)에서 비롯되었다. 김창섭(1984)에서 먼저 주목한 것은 '-답-'의 선행 형식이 될 수 있는 부류에 대한 선행 연구(송철의 1977, 이경우 1981, 심재기 1982, 노대규 1981 등)의 상이한 기술이다.

'-답-'의 선행 형식에 대한, 김창섭(1984)의 문제 제기는 송철의(1977), 노대규(1981)의 기술에서 출발한다. 송철의(1977), 노대규(1981)에서는 '-답-'은 [+인성(人性)]의 자질을 가진 체언에 붙을 때에는 대개 신분이나 지위

등이 높은 편에 속하는 체언에 붙어서 '그만한 자격이 충분히 있다'는 의미가 된다고 보았다. 이에 따르면 (1)은 가능하지만 (2)는 가능하지 않다.

(1) 어른답다, 선생답다, 신사답다, 학생답다, …
(2) 바보답다, 병신답다, 거지답다, 도둑답다, …

이에 대해 김창섭(1984)에서는 (2)도 문맥에 따라서는 아주 자연스럽게 쓰일 수 있는 것으로 보았다. 물론 (1)이 자연스럽게 쓰일 수 있는 문맥이 (2)가 자연스럽게 쓰일 수 있는 문맥보다 많기는 하지만 이는 빈도의 차이에 지나지 않으며, 그러한 빈도 차이는 '-답-' 자체의 성격에서 기인한 것이 아니라 화용론적인 이유에서 기인한 것으로 보았다. '-답'의 선행 형식에 대한, 김창섭(1984)의 이러한 관점은 (3)을 예로 들어 '-답-'은 선행 요소의 본성적 내포 의미가 재귀적으로 긍정되어 쓰일 때에는 언제든지 결합이 가능하다고 본 심재기(1982)와 통한다.

(3) 가. 그의 표정에는 희극배우다운 데가 있다.
나. 경찰이 경찰다워야 하는 것처럼 우리 도둑놈들은 도둑놈다워야 하는 것이다.

다음으로 김창섭(1984)에서는 노대규(1981)을 비판적으로 검토한다. 노대규(1981)에서는 (4)와 같이 명사류 가운데에서 (가)[+실체성]의 명사류('사람, 개, 대학교, 칼' 등), (나)[+동작성]의 명사류('운동, 식사, 명령, 싸움' 등), (다)[+과정성]의 명사류('고생, 발전, 죽음, 성장' 등)는 '-답-'의 선행 형식이 될 수 있지만, 명사류 가운데에서 유일하게 [+상태성]의 명사류('행복, 용감, 부자연, 문란' 등)만은 (5)와 같이 '-답-'의 선행 형식이 될 수 없다고 보았다.

(4) 가. 그이는 사람답다.
나. 미식축구는 운동답다.
다. 이 고생은 고생답다.
(5) 가. *나는 행복답다.
나. *너는 용감답다.
다. *그것은 부자연답다
라. *교통질서는 문란답다.

이에 대해 김창섭(1984)에서는 (6)과 같이 상태성의 명사들도 특별한 문맥에서는[1] '-답-'의 선행 형식이 될 수 있는 것으로 보았다.

(6) 가. 이 행복은 행복다운 행복이다.
나. 강압 아래서의 평화는 평화다운 평화가 아니다.
다. 너는 진짜 고독다운 고독을 경험한 적이 있니?

이를 바탕으로 김창섭(1984)에서는 명사는 모두 '-답-'의 선행 형식이 될 수 있는 것으로 보았다.[2] 다만 이때 '-답-'의 선행 형식은 어휘범주 N이 아니라 구범주 NP라고 보았다. 그 예는 다음과 같다.[3]

---

1) 이와 같은 문맥은 노대규(1981)에서 [+동작성]의 '공부', [+과정성]의 '변화'가 '-답-'과 결합한다는 점을 보이기 위해 제시한 예문들('이 공부는 공부다운 공부이다.', '이 변화는 변화다운 변화이다.')과 다름이 없다.

2) 다만 김창섭(1984)에서는 '철수의 행동은 대단히 용감답다', '자연이 (자연답지 못하고) 부자연다울 때 재앙이 시작된다', '서울의 교통질서가 후진국 교통질서의 문란답다면 …'과 같이 어근(굴절접사와 직접 결합될 수 없으며 동시에 자립형식도 아닌 단어의 중심부, 이익섭 1965)은 어떤 문맥에서도 '-답-'을 가질 수 없는 것으로 보았다.

3) 김창섭(1984)에서는 특히 (7다, 라, 마, 바)와 같이 추상명사를 표제로 하는 명사구에 '-답-'이 붙은 것에 주목하고, '-답-'의 선행 NP는 [+類概念(generic)]의 의미 자질을 띠게 되는

(7) 가. 그 집은 재벌이 사는 집답지 않게 평범한 집이었다.
나. 그는 한때 세계 챔피언을 지낸 선수답게 기량이 뛰어났다.
다. 그 학교의 교육은 전통있는 명문 사학의 교육답게 체계적으로 운영된다.
라. 그 학교의 발전은 김교장이 이끈 발전답게 내실이 있다.
마. 그의 행복은 오랜 수도생활 끝에 얻은 행복답게 내적으로 충만한 것이었다.
바. 禪의 신비야말로 동양의 神秘답지요.
사. 그런 사람에게 그런 말을 하다니 과연 너답다.
아. 좀 공부하는 것답게 공부할 수 없니?

이에 따라 김창섭(1984)에서는 '-답-'이 선행 명사류를 어기로 하여 형용사를 파생하는 기능을 가졌다는 종래의 기술은 수정되어야 한다고 보았다. 곧 '-답-'은 단어 파생의 기능을 가진 것이 아니라 선행 NP를 형용사구화하는 기능을 가진 것으로 보아야 한다는 것이다.[4]

한편 김창섭(1984)에서는 (8)과 같이 예외적으로 선행 형식으로 명사('정, 꽃, 꼴')와 어근('참, 아름, 실')을 취하여 형용사를 파생하는 '-답-'도 있는 것으로 보았다.

(8) 가. 정답다, 꽃답다, 꼴답다, 참답다, 實답다, 아름답다
나. 아리땁다(←아릿답다), 시답지 않다(←實답지 않다)

데, 추상명사들에 '-답-'이 붙은 文例가 드문 것은 추상명사를 유개념으로 쓰는 상황이 드문 데서 말미암은 것이며, 문맥이 추상명사에 [+유개념]을 부여하게 되면 언제라도 '-답-'이 접미할 수 있는 것으로 보았다.

4) 김창섭(1984)에서는 '-답-'의 통사적 범주는 명사구에 접미하여 그 명사구를 서술어가 되게 하는 繫辭 '-이-'와 같은 것으로 보았다. 한편 김창섭(1984)에서는 이때의 '-답-'에 '-이' 부사화가 불가능한 점(송철의 1977 : 30), 그리고 'x스럽다, x롭다, x하다' 등이 'x적'의 파생을 봉쇄(blocking)하는 것과 달리 'x답'은 'x적'과 무관하다는 점은 바로 'x답다'가 형용사구임을 말해주는, 곧 파생의 결과인 형용사가 아니라는 증거라고 보았다.

김창섭(1984)에서 지적했듯이 이들은 (9)와 같이 명사구를 선행 형식으로 취할 수 없으나, 이들이 일반적인 '-답-'의 기능과 의미로 쓰일 때에는 (10)과 같이 선행 형식으로 NP를 취할 수 있다.

(9) 가. *그는 따뜻한 정답다.
나. *그 여자는 예쁜 꽃다운 나이에 고향을 떠났다.
다. *?하는 짓이 생긴 그대로의 꼴답지 않구나.
(10) 가. 그에게는 아버지의 정다운 정이 없다.
나. 그 꽃들은 꽃꽂이 전문가가 사온 꽃답다.
다. 네 모양으로 말하자면 지금의 그 꼴이 본래의 네 꼴다운 것이야.

이상의 관찰을 토대로 김창섭(1984)에서는 두 가지 유형의 '-답-', 곧 명사구에 붙어 형용사구를 형성하는 '-답1-'과 진정으로 형용사를 파생하는 (8)의 '-답2-'를 구별한다. 이 가운데 '-답2-'에 의한 파생형용사의 예는 공시적으로 '-답-'을 분석하기 어려운 (8나)를 제외하면 (8가)의 6개에 한정되는 것으로 보았다. 한편 김창섭(1984)에 따르면 '-답1-'은 '①NP1∈NP2의 함의, ②NP1∈NP2이기 위한 조건을 NP1이 만족시킨다는 판단주체의 주관적 · 긍정적 가치평가'의 의미를, '-답2-'는 '-롭-'의 이형태로서 '어기의 속성이 풍부히 있음'의 의미를 갖는다는 점에서도 구별된다.

이와 같이 김창섭(1984)에서는 그간 명사와 어근을 어기로 하여 형용사를 파생하는 접미사로 보아온 '-답-'을 비판적으로 검토하고, 보통의 '-답-'은 명사구를 어기로 취하여 형용사구를 형성하는 통사론적 기능을 갖는다는 점을 확인했다. 비록 접사의 분류 체계 안에서 다루지 못함으로써 '-답-'의 문법범주에 대한 의문을 제기할 수는 있지만, 김창섭

(1984)는 '-답-'의 통사론적 기능을 분명히 밝힘으로써 이후 통사적 접사 논의의 출발점이 되었다.

3. 통사적 접사 논의의 양상

이 장에서는 통사적 접사에 대한 세 가지의 서로 다른 관점, 곧 임홍빈(1989)의 통사적 파생설, 고창수(1986, 1992), 시정곤(1994)의 통사부 결합 통사적 접사설, 황화상(1996, 2001)의 어휘부 결합 통사적 접사설을 살펴본다.

3.1. 통사적 파생설

접사의 통사적 기능에 대한 임홍빈(1989)의 설명은 보통의 (형태적) 파생과 구별하여 통사적 파생이라는 새로운 개념을 도입하는 것으로 요약할 수 있다. 먼저 임홍빈(1989)에서 제시한 형태적 파생의 원리적인 성격은 다음과 같다.

(11) 형태적 파생의 원리적인 성격
가. 파생은 형태소나 단어의 자격을 가진 어기에 대하여 작용한다.
나. 파생의 결과는 단어나 또 다른 어기의 자격을 가진 형식을 생성한다.
다. 파생에 의하여 초래되는 문법적이거나 의미론적인 변화는 어기의 문법적이거나 의미론적인 성격에 대하여 작용하게 된다.

임홍빈(1989)에서는 형태적 파생은 (11)의 성격을 모두 가지며, 통사적 파생은 이 가운데 어느 하나를 어기더라도 성립하는 것으로 보았다. 이에 따라 임홍빈(1989)에서는 통사적 파생은 (12)와 같은 성격을 가지며, 이에는 (13)과 같은 세 가지 조건이 포함되는 것으로 보았다.

(12) 통사적 파생의 성격
어휘적 의미를 온전히 가지는 것으로 보기 어려운 문법적인 요소가 통사적 구성 뒤에, 통사적인 연결 장치의 도움 없이, 연결되는 것을 '통사적 파생'이란 이름으로 부르기로 한다.

(13) 통사적 파생의 세 가지 조건
가. 문제의 요소는 어휘적 의미를 온전히 가지지 못하는 문법적인 요소이다.
나. 문제의 요소는 단어나 형태소의 자격을 가지는 어기 뒤에 붙는 것이 아니라, 통사적인 구성 뒤에 붙는다.
다. 문제의 요소와 선행 통사적 구성 사이에는 이미 알려져 있는 바와 같은 통사적인 연결 장치가 없어야 한다.

그러면 임홍빈(1989)에서 어떤 문법 형태들을 통사적 파생과 관련된 것으로 보았는지 살펴보자. 먼저 임홍빈(1989)에서는 다음과 같은 문법 형태들이 통사적 파생에 관여하는 것으로 보았다.

(14) 끼리, 들, 씩, 째, 께(보름-), 뿐, -답-, -스럽-, -십-, -하-

임홍빈(1989)에서는 (14)의 문법 형태들이 보이는 통사적 성격을 설명하기 위해 Kato(1985)의 어휘 고도 제약('어휘는 고도(island)이다')을 다음과 같은 접미사의 어휘 고도 제약으로 받아들인다.

(15) 접미사의 어휘 고도 제약
파생어를 이루는 접미사적인 요소는 독자적으로 통사적인 구성에 참여할 수 없다.

(15)를 바탕으로 임홍빈(1989)에서는 통사적 구성에 대한 반응에서 문제의 문법 형태들이 형태적 파생의 접미사와 어떻게 다른지를 검토했다. 문제의 문법 형태 가운데 '끼리'와 형태적 파생의 접미사 '-앙이'의 예를 보이면 다음과 같다.

(16) 가. *가지에 붙은 앙이('가장이←가지+앙이'에서 두 요소를 분리한 것)
*가지는 앙이가 많다.
*앙이가 많은 것은 가지이다.
*그 앙이가 이것이다.
*무슨 앙이가 있느냐?
*[[땅에 떨어진 가지]앙이]
나. ?*동물이 모인 끼리 ['동물 끼리'를 분리한 것]
?동물은 끼리로 논다.
끼리로 노는 것은 동물이다.
그것들 끼리 논다.
무엇 끼리 노느냐?
[[우리 집에 있는 동물] 끼리]

이와 같이 '끼리'와 보통의 형태적 파생의 접미사 '-앙이'는 통사적 구성 면에서 뚜렷한 차이를 보인다. 이 가운데에서 임홍빈(1989)에서 특히 주목한 것은 '[[우리 집에 있는 동물] 끼리]'이다. 곧 '끼리'는 '동물' 뒤에만 연결되어 '동물끼리'라는 새로운 단어를 만드는 것이 아니라, '우리 집에 있는 동물'이라는 통사적인 구성 전체에 연결되어 있다는 점이다. 이는 임홍빈(1989)에서 (14)의 문법 형태들이 통사적 파생의 성격을 갖는 것으로 보는 분명한 근거가 된다. 곧 접미사의 어휘 고도 제약 (15)를 어기는 것은 물론, 통사적 파생의 조건 가운데 (13나)를 충족하므로 이들은 통사적 파생의 부류에 속한다.

아울러 임홍빈(1989)에서는 통사적 파생의 성격 혹은 그 조건과 관련하여 (13다)의 '통사적 연결 장치'를 검토한다. 먼저 임홍빈(1989)에서 통사적 연결 장치를 갖는 것으로 제시한 예는 다음과 같다.

(17) 가. 나는 [[철수가 오는] 것]을 보았다.
나. 나는 [[철수가 오기] 전]에 준비를 끝냈다.
다. [[돈이 없으면 꾸게] 마련이]다.
라. [[이런 날이면, 물에 가기] 십상]이다.
마. 그가 나를 찾는 것은 [[돈이 없기] 때문]이다.

(17가)에서는 의존 명사 '것' 앞에 '-ㄴ'과 같은 문법 장치가 있다. (17나)에서는 '-기' 구성과 '전' 사이에 외현적인 통사적 연결 장치가 없지만, '이 전, 그 전, 요 전, 조 전' 등과 같은 예들이 성립하므로, 그것은 관형 구성이라는 통사 구성을 이룬다. (17다)에서 '-게'는 부사적인 성분을 이끌며, 부사적인 성분이 서술어에 연결되는 관계는 통사적인 연결 장치의 하나가 된다. (17라)에서는 '-기 십상'과 같은 구성은 본래 '-기에 십상'이었다고 가정해 보는 것이 가능하다. 그리고 (17마)에서는 '이 때문, 그 때문, 이런 때문' 등과 같이 관형 요소가 올 수 있어서 그 구성은 통사적이다. 이를 토대로 임홍빈(1989)에서는 '통사적 연결 장치'를 가진 경우를 다음과 같이 정의한다.

(18) 문제의 요소 앞에 문법적으로 일정한 자격을 가지는 형태소들이 나타나 두 성분 사이의 연결 관계가 명시되는 경우는 물론이려니와, 외현적으로는 아무런 형식도 나타나지 않는다고 하더라도, 그 의미 관계를 명시하는 형태소들의 삽입이 잠재적으로 가능한 경우, 또는 문제의 요소가 가지는 의미 기능적 측면을 크게 손상시킴 없이 다른 구성으로 바꾸어 볼 수 있는 구성의 경우는 '통사적 연결 장치'를 가진 것으로 본다.

그리고 임홍빈(1989)에서는 (14)의 문법 형태들은 (19)와 같이 관형 성분의 선행이 불가능하므로, 이들과 선행 성분 사이에는 통사적 연결 장치가 없는 것으로 보았다. 곧 이들은 통사적 파생의 성격(혹은 조건) (13다)를 만족하는 것으로 보았다.

(19) 가. *요 끼리, *조 끼리, *이런 끼리, *저런 끼리
나. *요 들, *조 들, *이런 들, *저런 들[들은 복수 표지임]
다. *요 씩, *조 씩, *이런 씩, *저런 씩
라. *요 째, *조 째, *이런 째, *저런 째

임홍빈(1989)에서는 (14) 가운데 '-답-, -하-, -싶-, -스럽-'도 다음과 같이 구에 연결되며, 어휘적 요소라기보다는 문법적 요소이며, 선행 형식과의 사이에 아무런 통사적 연결 장치가 없다는 점에서 통사적 파생의 성격을 갖는 것으로 보았다.

(20) 가. 그는 [[우리가 믿는 정치인]답]다.
나. 오늘은 [[[비가 올]듯]하]다.
다. 오늘은 [[[비가 올]성]싶]다.
라. 오늘은 [[[그가 옴]직]하]다.
마. 오늘은 [[[그가 옴]직]스럽]다.

이 밖에 임홍빈(1989)에서는 (21)의 '-하-', (22)의 '-하-'도 통사적 파생의 부류에 속하는 것으로 보았다. 특히 이때의 '-하-'와 관련하여 임홍빈(1989)에서 주목한 것은 그 품사가 하나로 고정되지 않고 선행 요소나 성분의 의미론적 특성에 따라 결정되는데, 실질적 어휘가 이러한 성격을 가지는 일이 없다는 의미에서 이는 통사적 파생의 조건 (13가)를 충족한다는 점이다.

(21) 가. 철수가 가거나 영희가 오거나 한다.
나. 멜로디가 나쁘든지 가사가 나쁘든지 하다.
(22) 가. 그들은 학교에 가지 않는다.
나. 방 안에 사람이 있기는 하다.

한편 임홍빈(1989)에서는 통사적 구성을 이루는 요소가 통사적 연결 장치를 가지지 않는다면, 그것은 형식 논리상 통사적 구성이 아니라는 결론에 이를 염려가 있다고 보고, 통사적 파생 관계를 갖는 의존 요소와 선행 성분은 다음과 같이 '무표적 보어 관계'를 이루는 것으로 봄으로써 이를 개념적으로 보완했다.5)

(23) (18)에 대한 보충
통사적 파생을 유도하는 요소와 그에 선행하는 통사적 성분 사이에는 비록 (18)에 규정된 바와 같은 '통사적 연결 장치'는 없다고 하더라도, 그들 사이에는 '무표적 보어 관계'가 성립하는 것으로 본다.

5) 임홍빈(1989)에서는 의미론적인 의존성을 강하게 가지는 어떤 요소가 그 성립을 위하여 꼭 필요로 하는 성분을 '보어'라고 부르는 것은 온당하며, 다른 유표적인 형식을 가지지 않는다는 점에서 '무표적'이라고 부르는 것도 허용될 수 있는 것으로 보았다.

임홍빈(1989)에서 통사적 파생의 성격을 갖는 것으로 본 문법 형태에는 조사와 어미도 있다. 곧 임홍빈(1989)에서는 이를테면 조사 '에게'는 (24가)에서와 같이 체언 '사람'이 아니라 명사구 '어제 온 사람'에 연결되며, 어미 'ㄴ'은 (24나)에서처럼 용언 '오-'가 아니라 문장 '어제 오-' 전체에 연결되는 것으로 보았다.

(24) 가. [[어제 온 사람]에게]
　　 나. [[[어제 오]ㄴ]사람]

이와 같이 임홍빈(1989)에서는 통사론적 기능을 갖는 다양한 문법 형태들을 검토하고 이를 통사적 파생이라는 새로운 개념을 도입하여 설명했다. 이는 무엇보다도 접사적인 요소의 통사론적 기능을 통사적 파생이라는 하나의 문법 현상으로 포착했다는 데 의의가 있다.

3.2. 통사부 결합 통사적 접사설

고창수(1986, 1992), 시정곤(1994)에서는 파생 접사와 굴절 접사의 전통적 접사 분류 체계를 대신하여 어휘적 접사와 통사적 접사의 새로운 분류 체계를 제시함으로써 접사의 통사론적 기능을 체계 안에서 설명했다.

고창수(1986, 1992)에서는 국어의 접사를 어휘적 구성에 관계하는(혹은 핵에 직접 부착되는) 어휘적 접사와 통사 구조에 관계하는(혹은 그 이상의 투사에 접미되는) 통사적 접사로 나누었다. '-이(다)'를 예로 들어 통사적 접사가 결합한 구의 구조를 보이면 다음과 같다.

(25) 철수가 [[우리의 착한 학생]$_{NP}$ [이]$_{Vaf}$]$_{VP}$다 (고창수 1992 : 267)

고창수(1986)에서는 통사적 접사를 내적 구성과 외적 구성이라는 서열적 특성에 따라 다시 굴곡접미사와 어간형성접미사로 나누었다. 굴곡접미사는 "문장의 문법적 의미를 첨가해 주며, '외적 구성'의 서열적 분포를 가지는[6] 일련의 접미사들"로서 다시 체언접미사(조사)와 용언접미사(활용어미)로 나뉜다. 그리고 어간형성접미사는 "내적 구성의 서열성을 갖고 있으며, 문장의 어떤 요소들(구절, phrase)을 어간화하면서 선행 요소들의 범주 및 기능에 변질을 가하는 통사적 접미사"로서 다음과 같이 네 가지 유형으로 나뉜다.

(26) 어간형성접미사
가. 체언화접미사 : -ㅁ, -기, -아, -어, -게, -지, -고, -나, -야, …
나. 용언화접미사 : -이-, -하-, -롭-, -답-, -되-, …
다. 피·사동접미사 : -이-, -히-, -리-, -기-, …
라. 시상·존대접미사 : -았-, -겠-, -ㄴ, -ㄹ, -시-, …

시정곤(1994)에서는 새로운 접사 분류 체계의 도입을 위해 먼저 파생 접사와 굴절 접사의 분류 체계를 비판적으로 검토했다. 검토의 대상은 (27)과 같은, Nida(1946 : 99-100)에서 제시한 파생 접사와 굴절 접사의 차이이다.

6) '외적 구성'의 서열적 분포를 갖는다는 것은 어떤 접미사의 후행도 허용하지 않는다는 것을 뜻한다.

(27)

	파생	굴절
① 해당 품사의 단일어와 똑같은 품사에 속한다	+	−
② 어기에 가깝다	+	−
③ 중복 가능	+	−
④ 분포의 제약	+	−
⑤ 품사를 바꾼다	+	−
⑥ 단어를 만들고 문법적 관계를 나타내지 않는다	+	−

(27)에 대해 시정곤(1994)에서 제기한 문제는 접사의 활동 영역이 형태론이라는 범주 안에서 논의되었고, 형태론과 통사론의 상관성이 전혀 고려되지 않았다는 점이다. 곧 생성문법의 관점(Chomsky 1986)에 서면 굴절 접사는 통사범주(INFL)를 갖게 되며, 이를 인정하면 (28)과 같은 규칙에 의해 굴절 접사도 통사범주를 바꾼다고 할 수 있으며, 따라서 (27)의 ⑤는 더 이상 유지될 수 없다는 것이다.

(28) IP → I VP

시정곤(1994)에서는 국어의 예 (29)에서도 굴절 접사 '-다'는 통사범주 M(odal)(또는 C(OMP))을 가지며, TP(또는 IP)인 [철수가 밥을 먹었]의 구성을 MP(또는 CP)로 바꾸는 기능을 하므로(즉 MP→TP M), 굴절 접사가 품사(통사범주)를 바꾸지 않는다는 (27)의 ⑤는 타당성을 잃는다고 보았다.

(29) 철수가 밥을 먹었다.

이를 바탕으로 시정곤(1994)에서는 접사의 일부는 형태론에서 활동하지 않고 통사론과 관련을 맺고 있으며(곧 접사의 일부는 단어보다 더 큰 범주(구)와 결합하며), 따라서 국어의 접사는 그 활동 범위에 따라 새롭게 분류해야 한다고 보았다. 그 새로운 분류 체계가 바로 (30)과 같이 어근(XO)과 함께 단어 형성에 참여하는 '어휘적 접사(lexical affix)'와 통사부에서 구(XP)와 결합하여 새로운 구를 형성하는 '통사적 접사(syntactic affix)'를 구분하는 체계이다.

(30) 가. 어휘적 접사

(Affix) + X^O+ (Affix) → Y^O

(X, Y = N, V)

나. 통사적 접사

XP + Affix → YP

(X, Y = N, V, T, M, C)

시정곤(1994)에서는 통사적 접사를 다시 통사적 어휘접사와 통사적 기능접사로 나눈다. 통사적 어휘접사(syntactic lexical affix)는 통사적 접사 가운데 실질형태소로서 논항구조를 가진 접사를 말하며, 통사적 기능접사(syntactic functional affix)는 나머지의 통사적 접사를 말한다.

시정곤(1994)에서 통사적 어휘접사로 본 것에는 '-이-, -답-, -히-' 등이 있다. 시정곤(1994)에서는 이들 접사는 통사 구조에서 핵으로서 독립된 교점을 가지며, 그 범주는 모두 동사(V)이며, VP까지 투사된다고 보았다. 통사적 어휘접사화와 그 예는 (31)과 같다.

(31) 통사적 어휘접사화
[[XP] [Affix]$_{V}$]$_{VP}$
[+α]
(X=N, V/α=논항구조)
<예>
영희는 [예쁜 소녀]$_{NP}$이다.
명수는 [용감한 군인]$_{NP}$답다.
순이가 영철에게 [팔을 잡]$_{VP}$히었다.

통사적 기능접사는 명사구와 결합하여 다시 명사구를 형성하는 통사적 기능 접사(A), 동사구와 결합하여 다시 동사구를 형성하는 통사적 기능접사(B), 그리고 동사구나 동사 상당어구에 결합하여 명사구나 명사 상당어구를 형성하는 통사적 기능접사(C)로 나뉜다. 이 가운데 통사적 기능접사(A)는 서열성에 따라 구조 폐쇄의 기능을 갖는 2부류접사(구조격 조사)와 이에 선행하는 1부류접사(어휘격 조사, 특수조사)로 나뉘며, 통사적 기능접사(B) 또한 서열성에 따라 구조 폐쇄의 기능을 갖는 2부류접사(어말어미)와 구조 폐쇄의 기능이 없는 1부류접사(선어말어미)로 나뉜다. 그리고 통사적 기능접사(C)에는 기존의 명사형 어미, 관형사형 어미, 부사형 어미 등이 포함된다. 시정곤(1994)에서는 통사적 기능접사화를 유형별로 다음과 같이 형식화했다.[7]

(32) 통사적 기능접사화(A)
가. 1부류접미사화
[[NP] [*Affix]$_{N}$]$_{NP}$

---

7) H(onorific)는 주체 존대, T(ense)는 시제, M(odality)은 서법과 겹칭을 나타내는 문법 형태들이 갖는 기능범주이며, C(omplementizer)는 보문소의 기능범주이다.

(*≥0)

나. 2부류접미사화

$[[[NP]\ [_{*}Affix]_{N}]_{NP}\ [Affix]_{N}]_{NP}$

(*≥0)

(33) 통사적 기능접사화(B)

가. 1부류접미사화

$[[VP]\ [^{*}Affix]_{X}]_{XP}$

(*≥0, X=H, T 등)

나. 2부류접미사화

$[[[VP]\ [^{*}Affix]_{X}]_{XP}\ [Affix]_{M}]_{MP}$

(*≥0, X=H, T 등)

(34) 통사적 기능접사화(C)

$[[[VP]\ [^{*}Affix]_{X}]_{XP}\ [Affix]_{Y}]_{YP}$

(*≥0, X=V, T / Y=N, C)

이를 종합하여 시정곤(1994)에서 제시한 통사적 접사의 분류 체계와 그 예를 제시하면 다음과 같다.

(35) 가. 통사적 어휘접사

-이-, -답2-, -히-, -같-, -대-, …

나. 통사적 기능접사

① 통사적 기능접사(A)
- 1부류접사 : -에게, -부터, -만, …
- 2부류접사 : -이/가, -을/를, -의

② 통사적 기능접사(B)
- 1부류접사 : -시-, -었-, -겠-, …
- 2부류접사 : -다, -라, -니, …

③ 통사적 기능접사(C) : -기, -음, -어, -게, -ㄴ, -ㄹ, …

한편 시정곤(1994)에서는 통사적 접사는 통사부에서 구에 결합하지만 형태론적으로는 어근에 결합한다고 보고 이를 핵 이동(Head Movement)으로 설명한다. 곧 시정곤(1994)에서는 다음과 같이 통사부에서 어근이 접사로 핵 이동함으로써 어근과 접사가 형태론적으로 결합하는 것으로 보았다.

(36) 가. [[[소년]$_{N}$]$_{NP}$ [이]$_{N}$]$_{NP}$ 맛있는 과자를 먹는다.
→(핵 이동) [[[t_{i}]$_{N}$]$_{NP}$ [소년$_{i}$이]$_{N}$]$_{NP}$ 맛있는 과자를 먹는다.
나. 철수는 [[[학생]$_{N}$]$_{NP}$ [이]$_{V}$]$_{VP}$다.
→(핵 이동) 철수는 [[[t_{i}]$_{N}$]$_{NP}$ [학생$_{i}$이]$_{V}$]$_{VP}$다.

이와 같은 핵 이동을 설명하기 위해 시정곤(1994)에서는 Lasnik(1981 : 164)의 여과조건을 원용하여 다음과 같은 핵 이동의 형태론적 조건을 제시했다.

(37) 핵 이동의 형태론적 조건
형태론적인 의존성과 의미론적인 의존성을 동시에 가지는 의존형태소는 [-FF : Free Form] 자질을 가지고 있으며 이 형태소는 [+FF] 형태소(어근)의 핵 이동을 유도한다.

이와 같이 고창수(1986, 1992), 시정곤(1994)에서는 파생 접사와 굴절 접사의 전통적 접사 분류 체계를 대신하여 어휘적 접사와 통사적 접사의 새로운 분류 체계를 제시하고, 통사적 접사는 기능적으로는 구에 결합하지만 형태론적으로는 어근에 결합한다고 보고 이를 핵 이동이라는 통사부의 장치로 설명했다. 이는 무엇보다도 접사의 통사론적 기능을 체계 안에서 설명했다는 데에서 의의를 찾을 수 있다.

3.3. 어휘부 결합 통사적 접사설

고창수(1986, 1992), 임홍빈(1989), 시정곤(1994) 등은 설명의 구체적인 방식에는 차이가 있지만 통사적 접사가 통사부에서 구에 결합하는 것으로 본 공통점이 있다. 이는 통사적 접사의 문법적 기능이 통사적이라는(혹은 통사 단위로서의 구에 관련된 것이라는) 사실에 주목한 결과이다. 이와 달리 황화상(1996, 2001)에서는 통사적 접사는 어휘부에서 어근에 결합한다고 보고 그 통사적 기능을 설명하는 새로운 설명 방식을 제안했다.

황화상(1996, 2001)에서 통사적 접사가 어휘부에서 어근에 결합한다고 본 것은 그 종류에 관계없이 접사의 결합 그 자체는 본질적으로 형태론적이라는 인식에 토대를 둔 것이다. 이는 굴절과 파생을 동일한 절차로 보고 이를 모두 어휘부에서 다루어야 한다고 보는 강어휘론 가설에[8] 따른 것으로서, 통사부의 규칙(핵 이동)으로 간주되는 접사 첨가(Affix-hopping)가 어휘부의 형태 규칙과 다르지 않다고 본 Ouhalla(1994 : 58)와도[9] 통한다.

이와 같이 황화상(1996, 2001)에서는 어휘부에서 어근에 결합한다는 점은 어휘적 접사와 통사적 접사 사이에 다름이 없다고 본다. 곧 다음과 같이 어휘적 접사 '-스럽-'이 결합한 '어른스럽-'과 통사적 접사 '-답-'이 결합한 '군인답-'의 형태 구조(혹은 형태론적 분석)는 동일하다고 본다.

---

8) 어휘론 가설은 단어 형성의 변형론적 접근(Lees 1960, Lakoff 1965, Ross 1967, Chapin 1967, Levi 1978 등)에 대한 반론으로 Chomsky(1970)에서 제안되었는데, 이후 어휘부 단어 형성에 파생만을 포함하는 약어휘론 가설(Siegel 1974=1979, Aronoff 1976, Allen 1978, Roeper & Siegel 1978, Borer 1984 등)과 굴절까지 포함하는 강어휘론 가설(Halle 1973, Jackendoff 1975, McCarthy 1979, Lieber 1980, Williams 1981, Kiparsky 1982, Selkirk 1982, Di Sciullo & Williams 1987, Grimshaw 1986 등)로 입장이 양분되었다.(황화상 2001 : 56 주46)

9) Affix-hopping is basically a rule of affixation which derives a complex verb ⋯ it is not very different from the morphological rules of derivation which apply in the Lexicon, ⋯. (Ouhalla 1994 : 58, 황화상 2005 : 273 참조)

(38) 형태 구조(혹은 형태론적 분석)의 유사성
가. 그는 [어른[스럽]](다)
나. 그는 [군인[답]](다)

다만 황화상(1996, 2001)에서는 통사적 접사는 (39나)와 같은 통사론적 분석을 허용한다는 점에서 (39가)와 같은 분석을 허용하지 않는 어휘적 접사와 다르다고 본다. 이는 통사적 접사는 그 문법적 기능이 통사 구성에 관련된 것이라는 점에서 어휘적 접사와 다르다는 것을 뜻한다.

(39) 통사 구조(혹은 통사론적 분석)의 차이
가. *그는 [[훌륭한 어른]스럽(다)]
나. 그는 [[용감한 군인]답(다)]

황화상(1996)에서는 (39가)과 (39나)의 차이, 곧 어휘적 접사와 통사적 접사의 차이를 (40)과 같이 자질의 세기 차이로 설명한다.10) 이는 황화상(1996)에서 어근과 접사의 결합 과정에서 적용되는 것으로 가정한, (41)과 같은 자질 선택 원리에 따른 것이다.

(40) 가. 어휘적 접사는 강한(strong) 범주 자질을 갖는 접사로서 다음과 같은 속성을 갖는다.
① 어휘적 접사는 어근의 어휘 범주 자질을 폐쇄한다.
② 어휘적 접사는 어근의 어휘적 의미를 한정한다.
③ 어휘적 접사가 결합하여 형성된 단어는 어휘부에 별개의 어

10) 황화상(1996)에서 어휘적 접사와 통사적 접사를 자질의 세기에 따라 구별한 것은 Pollock (1989)에서 영어와 불어의 어순 차이를 일치소(AGR)가 갖는 동사 자질의 강약의 차이로 설명한 것과 모든 이동을 자질의 이동으로 가정한 Chomsky(1995)에서 외현적 이동을 설명하기 위해 강한 자질(strong feature)을 설정한 것을 원용한 것이다.

휘 항목으로 등재된다.

④ 어휘적 접사가 결합하여 형성된 단어는 통사부에서 하나의 단위로 인식된다.

나. 통사적 접사는 약한(week) 범주 자질을 갖는 접사로서 다음과 같은 속성을 갖는다.

① 통사적 접사는 어근의 어휘 범주 자질을 폐쇄하지 못한다.

② 통사적 접사는 어근의 통사적 기능과 문법적 의미를 한정한다.

③ 통사적 접사가 결합하여 형성된 단어는 어휘부에 등재되지 않는다.

④ 통사적 접사가 결합하여 형성된 단어는 통사부에서 하나 이상의 단위로 인식된다.

(41) 자질 선택 원리

모든 자질을 선택하라.

단 자질 충돌이 발생하면, 다음과 같은 자질 우위 조건이 적용된다.

<자질 우위 조건>

가. 두 자질의 세기가 다르면, 강한 자질을 선택하라.

나. 두 자질의 세기가 동등하면, 두 자질을 모두 선택하라.

이에 따르면 통사적 접사가 결합한 '군인답-'은 '-답-'의 범주 자질(V)이 약하므로 어근 '군인'의 범주 자질(N)을 폐쇄하지 못한다. 곧 (41)에 따라 '군인답-'은 범주 자질로 N과 V를 모두 갖게 된다.[11] 이와 달리 어휘적 접사가 결합한 '어른스럽-'은 '-스럽'의 범주 자질(V)이 강하므로 어근 '어른'의 범주 자질(N)을 폐쇄한다. 곧 (41)에 따라 '어른스럽-'은 범주 자질로 V만 갖게 된다. (39가)와 (39나)의 차이는 바로 여기에서 생긴다. 곧 '군인답-'은 범주 자질 N을 가지므로 관형 성분('용감한')의

11) 황화상(1996)에서 어근은 약한 범주 자질을 갖는 것으로 본다.

수식을 허용하지만, '어른스럽-'은 범주 자질 N을 갖지 못하므로 관형 성분('훌륭한')의 수식을 허용하지 않는다.

이와 같이 기존의 통사적 접사 논의가 접사의 활동 영역에 따라 (어휘부에서 어근에 결합하는) 어휘적 접사와 (통사부에서 구에 결합하는) 통사적 접사를 구분한 것이라면, 황화상(1996, 2001)은 접사의 활동 영역을 어휘부에 국한하되 어근에 대한, 접사의 영향력에 따라 (어근의 어휘 범주를 폐쇄하는) 어휘적 접사와 (어근의 어휘 범주를 폐쇄하지 못하는) 통사적 접사를 구분한 것이라는 데 본질적인 차이가 있다.

4. 통사적 접사 관련 논의의 쟁점

이 장에서는 문제의 문법 형태들에 대한 문법 범주 설정의 문제, 이들의 접사적 성격에 대한 설명의 문제를 중심으로 통사적 접사에 관련된 논의의 쟁점을 살펴본다. 문법 범주의 설정과 관련해서는 통사적 접사설 외의 또 다른 관점들을 살펴보고, 이들의 결합과 관련해서는 이들이 결합하는 문법 층위(혹은 부문)에 대한 서로 다른 접근 방식을 살펴본다.

4.1. 문법 범주의 설정 문제

전통적으로 접사는 형태론적 단위로 인식되어 왔다. 이에 따르면 접사의 주된 기능은 형태 단위로서의 어근에 결합하여 새로운 형태 단위(단어)를 만드는 것이다. 굴절 접사라는 용어 또한 접사의 문법적 기능이 단어 차원으로 한정된다는 인식을 반영한 것이다. 통사적 접사 논의는 이와 같은 전통적인 관점에 대한 문제 제기에서 출발한 것이지만, 반대로 이와 같은 전통적인 관점에서 보면 통사적 파생, 그리고 통사 구성에 결합하는(혹은 문법적 기능이 통사 구성에 관련되는) 접사로서의 통사적 접사는 개념적 모순을 내포할 수밖에 없다. 박진호(1994, 1999)의 통사원자, 김창섭(2007, 2011)의 부접어와 같은, 문제의 문법 형태들(혹은 그 일부)에 대한 또 다른 관점이 제시될 수 있었던 것은 바로 이런 까닭에서이다.

박진호(1994)는 전통적인 단어 개념을 음운론적 단어(phonological word)와 통사원자(syntactic atom)로 해체하는 데에서 출발한다. 음운론적 단어는 박진호(1994)에서 단어를 정의하는 데 나타나는 개념들, 곧 자립성(freeness, Bloomfield 1933)과 휴지(pause, Hockett 1958)가 기본적으로 음운론적인 것이라는 데 주목하여 설정한 단어 개념이다. 그리고 통사원자는 단어가 통사론의 기본 단위라는 전통적인 인식을 반영한 것이다. 이에 따르면 (42)에서 음운론적 단어는 '철수가', '밥을', '먹었다'의 셋이며, 통사원자는 '철수', '-가', '밥', '-을', '먹-', '-었-', '-다'의 일곱이다.

(42) 철수가 밥을 먹었다.

박진호(1994)에서는 조사와 어미는 단어보다 큰 단위, 곧 구(phrase)와 결합하므로 통사원자의 자격을 갖는다고 본다. 이를테면 '예쁜 소녀가'에서 조사 '-가'는 '예쁜 소녀'라는 구와 결합하므로 통사원자이며, '-었-'은 (42)에서 '먹-'과 결합하는 것이 아니라 '철수가 밥을 먹-' 전체와 결합하므로 통사원자이다. 박진호(1994)에서는 그 증거로 다음의 예를 든다.

(43) 가. 어제 철수는 청소를 하고 영희는 빨래를 하였다.
　　나. 지금쯤 철수는 청소를 하고 영희는 빨래를 하겠다.

박진호(1994)에 따르면 '-었-'이 쓰이지 않았지만 (43가)의 선행절이 과거로 해석되는 것은 후행절 '-었-'의 작용역(scope)이 선행절에까지 미치기 때문이며, 마찬가지로 (43나)의 선행절이 추측의 의미로 해석되는 것은 후행절 '-겠-'의 작용역(scope)이 선행절에까지 미치기 때문이다. 이는 '-었-'과 '-겠-'이 선행절과 후행절을 포함하는 문장 전체에 결합한다는 것을 뜻한다.

이와 같이 박진호(1994)는 조사와 어미가 단어가 아닌 그보다 큰 단위, 곧 통사 구성에 결합하는 것으로 본다는 점에서는 통사적 접사 논의와 다름이 없다. 다만 박진호(1994)는 접사는 음운론적인 개념이며, 따라서 통사론의 단위가 될 수 없다고 본다는 점에서, 곧 조사와 어미를 통사원자로서의 단어로 본다는 점에서 통사적 접사 논의와 다르다. 이런 관점에서 박진호(1994)에서는 통사적 접사 논의를 음운론적 사실과 통사론적 사실을 혼동한 진술로 이해한다.

한편 김창섭(2007, 2011)에서는 부접어라는 새로운 문법 범주를 설정한다. 김창섭(2011)에 따르면 부접어는 보충어를 무표지로 취하여 그에 직접 결합하는 단어들이다. 이에는 통사적 접사로 다루어지기도 했던 '이(다), 답(다), 같(다)' 등이 포함되는데,12) 이들은 (44)와 같이 구 보충어에 직접 결합하여 부접 구성을 만든다.

(44) 가. 철수는 [[국문과 학생]$_{NP}$ [이]$_{V}$]$_{VP}$ 다.
나. 철수는 [[국문과 학생]$_{NP}$ [답]$_{V}$]$_{VP}$ 다.
다. 저는 할아버지가 [[오늘 당번]$_{NP}$ [같]$_{V}$]$_{VP}$ 으신데요.

12) 김창섭(2011)에서 '-이-, -답-, -같-'은 부접 형용사의 범주를 가지며, 이 밖에 부접어에는 부접 동사(예 : (-기) 시작하-), 부접 명사(예 : (국문과) 출신), 부접 부사(예 : (너희들) 마음껏) 등이 있다.

(44)의 구조 자체는 이들을 통사적 접사로 보는 논의에서 제시한 것과 다름이 없다. 이를테면 (44가)는 앞서 살펴본 고창수(1992 : 267)의 구조 (25)와 같다. 이들의 문법 범주가 전자에서는 부접어로서의 단어, 후자에서는 통사적 접사로서의 접사라는 차이가 있을 뿐이다. 이와 관련하여 주목할 수 있는 것은 김창섭(1984)에서 '-답-'의 통사론적 기능을 확인했지만, 김창섭(1994/1996)에서는 '-이-, -답-, -같-'을 '의존적인 형용사'로 설정하고, 김창섭(2007, 2011)에서 다시 부접어라는 더 큰 범주 안에서 이들을 '부접 형용사'로 설정했다는 사실이다. 통사적 접사 논의의 배경을 제공했지만 문제의 문법 형태들을 접사로 보지 않은 데에는 단어보다 큰 단위에 관련된 문법 형태들을 접사로 보는 데 대한 이론적 부담이 작용한 것으로 보인다.

4.2. 접사적 성격의 설명 문제

문제의 문법 형태들을 통사적 접사로 보든, 이들을 통사원자나 부접어와 같은 다른 성격의 문법 형태로 보든 관계없이 이들의 문법적 기능이 통사적인 구성에 관련된 것이라고 보는 데에는 이견이 없다. 다만 이들의 접사적인(형태 단위로서의 어근에 결합하는) 성격을 문법적으로 어떻게 설명할 것인지에 대해서는 이견이 있다. 이는 크게 이들의 접사적인 성격을 통사부에서 설명하는 견해(고창수 1992, 시정곤 1994), 음운부에서 설명하는 견해(박진호 1994, 1999), 어휘부에서 설명하는 견해(황화상 1996, 2001, 2015)로 나뉜다.

앞서 살펴보았듯이 고창수(1992), 시정곤(1994)에서는 통사적 접사는 통사부에서 구에 결합하지만 형태론적으로는 어근에 결합한다고 보고, 이를 (어근의) 핵 이동이라는 통사론적 장치로 설명했다. 어근의 핵 이동, 그리고 이를 설명하기 위해 설정한 핵 이동의 형태론적 조건을 다시 제시하면 다음과 같다.

(36) 가. [[[소년]$_{N}$]$_{NP}$ [이]$_{N}$]$_{NP}$ 맛있는 과자를 먹는다.
→(핵 이동) [[[t_i]$_{N}$]$_{NP}$ [소년$_i$이]$_{N}$]$_{NP}$ 맛있는 과자를 먹는다.
나. 철수는 [[[학생]$_{N}$]$_{NP}$ [이]$_{V}$]$_{VP}$다.
→(핵 이동) 철수는 [[[t_i]$_{N}$]$_{NP}$ [학생$_i$이]$_{V}$]$_{VP}$다.

(37) 핵 이동의 형태론적 조건
형태론적인 의존성과 의미론적인 의존성을 동시에 가지는 의존형태소는 [-FF : Free Form] 자질을 가지고 있으며 이 형태소는 [+FF] 형태소(어근)의 핵 이동을 유도한다.

단어를 음운론적 단어와 통사원자로 해체하고, 조사와 어미를 통사원자로 본 박진호(1994, 1999)에서는 이들이 음운부에서 결합하는 것으로 보았다. 이는 이를테면 '예쁜 꽃을'에서 '꽃을'은 하나의 문법 단위가 되지 못하며, '을'의 의존성은 음운론적인 것이라는 박진호(1994, 1999)의 인식에 토대를 둔 것이다. 먼저 박진호(1999)에서는 '예쁜 꽃을'에서 '-을'이 통사론적 관점에서는 '예쁜 꽃'에 결합하지만 형태론적 관점에서는 '꽃'에 결합하는 것으로 볼 수는 없다고 보았다. 영어의 예 'the King of England's hat'에서 'England's'를 'England'의 굴절형으로 볼 수는 없듯이, 다시 말해 ''s'는 접미사로서 앞 요소에 대해 음운론적 의존성을 가질 뿐 'England'와 기호적 관계를 맺는 것은 아니어서 'England's'를 하나의 문법 단위로 설정할 수 없듯이, 국어에서도 '꽃을'은 하나의 문법 단위가 될 수 없다는 것이다. 그리고 박진호(1999)에서는 '꽃을'을 하나의 문법 단위로 보려는 것은 '-을'의 의존성을 포착하려는 데에서 비롯된 것이지만, 이는 형태론이나 통사론에서 설명할 것이 아니라 음운론에서 설명할 것이라고 보았다.[13)]

황화상(1996, 2001)에서는 통사적 접사가 어휘부에서 어근에 결합한다고 본다. 먼저 황화상(1996, 2001, 2015)에서는 시정곤(1994)와 관련하여 어근과 통사적 접사의 결합을 설명하기 위한 핵 이동은 순수하게 어근과 접사의 형태론적 결합을 위한 것이라는, 다시 말해 형태론적 이유에서 비롯되는 통사론적 과정이라는 문제가 있다고 보았다. 다음으로 황화상(2015)에서는 조사와 어미의 결합을 음운론적인 것으로 설명한 박진호(1994, 1999)와 관련하여 조사와 어미는 단독으로 음성 실현이 불가능하거나 단독으로 운율 단위를 이룰 수 없는 언어 형식이 아니라는 점에서 이들이 음운부에서 어근에 결합해야 하는 음운론적인 동기는 없다고 보았다. 그리고 황화상(2015)에서는 (45)와 같이 용언 어간과 어미의 결합형이 통사부에서 이동의 대상이 된다는 점에서도 (45)의 이동 전 통사 구조는 어간과 어미가 하나의 단위가 되지 못하는 (45가)가 아니라 어간과 어미가 하나의 단위를 이루는 (45나)여야 한다고 보았다. 이는 어간과 어미의 결합을 통사부 이후 음운부의 소관으로 볼 수는 없다는 것을 뜻한다.

(45) 샀니 그 책?
　　가. [[[[그 책] 사]았]니]?
　　나. [[그 책] [샀니]]?

13) "접미사란 음운론적으로 자립적이지 못하여 반드시 선행 요소와 결합해야만 발화에 나타날 수 있는 요소이다."(박진호 1994 : 8).

이에 따라 황화상(1996, 2001, 2015)에서는 조사와 어미의 의존성을 형태론적인 것으로 보고, 그 결합 또한 형태론적인 것으로서 어휘부의 소관으로 보았다. 그리고 황화상(2015)에서는 이러한 관점은 (46)과 같은 대등 접속 구성의 시제 해석을 자연스럽게 설명하는 이점도 있다고 보았다.

(46) 가. 비가 오고 흐린 날씨
① [[비가 오고 흐리]은] 날씨
② [[비가 오고] [흐린]] 날씨
나. 흐리고 비가 오는 날씨
① [[흐리고 비가 오]는] 날씨
② [[흐리고] [비가 오는]] 날씨

황화상(2015)에 따르면 (46)에서 관형사형 어미 '-은, -는'의 통사적 기능은 각각 '비가 오고 흐리-', '흐리고 비가 오-' 전체와 관련된다. 따라서 어미가 통사부에서 결합하는 것이라면 (46)에서 어미의 통사적 기능은 ①과 같은 구조에서 대등 접속된 각 성분에 작용할 것이다. 그러나 이러한 설명으로는 대등 접속 구성의 시제를 올바로 해석할 수 없다. (46가)에서는 대등 접속 구성의 선행 성분 '비가 오-'가 관형사형 어미 '-은'에 의해 과거로 잘못 해석되고, (46나)에서는 관형사형 어미 '-는'이 형용사 '흐리-'에 시제를 부여하는 것 자체부터 불가능하기 때문이다. 이는 (46)에서 관형사형 어미 '-은'과 '-는'의 시제는 ②와 같은 통사 구조에서 각각 '흐리-'와 '오-'에 의해 현재로 해석된 후 선행 성분과 관련되어야 한다는 것을 뜻한다.[14)]

14) 이와 관련하여 우순조(1997), 이홍식(2005 : 357) 등에서는 '신속하고 정확하게 일을 마무리해라.'는 '신속하게 그리고 정확하게 일을 마무리해라.'의 의미로 해석되므로 접속 부사

5. 결론

통사적 접사 논의는 김창섭(1984)에서 '-답-'을 대상으로 그 통사론적 기능에 주목하면서 비롯되었다. 김창섭(1984)에서는 '-답-'이 선행 명사류를 어기로 하여 형용사를 파생하는 기능을 갖는 것은 일부에 한정된 것이며, 보통의 '-답-'은 모든 명사류를 어기로 취할 수 있는 것으로 보았다. 다만 이때 '-답-'의 선행 형식은 명사가 아니라 명사구이며, '-답-'은 선행 명사구를 형용사구화하는 기능을 갖는 것으로 보았다. 이에 따라 김창섭(1984)에서는 '-답-'을 두 가지, 곧 명사구에 붙어 형용사구를 형성하는 '-답1-'과 명사에 붙어 형용사를 파생하는 '-답2-'로 구분했다.

임홍빈(1989)에서는 파생의 개념을 확장함으로써 접사의 통사론적 기능을 설명했다. 곧 임홍빈(1989)에서는 어휘적 의미를 온전히 가지는 것으로 보기 어려운 문법적인 요소가 통사적 구성 뒤에 통사적인 연결 장치의 도움 없이 연결될 수 있다고 보고 이를 보통의 파생, 곧 형태적 파생과 구별하여 통사적 파생이라고 함으로써, 접사적인 요소가 통사부에서 통사 구성에 결합하는 것을 이론적으로 설명했다.

고창수(1986, 1992), 시정곤(1994)에서는 파생 접사와 굴절 접사의 전통적 접사 분류 체계를 대신하여 국어의 접사를 어휘부에서 어근에 결합

구는 '[[신속하고 정확하]게]'의 구조를 가져야 한다고 보았다. 그러나 본 연구의 관점에서는 접속 부사구도 '[[신속하고] [정확하게]]'의 구조를 갖는다. 이때 선행 성분의 부사어로서의 해석은 '정확하게'가 부사어라는 사실과 해당 구성이 대등 접속 구성이라는 사실에 의해 가능하다. 이는 '맑고 깨끗이, 외롭고 쓸쓸히, 쉽고 간단히'와 같은 형식의 대등 접속 부사구를 설명하는 데에도 이점이 있다. 이들의 통사 구조는 이를테면 '[[맑고 깨끗]이]'와 같은 것일 수는 없다. 이들은 '[[맑고] [깨끗이]]'와 같은 통사 구조를 가질 뿐이다. 이와 같은 '형용사-부사'형 접속 부사구의 성립과 통사 구조에 대해서는 황화상(2013)을 참조할 수 있다.

하는 어휘적 접사와 통사부에서 통사 구성에 결합하는 통사적 접사로 분류하는 새로운 접사 체계를 제시했다. 한편 황화상(1996, 2001)에서는 어휘적 접사와 통사적 접사의 분류 체계를 받아들이되 통사적 접사 또한 어휘부에서 어근에 결합한다고 보고 두 부류 접사의 차이를 어근에 미치는 영향력의 차이로 설명하는 새로운 관점을 제시했다.

한편 일부 접미사적 요소의 통사론적 기능에 대한 인식에서 통사적 접사 논의가 비롯되었지만 이와 같은 인식이 모두 통사적 접사 논의로 수렴된 것은 아니다. 이를테면 김창섭(1994/1996)에서는 '-답-'을 '-이-(선생님이다), -같-(선생님같다)'과 함께 의존적인 형용사로 보았으며, 김창섭(2011)에서는 이들을 부접어(구조적으로 무표지 보충어에 직접 결합하는 단어)의 하나로서 부접 형용사로 보았다. 그리고 박진호(1994, 1999)에서는 조사와 어미는 통사원자로서 독자적으로 통사부에 도입되어 음운부에서 각각 체언과 용언에 결합하는 것으로 보았다.

참고문헌

고창수(1986), "어간형성접미사의 설정에 대하여," 석사학위논문, 고려대학교.

고창수(1992), "국어의 통사적 어형성," 국어학 22, 국어학회, 259-269.

김창섭(1984), "형용사 파생 접미사들의 기능과 의미—'-답-, -스럽-', '-롭-, 하-'와 '-적'의 경우—," 진단학보 58, 진단학회, 145-61.

김창섭(1994/1996), 국어의 단어형성과 단어구조 연구, 태학사.

김창섭(2007), "부접명사의 설정과 식별," 국어학 50, 국어학회, 25-55.

김창섭(2011), "부접어의 설정과 식별," 국어학 62, 국어학회, 47-72.

노대규(1981), "국어 접미사 '답'의 의미 연구," 한글 172, 한글학회, 57-104.

박진호(1994), "통사적 결합 관계와 논항구조," 석사학위논문, 서울대학교.

박진호(1999), "형태론의 제자리 찾기—인접 학문과의 관계를 중심으로—," 형태론 1(2), 형태론, 319-340.

송철의(1977), "파생어형성과 음운현상," 석사학위논문, 서울대학교.

시정곤(1994), 국어의 단어형성 원리, 국학자료원.

심재기(1982), 국어어휘론, 집문당.

우순조(1997), "국어 어미의 통사적 지위," 국어학 30, 국어학회, 225-256.

이경우(1981), "파생어형성에 있어서의 의미변화," 국어교육 39·40, 215-256.

이익섭(1965), "국어 복합명사의 IC 분석," 국어국문학 30, 국어국문학회, 121-129.

이홍식(2005), "통사단위의 분석에 관한 몇 가지 문제," 우리말 연구 서른아홉 마당(임홍빈 외, 태학사), 353-379.

임홍빈(1989), "통사적 파생에 대하여," 어학연구(서울대) 25(1), 한국언어학회, 167-96.

황화상(1996), "국어 체언서술어의 연구," 석사학위논문, 고려대학교.

황화상(2001), 국어 형태 단위의 의미와 단어 형성, 월인.

황화상(2005), "통사적 접사 설정의 제 문제," 한국어학 28, 한국어학회, 269-294.

황화상(2013), "'-고' 접속 부사구의 한 유형 : '형용사—부사'형 접속 부사구의 성립과 통사구조—," 한국어학 60, 한국어학회, 85-110.

황화상(2015), "조사와 어미의 형태론적 성격에 대하여," 우리말연구 41, 우리말학회, 31-59.

Allen, M.(1978), *Morphological Investigations*, PhD dissertation, University of Connecticut.

Aronoff, M.(1976), *Word Formation in Generative Grammar*, Cambridge, Mass : MIT Press.

Bauer, L.(1983), *English Word-Formation*. Cambridge : CUP.

Borer, H.(1984a), *Parametric Syntax*. Dordrecht : Foris.

Borer, H.(1984b), "The projection principle and rules of morphology," *NELS* 14, 16-33.

Chapin, P. G.(1967), *On the Syntax of Word-Derivation in English*. Information System Language Studies, No. 16. Bedford, Mass : MITRE Corporation.

Chomsky, N.(1970), "Remarks on nominalization," in Readings in English Transformational Grammar, ed. R. Jacobs and P. Rosenbaum, Waltham, Mass : Blaisdell, 184-221.

Chomsky, N.(1995), *Categories and Transformations*, Cambridge, Mass : MIT.

Di Sciullo, A.-M & Williams, E.(1987). *On the Definition of Word*, Cambridge, MA : MIT Press.

Grimshaw, J.(1986), "A morphosyntactic explanation for the mirror principle," *LI* 17, 745-750.

Halle, M.(1973), "Prolegomena to a theory of word-formation," *LI* 4, 3-16.

Van der Hulst, H. & Smith, N.(Eds)(1982), *The Structure of Phonological Representations*, Dordrecht : Foris.

Jackendoff, R.(1975), "Morphological and semantic regularities in the lexicon," *Lg* 51, 639-671.

Kato, Y.(1985), "Negative sentences in japanese," *Working Papers in Linguistics* 19, Sophia University.

Kiparsky, P.(1982), "From cyclic phonology to lexical phonology," In van der Hulst and Smith (Eds.).

Lakoff, G.(1965), "On the nature of syntactic irregularity," *NSF* 16.

Lasnik, H.(1981), "Restricting the theory of transformations : a case study," in *Explanation in Linguistics : The Logical Problem of Language Acquisition*, (Ed.), N. Hornstein and D. Lightfoot, Longman, London.

Lees, R.(1960), *The Grammar of English Nominalization*, The Hague : Mouton.

Levi, Judith N.(1978), *The Syntax and Semantics of Complex Nominals*, New York : Academic Press.

Lieber, R.(1980), *The Organization of the Lexicon*, PhD dissertation, MIT.

McCarthy, J.(1979), *Formal Problems in Semitic Phonology and Morphology*, PhD dissertation, MIT.

Ouhalla, J.(1994), *Introducing Transformational Grammar*, London : Oxford Univ. Press.

Pollock, J. Y.(1989), "Verb movement, UG and the structure of IP," *LI* 20, 365-424.

Roeper, T. & Siegel, D.(1978), "A lexical transformation for verbal compounds," *LI* 9, 199-260.

Ross, J. R.(1967), *Constraints on Bariables in Syntax*, Diss., MIT.

Selkirk, E.(1982), *The Syntax of Words*, Cambridge, MA : MIT Press.

Siegel, D.(1974=1979), Topics in English Morphology, New York : Garland.

Williams, E.(1981a), "On the notions 'lexically related' and 'head of a word'," *LI* 12, 245-74.

Williams, E.(1981b), "Argument structure and morphology," *The Linguistic Review* 1, 81-114.

임시어와 형태론*

정한데로

1. 서론

소리나 문장과 비교할 때, 단어는 유난히 그 유형을 분류하고자 하는 시도들이 꾸준히 이어져 왔다. '가능한 단어(=가능어), 실재하는 단어(=실재어), 임시적인 단어(=임시어), 등재된 단어(=등재어), 공인된 단어(=공인어)' 등의 다양한 표현들이 그러한 결과를 보여 준다. 이들 중 일부는 '가능한 소리/문장, 실재하는 소리/문장'처럼 소리와 문장에도 어느 정도 수용 가능해 보인다. 그런데 '임시적인'의 수식어는 유독 '단어'와 어울리는 것으로 여겨진다. '임시적인 소리'나 '임시적인 문장'은 왜 어색하게 느껴지는 것일까? 다시 말해서, 소리나 문장은 그 존재만으로도 온전

---

* 필자는 그동안 임시어(nonce word)와 관련한 몇 편의 글을 발표하면서 이에 관한 생각들을 꾸준히 정리해 온 바 있다. 이 글은 그간의 연구 성과를 주축으로 하여, 형태론 연구에서 임시어가 차지하는 위치와 의의 등을 정리하는 목적에서 마련되었다. 이에 정한데로(2011, 2013가, 2013나, 2014다) 등을 토대로 유기적으로 내용을 구성하면서 이전 글에서 미처 언급하지 못하였던 사항들을 추가・보완하는 방향으로 논의를 진행한다.

한 지위가 인정되는 데 반해, 단어는 왜 이들과 달리 특정한 기준에 도달하기 이전까지 임시적 상태에 놓이는 것인지 이에 관한 물음이 남을 수 있다. 그렇다면 이때 대입된 '임시'의 기준은 과연 무엇이며, 어떠한 이유로 '단어'와 '소리/문장' 사이에 상이한 양상이 포착되는 것일까?

이 글은 이상의 물음을 바탕으로 형태론 연구에서 '임시' 개념이 등장하게 된 배경을 살피고, 다양한 방식의 '임시어'로 불려온 단위들을 두루 확인하면서 임시어의 형태론적 의의와 그 지위를 논의하는 데에 목적이 있다. 단어를 둘러싼 '임시'의 외연을 살피고 임시어로 인정될 만한 한국어 자료들을 검토하면서, 이들 언어 현상을 대상으로 어떠한 언어학적 분석에 도달할 수 있을지 천착해 보고자 한다. 이를 위해 몇 가지 하위 주제를 절로 나누어 논의를 진행할 것이다.

(1) 가. 생성형태론과 임시어
 나. 한국어 형태론과 임시어
 다. 단어형성원리와 임시어

(1가)는 본격적인 단어 형성 연구의 시발점이라 할 만한 생성형태론(generative morphology)과 임시어의 상관관계에 관한 것이다. 생성형태론에서 도입된 몇몇 개념을 검토하고, 단어형성론이 추구하는 연구 목표와 임시어가 맞닿아 있는 지점을 언급할 것이다. (1나)는 논의의 대상을 한국어 형태론으로 한정한 것으로, 그간의 선행 연구에서 다루어 온 임시어의 제 개념을 검토하고 이들에 적용된 상이한 기준을 구체적으로 살핀다. (1다)에서는 생성형태론 이후로 줄곧 논의되어 온 단어형성원리를 임시어와 관련지어 언급한다. 임시어를 대상으로 단어형성규칙과 단어틀의 적용 사례를 확인할 것이다. 특히 이 절에서는 임시어 수집을 위한

방식을 탐색해 보고, 구체적인 임시어 자료를 놓고 이들의 구조적 양상을 검토한다.

(1가)~(1다)의 순서로 논의를 진행한다. 2절과 3절에서 이론적 차원의 문제라 할 만한 (1가), (1나)를 각각 살피고, 4절에서는 구체적인 언어 현상 및 그 분석을 토대로 (1다)에 관해 논의할 것이다. 기존 생성형태론 및 한국어 형태론 내에서 쓰여 온 임시어 개념과 그 지위에 관해 비판적으로 논의하는 과정에서, 이 글의 입장이 자연스럽게 드러나리라 기대한다. 전체 체계 내 개념 간의 논리적 관계를 따져보고, 실제 자료로 드러난 개별 임시어가 시사하는 언어학적 의의를 중시하면서 논지를 펴 나갈 것이다.

2. 생성형태론과 임시어

2.1. 형성 동기와 언어능력

주지하듯이 생성문법은 언어에 관한 인간의 능동적이고 창조적인 활동에 주목하여 언어 구성 형성에 관여하는 내재적인 원리를 밝히는 데에 근본적인 목적이 있다. 특히 한정된 단어를 재료로 무수한 문장을 창조해 내는 인간의 언어적 능력은 그동안 생성문법의 주요 관심사가 되어 왔다.

문법(grammar)의 가장 기본적인 대상은 의심의 여지없이 '단어'와 '문장'이다. 단어가 '개념의 언어적 형식화'에 따른 결과라면, 문장은 '사태의 언어적 형식화'로 달리 부를 수 있다. 그렇다면 이론적 문법 모형 내에서도 이를 구성하는 핵심 부문은 단어와 문장에 상응하는 공간으로 채워질 것이다. 단어와 문장의 형성이 각각 '형태부'와 '통사부'에서 관할되는 것으로, 그리고 형성 이후 이들 단위가 대등하게 문법 내 특정 부문(어휘부)으로 저장될 수 있다고 본다면 단어와 문장은 형성부터 저장까지 평행한 과정을 거치게 된다(정한데로 2014가 : 13).

(2) 형태론과 통사론의 평행성

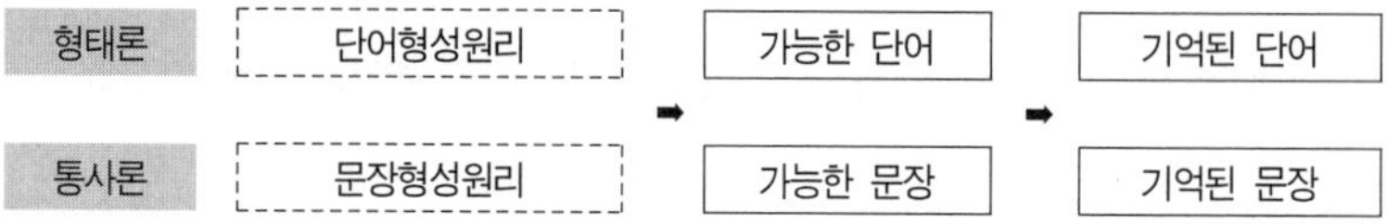

구체적인 대상에 있어서는 단어와 문장으로 차이가 분명하지만, 우리는 형태론과 통사론이 (2)와 같이 평행한 과정에 따라 전개된다고 보는 입장에 있다. 상이한 (단어/문장) 형성 원리에 따라 '가능한 단어'와 '가능한 문장'이 형성된 후, 이들은 화자의 심리 어휘부(mental lexicon)에 등재되거나 언어 공동체 내에서 두루 쓰이는 언어 단위로 공인화(institutionalization)되는 등 다양한 경로를 모색하게 된다. 여기서 생성문법의 관심은 가능한 단어와 가능한 문장의 '형성' 과정에 놓여 있다. 생성문법은 단어와 문장이 어떠한 형성 원리를 거쳐 구성되는지 밝히고, 그 결과를 일반화하여 세련된 방식으로 형식화하는 데에 중점을 둔다.

문장 형성이 결합(concatenation)과 투사(projection)의 반복적인 적용을 통해 이루어진다면, 단어 역시 이에 내재된 독자적인 원리를 통해 구성될 것이다.[1] 단어의 '형성' 원리에 관한 본격적인 관심이 시작된 것은 문장

1) 단어 형성 방식의 대표적인 예로 '결합'(combination)과 '대치'(substitution)를 들 수 있다. 이 둘은 각각 통합관계와 계열관계에 기반하여 작동한다. 문장과 비교할 때 단어는 어휘부 등

과 마찬가지로 생성문법, 특히 생성형태론의 등장 이후의 일이다. 주지하듯이 초기 변형생성문법 시기의 Lees(1960)과 같은 연구에서는 통사부의 변형규칙을 활용하여 기저의 문장 구조로부터 단어 형성을 설명하려는 시도가 주목을 받았다. 그러나 Chomsky(1970) 이후, 통사부로부터 독립된 어휘부가 파생명사 형성을 담당하는 것으로 논의되면서 이전과는 다른 차원의 단어 형성 연구가 시작되었다. 그리고 생성형태론의 포문을 열었다고 할 Halle(1973)을 기점으로 단어 고유의 형성 기제, 즉 단어형성규칙(word formation rule)에 관한 연구자들의 본격적인 관심이 촉발되었다.[2)]

그렇다면 생성형태론은 어떠한 대상을 중심으로 연구되었을까? 아래의 두 유형에서 그 답을 찾아보자.

(3) 가. 화자가 즉각적으로 만든 언어 단위
나. 언중의 선호에 따라 선택된 언어 단위

생성문법적 태도에 기초하여 단어와 문장이 각각의 내적 형성 원리에 따라 새로이 만들어진다고 본다면, 생성형태론에서 추구해야 할 연구 대상은 (3가)와 같이 화자가 즉각적으로 만든 언어 단위가 되어야 한다. 통

재에 적극적이라는 점에서 '대치'의 방식도 주요 기제로 활용한다. 임시어의 결합 및 대치 양상은 4.2에서 다루어질 것이다.

2) 단어형성규칙은 좁게는 '결합' 중심의 규칙(rule)을 의미하며, 넓게는 '대치'를 활용한 단어틀(word-scheme)까지 포함할 수 있다. Haspelmath · Sims(2010 : 40-53)은 단어 기반 모형의 단어틀도 형태론적 규칙(morphological rule)의 하나로 파악하고 있다. 일단 이 글에서는 혼란의 여지를 줄이기 위해 '결합' 중심의 형성 원리는 '규칙'으로, '대치' 중심의 형성 원리는 '단어틀'로 구분하여 지칭하기로 한다. 일반적으로 연쇄적 패턴을 이루는 구성은 결합규칙으로, 비연쇄적 패턴을 이루는 구성은 단어틀로 설명하는 것이 용이하다. 단어형성원리와 관련한 사항은 4.2에서 더 살펴볼 것이다.

사론 연구자가 다양한 문장을 만들어 각각의 문법성 판단을 시도하듯이 단어에도 이와 동일한 방식의 접근이 가능하다. 즉각적으로 만들어 낸 단어를 대상으로 이들의 형성 원리를 탐색해 볼 수 있는 것이다. 그렇다면 화자가 능동적으로 명명한 (3가)의 즉각적인 단어야말로 화자의 언어 능력을 오롯하게 보여주는, 생성문법이 추구하는 목표와 일치되는 연구 대상이라 할 수 있다.

그러나 Halle(1973), Aronoff(1976) 등을 포함한 대다수의 초기 생성형태론 연구는 '임시적인 언어 단위'에 크게 주목하지 않았다. 이들 연구에서 주로 다룬 언어 자료는 '누구나 알 만한 단어'이다. 사전에 등재되어 있거나 누구나 알 법한 친숙한 단어를 놓고 이들을 일반화하는 데에 생성형태론의 1차적인 관심이 집중되었던 것이다. 그 결과 생성형태론은 화자의 즉각적인 단어 형성의 결과가 아닌, 오랜 시간에 걸쳐 언어 공동체로부터 인정받아온 대상을 연구하였다. 생성문법이 화자의 내재적 언어 형성 기제를 원리화하는 데에 목표를 두고 있음에도 불구하고 (3나)와 같이 여러 사람들에게 선택된 단어가 그 대상이 된 것은 분명 모순적이다. 단어의 공인화 과정에 다양한 언어 외적 요소가 개입할 수 있다는 사실을 떠올린다면, 이는 생성형태론과 상당히 괴리된 연구 대상인 것을 알 수 있다. 그렇다면 정작 즉각적으로 만들어질 수 있는 (그러나 사람들에게 익숙하지 않은) 단어는 생성형태론에서 어떻게 연구되었을까? '가능어'라는 이름으로 불린 이러한 단어는 '실재하지 않는 대상'으로 분류되었다((6) 참고).

'임시'(nonce)라는 표현의 등장과 함께 이들 단위의 문법적 지위에 관해 연구한 초기 논의로 Bauer(1983 : 45)을 들 수 있다. Bauer(1983)이 제시한 '임시어 형성→공인화→어휘화'의 과정 가운데 첫 번째 단계가 이에 해당한다.

(4) 임시어 형성(nonce formation)은 화자의 즉각적인 필요(immediate need)에 의해 순간적으로 새로운 복합어를 만드는 과정이다(Bauer 1983 : 45).

이때의 임시어는 (3가)처럼 화자가 특정한 동기에 따라 즉각적으로 형성한 단어를 뜻하며, '공인화 이전'의 대상이라는 점에서 임시적 지위에 있다. '순간적으로 만드는 과정' 자체는 생성형태론에서 추구하는 화자의 언어능력을 강조하는 듯하나, (4)에서의 '임시' 개념이 언어 공동체와 같은 언어 외적 측면을 고려한 구분이라는 점에서 생성형태론과는 차이가 분명해 보인다.

이렇듯 임시어는 생성형태론에서 출발한 개념이라기보다는 Bauer (1983)과 같이 공인화를 고려한 연구에서 등장한 용어이다. 즉, 화자 내부의 언어적 원리가 아닌, 화자 외부의 언어 공동체 수용을 전제한 개념이라고 할 수 있다. 그러나 (4)의 임시어 개념은 이후의 언어학적 흐름에 따라 또 다른 개념으로 확대되는 양상을 보인다. 단어 형성에 관한 연구자들의 관심이 점차 화자 내부로 집중되면서, 그에 걸맞은 새로운 임시어 개념이 필요했기 때문이다. (4)가 거시적 기준에 근거한다면, 심리 어휘부 등재와 같은 미시적 기준을 중시한 임시어 개념이 등장하게 된 것인데, 한국어 형태론에서는 (4)를 포함해 서너 가지의 임시어 개념이 확인된다(3.1 참고).

한편, Allen(1978 : 189-194)에서는 단어 형성 과정 중간의 임시적 언어 형식(potential well-formed outputs of a WRF)에 관한 논의가 확인된다. 'unsightly'는 'un-, sight, -ly'의 세 형태소로 이루어진 단어로, Allen

(1978)은 이를 [un-[sight-ly]]로 분석하였다. Allen(1978)에 따르면 여기서의 흥미로운 사실은 'sightly'가 실제 쓰이는 단어가 아니지만 'unsightly'를 형성하는 과정에 꼭 필요한 중간 단계의 임시적 단위라는 것이다.[3] Allen(1978)은 이러한 단어가 영구어휘부(permanent lexicon) 이전의 임시어휘부(conditional lexicon)에 저장된다고 보는 입장을 취하며, 이들 임시적 단위의 존재를 제시하였다. 그리고 이러한 개념은 한국어 형태론에서도 '갈림길'의 '갈림'을 설명하기 위한 방식으로 쓰이며 '잠재어'라 명명되었다.[4]

요컨대, 단어는 화자의 명명 욕구에 의해 촉발된 형성의 결과물이다. 이에 단어 연구는 화자가 즉각적으로 만들어 낸 다양한 단어 자료를 대상으로 진행될 수 있다. 그러나 생성형태론은 화자의 언어능력에 기초해 그 형성 과정을 탐색하고자 했음에도 불구하고, 정작 이전 시기에 만들어져 축적된 공인어를 대상으로 하였다는 점에서 충분히 문제를 제기해 볼 수 있다. 화자의 명명 동기보다는 기존 단어의 일반화와 형식화에 치우친 접근이 이러한 결과를 야기한 것이다.

2.2. '가능어-실재어'의 한계와 그 대안

생성형태론에서는 '임시어'보다는 '가능어' 또는 '잠재어'(possible word,

---

3) 여기서 우리는 'sightly'가 현재 사전에 등재된 단어라는 점에도 주목할 수 있다. Allen(1978)의 주장 당시에는 'sightly'가 'unsightly' 형성 중간의 임시적인 출력형으로 인정되었지만, 그 당시와 현재의 상이한 'sightly'의 지위는 Allen(1978)이 논의한 임시적 언어 형식 역시 사전등재어 또는 친숙한 단어들을 기준으로 판단된 것으로 볼 수 있게 한다. 2.2에서 후술할 Halle(1973)에 대한 우리의 비판적 논지와 동일한 시각에서 바라볼 수 있을 것이다.

4) Allen(1978)에서 언급한 임시적 언어 형식을 가리켜 '임시어'라고 부른 한국어 형태론 연구도 확인된다. (14자) 참고.

potential word)의 용어가 널리 쓰여 왔다.[5] 이미 쓰이고 있는 단어들을 귀납화하고, 이로부터 추출한 원리에 따라 형성 가능한 단어를 밝히는 데 집중하였기에 '실재'와 '가능'의 용어가 채택되었다. 그리고 실제 관찰되는 단어와 그렇지 않은 단어의 차이는 규칙(rule)과 제약(constraint)의 방법으로 일반화되었다. 즉, 문장을 놓고 이들에 대한 문법성을 판단하듯, 단어에 대해서는 단어형성규칙 적용에 따른 가능성과 실재성 구분이 이루어진 것이다. 이 절에서는 생성형태론에서 꾸준히 설정해 온 '가능어-실재어'의 대립을 비판적으로 고찰하고, 그 결과를 바탕으로 '임시어'의 지위를 탐색해 보고자 한다.

(5) Halle(1973)의 단어 형성 과정

	형태소 목록	➡	단어형성규칙	➡	여과장치	➡	사전
가.	friend	———	———	———	———	→	O friend
나.	boy -hood	→	O boyhood	→	O	→	O boyhood
다.	recite -al	→	O recital	→	O [+특이성]	→	O recital
라.	ignore -ation	→	O ignoration	→	X [-어휘삽입]		
마.	mountain -al	→	X				

5) 이 글은 단어형성원리를 통해 형성 가능한 단어를 가리키는 용어로 '가능어'를 사용할 것이다. 이는 Halle(1973)의 'potential word', Aronoff(1976)의 'possible word'에 대응시켜 볼 수 있다. 이광호(2009 : 17)에서는 이때의 '가능어' 개념으로 '잠재어'를 사용하고 있는데, 한국어 형태론에서 '잠재어'는 Allen(1978)에서 언급한 임시적 언어 형식을 가리키는 용어로 쓰이기도 하므로 주의할 필요가 있다. 한편, Halle(1973), Aronoff(1976)에서 '실재어'에 대응하는 개념으로 제시한 '가능어'는 이 글에서 결론적으로 주장할 '가능어'와 차이가 있다. 이에 대해서는 후술할 (10)~(12) 참고.

Halle(1973)에서 제안한 단어 형성 과정은 '형태소 목록→단어형성규칙→여과장치→사전'의 방향으로 진행된다. (5)는 그 과정에 따라 각각에 해당하는 대표 단어를 함께 제시한 것이다(Scalise 1984 : 31, 정한데로 2013가 : 128 참고).

먼저, (5)의 다섯 단어 'friend, boyhood, recital, ignoration, mountainal' 간 차이를 간략히 정리해 보자. 'friend'는 단일어이므로 특별한 규칙을 적용할 필요 없이 곧바로 사전에 등재된다. 한편, 'boyhood'는 'boy+-hood'의 결합으로 단어형성규칙 적용 후 여과장치를 거쳐 사전으로 이동되었다. 마찬가지로 'recital'도 'recite+-al'의 결합 이후 여과장치를 거쳐 사전에 등재된다. 다만 여과장치에서 특정한 자질([+특이성])을 부여받아 특이한 의미를 포함한 채 사전으로 이동되었다는 특징이 있다.[6] 반면, 'ignoration'과 'mountainal'은 마지막 단계인 사전에 도달하지 못하였다. 'ignoration'은 여과장치에서, 'mountainal'은 단어형성규칙 단계에서 문제가 발생하였는데 전자는 실재하지 않는 단어라는 점이, 후자는 접사 '-al'의 어기 제약이 문제시되었다.

(5)의 다섯 단어는 사전에 등재된 (5가~다)와 그렇지 않은 (5라, 마)의 두 유형으로 크게 구분된다. 가장 우선적인 기준은 Halle(1973)의 모형 내 중간에 위치한 여과장치의 통과 여부이다. Halle(1973)의 기준에 따르면 전자는 실재어(actual word), 후자는 실재하지 않는 단어로 분류되는데, 실재하지 않는 단어 (5라, 마)는 다시 형성 가능 여부에 따라 가능어(potential word)와 가능하지 않은 단어로 하위분류되었다.

---

6) 'recital'의 의미적 특이성은 통시적 차원에서 접근해 볼 수 있는 문제이나, Halle(1973)식의 과정은 철저히 공시적 접근에 따라 [+특이성]과 같은 자질로 그 방안을 모색한 것이다.

(6) Halle(1973)의 실재어 및 가능어

<table>
<tr><th></th><th>실재성 기준</th><th>가능성 기준</th></tr>
<tr><td>(5가)</td><td rowspan="3">O
(실재어)</td><td rowspan="3"></td></tr>
<tr><td>(5나)</td></tr>
<tr><td>(5다)</td></tr>
<tr><td>(5라)</td><td rowspan="2">X
(실재하지 않는 단어)</td><td>O
(가능어)</td></tr>
<tr><td>(5마)</td><td>X
(가능하지 않은 단어)</td></tr>
</table>

(6)에서 보듯이 음영이 칠해진 '실재어'와 '가능어'는 배타적인 관계에 있다. (5라)는 단어형성규칙에 따라 충분히 형성 가능한 단어이지만 여과장치에 의해 걸러진 단위이며, 반면 (5마)는 애초에 어기 제약에 따라 규칙 적용이 불가능한 단어라는 점에서 (5라)와는 또 그 지위가 다르다. 이때 우리가 주목하는 점은 바로 (5다)와 (5라)를 경계 짓는 여과장치가 무엇에 근거하였는가 하는 것이다. 이미 앞서 생성형태론의 한계로 밝혔듯이 공인성 또는 친숙성을 토대로 여과장치의 판단이 이루어졌다는 점에서 (5)의 도식은 생성형태론이 안고 있는 모순적 태도를 그대로 보여준다.

(7) 가. 가능한 문장-가능한 단어
　　나. 실재하는 문장-실재하는 단어

생성형태론이 생성문법의 울타리 내에서 생성통사론과 동일한 기반에서 시작되었다면, 단어와 문장을 바라보는 시각 역시 평행해야 할 것이다. 따라서 '가능한 문장'과 '가능한 단어'의 지위, '실재하는 문장'과 '실재하는 단어'의 지위 역시 (7)과 같이 평행한 관점에서 다루어질 필요가 있다. 그렇다면 실제 '가능성'과 '실재성'에 관한 문장과 단어의 지위는 어떻게 이해될 수 있을까? (7)과 같이 가능한 언어 단위와 실재하는 언어 단위를 나란히 비교하면서 이 글의 입장을 확인해 보자.

(8) 문장의 가능성과 실재성

	문장	문법성	가능성	실재성
가	철수가 학교에 갔다.	O	O	O
나	*철수를 학교에 갔다.	X	O	O

(8가)의 '철수가 학교에 갔다'는 문법적인 문장인 데 반해, (8나)의 '*철수를 학교에 갔다'는 격조사의 부적절한 쓰임으로 인해 분명 문법적이지 않다. 이때 '문법적이다'(문법성)는 것은 적격한 통사적 원리에 따라 문장이 형성되었다는 것을 의미한다. 그렇다면 문장의 '가능성'은 어떻게 판단할 것인가? 우리는 문장의 '가능성'을 '문법성'과 구별되는 다른 차원에서 이해하고자 한다. 예컨대 '*철수를 학교에 갔다'의 가능성을 생각해 볼 때, 비문법적인 문장도 필자의 언어능력에 따라 (이 글 전개상의) 의도에 맞게 형성 가능한 결과의 하나인바 (8나)의 문장도 그 '가능성'은 충분히 인정받을 수 있다. 이러한 입장을 취한다면, 문장의 '가능성'은 '문법성'과 분리된 기준이며 특정 화자로부터 표현된 문장은 그 즉시 문장의 형성 가능성을 확보하게 된다. '실재성'도 이와 다르지 않다.[7)]

그렇다면 '실재하지 않는 문장'은 과연 무엇을 지시할까? 일견 실재하

7) 정한데로(2015다)는 단어와 문장을 대상으로 6가지 속성(가능성, 실재성, 적격성, 수용성, 친숙성, 규범성)을 논의하였다. 이 가운데 '가능성, 실재성'은 단어와 문장에서 고르게 인정될 만한 특징임을 주장하였다.

지 않는 문장이란 어휘삽입이 이루어지기 이전의 통사구조 또는 생성문법식의 기저구조를 가리키는 것으로 여겨진다. 이러한 관점에서 다시 (7)의 관계를 살펴보면, 단어 역시 가능어와 실재어의 지위가 달리 해석된다. 화자가 발화한 문장이 가능한, 또 실재하는 문장으로 인정받을 수 있듯이, 발화된 단어도 이처럼 가능성과 실재성을 인정받아야 할 것이기 때문이다.8)

(9) 문장과 단어의 가능성과 실재성
 가. 즉각적으로 화자가 형성한 문장
  = 가능한 문장 = 실재하는 문장
 나. 즉각적으로 화자가 형성한 단어
  = 가능한 단어 = 실재하는 단어

(9)는 생성문법의 기본 태도에 근거하여 문장과 단어를 평행하게 바라본 것이다. 화자가 즉각적으로 형성한 문장과 마찬가지로 즉각적으로 형성된 단어는 '가능하고 실재하는 언어 단위'의 위상을 지닌다. 그러나 (9)의 이러한 접근 방식은 (6)에서 정리한 대로 생성형태론이 취했던 것과 상당히 이질적이다.9)

이상의 문제제기를 바탕으로, 정한데로(2014가 : 86-88)에서는 기존의 가능어 및 실재어 개념을 재검토하여 다음과 같이 정리하였다.

8) 단어 형성 과정의 '실재성' 문제와 관련하여 (23)의 도식을 참고할 수 있다.

9) 이 글이 '가능어'와 '실재어'의 개념과 관련하여 주로 생성형태론의 입장을 비판적으로 검토하고 있으나, 이는 생성형태론뿐만 아니라 형태론 연구 전반에 걸쳐 적용 가능한 문제로 판단된다.

(10) 가능어 개념에 관한 두 입장
가. 가능어①: 형성 가능하나 실제 화자에 의해 표현되지는 않은 단어
나. 가능어②: 형성 가능하며 특정 화자에 의해 표현된 단어

(11) 실재어 개념에 관한 두 입장
가. 실재어①: 형성 이후에 사회적 승인을 거친 일부 단어
나. 실재어②: 형성된 모든 단어

(10가), (11가)의 가능어①과 실재어①이 기존 생성형태론에서 전제한 가능어 및 실재어 개념이라면, (10나), (11나)의 가능어②와 실재어②는 정한데로(2014가)에서 새롭게 설정된 개념이다.[10] 이에 따라 '가능어'와 '실재어'는 (12)로 다시 정리될 수 있다.

(12) 이 글의 '가능어'와 '실재어'
가. 가능어: 형성 가능하며 특정 화자에 의해 표현된 단어 (=10나)
나. 실재어: 형성된 모든 단어 (=11나)

여기서 우리는 (12)를 통해, 종래 생성형태론((6) 참고)과는 달리 가능어와 실재어가 더 이상 배타적 개념이 아니라는 사실을 발견하게 된다. 화자에 의해 즉각적으로 표현된 가능어도 실재어의 범주에 들기 때문이다. 이에 정한데로(2011, 2014가)에서는 그 대안으로 '가능어-등재어'의 대립을 설정함으로써 이들 단위 간의 관계를 새로이 규정하고자 하였다.

10) Bauer(2001), Štekauer, P.(2001, 2002), Benczes(2006), Fernández-Domínguez(2009) 등에서도 임시어가 실재성을 지니는 것으로 논의된 바 있다.

(13) 가능한 문장/단어와 등재된 문장/단어의 관계

즉각적으로 형성된 문장		어휘부에 등재된 문장
즉각적으로 형성된 단어 (가능어)	➡	어휘부에 등재된 단어 (등재어)

실재하는 문장
실재하는 단어 (실재어)

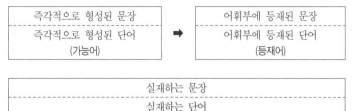

화자의 언어능력을 강조하는 입장에서 단어와 문장의 형성 가능성에 주목하는 한편((9) 참고), 단어와 문장의 형성 및 등재를 평행하게 파악하고자 한 입장((1) 참고)이 (13)에 반영되었다.

그렇다면 (13) 내에서 '임시어'는 어디에 위치할 것인가? 일단 임시어는 '가능어-등재어' 및 '실재어'의 체계 내에서 독립된 분포를 확인하기 어려울 듯하다. '화자가 필요에 의해 즉각적으로 형성한 단어'(=임시어)는 곧 (13) 내에서 '가능어'의 범주에 해당하기 때문이다. 즉, 임시어는 '임시'적 지위를 부여 받은 단위임이 강조된 개념인바 위 체계와는 별개의 층위에서 논의되어야 할 것이다. 특히 Bauer(1983)의 '임시' 개념이 공인화 이전, 즉 사회적 기준에 의한 것이라면 화자 내부에만 집중한 생성형태론과는 다른 다층위적 접근이 필요할 것으로 보인다. 결국 이 글이 주장하는 임시어의 지위는 (23)에서 후술하듯 (거시적 차원의) '사회가능어'에 대응되는 '공시상에서 역동적으로 실재하는 단어'(정한데로 2011)로 정리된다. 이에 대해서는 한국어 형태론 내 임시어 관련 논의를 살피면서 구체화하고자 한다.

3. 한국어 형태론과 임시어

3.1. 임시어의 제 개념

한국어 형태론에서도 임시어와 관련한 기술을 여럿 확인할 수 있다.[11] 그러나 해당 논저마다 연구자가 쓰고 있는 임시어 개념에 조금씩 차이가 있기 때문에, 각 개념을 제대로 이해하기 위해서는 각별한 주의가 필요하다. 먼저 기존 연구에서 가져온 아래의 기술을 확인해 보자(밑줄은 필자 추가).

(14) 가. 본고에서 임시어를 자료로 택하는 것은 현대국어의 공시적인 단어형성론이라는 목표에 맞도록, 현대국어 화자의 직관이 가장 잘 적용될 수 있는 현대의 신어형성에 특별히 주목한다는 의도와 관련되어 있다(김창섭 1996 : 13).

나. 임시어는 특정의 목적이나 화용론적 조건에 따라 즉석에서 새롭게 만들어진 단어 및 그 상당어이다(이재인 2003 : 191).

다. 본고에서는 형성된 임시어들이 등재되는 것은 언중의 승인에 달려 있다고 생각한다(이상욱 2004 : 62).

라. 어휘부에서 생산적인 조어규칙에 의해 새로운 단어가 만들어지면 이 단어는 임시어의 지위를 가진다(구본관 1998 : 29).

마. 임시어는 "화자에 의해 임시적으로 사용되면서 사전에 완전히 등재되기 이전의 단어"이다(시정곤 2001 : 165).

바. 생산성과 가장 깊은 관련이 있는 대상이 바로 임시어라 할 수 있는데 생산성은 임시어를 통해서 확인할 수 있다(이광호 2009 : 17).

11) 3.1의 내용은 정한데로(2014다)를 중심으로 구성되었다. (14)에 제시한 예들은 지면상의 제약으로 인해 정한데로(2014다)에서 미처 언급하지 못한 논의들까지 추가하여 정리한 것이다.

사. 새로운 통사원자의 형성이 통시적 현상이 아니라 공시적 현상이라고 보아야 할 경우가 한 가지 있다. 그것은 흔히 임시어(nonce word)라고 불리는 예들이다(박진호 1994 : 11).

아. 규약화란 임시어가 자주 쓰임에 따라 어휘부에 등재되는 현상이다(송원용 1998 : 26).

자. '새김질, 생김새'에서의 '새김, 생김'은 임시어 혹은 잠재적 파생명사의 성격을 띤다고 할 수 있겠다(송철의 1992 : 154-155).

(14가~자)의 '임시어'는 각각의 구체적인 의미에 따라서 몇 가지 유형으로 구분해 볼 수 있다. 먼저, 앞서 (4)에서 제시한 Bauer(1983)과 동일한 의미로 임시어를 쓰고 있는 입장부터 살펴보기로 하자. 논의의 편의를 위해 (4)의 기술을 다시 가져와 아래에 제시하였다.

(15) 임시어 형성은 화자의 즉각적인 필요에 의해 순간적으로 새로운 복합어를 만드는 과정이다.

(14가~다)의 임시어는 (15)의 입장에서 임시어를 이해한다. 즉각적인 형성 이후, 공인되기 이전의 대상을 가리킨다는 점에서 화자 외부의 문제, 즉 거시적·사회적 차원을 고려한 개념이다. Bauer(1983)에서도 그랬듯이 이들 논의에서는 화자의 심리 어휘부 등재에 관한 구체적인 고민을 발견하기 어렵다. 이때의 '임시'는 사회적 승인을 기준으로 한 것이다.

이와 달리, 구본관(1998 : 29-31)은 미시적·개인적 차원에서 임시어 개념에 접근한다. (14라~바)의 입장이 이에 해당하는 것으로 판단된다.

(16) 생산적인 조어규칙에 의해 만들어진 단어로, 특정 개인에 의해서라도 만들어진 적이 있는 경우에 사용하는 개념이다.

(16)의 기술만으로는 (15)에서 제시한 Bauer(1983)식 임시어 개념과 그 차이가 선명하게 드러나지 않을 수 있다. 그러나 구본관(1998 : 29)의 임시어는 화자의 영구어휘부로 등재될 때에 실재어의 지위를 얻게 된다는 점에서 사회적 승인 문제를 고려하지 않은, 미시적 측면에 초점을 둔 개념이다. 가능하지만 실제로 사용된 적 없는 가능어가 특정 개인에 의해 만들어질 때 임시어가 되고, 또 그것이 화자의 어휘부에 등재될 때 비로소 실재어가 된다는 입장이므로 '가능어→임시어→실재어'의 순서로 정리할 수 있다(정한데로 2013가 참고).[12]

한편 (14사, 아)는 또 다른 개념의 임시어를 설정한 것이다. 송원용(2005 : 227)에서는 아래와 같이 임시어를 규정한다.

(17) 통사적 원리를 지키지 않는 형태론적 구성이나, 그 결합이 매우 생산적이어서 어휘부에 저장되지는 않는 단어

(17)의 임시어는 화자의 심리 어휘부에 등재되기 이전의 대상을 가리키는 것으로, (16)과 마찬가지로 미시적 · 개인적 차원에서 그 개념을 규정한 것이다. 사회적 승인이 아닌, 관심 대상에 관한 개별 화자의 어휘부 등재 여부에만 관심을 두기 때문이다.[13] 유추적 단어형성원리에 기반한

12) 구본관(1998)의 '가능어'는 (10가)의 가능어①에 해당한다. 정한데로(2013가)는 구본관(1998), 이광호(2009)의 임시어 개념이 '가능어-실재어' 대립의 중간에 개입함으로써 복잡한 관계를 야기하였다고 보고 이를 비판적으로 논의하였다.

13) 박진호(1994 : 13), 송원용(1998 : 26)은 등재소가 아닌 요소가 어휘부 등재소가 되는 현상을 위한 용어로 '어휘화'를 제안하였다. 그리고 세부적으로는 임시어(임시 통사원자)의 어휘부 등재는 '규약화'로, 통사적 구성이 높은 빈도로 쓰여 어휘부에 등재되는 현상은 '원자화'로 명명하였다. 그 후, 송원용(2005 : 74)에 이르러서는 '어휘화'가 '통사구성의 단어화'로만 국한된다. '통사구성의 단어화'와 마찬가지로 임시어도 높은 사용 빈도에 따라 표층어휘부에 저장될 수 있다고 보았으나 이에 대한 구체적인 논의는 남아 있는 상태이다(송원용 2005 : 277). 한편, 구본관(1998 : 29)은 임시어가 어휘부에 등재되어 실재어가 되

송원용(2005)에서는 단어가 형성과 동시에 화자의 어휘부에 등재된다고 보는, '즉시 등재'의 입장을 취하지만 (17)의 임시어에 대해서만큼은 공시적 규칙에 의한 것으로 보아 형성과 등재가 분리된 단어 형성의 결과로 파악한다(송원용 2005 : 72-76).[14)]

일견 (16)과 (17)은 화자 내부 수준의 임시어 개념이라는 점에서 유사하게 보일지 모른다. 그러나 (17)은 임시어에 관한 내적 기준을 마련했다는 점에서 그 차이가 분명하다. 송원용(2005 : 227)는 아래의 세 가지 조건을 충족하는 경우에 한해서만 임시어를 인정하고 있다.[15)]

(18) 가. 그 결합이 통사론적 원리를 따르지 않는다.
나. 매우 생산적으로 만들어질 수 있어야 한다.
다. 형성과 동시에 어휘부에 저장되지 않는다.

편의상 (15), (16), (17)의 임시어 개념을 각각 '임시어1, 임시어2, 임시어3'으로 구분하여 부르기로 하자. 다음 예에서 이들의 차이를 확인할 수 있다.

는 과정을 '어휘화'라고 하였다. 어휘화에 관한 다양한 개념을 종합적으로 정리한 연구로 오규환(2013)이 참고된다.

14) 이상욱(2004 : 61)에서는 '등재되지 않는 단어'로서의 임시어 개념이 화자가 새로운 단어를 만들었을 때 필연적으로 심리적 어휘부에 새로운 항목이 추가된다는 송원용(2005)의 입장과 모순을 보인다고 논의하였다. 또한 임시어 형성이 통사론적 구성의 단어를 제외한 형태론적 결합어에 국한된다는 점도 문제시하고 있다.

15) (14사, 아)를 하나의 유형으로 제시하였으나, 구체적으로는 이들 간의 미세한 입장 차이를 확인할 수 있다. 가령 박진호(1994)는 송원용(2005)처럼 (18)과 같은 임시어의 기준을 명시적으로 제시하지는 않았다. 우리가 이 두 논의를 모두 '임시어3'의 테두리로 묶기는 했지만, '임시어3'과 관련한 기준 및 용례는 송원용(2005)를 중심으로 했음을 밝혀 둔다. 한편, 박진호(1994)에서는 '임시 통사원자'(임시어)의 예로 '反옐친, 親러시아' 등을 제시하였다.

(19) 가. 얼음표정, 감춘낯, 빈낯, 아리송표정, 뻔뻔얼굴
나. 문다리, 방지발, 문고정기, 문막이, 문멈춰

(20) 홍길동님, 홍길동이, 對러시아, 反이란

(19)는 특정 형성 동기에 따라 화자가 즉각적으로 만든 단어이다.[16] '임시어1'의 관점에서는 이들이 '공인화 이전' 대상이라는 점에서 임시어로 분류된다. 또한 '임시어2'의 관점에서도 즉각적으로 만들어진 (19)는 아직 화자의 영구어휘부에 등재되지 않은 임시어로 파악될 것이다. 또한 (20)도 즉각적으로 만들어진 단어로 보아 '임시어1', '임시어2' 범위에 들 수 있다. 그러나 '임시어3'은 (18)의 조건에 해당하는 (20)의 예로만 국한된다. (20)은 송원용(2000, 2005)에서 제시한 임시어 예로서, 형성되기는 했으나 '화자의 어휘부에 등재되지 않은' 대상이다. '-님, -이, -領, -式, -人, 對-, 駐-, 反-' 등 특정 접사가 결합한 구성만이 임시어에 해당될 뿐이다. 따라서 '임시어2'와 '임시어3' 모두 미시적 측면을 강조한 '임시' 개념이라 할지라도, 특정 접사만을 임시어 접사로 인정하는 후자가 전자에 비해 그 외연이 훨씬 제한적이다.

이상의 논의를 정리하면서, '임시어'의 '임시' 개념이 과연 무엇을 기준으로 하는지에 관해 생각해 보자.[17] '임시어1'은 형성 후 공인 이전의

16) (19가)는 일반 한국어 화자들이 외래어 '포커페이스'를 대신할 단어로 직접 만들어 낸 임시어이고, (19나)는 설문 조사를 통해 수집된 단어로 (30-①)의 응답이다. 이에 대해서는 4.1에서 다시 살펴볼 것이다.

17) 임시어 개념과 관련하여 이선웅(2012 : 103-105)도 참고된다. 이선웅(2012)는 시정곤(2001)의 입장을 송원용(1998, 2005)와 이상욱(2007)의 절충적 입장으로 파악한 바 있는데, 미시적 차원을 고려하면서 내적 조건을 제시하지 않았다는 점에서 시정곤(2001)의 임시어 개념은 구본관(1998)과 유사한 입장에 있는 듯하다. 이에 우리는 (14)에서 이들을 동일한 유형으로 묶어 제시하였다.

단계에, '임시어2'와 '임시어3'은 형성 후 화자 어휘부 등재 이전의 단계에 해당한다. 이를 정한데로(2011)에서 제안한 '사회 어휘부'와 '개인 어휘부'에 각각 대응시킨다면, 전자는 사회 어휘부 등재 이전 단계, 후자는 개인 어휘부 등재 이전 단계에 위치할 것이다.

(21) 임시어의 제 개념과 각 기준 (정한데로 2014다 : 69)

	구분	형성	등재	내적 기준
가	임시어1	O	X (사회 어휘부)	X
나	임시어2	O	X (개인 어휘부)	X
다	임시어3	O	X (개인 어휘부)	O

단어형성론에서 통용되는 세 임시어 개념 모두 '형성 이후' 그리고 '등재 이전' 단계의 대상을 명명하기 위한 것이라는 점에서 공통적이다. 그 수준이 거시적 차원의 등재(공인)인지, 미시적 차원의 등재(심리 어휘부 등재)인지에 따라 달리 쓰이고 있을 뿐이다. 여기서 우리가 확인할 사항은 '임시'의 기준이 '형성'이 아닌 '등재'에 초점을 두고 있다는 점이다. (21가~다) 모두 '형성'의 결과라는 점에서는 동일하며, 서로 다른 수준의 '등재' 기준을 충족하지 못한 단어를 가리켜 '임시어'로 보고 있기 때문이다. 이는 단어 형성 연구에서 '등재' 기준에 관한 심도 있는 이론적·실제적 연구가 지속적으로 논의되어야 하는 이유를 보여주는 듯하다. 한편, '임시어3'만이 자체적인 내적 기준을 마련하고 있다는 점에서 차별화된다.

앞서 언급한 대로 '임시어2', '임시어3' 두 개념 모두 화자의 어휘부 등재 이전 대상을 지시한다는 점에서 상당히 유사해 보일 수 있지만,

'임시어3'은 (20)처럼 일부 고유어 및 한자어 접사가 참여한 파생어에 국한된다. 이에 반해 '임시어2'는 내적 기준 등을 고려하지 않고, 형성 초기의 등재 이전 복합어(파생어, 합성어)를 모두 임시어로 보고 있다는 점에서 차이가 분명하다. 두 개념 간의 차이는 생산성 논의에서도 확인되는데, '임시어2'는 (14바)에서 보듯 말뭉치에서 포착된 임시어를 대상으로 측정 가능한 반면, '임시어3'은 언어 내적 기준에 의한 것이므로 생산성 측정이 불가능하거나 무의미할 수 있다. 물론 '임시어2'의 경우도 화자의 개인 어휘부 등재가 임시의 기준임에도 불구하고 연구 대상 자료는 특정 화자의 개인어 자료가 아닌 사회어(말뭉치) 자료라는 점에서 용어 개념과 대상 자료의 불일치 문제를 극복해야 하는 문제가 남아 있다. 말뭉치 자료를 활용하여 생산성 측정을 할 때에는 용어 개념과의 정합성을 고려할 때 '임시어1'이 비교적 타당한 접근이 아닌가 한다.[18]

요컨대, 임시어 개념은 연구자가 취한 입장에 따라서 '임시어1, 임시어2, 임시어3'으로 구분될 수 있다. 그리고 이들 제 개념은 '형성'에 관한 '임시'라기보다는 '등재' 기준에 따라 분류된 것이다. 생산성 측정을 고려할 때에는 말뭉치 자료의 특성상 거시적 차원을 고려한 '임시어1'이 '임시어2'에 비하여 적절한 접근일 수 있다.

지금까지 임시어의 제 개념을 검토하면서 (14)의 여러 논저에서 취한 임시어 개념을 그 기준과 함께 차례로 살펴보았다. 그러나 이들 논의 가운데 용어 사용에 있어서 다소 혼란스러운 모습을 보이는 예도 일부 관

---

18) '임시어3'의 입장은 심리적 차원에서 단어 형성 및 등재 문제를 연구하기 때문에, 말뭉치 자료가 아닌 화자의 심리적·인지적 실험 결과를 연구 자료로 활용한다. '임시어2'와 비교할 때, '임시어1'과 '임시어3'은 각각 거시적, 미시적 측면에서 관련 개념과 연구 대상 자료가 일치된 모습을 보여준다.

찰된다. 주로 '임시'의 기준을 화자 내부에 마련해 놓고, 이들의 등재를 사회적 차원에서 거론한 경우가 이에 해당한다(밑줄은 필자 추가).

(22) 가. 임시어는 처음에는 한 개인에게만 사용된다고 볼 수 있다. 그러다가 차츰 그 언어를 사용하는 언중들에게 하나의 단어로서 인식되어 간다(구본관 1998 : 29, 각주18).
나. 규약화는 임시 통사원자가 자주 쓰임에 따라 언중의 승인을 얻어 어휘부에 등재되는 현상이다(박진호 1994 : 13).

(14라)에서 살펴본 구본관(1998)은 이 글의 '임시어2'에 대응하는 임시어 개념이므로 화자의 개인 어휘부의 등재 여부를 기준으로 '임시' 판단이 마련된다. 그런데 (22가)처럼 '언중들의 인식'이 언급된 것은 오해의 여지를 남길 수 있다. '임시'에 관한 기준을 엄격하게 하자면, '임시어2'에서는 거시적 차원의 문제는 논외로 다루는 것이 바람직하다.

한편, (14사)의 박진호(1994)는 '임시어3'에 해당하는 임시어 개념을 쓰고 있다는 점에서 역시 미시적 차원의 개인 어휘부 등재 여부를 기준으로 한다. 그러나 (22가)와 마찬가지로 (22나)에서도 '언중의 승인'을 언급한 점이 주목된다. 특히 언중의 승인을 통해 임시어(임시 통사원자)가 어휘부에 등재될 수 있다고 보았는데, '임시어3'의 사회적 승인을 통한 어휘부 등재가 어떠한 과정을 통해 전개되는지 개인과 사회를 구분한 추가적인 논의가 필요할 듯하다.

끝으로, (14자)의 송철의(1992)에서도 임시어의 쓰임이 관찰된다. '새김질'을 형성할 때, 그 구성 내부의 '새김'은 온전한 단어가 아니라고 보아 임시어의 자격을 부여한 것이다. 전체 단어 형성 과정 내 중간 단계에 나타난 형식이라는 점에서 '임시적' 대상이기는 하나 이는 김창섭(1996 :

19), 이재인(1995), 황화상(2009) 등에서처럼 '잠재어'로 불리는 것이 일반적이다.[19] 이 역시 앞서 언급한 '임시어1, 임시어2, 임시어3'과 다른 개념이기에 구분할 필요가 있다.

이 글은 Bauer(1983)과 마찬가지로 공인화를 고려한 '임시어1'의 입장에 서 있다. 정한데로(2011 : 232)에서 도식화한 임시어의 체계적 위치를 확인하면서 절을 마무리하고자 한다.

(23) 임시어의 형성과 등재

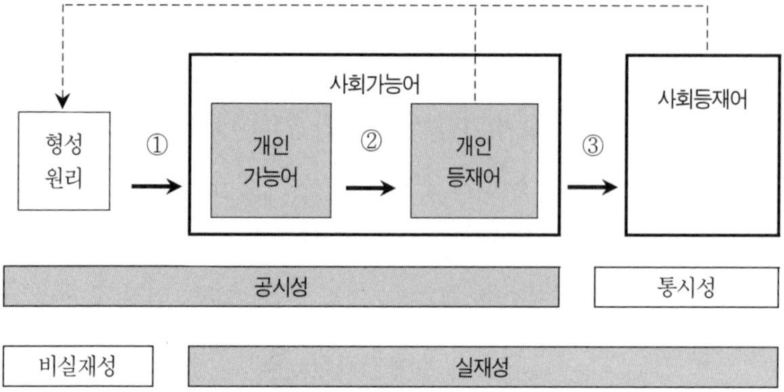

정한데로(2011)은 단어를 '가능어-등재어', '개인어-사회어'의 두 대립 내에서 '개인가능어, 개인등재어, 사회가능어, 사회등재어'로 구분하고 (23)과 같이 단어 형성 과정에 관한 일방향적 모형을 제시하였다. ①은 개별 화자가 단어형성원리로부터 단어를 형성하는 과정을, ②는 새로이 만들어진 단어가 화자의 심리 어휘부에 등재되는 과정을, ③은 특정 화자만의 임시어였던 단어가 언어 공동체 전반으로 확대되는 과정을 가리킨다.

19) 2.1에서 언급한 Allen(1978)의 논의를 참고할 수 있다.

이때 ①은 '임시어 형성'에, ③은 '공인화'의 과정에 각각 대응된다.[20]

지금까지 이 글에서 우리가 꾸준히 관심 가져온 '임시어'의 영역은 바로 (23)의 '개인어'(개인가능어+개인등재어)이자 '사회가능어'에 해당하는 범위이다.[21] 즉, 임시어는 '형성 이후, 공인화 이전'의 중간 단계에 있다고 할 수 있다. 이는 '공시성'과 '실재성'이 교차하는 영역으로, 임시어는 화자가 즉각적으로 만들어 낸 '공시상에서 역동적으로 실재하는 단어'이다(정한데로 2011 : 235). 이렇게 정리한다면, 이 글의 서론에서 언급했던 "'단어'가 '소리/문장'과 달리 임시적 지위를 지닐 수 있는 이유"를 자연스레 마주하게 된다. 단어는 미시적 차원과 거시적 차원에서 각각 '개인 어휘부 등재'(심리 어휘부 등재)와 '사회 어휘부 등재'(공인화)를 기준으로 '가능어'와 '등재어'의 상이한 지위에 놓인다. 두 차원의 '등재'를 전후로 임시 여부가 판단되는 것인데, 이는 바로 '등재성'에 밀접한 단어의 특징이 고스란히 드러나는 지점이다.

3.2. 임시어와 신어

임시어가 단어의 '임시적 지위'를 강조한 것이라면, 신어 또는 신조어는 '새로이 만들어진' 단어임을 강조한 용어이다. 그러나 아래의 기술을 참고한다면 임시어와 신어의 관계에 대해서도 추가적인 언급이 필요할 듯하다.

---

20) 여기에서는 임시어의 형성과 등재 과정에 관한 설명을 자세히 다루지 않는다. 임시어 및 공인화와 관련하여 정한데로(2011, 2013가, 2015나) 참고.

21) 이는 이 글에서 취하는 '임시어1'에 대응되는 범위이다. '임시어2, 임시어3'은 화자의 심리 어휘부 등재 이전의 단어이므로 (23)의 '개인가능어'에 국한될 것이다.

(24) 단어는 필요에 의해 새롭게 생성된 후 지속적으로 사용되는 단어가 있는 반면 더 이상 사용되지 않아 사라지는 단어가 있다. (중략) (각주10) 본고에서는 이 세 종류의 단어를 편의상 신어(新語), 지속어(持續語), 소멸어(消滅語)로 각각 이름 붙여 부르기로 한다(이광호 2005 : 132).

(24)에서 "필요에 의해 새롭게 생성"된 단어는 '신어'로, 이후 개별 화자 또는 언어 공동체 내에서 "지속적으로 사용되는" 단어는 '지속어'로 명명되었다(밑줄은 필자 추가). 이때 신어와 지속어의 관계는 마치 Bauer (1983)의 임시어와 공인어의 관계를 떠올리게 한다. (24)에서 '신어'로 부른 단위의 개념이 앞서 (4)에서 언급한 '임시어'의 개념과 상당히 유사해 보이기 때문이다. 여기서 우리는 (24)에 기술된 "필요에 의해 새롭게 생성"의 표현이 화자 내부에 국한해 '필요에 의해 생성된'을 강조한 것인지, 혹은 사회적 측면에서 '새로운 단어의 등장'을 강조한 것인지 보다 분명히 하고자 한다. 특히 국립국어원에서 선정한 신어나 언론 매체에 소개된 신어의 개념이 언중들로부터 '수용되기 시작한 단어'들을 지시한다는 점에서, 신어의 외연에 관한 보다 세심한 판단이 필요할 듯하다.

이에 우리는 임시어와 신어 간의 구분을 명확히 하고자 다음과 같이 신어의 개념을 정리한다.[22)]

---

22) 이 글과 마찬가지로 문금현(1999 : 296)에서도 Bauer(1983)에 기대어 임시어와 신어의 관계를 다음과 같이 정리하고 있다.
－임시어 : 어떤 순간적인 요구가 생길 때 화자나 필자들에 의해서 만들어진 새로운 단어
－신어 : 임시어가 어휘 체계에 정착된 것
한편 문금현(1999)는 다음과 같이 신어의 하위 부류를 더욱 자세하게 구분하고 있어 주목된다.
• 신어(新語)의 하위 체계
－신생어(新生語) : 기존 언어와 유연성 없이 새롭게 창조된 말
－신조어(新造語) : 기존 언어재를 바탕으로 생성된 이차 어휘

(25) 신어는 특정 화자가 즉각적으로 형성한 단어(임시어) 가운데 언어 공동체 내에서 새롭게 수용된 단어를 뜻한다.

(25)와 같이 정리한다면, 필요에 의해 특정 화자가 즉각적으로 만든 단어(미시적 차원 : 임시어), 그리고 새롭게 사회적으로 수용된 단어(거시적 차원 : 신어)가 명확히 구분된다. 신어는 임시어와 달리 공인화를 전제한 개념이기 때문이다. 몇 가지 예를 통해 이 둘의 차이를 확인해 보자.

(26) 가. 깜짝쇼, 마마보이, 체인점
나. 기쁨조, 족집게과외, 컬러링
다. 고스톱족,[23] 당구맨,[24] 삐삐팅[25]
라. 감춘낯, 거짓얼굴, 안개표정

(26가~다)는 1994년에 국립국어연구원(현 국립국어원)에서 발행한 <신어> 자료집에 수록된 단어, (26라)는 국립국어원에서 운영하는 우리말 다듬기 누리집(http://malteo.korean.go.kr)에 올라 있는 단어를 가져온 것이다. (26가~다)는 모두 1994년 신어로 함께 등장하였지만, 현재 이들의 지위는 상당히 다른 모습이다. (26가)는 <표준국어대사전>(이하 <표준>)에 등재된 공인어인 반면, (26나)는 신어로 선정된 이후 대중들 사이에서 꾸준히 쓰이기는 했지만 <표준>에까지는 이르지 못한 단어이다. 한편, (26다)는 오늘날 그 쓰임을 거의 찾아보기 어려운, 사실상 사라진 단어들이다. 한편, (26라)는 외래어 '포커페이스'를 대신할 순화어를 정하

23) 화투 놀이의 하나인 고스톱을 습관적으로 즐기는 사람들을 이르는 말
24) 당구 치는 일을 습관적으로 즐기는 사람
25) 삐삐를 이용해 남녀가 데이트를 하는 일

기 위해 일반 한국어 화자들이 즉각적으로 만들어 낸 공시적 단어 형성의 결과로서 (26가~다)에 비해서 지속성이 현격하게 낮은 임시어이다.

이 가운데 (26가~다)는 <표준>이나 <신어>에 등재된 단어로서 규범적으로 인정된, 즉 공인화된 단어로 볼 수 있지만 (26라)는 공식적인 절차에 따라 승인을 받은 단어가 아니다. 이에 더해 (26다)도 <신어>에 등재되기는 했으나 현재 널리 쓰이지 않는 단어라는 점에서 공인성을 의심받을 수 있다. 정한데로(2015나)에서는 '양적 공인화'(친숙화)와 '질적 공인화'(규범화)를 구분하고, 전자는 높은 출현빈도의 영향으로 언어 공동체 내에 수용되는 과정으로, 후자는 사전이나 신어 자료집 등재와 같은 공식적인 절차에 의해 언어 공동체 내에 수용되는 과정으로 구분한 바 있다. 이렇게 볼 때 (26다)는 '양적 공인화'(친숙화)에 있어서는 다소 미흡할지 모르나, '질적 공인화'(규범화) 차원에서는 충분히 공인어로 볼 수 있을 것이다.

그렇다면 임시어는 신어와 어떠한 관계에 있을까? 임시어와 신어의 상관관계는 다음과 같이 도식화해 볼 수 있다(정한데로 2015라).

(27) '임시어, 신어, 사전등재어'의 상관관계

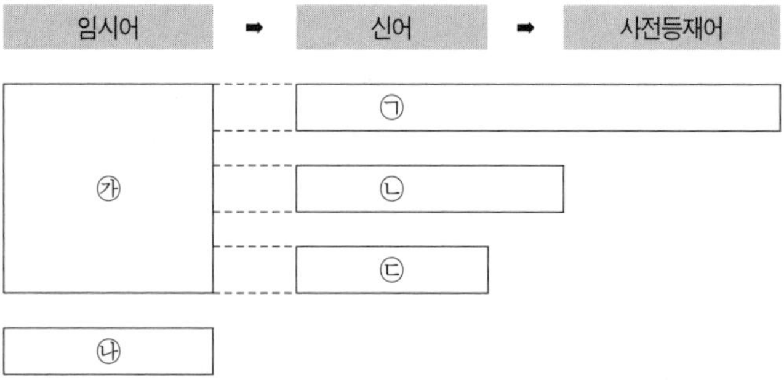

모든 단어는 임시어에서 출발한다. 임시어는 이를 명명한 최초의 화자에 그치지 않고 언어 공동체 내부로 확산되어 (27㉮)처럼 지속적으로 쓰일 수 있다.[26] 물론 임시어 가운데 일부는 언어 공동체 내로 수용되지 못하고 최초 화자에 머물다 (27㉯)처럼 금방 사라져 버리고 만다.

신어로까지 발달한 (27㉮)의 단어들은 또 각자 서로 다른 삶을 살게 된다. 먼저 ㉠은 임시어가 언어 공동체에 수용된 후 꾸준한 쓰임에 힘입어 <표준> 같은 사전에까지 공식적으로 등재된 경우이다. 그러나 모든 단어가 이러한 이상적인 목표에 도달하는 것은 아니다. 훨씬 많은 신어들이 ㉡이나 ㉢처럼 <표준>에 이르지 못한다. ㉡은 <표준>에 등재되지는 못하였으나 언중들 사이에서 지속적으로 쓰이며 그 존재를 유지하는 경우이며, ㉢은 한때 유행처럼 반짝 쓰이다가 사라져 버린 신어들로 <신어> 자료집 표제어로만 그 흔적을 남겨 놓았다.

사전 및 신어 자료집 등재에 따른 '질적 공인화'(규범화)를 기준으로, <신어>에 수록된 (26가~다)는 모두 (27㉮)에 해당하지만 (26라)는 개별 화자가 잠깐 만들어 쓰고 만 (27㉯)가 된다. (27㉮) 중에서 (26가)는 <표준>에까지 등재된 ㉠ 부류, (26나)는 <표준>에는 등재되지 못하였으나 여전히 널리 쓰이고 있는 ㉡ 부류, 마지막 (26다)는 <신어> 선정 후 금방 사라지고 만 ㉢ 부류에 해당한다.

한편, 단어 형성과 관련하여 아래의 표현들이 지시하는 각각의 상대적인 의미도 함께 검토해 볼 필요가 있다.

26) 이러한 과정이 곧 공인화이다. 단어의 공인화에 관해서는 정한데로(2015다) 참고.

(28) 가. 단어의 형성
나. 신어의 형성
다. 임시어의 형성

(28가~다)의 각 표현은 단어형성론 내의 다양한 상황에서 자주 쓰인다.[27] 그런데 '단어 형성'은 미시적·거시적 차원에서 모두 해석 가능하다는 점에서 주의할 필요가 있다. 특정 화자의 즉각적인 단어 형성을 놓고 '형성'이라 할 수도 있고, 언어 공동체 내에서 인정되는 단어의 등장을 놓고 '형성'이라 할 수도 있기 때문이다. (23)에 제시한 '임시어의 형성과 등재' 과정을 참고한다면, '단어의 형성'은 ①이 될 수도 있고, ③이 될 수도 있는 것이다. 이렇게 볼 때, (28)의 각 '형성'은 연구자에 따라서 그 의미적 외연이 달리 해석될 여지가 충분하다.

먼저 (28다)의 '임시어의 형성'은 (4)에 제시한 개별 화자에 국한된 차원의 문제이므로 비교적 그 범위가 분명하다. 이는 (23)의 그림 내에서 ①에 해당할 것이다. 그렇다면 (28나)의 '신어의 형성'은 어떠할까? 신어의 형성은 일견 '언어 공동체의 수용'으로 해석될 여지가 있다((25) 참고). <신어>에 등재되거나 일정 수준의 출현빈도로 신어의 지위를 확보했을 때에는 이미 임시어 형성 이후의 공인화 단계에 놓여 있는 것이므로 신어의 형성은 (23)의 ③ 단계를 포함한다. 그러나 우리는 '형성'에 초점을

27) '등재'의 측면에서도 '형성'의 외연에 대한 연구자마다의 입장이 다를 수 있다. 단어의 형성이 '등재'를 포함한 통시적 과정을 뜻하는 것인지, 아니면 '등재'와 분리된 공시적 절차만으로 한정되는 것인지 등 '형성'의 개념 자체도 관점에 따라 달리 해석된다. (23)의 그림으로 설명하자면, '형성'과 '등재'를 구분하는 입장에서는 ①만을 '형성'으로 판단하는 데 반해, '형성'과 '등재'를 구분하지 않는 입장(즉시 등재의 입장)에서는 ①과 ②의 과정을 모두 합쳐서 '형성'으로 파악한다. 전자의 입장으로는 김명광(2004), 시정곤(2004), 이상욱(2004, 2007), 김민국(2009), 정한데로(2011, 2014가) 등, 후자의 입장으로는 박진호(1994, 1999), 송원용(1998, 2005) 등을 참고할 수 있다.

두어 ③이 아닌, ①의 임시어 형성과 동일한 차원에서 신어의 형성을 이해할 수 있다고 본다. 신어로서의 지위가 확보된 단계는 분명 (23)의 ③ 위치이지만, 이들 단위의 존재는 임시어 형성과 함께 시작되었기 때문이다. 따라서 신어는 ①과 ③을 아우르는 범위에 있지만 형성 자체는 ①에 초점이 있다. 동일한 맥락에서 (28가) '단어의 형성'도 (23)의 ①에 대응하는 것으로 파악한다면, '단어, 신어, 임시어'의 표현적 차이와 상관없이 '형성'은 개별 화자를 중심으로 정리할 수 있을 것이다. 이후의 '공인화'는 '단어, 신어'에 적용되는 사회적 절차이다.

(29) 가. 형태론의 목표는 어휘화되지도 않고, 사전에 등재되지도 않을 듯한, 무수히 생산되었다가 없어지는 단어들의 형성의 원리를 밝히는 것이어야 한다(고재설 1994 : 137).
나. 임시어에 대한 탐구가 단어형성론의 본령이 되어야 한다(이상욱 2007 : 64).
다. 단어형성법 연구의 궁극적 목적이 화자의 단어형성 능력을 밝히는 것이라면 임시어는 화자의 단어형성능력의 확인이라는 측면에서 매우 중요하다(김민국 2009 : 1).
라. (임시어는) 언어 외적 요인에 의해서 걸러지지 않은 단계에 있다는 점에서 때 묻지 않은 '살아 있는' 단어 형성의 결과물이다(정한데로 2011 : 214).

지금까지 한국어 형태론에서 논의된 바 있는 임시어의 제 개념, 그리고 임시어와 신어 간의 상관관계를 살펴보았다. 그간 한국어 형태론에서, 즉각적으로 만들어지는 (그리고 대부분 금방 사라져 버리는) 대상(임시어)의 중요성을 강조하였던 (29)의 논의들을 다시금 음미하면서 이 절의 논의를 마무리하고자 한다.

4. 단어형성원리와 임시어

4.1. 임시어 자료 분석

정한데로(2013가)에서는 한국어 임시어를 관찰할 수 있는 연구 대상으로 '말터 자료'와 '설문 자료'를 제시한 바 있다. 이 두 자료 모두 특정한 명명 동기가 부여된 환경에서 화자가 즉각적으로 만들어 낸 단어를 직접 관찰하는 방식으로 수집된 것이다. 말터 자료는 일반 한국어 화자들이 외래어를 대신 할 단어를 새로이 만드는 과정에서 포착된 것이고, 설문 자료는 일반 한국어 화자들에게 이름이 명확하지 않은 특정 사물의 이름을 직접 지어 보게 함으로써 수집된 자료이다. 이 글에서는 이들 중 정한데로(2013나)에서 구체적으로 논의된 바 있는 설문 자료를 중심으로 그 양상을 확인하고자 한다.

(30) 설문조사 대상 (도구 명사)

1	2	3	4
		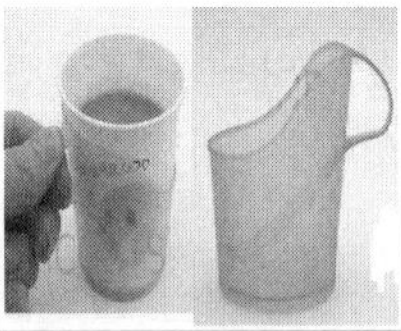	
5	6	7	8
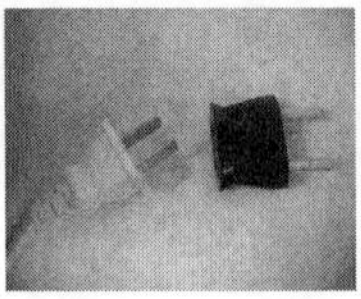			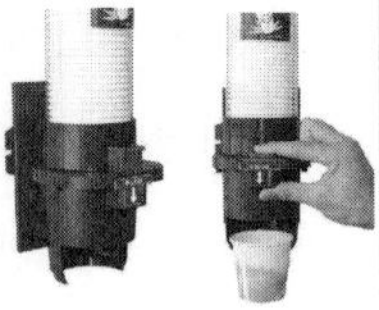

9	10	11	12
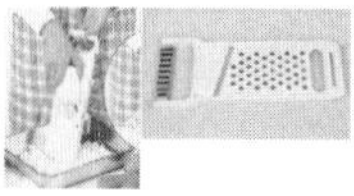			

총 12개의 도구 명사에 대한 대학생 217명의 응답을 조사한 결과, 총 유형빈도 1604, 출현빈도 3184에 해당하는 자료가 수집되었다.[28] 정한데로(2013나)는 이들 자료를 대상으로 각각의 단위를 1차적으로 형태소 분석하였고, 실제 단어 형성 과정을 연구하는 데 보다 적합하다고 판단되는 등재소 분석을 2차로 실행하였다.[29] 이들의 구성별 출현빈도는 다음과 같다.

(31) 구성 유형별 출현빈도 (등재소 분석)

연번	유형	빈도	백분율	연번	유형	빈도	백분율	연번	유형	빈도	백분율
1	N-N	775	28.90	23	N-V-af-N-N	7	0.26	45	R-V-af	1	0.04
2	N-V-af	679	25.32	24	N-af-N	7	0.26	46	R-N-N-af	1	0.04
3	N-N-N	288	10.74	25	V-af-N-N	6	0.22	47	R-N-af	1	0.04
4	N-N-af	255	9.51	26	R-af	6	0.22	48	N-V-af-V-af-af	1	0.04
5	V-af	79	2.95	27	N-V-af-N-af	6	0.22	49	N-R-N-af-V-af	1	0.04
6	N-V-af-N	68	2.54	28	N-N-V-af-N	5	0.19	50	N-R	1	0.04

28) 이에 관한 구체적인 사항은 정한데로(2013나 : 371-377)를 참고하라.

29) 형태소 분석과 등재소 분석의 차이는 정한데로(2013나 : 380-382)를 참고할 수 있다. 정한데로(2013나)는 실제 단어 형성 과정에 어휘부 등재 단위 간의 결합이 진행될 것으로 보고, 등재소 분석 방식의 입장을 취하였다.

연번	유형	빈도	백분율	연번	유형	빈도	백분율	연번	유형	빈도	백분율
7	통사론적 구성의 단어화	66	2.46	29	N-N-af-N	5	0.19	51	N-N-V-af-V-N	1	0.04
8	N-N-V-af	59	2.20	30	N-af-N-V-af	5	0.19	52	N-N-V-af-N-af	1	0.04
9	V-af-N	43	1.60	31	N-Adv	5	0.19	53	N-N-N-N-V-af	1	0.04
10	Adv-af	36	1.34	32	af-N	5	0.19	54	N-N-N-N-af	1	0.04
11	N-af	35	1.30	33	Adv-N	5	0.19	55	N-N-af-N-N	1	0.04
12	N-V-af-af	34	1.27	34	N-N-V-af-af	4	0.15	56	N-af-V-N	1	0.04
13	기타	32	1.19	35	R-N-N	4	0.15	57	N-af-af	1	0.04
14	N-N-N-af	25	0.93	36	N-N-N-V-af	2	0.07	58	N-Adv-V-af	1	0.04
15	V-N	25	0.93	37	N-V-N-N	2	0.07	59	N-Adv-N	1	0.04
16	N-af-N-N	15	0.56	38	N-V-af-V-af	2	0.07	60	af-V-af	1	0.04
17	N-V-N	14	0.52	39	N-R-af	2	0.07	61	af-N-N-V-af-af	1	0.04
18	N-N-N-N	14	0.52	40	N-Adv-N-af	2	0.07	62	Adv-V-af-af	1	0.04
19	V-af-af	12	0.45	41	af-N-N-V-af	2	0.07	63	Adv-N-N-N	1	0.04
20	N-Adv-af	8	0.30	42	Adv-V-af	2	0.07	64	Adv-N-N-af	1	0.04
21	V-af-V-af	7	0.26	43	V-af-N-af-N	1	0.04				
22	V-af-N-af	7	0.26	44	V-af-af-N-af	1	0.04				
총계										2682	100

총 64개의 구성 유형이 파악되었다. 이들은 구성성분의 결합 유형에 따라서도 다양한 양상을 보인다. 높은 비율을 차지하는 구성을 순서대로 나열한 결과 'N-N > N-V-af > N-N-N > N-N-af' 등으로 나타났다. 1위~4위까지의 이들 구성이 전체의 74.46%를 차지할 만큼, 특정한 몇 가지 방식이 실제 단어 형성을 주도하고 있다는 사실을 확인할 수 있다.

(32) 결합 단위 수 기준 빈도 (등재소 분석)

구성 유형	유형빈도	백분율	출현빈도	백분율
3개 결합형	607	43.22	1320	51.04
2개 결합형	547	39.09	971	37.62
4개 결합형	205	14.62	250	9.67
5개 결합형	37	2.64	37	1.43
6개 결합형	6	0.43	6	0.23
총계	1402	100	2584	100

한편, 통사론적 구성의 단어화를 제외한 이들의 결합 단위 수 기준 빈도는 (32)와 같다. 등재소 3개가 결합하여 새로운 단어를 만드는 경우가 50%를 넘는 범위를 차지하였고, 2~4개 결합 형식이 전체의 98.33%로 압도적인 분포를 보인다. 실제 화자가 단어를 만들 때 쓰이는 등재소의 개수는 상당히 제한적임을 알 수 있다.

이들의 특징적인 결합 양상 일부를 구체적으로 살펴보고자 한다.[30)]앞서 제시한 (31)의 구성 유형을 확인하면서, 이들 임시어가 지닌 단어 형성론적 의의를 검토해 보자. 첫째, 통사론적 구성이 단어화한 예가 관찰된다. 이 구성은 전체 빈도에서 7번째로 높은 비율을 차지할 만큼 그 수가 적지 않다.

(33) 가. 기울어진컵(3), 긴손잡이체(12), 손잡이달린체(12)
　　나. 걸래짤이(10), 걸래짤통(10), 짤통(10), 뜰것(12)
　　다. 풀어주는체(6), 갈아버려(9)
　　라. 문멈춰(1), 다섞어(6), 컵눌러(8), 다밀어(9)
　　마. 앗뜨거방지대(3), 컵내려기(8), 쭉짜줘기(10), 걸러요망(12),

30) 여기서 제시하는 임시어 자료의 개괄적인 특징에 관한 기술은 정한데로(2013나 : 387-393)의 내용을 가져온 것이다.

물걸러채(⑫)

바. 제2의컵(③), 위의문고리(⑪), 물만빠지기(⑫)

(33가)와 (33나)는 각각 관형사형어미 '-ㄴ'과 '-ㄹ'이 단어 형성에 참여한 예이다. (33다)처럼 연결어미 '-어'가 참여한 구성도 관찰된다. (33라)는 종결어미('-어')가 결합한 구성이며, (33마)는 종결어미가 결합한 구성 뒤에 접사나 명사가 덧붙은 것이다. 한편, (33바)는 단어 형성에 조사가 참여한 예로 그 수가 많지는 않다. 혹자는 이들 대상에 단어의 지위를 부여하는 데 있어서 거부감을 보일지 모른다. 그러나 이미 <표준>에 등재된 (34)의 사회등재어와 (33)을 비교할 때, 구조적 차원에서 이 둘 간의 차이는 없는 듯하다. 우리는 (33)의 임시어도 사회적 승인만 더해진다면 (34)처럼 충분히 사전 등재어의 위상을 획득할 수 있다고 본다.

(34) 가. 고인돌, 굳은살, 고운체, 진흙

나. 건널목, 길짐승, 땔감, 디딜방아

다. 넘겨주다, 물려주다, 쓸어버리다, 잃어버리다

라. 섰다, 심봤다, 싸구려

마. 받들어총, 섞어찌개, 먹자골목, 먹자판

바. 남의눈, 닭의똥, 별의별

또한 (33)의 임시어는 통사론적 구성의 단어화에 대한 '통시적 접근'과 '공시적 접근'의 두 입장 가운데 후자를 뒷받침해 주는 자료로 쓰일 수 있다.[31] 전자의 관점에 서면 이들 피설문자가 설문 현장에서 만든 임

31) 구체적인 용어에서는 차이가 있지만, 통사론적 구성이 단어화한 예는 크게 '통시적 차원'과 '공시적 차원'으로 구분된다. 전자는 시간의 흐름에 따라서 통사 구성이 점차 단어로 굳어졌다고 보는 데 반해, 후자는 급진적인 방식의 재구조화나 특정한 형태론적 원리에

시어도 통사 구성의 빈번한 사용에 의해 통시적으로 하나의 단어로 굳어졌다고 보아야 한다. 그러나 그리 길지 않은 설문 조사 시간을 고려한다면, 빈도를 동반한 통시적 차원의 해석을 내리기는 쉽지 않을 듯하다. 이 글은 후자의 입장에서 (33)의 임시어가 급진적인 재구조화의 원리를 통해 공시적으로 단어의 지위를 획득하였다고 이해한다(정한데로 2011, 2014가 참고).[32]

한편, (33)에서 확인된 '-ㄴ, -ㄹ, -어' 등의 형식을 어미가 아닌 형태 결합 차원의 개재 접사로 파악할 가능성도 있다. 형태 연결 원리를 통해 두 형태를 연결하기 위한 요소로서 중간에 접사가 삽입된다고 보는 관점이다(황화상 2001 : 168-179, 2002). 그러나 다음의 임시어는 선어말어미로 보이는 '-느-' 형식이 그 구성 내에 참여하였다는 점에서 마치 통사론적 구성과 유사한 모습을 보여준다.

(35) 감자깎는칼([2]), 젓는봉([6]), 가는칼([9]), 물터는망([12])

만약 (35)도 형태 결합의 원리로 해석한다면 어간과 개재 접사 사이에 또 다른 개재 접사 '-느-'를 추가로 설정해야 하는 부담이 더해진다. 일단 우리는 이때의 '-ㄴ'을 어미로 보아 이들 임시어가 통사부에서 형성되어 재구조화를 겪은 것으로 보고자 한다. 그렇게 본다면 선어말어미

의해 통사 구성이 공시상에서 단어화했다고 본다. 통시적 접근은 박진호(1994), 송원용(1998, 2005), 최형용(2000, 2003가, 2003나) 등, 공시적 접근은 이상욱(2004), 오규환(2008), 정한데로(2011, 2014가) 등에서 강조되었다. 김창섭(1996), 김인균(2005)는 이상의 두 입장을 모두 제시하였다.

32) 이 글의 '재구조화'는 김창섭(1996: 25)의 '구의 단어화'("주어진 구 자체가 단어로 재분석되어 단어의 자격을 가지게 되는 것"), 김인균(2005 : 46)의 '어사(소)구의 어사화'("어사(소)구와 같은 구 구성이 어사로 층위 변화를 하는 경우")의 관점과 맥을 같이 한다.

'-느-'가 참여한 '감자깎는칼' 등의 형성도 자연스럽게 해결될 수 있다. 다음의 <표준> 등재어 역시 단어 내부에 '-느-'가 확인되는바 (35)와 마찬가지로 통사론적 구성에서 온 단어로 볼 수 있을 것이다.

(36) 맺는말, 먹는장사, 씹는담배, 우는소리, 죽는시늉

(35)와 (36)은 사회적 승인 여부만 달리할 뿐, 구조적 측면에서는 별다른 차이가 없다. 다시 말해서 (35)와 (36)이 언어 외적인 공인화 측면에서는 차이가 있을지 몰라도 언어 내적인 형성 측면에서는 동일한 구성의 대상인바, (35)의 임시어도 사회적 승인만 거친다면 언제든 합의에 따라 사전에 등재될 수 있는 것이다. 그렇다면 (36)도 (35)와 같이 공시적 차원에서 통사론적 구성이 단어화한 것일까? 이 글은 (36)의 <표준> 등재어가 애초의 통사론적 구성에서 빈번한 쓰임에 따라 점차 하나의 단어로 굳어졌을 가능성을 배제하지는 않는다. 그러나 우리는 (35)의 임시어를 근거로 삼아, 보다 적극적인 관점에서 공시적 차원의 '통사론적 구성의 단어화'를 단어 형성의 한 원리로 보고자 한다.

둘째, 선행하는 명사 없이 타동사와 접사의 결합만으로 형성된 [Vt(타동사)-af] 유형의 임시어가 관찰된다. [Vt-af-af], [Vt-af-N(-af)], [Vt-af-V-af] 등의 예까지 포함하면 총 157개의 임시어가 이와 관련한다.[33)]

---

33) (37나~다)처럼 임시어 내부에 '-음'이 참여한 구성이 다수 관찰되는데, 이때 '-음'의 지위에 대해서는 '파생접사(송철의 1992, 김창섭 1983, 1996 등), 명사형어미(시정곤 1998, 1999가, 송원용 1998, 최형용 2003가, 2003나), 개재 접사(황화상 2001, 2002), 어근 형성 전용 요소(채현식 2003나)' 등 다양한 논의가 있어 왔다. 임시어에서 포착된 '-음'의 지위에 관한 논의는 후고를 통해 제시하기로 하고, 일단 이 글에서는 '파생접사'의 관점에서 논의를 진행한다.

(37) 가. 갈이([2]), 깎이([2]); 벗기기([2]), 갈기([9]); 꽂개([5]), 거르개([12])
나. 벗기미([2]), 돌리미([6]), 거름이([12]); 묶음기([4]), 으깸기([9])
다. 가림대([7]), 갈음판([9]); 닫힘막이([1]), 거름받이([12])

종합합성어(synthetic compound) 즉, '고기잡이'형 단어 형성의 두 가지 설명 방식([[고기+잡-]+-이], [고기+[잡-+-이]])에서 '고기잡-'([N-V])과 '잡이'([V-af])의 실재성 문제는 이들 연구에서 중요하게 다루어진 부분이다. 특히 '잡이'의 경우, 타동사인 '잡-'이 대상역(theme) 명사 논항을 선행하지 않고 '잡이'만으로 자립적인 단위를 구성할 수 있는가 하는 문제가 주목되었으며, 이를 위한 방안으로 '재구조화/재분석'의 기제가 도입되기도 하였다(고재설 1992, 김창섭 1996 : 129 등). 더 나아가 초기 [X-잡이] 형성 이후에 이로부터 '명태잡이, 멸치잡이' 등의 단어가 유추를 통해 형성된다고 본 논의도 이어졌다(채현식 1999, 2003나 : 203-210 등). 이상의 '재구조화/재분석', '[X-잡이] 틀'에 의한 단어 형성은 '잡이'가 독자적인 단위로 쓰이지 않는다는 점, 다시 말해 '잡이'의 실재성을 인정할 수 없다는 기본 관점을 바탕으로 이루어진 것이다. 그러나 (6)의 임시어는 [Vt-af]의 직접적인 결합이 단어 형성의 한 방식으로 충분히 기능할 수 있으며, 재분석과 같은 통시적 기제를 빌려오지 않더라도 '잡이'에 대한 설명이 가능하다는 사실을 보여준다.

사전 등재어 '몰이', '벌이', '풀이' 등은 위와 같은 방식으로 형성된 임시어 가운데 사회적 승인까지 획득한 결과이다. 이들에 더하여, 만들어졌다가 공인되지 못하고 사라져 버린 (37)과 같은 임시어까지 고려한다면 [Vt-af]의 방식도 일반적인 단어 형성 유형의 하나로 인정받아야 마땅하다. '잡이'를 존재하지 않는 단어로 파악한 종래의 관점은 사전

등재어만을 대상으로 하여, 이들만이 실재성을 지닌다고 판단한 기본 전제에 근거한 것이었다. 그러나 앞서 언급한 대로 이러한 시각은 재고되어야 한다.

셋째, '덮밥, 접칼' 등과 같은 [V-N] 구성의 어간복합어가 관찰된다.[34] 단어 형성 과정에 [V-N]이 참여한 [N-V-N], [N-V-N-N], [N-af-V-N] 등까지 합하면 총 43회의 출현빈도이다.

(38) 가. 깎기구([2]), 섞체([6]), 젓기계([6]), 내뱉컵([8]), 갈판([9])
나. 문걸쇠([1]), 바닥걸쇠([1]), 채썰기계([9]), 야채갈판([9]), 문걸치대([11])

통상적으로 [V-N] 구성의 단어 형성은 더 이상 생산적이지 않은 것으로 논의되어 왔으나, 이선영(2006 : 147-158)에 따르면 현대 한국어에서도 어간복합어가 활발하게 형성되고 있다. 특히, 복합형용사와 복합명사의 예가 많은 것으로 조사되었다. 이선영(2006 : 59-62)에서 제시된 임시어 '어울마당'(어울-+마당), '삶통'(삶-+통), '푸르넷'(푸르-+넷) 등과 함께 (38)의 임시어도 이를 뒷받침한다. 화자의 표현론적 의도가 동기화되기만 한다면, 두 어간 형태를 직접 결합하는 방식도 공시상에서 생산적으로 작용할 수 있다.

넷째, 이른바 '갈림길'형 구성의 [V-af-N] 임시어가 다수 관찰된다. [V-af-N-N], [V-af-N-af], [V-af-V-af] 등의 구성까지 총 64회 출현빈도를 보인다.

34) '어간복합어'는 '용언의 어간이 어미 없이 유리되어 후행하는 어기와 결합한 복합어'를 가리키는 것으로, 이선영(2006 : 11)의 용어를 가져온 것이다.

(39) 가. 갈이판([9]); 깎기칼([2]), 빼기집개([4]); 돌림막대([6]), 거름통([12])
나. 뜨거움방지기([3]), 묶음해제기([4]), 닫힘완화기([11])
다. 닫힘막이([1]), 묶음빼기([4]), 거름받이([12])

앞서 살펴보았듯이 타동사 어기가 대상역 명사 논항 없이 접사와의 결합만으로도 파생명사를 형성한다는 점에서, (39가)의 '갈이, 깎기, 돌림' 등도 [V-af] 도구 명사로 충분히 쓰일 수 있다(예. <표준>의 '걸이, 돋보기, 받침'). 그러나 이 구성에 더하여 후행 명사를 추가 결합함으로써 이들 도구의 의미가 더욱 명확하게 표현되었다. 파생어의 예이기는 하지만 '부침개(=부침), 닦이질(=닦이)' 등의 특징과 평행하게 해석할 수 있다. 또는, 선행 [V-af] 구성이 후행하는 도구 명사의 구체적 속성을 드러내는 수식 성분의 역할을 담당한다고 볼 수 있다. (39나, 다)도 선행하는 '뜨거움, 묶음, 닫힘, 묶음' 등이 후행하는 파생명사의 속성을 밝히는 수식 성분의 역할을 담당한다.[35] 임시어 형성 시 '-음, -기, -이' 등 다양한 형식이 참여하는데, 그 가운데에서도 '-음'이 가장 활발한 결과를 보인다.

다섯째, '도우미'와 같이 둘 이상의 접미사가 결합한 [V-af-af] 구성의 임시어도 관찰된다. 관련 구성의 [N-V-af-af] 등까지 포함하면 총 53회의 출현빈도가 확인된다.

(40) 가. 벗기미([2]), 돌리미([6]), 느림이([11]), 거르미([12])
가'. 갈음기([9]), 으깸기([9])
나. 문멈추미([1]), 심뺌이([4]), 금지알리미([7]), 물짜냄이([10]), 물빠짐이([12])

35) (39나, 다)는 (39가)와 달리 선행하는 [V-af]가 후행 성분([N-af], [V-af])과 논항 구조를 지닌다는 점에서 자료 성격상 차이가 있다. 후행 성분이 서술성을 포함한 경우에 이러한 특징이 나타나는 듯하다. 일단 여기에서는 [V-af]가 선행 성분으로 참여한 결과에 초점을 맞추어 자료를 정리하였다.

(40가, 40가')은 [V-af-af], (40나)는 [N-V-af-af]의 구성에 해당되는데, 공통적으로 이들 임시어 내부에 '-음'이 가장 활발하게 참여한다. 이는 (39)의 [V-af-N] 구성과 유사하다. 특히, (40가, 나)에 '-음+-이' 구성이 함께 결합한 예가 적지 않다는 점이 주목되는데, 비례식을 활용한 유추 과정을 통해 이들이 형성되었을 가능성도 있다(최형용 2003가). 이와 달리, (40가')의 '갈음기, 으깸기'는 두 접사가 개별적으로 결합한 것이다. 이때의 '-기'는 한자어 접미사 '-기(器/機)'로 볼 수 있을 듯하나, [V-af] 파생명사를 어기로 한다는 점에서 결합 가능한 어기의 분포가 확대된 결과를 보여 준다.

4.2. 통합관계와 계열관계

앞서 우리는 (31)과 (32)에서 도구 명사 임시어의 다양한 결합 양상을 확인하였다. 그러나 이들 형성 과정에 'A+B'식의 '결합' 과정만이 있는 것은 아니다. 실제 화자들이 (30)의 각 도구 명사를 만드는 과정에는 결합 외에도 다양한 형성 원리가 관여할 수 있다.[36] 다만 이 글에서는 단어 형성의 주요 방식인 '결합'과 '대치'를 중심으로 몇 가지 사항을 논의하고자 한다.

(41) 단어 형성에 관한 두 관점

가	통합관계	결합	A+B → AB	단어형성규칙
나	계열관계	대치	[A[B]]	단어틀

36) 임지룡(1997 : 250-268)은 새로운 단어의 형성 방식을 형태론적 측면과 의미론적 측면에서 논의하였다. 형태론적 측면에서는 '① 확장, ② 혼성, ③ 축약, ④ 파생, ⑤ 대치'를 제시하였는데, 임지룡(1997 : 255)에 따르면 단어를 형성할 때에 '확장'의 방식이 가장 생산적이다. 이는 둘 이상의 형태 '결합'을 통해 형성된 경우를 의미한다.

단어 형성은 크게 두 가지 관점에서 논의된다. (41)에 명시한 통합관계와 계열관계에 기반한 단어 형성이 그것인데, 이 두 관계가 단어 형성뿐 아니라 일반언어학적으로 널리 통용되어 온 분석 기준이라는 사실을 상기한다면 단어형성론에서 이 두 방식이 크게 주목받아온 것은 그리 놀라운 일이 아니다.

(41가)는 'A+B'의 도식이 보여주듯 결합에 근거한 통합관계 중심의 단어형성법이다. 이 방식은 규칙 중심의 생성형태론에서 단어 형성을 설명할 때 주로 이용되어 왔다. 특히, 이 방식은 'A+B → AB'의 '→'가 지시하듯이 도출(derived) 과정을 전제하므로 도출 이전의 입력물이라 할 수 있는 구성성분을 밝히는 작업에 관심이 있다.[37] 연쇄적 패턴(concatenative pattern)을 이루는 단어의 경우에 적극적으로 활용되는 방식으로, 형태소 기반 모형(morpheme-based model)에서 주로 채택되었다.[38]

반면, (41나)는 '[A[B]]'에서 보듯 (41가)에서 활용된 '도출'(→) 과정을 찾아볼 수 없다. 이 접근에서는 '[[ ]]'과 같은 단어틀이 단어 형성의 기제로 활용되며, 'B'와 계열관계에 있는 다른 형식을 대치함으로써 새로운 결과물을 형성한다. 도출을 전제하지 않으므로 형성 이전의 대상보다는 결과물 자체에 중점을 둔다는 점에서 (41가)와 차이가 있다. 이는 도출 과정을 설정하기 어려운 비연쇄적 패턴(non-concatenative pattern)의 단어 형성을 설명하는 데 유리한 방식이며, 단어 기반 모형(word-based model)에서 강조되는 입장이다.

---

37) 통합관계 중심의 형태소 기반 모형은 기원 중심적(source-oriented, input-oriented) 입장에, 계열관계 중심의 단어 기반 모형은 결과물 중심적(product-oriented, output-oriented) 입장에 해당한다(Bybee 1995 : 430, Booij 2010 : 4 참고).

38) 형태소 기반 모형과 단어 기반 모형에 관한 추가적인 설명은 Haspelmath · Sims(2010)[오규환 외 역(2015)], 정한데로(2014가 : 149-155)를 참고할 수 있다.

예를 통해 두 입장의 차이를 확인해 보자. ‘보리빵’의 형성 과정을 추정해 본다면, (41가)와 (41나)는 각각 다음의 순서로 진행된다(채현식 2003나: 114-115, 황화상 2010, 2013 등 참고[39]).

(42) 가. 통합관계 중심 형성 : (41가)
① ‘보리를 넣어 만든 빵’의 명명 동기 발생
② 어휘부 내 ‘보리, 빵’ 인출
③ ‘보리+빵’의 결합으로 출력물 도출
④ ‘보리빵’ 형성
나. 계열관계 중심 형성 : (41나)
① ‘보리를 넣어 만든 빵’의 명명 동기 발생
② 어휘부 내 ‘옥수수빵’(옥수수를 넣어 만든 빵) 접근
③ $[[X]_{N(X=재료)}\text{-빵}]_{N}$의 틀 형성
④ X에 ‘보리’를 대치하여 ‘보리빵’ 형성

(42가)가 목표 개념(보리를 넣어 만든 빵)과 관련된 단위(보리, 빵)를 어휘부로부터 인출하여 이를 직접 결합하였다면, (42나)는 목표 개념과 유사한 형식을 어휘부 내에서 검색한 후 이때 찾아 낸 ‘근거 단어’(source word)(옥수수빵)를 바탕으로 목표한 단어(보리빵)를 형성한다. 따라서 (42나)의 형성 방식은 근거 단어가 과정 내 반드시 필요하다.

(41가, 나)의 두 상반된 접근은 1990년대 후반부터 국내 형태론 연구에서 ‘규칙-유추’ 간의 논쟁으로 심화될 만큼 뜨거운 연구 주제가 되었다.[40] 이와 관련한 그간의 연구 성과는 각 해당 논문으로 미루고, 이 글

39) 정한데로(2014나)는 결합 과정에 관여하는 ‘α’가 단어 간 계열관계를 형성하는 요소임을 강조하고, α를 중심으로 단어 형성 문제를 논의하였다. 그러나 이 글에서는 ‘통합관계’와 ‘계열관계’의 차이만을 간략히 살피고 이에 대한 구체적인 논의는 생략하기로 한다.

40) ‘규칙과 유추’(통합관계와 계열관계)와 관련한 한국어 형태론 연구로 채현식(1999, 2003가,

에서는 4.1에서 제시한 도구 명사 임시어의 몇 예를 대상으로 '결합'과 '대치'의 결과가 어떻게 포착되는지 살피는 데 집중하고자 한다.

(31)에 제시하였듯 임시어의 구성 양상은 다양하다. 실제 이들 단어가 '결합'과 '대치' 가운데 어떠한 방식으로 형성되었을지는 확언하기 어렵지만, (42가, 나)의 상이한 특징을 고려한다면 간접적으로나마 그 과정을 탐색해 볼 수 있다.

먼저 (32)에서 4~6개 결합형으로 분류된 예를 일부 확인해 보자.

(43) '4~6개 결합형' 임시어 (정한데로 2014가 : 156)

	수집 자료 예시	
4개	V-af-N-af	묶음해제기, 끼임방지기, 닫힘완화기, 뜨거움방지기
	N-V-af-N	감자깎이칼, 감자깎기칼, 문버팀쇠, 손데임보호, 차막이봉, 무갈이판
	N-N-N-af	문사이연결체, 문소음방지개, 종이컵자동분출기
	N-N-V-af	문고정걸이, 문발걸이, 야채껍질깎기, 종이심풀개, 자동컵뽑기
5개	N-V-af-V-af	문닫힘막이, 발걸이막이
	N-V-af-N-N	문닫힘방지쇠, 손데임방지컵
	N-N-V-af-af	야채채썰이기, 문안전닫힘개, 오뎅컵뽑기개
	N-N-V-af-N	마포걸레빨이통, 소음방지이음대, 과일물받이채
6개	N-N-V-af-N-af	고속문닫힘방지물
	N-R-N-af-V-af	물흥건방지용털이
	N-N-N-N-V-af	바닥오염방지물짜기

한눈에도 'V-af-N-af, N-V-af-V-af, N-N-V-af-N-af' 등 각 구성의 내부 구조가 복잡하게 짜여 있음을 알 수 있다. 각 단어의 의미까지 고려하여 직

2003나, 2012), 시정곤(1999나, 2001), 송원용(1998, 2002, 2005), 이광호(2005), 황화상(2010, 2013), 정한데로(2014가, 2014나) 등을 참고할 수 있다.

접구성성분을 분석한다면, (43)의 각 유형은 더 복잡하게 하위분류될 가능성도 있다. 그렇다면 이들 임시어를 형성하는 과정에 화자는 '결합'과 '대치' 가운데 어떠한 방식을 적극적으로 활용하였을까? 일단 (43)의 예들은 복합적인 구성 내에서 (42나)의 '옥수수빵'과 같은 근거 단어를 찾기 어렵다는 점에서 계열관계로 설명하기가 쉽지 않다. 직접구성성분 분석을 통해 매 구성 단계마다 대치 과정이 이루어졌다고 보기도 어려울 듯하다.

그렇다면 2~3개 결합형의 경우는 어떠할까? 대치에 활용될 근거 단어를 쉽게 파악해 낼 수 있을까?

(44) '2~3개 결합형' 임시어

조사 대상	수집 자료 예시	
	[N-N]	문발, 문다리, 문꼬리, 문말뚝, 방지발, …
	[N-V-af]	문막이, 문잡개, 문걸개, …
	[N-N-af]	문고정기, 문고정개, 문발이, …
	[N-N-N]	문고정쇠, 문고정굽, 문굽쇠, …
	[N-V-N]	바닥걸쇠
	[N-Adv]	문가만히
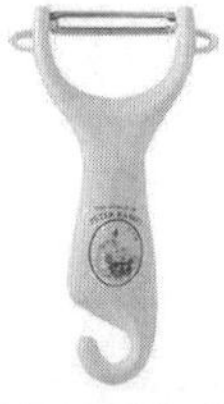	[N-N]	껍질칼, 안전칼, 양파칼, 채칼, 겉칼, …
	[V-af]	갈이, 긁개, 깎개, 밀개, 벗기기, …
	[N-V-af]	껍질밀개, 감자벗기개, 오이깎개, …
	[V-N]	깎기구
	[N-V-N]	껍질벗기칼
	[Adv-af]	돌돌이, 박박이, 사각이, 슥슥이, 쓱쓱이
	[N-N]	문고리, 여유문, 예의문, …
	[N-V-af]	자동닫개, 문돌림, 문막이, 문받이, …
	[N-N-af]	문완속기, 문고정기, 문조절기, …
	[N-N-N]	문고정대, 문보호대, 문안전대, …
	[Adv-N]	천천히문
	[N-Adv]	문쾅

(44)는 (30)의 제시 대상 가운데 2~3개 결합형을 일부 가져온 것이다. 여기서도 우리는 (44)에 나열한 임시어들이 '결합'을 통해 만들어졌을지, 아니면 근거 단어를 기반으로 구성성분 '대치'의 방식으로 만들어졌을지 검토해 볼 수 있다. 일단 이들이 (42가)와 같이 구성성분의 '결합'으로 형성되었다고 본다면, (44)에 명시한 'N+N', 'N+V+af', 'N+N+af', 'N+N+N' 등처럼 그 결과를 설명하는 일은 크게 어렵지 않다. 각 구성성분이 어휘부 등재소이기만 하다면 인출 후 결합 과정만 거치면 되기 때문이다.

반면, 이들이 '대치'를 통해 형성되었다고 본다면 (44)의 각 단어들은 어떻게 설명될 수 있을까? 그러기 위해서는 일단 (44)의 각 단어에 대응되는 근거 단어를 화자의 심리 어휘부 내에서 찾을 수 있어야 한다. 피설문자들의 머릿속에서 진행된 실제 형성 과정을 관찰할 수는 없기에, 이를 대신하여 간접적으로나마 (44)의 임시어와 견줄 만한 어휘부 등재 단어를 한번 떠올려 보자. 그러나 우리의 판단으로는 이들 각각의 근거 단어를 추정하는 일이 그리 간단해 보이지 않는다.

조사된 자료 가운데 '정컵기(⑧)', '문꿈치(⑪)' 등처럼 대치만으로 설명 가능한 예도 관찰된다. 이들은 각각 '정수기'와 '발꿈치'를 근거 단어로 삼아 불규칙적인 대치를 통해 형성된 것으로 판단된다(정한데로 2014가 : 150). 그러나 (43)의 4~6개 결합형 임시어나 (44)의 2~3개 결합형 임시어처럼 보다 일반적인 단어 형성을 설명하는 과정에는 계열관계에 놓인 근거 단어를 찾는 일이 거의 불가능해 보인다.

정리하자면, 임시어는 새로운 자료로서 단어형성원리 연구에 적극 활용될 수 있다. 그간의 단어형성론이 공인어를 중심으로 하였다면, 임시어는 새로운 관점에서 연구 대상을 조명해 볼 수 있게 한다. 실제 화자들이 만들어 낸 임시어의 형성 과정을 추정할 때, (43), (44)의 각 임시어를 대상으로 계열관계에 있는 근거 단어를 파악하기란 쉽지 않다. 결과적으로 우리는 새로운 단어를 만들기 위하여 어휘부 내 근거 단어를 활용하는 것보다는 통합관계에 기초한 접근이 훨씬 화자에게 직관적이며 수월한 방식이라고 판단한다(정한데로 2014가 : 158).[41] 이는 공인어 범위 바깥의 임시어 자료를 활용할 때에 보다 확실하게 드러나는 사실이다. 임시어 자료가 단어형성론에 시사하는 바를 다시금 생각해 보게 된다.

5. 결론

형태론 연구자들의 관심이 '기존 단어의 구조적 분석'에서 '새로운 단어의 형성'으로 확장되면서, 공시적 단어 형성의 원리를 밝히기 위한 연구가 형태론의 주요 주제로 자리 잡은 지 오래다. 단어의 '형성'에 초점을 둔 접근은 생성문법이 강조한 화자의 언어능력에 주목했다는 점에서 문장 연구와 평행하게 즉각적으로 만들어진 대상을 중심으로 연구될 수 있다. 이에 우리는 '가능한 문장'에 대응하는 '가능한 단어', 화자들이 즉각적으로 형성한 '임시어' 개념에 주목하여 이들 단위가 형태론 연구에서 차지하는 위치와 그 의의에 관해 논의하였다. 지금까지의 내용을 정리하면서 글을 마무리하고자 한다.

생성형태론은 생성문법을 기반으로 화자가 내재한 단어형성원리를 밝

41) 이 글에서 구체적으로 다루지는 않았지만, 최근 매우 역동적으로 만들어져 확산되고 있는 신어들도 단어형성원리를 밝히기 위한 소중한 자료로 활용될 수 있다.

히는 데 목적을 두었지만, 언어 외적 요인인 화자들의 선호에 따라 선택된 단어들(공인어)을 주요 연구 대상으로 삼았다는 점에서 모순을 안고 있다. 우리는 생성형태론에서 상정한 '가능어―실재어'를 비판적으로 살피면서, '가능어―등재어'로 구성된 체계 내에서 임시어의 위치를 확인하였다.

한편, 임시어에 관한 초기 논의는 '임시어 형성→공인화→어휘화'의 과정을 제시한 Bauer(1983)에서 찾아볼 수 있다. 한국어 형태론에서도 거시적 차원이 고려된 Bauer(1983)의 임시어 개념이 널리 받아들여져 왔다. 이후 화자의 심리 어휘부 등재를 기준으로 미시적 차원에서도 임시어 개념이 달리 설정되면서 한국어 형태론에서 연구자마다 상이한 의미로 임시어가 사용된다. 우리는 각 임시어의 판단 기준을 확인하고 이들 간의 공통점과 차이점을 정리하고자 하였다.

임시어는 개별 화자가 즉각적으로 만든 단어이기 때문에 자료를 직접 관찰하는 일이 쉽지 않다. 이에 우리는 화자가 명명 동기를 부여받은 상황에서 즉시 형성한 단어로 구성된 '말터 자료'와 '설문 자료'에 주목하였다. 특히 설문조사를 통해 수집된 자료를 대상으로 이들의 구성적 특성을 차례로 검토하였다. 임시어 자료를 관찰하면서 '결합'의 방식으로 새로운 단어가 활발히 만들어지고 있음을 확인하고, 이를 통해 임시어 연구가 단어형성론에 시사하는 바를 조명하고자 하였다.

임시어가 형태론에서 얼마나 더 유의미한 대상으로 인정받을 수 있을지, 또 임시어가 어떻게 보다 효율적으로 활용될 수 있을지에 대해서는 아직 더 많은 연구가 필요하다. 또 이들 자료를 더욱 정밀하게 일반화하기 위한 방안, 임시어와 공인어 간의 상관관계를 조명한 연구 등이 앞으로도 꾸준히 이루어져야 할 것이다.

참고문헌

고재설(1992), "'구두닦이'형 합성명사에 대하여," 서강어문 8, 서강어문학회, 17-46.
고재설(1994), "국어 단어 형성에서의 형태·통사 원리에 대한 연구," 박사학위논문, 서강대학교.
구본관(1998), 15세기 국어 파생법에 대한 연구, 태학사.
김명광(2004), "국어 접사 '-음', '-기'에 의한 단어 형성 연구," 박사학위논문, 서강대학교.
김민국(2009), "접미사에 의한 공시적 단어형성 연구 : 통사적 구성과 형태적 구성의 경계를 중심으로," 석사학위논문, 연세대학교.
김민국(2011), "파생접사의 사용 양상과 생산성 : 문어 사용역간의 빈도 비교를 중심으로," 형태론 13(1), 형태론, 53-84.
김인균(2005), 국어의 명사 문법 I, 역락.
김창섭(1983), "'줄넘기'와 '갈림길'형 합성명사에 대하여," 국어학 12, 국어학회, 145-161.
김창섭(1996), 국어의 단어형성과 단어구조 연구, 태학사.
문금현(1999), "현대국어 신어(新語)의 유형 분류 및 생성 원리," 국어학 33, 국어학회, 295-325.
박진호(1994), "통사적 결합 관계와 논항구조," 석사학위논문, 서울대학교.
박진호(1999), "형태론의 제자리 찾기," 형태론 1(2), 형태론, 319-340.
송원용(1998), "활용형의 단어 형성 참여 방식에 대한 연구," 석사학위논문, 서울대학교.
송원용(2000), "현대국어 임시어의 형태론," 형태론 2(1), 형태론, 1-16.
송원용(2002), "형태론과 공시태·통시태," 국어국문학 131, 국어국문학회, 165-190.
송원용(2005), 국어 어휘부와 단어 형성, 태학사.
송철의(1992), 국어의 파생어형성 연구, 태학사.
시정곤(1998), 국어의 단어형성 원리, 수정판, 한국문화사.
시정곤(1999가), "'X+음'의 정체는 무엇인가?," 형태론 1(1), 형태론, 133-141.
시정곤(1999나), "규칙은 과연 필요 없는가?," 형태론 1(2), 형태론, 261-283.
시정곤(2001), "국어의 어휘부 사전에 대한 연구," 언어연구 17(1), 한국현대언어학회, 163-184.
시정곤(2004), "등재소 설정 기준에 대한 연구," 한국어학 22, 한국어학회, 185-214.

오규환(2008), “현대 국어 조사 결합형의 단어화에 대한 연구,” 석사학위논문, 서울대학교.
오규환(2013), “단어 형성 과정으로서의 어휘화,” 국어학 68, 국어학회, 323-366.
이광호(2005), “연결망과 단어형성,” 국어학 46, 국어학회, 125-145.
이광호(2009), 국어 파생 접사의 생산성과 저지에 대한 계량적 연구, 태학사.
이상욱(2004), “‘-음’, ‘-기’ 명사형의 단어화에 대한 연구,” 석사학위논문, 서울대학교.
이상욱(2007), “임시어의 위상 정립을 위한 소고,” 형태론 9(1), 형태론, 47-67.
이선영(2006), 국어 어간복합어 연구, 태학사.
이선웅(2012), 한국어 문법론의 개념어 연구, 태학사.
이재인(1995), “국어의 잠재어에 대한 고찰,” 배달말 20, 배달말학회, 51-80.
이재인(2003), “임시어에 나타나는 형태론적 특성,” 시학과언어학 6, 시학과언어학회, 191-206.
이호승(2001), “단어형성과정의 공시성과 통시성,” 형태론 3(1), 형태론, 113-119.
임지룡(1997), 인지의미론, 탑출판사.
정한데로(2011), “임시어의 형성과 등재 : ‘통사론적 구성의 단어화’를 중심으로,” 한국어학 52, 한국어학회, 211-241.
정한데로(2013가), “임시어의 실재성 확립을 위하여,” 어문연구 157, 한국어문교육연구회, 119-149.
정한데로(2013나), “명명 과제(naming task)를 기반으로 한 임시어의 형태론 : 도구 명사를 중심으로,” 국어학 68, 국어학회, 367-404.
정한데로(2014가), “국어 등재소의 형성과 변화 연구,” 박사학위논문, 서강대학교.
정한데로(2014나), “단어 형성과 의미 합성성 : 통합관계와 계열관계를 중심으로,” 한국어 의미학 44, 한국어의미학회, 263-289.
정한데로(2014다), “임시어에 관한 몇 문제,” 국어학 71, 국어학회, 61-91.
정한데로(2015가), “단어 형성 과정의 개념화와 언어화: 19세기 말~20세기 초 자료의 의의,” 언어와 정보 사회 24, 서강대학교 언어정보연구소, 125-158.
정한데로(2015나), “단어의 공인화에 관한 고찰,” 국어학 74, 국어학회, 233-266.
정한데로(2015다), “단어와 문장의 문법성,” 어문연구 166, 한국어문교육연구회, 179-204.
정한데로(2015라), “단어의 형성과 분포 변화에 관한 일고찰,” 569돌 한글날 기념 전국 국어학 학술대회(한글학회, 2015. 10. 8., 고려대) 발표문.
채현식(1999), “조어론의 규칙과 표시,” 형태론 1(1), 형태론, 25-42.
채현식(2003가), “대치에 의한 단어 형성,” 형태론 5(1), 형태론, 1-21.

채현식(2003나), 유추에 의한 복합명사 형성 연구, 태학사.

채현식(2012), "계열관계에 기반한 단어 분석과 단어 형성," 형태론 14(2), 형태론, 208-232.

최정도 · 김민국(2010), "생산성 측정에 대한 몇 문제 : 이론과 실제, 그 응용을 중심으로," 형태론 12(1), 형태론, 121-132.

최형용(2000), "단어 형성과 직접 성분 분석," 국어학 36, 국어학회, 161-190.

최형용(2003가), "'X(으)ㅁ이'형 단어에 대하여," 형태론 5(2), 형태론, 327-350.

최형용(2003나), 국어 단어의 형태와 통사, 태학사.

허철구 · 김명광 · 조지연 · 한명주 · 정한데로(2014), 단어와 어휘부, 역락.

황화상(2001), 국어 형태 단위의 의미와 단어 형성, 월인.

황화상(2002), "국어 접사의 기능과 형태 범주 : 복합어 내부의 개재 접사를 중심으로," 언어 27(4), 한국언어학회, 683-702.

황화상(2009), "잠재어와 접사 : '갈림길'형 복합명사를 중심으로," 한말연구 25, 한말연구학회, 377-398.

황화상(2010), "단어형성 기제로서의 규칙에 대하여," 국어학 58, 국어학회, 61-91.

황화상(2013), "유추, 규칙의 대안인가," 형태론 15(2), 형태론, 204-224.

Allen, M. R.(1978), "Morphological investigations," Ph.D. dissertation, University of Connecticut.

Aronoff, M.(1976), *Word formation in Generative Grammar*, The MIT Press.

Bauer, L.(1983), *English Word-formation*, Cambridge University Press.

Bauer, L.(2001), *Morphological Productivity*, Cambridge University Press.

Benczes, R.(2006), *Creative Compounding in English*, John Benjamins Publishing Company.

Booij, G. E.(2010), *Construction Morphology*, Oxford University Press.

Bybee, J. L.(1995), "Regular morphology and the lexicon," *Language and Cognitive Processes* 10, 425-455.

Chomsky, N.(1965), *Aspects of the Theory of Syntax*, The MIT Press.

Chomsky, N.(1970), "Remarks on nominalization," In Jacobs, R. & Rosenbaum, P.(eds.), *Readings in English Transformational Grammar*, Ginn and Co., 184-221.

Fernández-Domínguez, J.(2009), *Productivity in English Word-formation*, Peter Lang.

Halle, M.(1973), "Prolegomena to a theory of word-formation," *Linguistic Inquiry* 4(1), 3-16.

Haspelmath, M. & Sims, A. D.(2010), *Understanding Morphology*, 2nd edition, Oxford

University Press. [오규환 · 김민국 · 정한데로 · 송재영 역(2015), 형태론의 이해, 역락.]

Kastovsky, D.(1986), "The Problem of productivity in word formation," *Linguistics* 24(3), 585-600.

Kastovsky, D.(2009), "Diachronic perspectives," In Lieber, R. & Štekauer, P.(eds.), *The Oxford Handbook of Compounding*, Oxford University Press, 323-340.

Lees, R.(1960), *The Grammar of English Nominalizations*, Mouton.

Lipka, L.(1992), *An Outline of English Lexicology : Lexical Structure, Word Semantics, and Word-Formation*, 2nd edition, Walter de Gruyter.

Scalise, S.(1984), *Generative Morphology*, Foris Publications.

Štekauer, P.(2001), "Fundamental principles of an onomasiological theory of English word-formation," *Onomasiology Online* 2, 1-42.

Štekauer, P.(2002), "On the theory of neologisms and nonce-formations," *Australian Journal of Linguistics* 22(1), 97-112.

분산형태론의 문법 모형*

정 인 기

ο λογος σαρξ εγενετο και εσκηνωσεν εν ημιν (κατα Ιωαννην 1:14)

1. 서론

언어학(言語學, linguistics, Sprachwissenschaft)은 언어의 체계를 다루는 학문 분야이다. 언어의 체계에는 여러 종류가 있는데, 언어표현을 이루는 형태(물리적 실현체)에 대한 체계, 언어표현이 모여 이루는 큰 구조(두 형태소 또는 그 이상으로 구성된 어휘, 여러 어휘가 모여 이루어진 구, 절 등)의 체계, 이러한 복합적인 구조와 단일한 표현의 의미 체계 등이 대표적인 것이다.[1] 즉, 음운론, 통사론, 의미론이 있는데, 형태론은 이들 세 분야의 연구관심사 모두와 직접적으로 연결되어 있다. 일반적으로 형태론이라 하면 형

* 이 글은 필자의 졸고 몇 편, 즉, 정인기(2009, 2013), I. Chung(2007a, b, 2009, 2011)과 공동연구(김재은 · 정인기 2015)의 요지를 엮고 이와 관련된 논의를 추가하여 확장한 것이다. 본 총서를 기획하신 서강대학교 국어국문학전공의 이정훈 선생님과 이를 위해 여러 모양으로 기여한 모든 분들께 감사드린다.

1) 음성학, 특히 음향음성학에서는 언어의 구조와 체계를 다루기보다는 음성의 물리적 특징을 연구하는 것에 일차적인 관심이 있으므로 기본적인 언어의 체계를 다루는 분야와는 구별된다.

태소 및 어휘와 어휘의 구조, 그리고 그 형태소의 (음운적) 변이형을 먼저 생각하지만, 실상 형태론은 언어의 모든 부분과 연관되어 있다.

기본적으로 형태론은 형태소 및 어휘가 갖는 의미와 (음운적) 형태의 관계를 연구한다. 일찍이 Ferdinand de Saussure는 (개별) 언어가 갖는 이중성을 간파하였는데, 형태소와 단어가 의미자질(記意, signifié)과 음운자질(記表, signifiant)이 관습적(conventional), 자의적(arbitrary)으로 조합되어 있는 것임을 명확히 밝혔다. 특정한 한 시점에서 각각의 개별언어에서는 그러한 조합이 상당히 견고하여, 문법적, 화용적 맥락에 대한 고려 없이도 그 조합을 규정할 수 있기도 하다. 각각의 어휘와 형태소에 대해 그러한 조합의 관계를 다른 자질과 함께 묶고, 한 언어 내에서 이들 어휘와 형태소를 한 곳에 모아놓은 언어의 한 부문을 어휘부(즉, 形態素目錄部, lexicon)라고 흔히 부른다. 거의 대부분의 언어이론에서 독자적인 문법의 하위부문으로서 어휘부를 당연한 것으로 여겨왔다(Jensen · Støng-Jensen 1984, Prince · Smolensky 2004 등). 어휘부에는 위에서 말한 것처럼 형태소의 목록이 있으며 이들 형태소의 결합에 따른 어휘형성(word formation)이 여기에서 일어나고 그에 따른 음운현상도 함께 일어난다고 생각해 왔다(Kiparsky 1982, 1985 등). 아울러 여러 불규칙적인 현상과 예측할 수 없는 개별 어휘의 특성으로 어휘부가 이루어지는 것으로 생각해 왔다(예, Jackendoff 1975).

그러나 이렇게 문법의 독자적인 부문으로서의 어휘부를 상정해야만 형태소가 갖는 기의와 기표의 관계를 포착할 수 있는 것은 아니다. 또한 형태소가 결합하는 작용이 통사부 이전의 독자적인 부문에서 일어난다고 보아야만 어휘형성의 과정을 설명할 수 있는 것은 아니다. 이와 다른 방식으로, 기의만이 언어의 복합적인 구조(어휘, 구절)를 이루는 작용에 관여하고, 그에 상응하는 기표는 그러한 형태통사작용이 완료된 후에 해당 기의에 부여되는 것으로 볼 수도 있다. 기의와 기표의 관계는 해당 기의에 그에 상응하는 기표(즉, 음운적인 형태)가 부여될 때 성립되기만 해도 무방하다. 이렇게 기의와 기표가 통사작용에서는 분리되어 있다고 주장하는 이론으로 분산형태론(分散形態論, Distributed Morphology)이 있다. 이러한 문법 모형은 흔히 추상적 문법적 자질(기의)이 음운적인 형태(기표)로 실현된다고 보는 이유로 인해, "실현적 문법 모형"(realizational model of grammar)이라고도 불린다.

이 글은 Halle · Marantz(1993, 1994)에서 제안한 언어 모형인 분산형태론에 대해 살펴보고자 한다. 특히, 분산형태론이 주장하는 점으로서, (1) 어휘부를 상정하지 않으며, (2) 어휘부에서 일어난다고 그동안 상정했던 음운적, 형태적 문법 현상이 문법의 여러 부문에 널리 퍼져 있다고 보며, (3) 통사부는 형태적, 통사적, 의미적 자질의 복합체인 비음운자질(즉, 기의에 해당)만으로 운용되고(separation), (4) 그에 상응하는 음운자질은 통사부 이후에 부여된다(late insertion of vocabulary items)고 보는 입장을 뒷받침하는 자료를 영어와 한국어에서 제시한다. 나아가, (4)의 특성을 확인하기 위해, 음운자질 부여에서 비음운자질과 음운자질의 일대일 대응을 보이지 않는 몇몇 현상(異形態關係, allomorphy)을 분석한다. 이러한 논의를 통하여 형태작용이 문법의 여러 부분이 연관되어 있음을 분산형태론이 포착한다는 점을 보인다.

초기 생성문법(Chomsky 1957, 1965)에서는 통사론의 강력한 영향으로 인해 어휘형성을 통사적 작용으로 보았다. Chomsky(1957)의 굴절접사 하강(Affix Hopping)과 어휘형성을 통사적 변형작용으로 분석한 Lees(1960)의 연구가 그 대표적인 것이다. 그러다가 1970년대에 들어서면서 어휘형성 등의 형태작용이 (구와 절을 다루는) 통사작용, (규칙적인 음성적, 음운적 행태에 주목하는) 음운작용과는 구별된다고 보는 독자적인 형태론이 주목받기 시작했다(Halle 1973, Siegel 1974, Aronoff 1976, Allen 1978, Pesetsky 1985 등). 어휘를 이용하여 통사부에서 구절 구조를 만들기 전에 이들 어휘가 통사부 이전의 어휘부에서 만들어진다는 입장인 어휘론(語彙論, lexicalism)이 1970년대 후반부터 대두되었다. 음운론에서는 Pesetsky(1979), Kiparsky(1982, 1985), Mohanan(1986), Pulleyblank(1986) 등이 어휘론을 대두시켰으며, 약간 늦은 시기부터 1990년대 중반까지는 통사론에서도 어휘론을 암묵적으로(Chomsky 1981, 1986) 혹은 명시적으로(Chomsky 1993, 1995) 받아들였다.

그러다가, 최소주의(Minimalist Theory) 통사이론이 제안되던 시기에 Halle · Marantz(1993)는 Halle(1990), Marantz(1988) 등의 각각의 연구를 통합하여 공동의 논문 "Distributed Morphology and the Pieces of Inflection"을 통해 통사부에서의 음운자질과 비음운자질의 분리(separation)를 주장하였다(Beard 1976, 1987 참조). 이는 통사부에서는 음운적인 정보 없이 통사형태의미자질만으로 통사적 병합(merge)을 하여 구절을 만들고, 음운자질은 협의통사부(narrow syntax)의 작용 이후에 음운부(PF)에서 뒤늦게 추가된다(late insertion)는 주장이다. 또한 어휘형성과 이와 관련된 음운작용이 일어난다고 그동안 상정했던 (통사부 이전의) 독자적인 문법 부문으로서의 어휘부를 부정하고, 굴절을 포함한 어휘형성이 기본적으로는 통사적 작용에 이루어지며, 그렇지 않은 작용과 여타 관련된 작용이 문법 부문 전반에 걸쳐 퍼져 있다고 주장한다(그러한 이유로 이 문법 이론의 명칭에 "distributed", "분산(分散)"이 들어 있다). 그렇기에 분산형태론은 복합어휘의 구조와 형성만을 다루는 좁은 의미의 형태론 이론이 아니라 문법 전반을 다루는 문법이론이다.

이 글의 구성은 다음과 같다. 먼저 제2절에서는 분산형태론의 기본 사항을 소개한다. 특히 Halle · Marantz(1993, 1994)의 최초 제안과 이 직후인 초창기의 주된 관심 사항을 살펴 본다. 제3절에서는 영어에서 어휘형성과정과 구절형성과정이 엄격하게 분리되지 않음을 보이고, 음운자질의 부여가 음운부에서 일어남을 보이는 부정관사와 관계대명사의 형태에 대해 논한다. 제4절은 한국어에서 보이는 두 종류의 보충법적 이형태(부정 보충법과 존대 보충법)를 다루며 복잡한 용언의 형태통사적인 구조를 밝히고, 나아가 음운자질 부여가 통사부 이후에 음운부에서 일어나는 것임을 보인다. 제5절은 이 글을 마무리한다.

2. 분산형태론의 개관

분산형태론(分散形態論, Distributed Morphology)은 형태적 작용이 일어난다고 전통적으로 흔히 여겨 온 (문법의 다른 부문과 분리된 독자적인 문법 부문으로서의) 어휘부가 존재하지 않는다고 주장하고, 형태적 작용, 즉 어휘형성과 이에 관련된 작용이 문법 전반에 퍼져 있고 주장한다. 통사부(또는 음운부)에서 핵이동 등에 의한 여러 형태소(어근과 어미)의 결합이 어휘형성의 한 방법이 되고, 음운부에서 음운자질 부여(vocabulary insertion) 이전과 이후에 일어나는 형태적 작용을 전형적인 형태적 작용으로 여긴다. 이에 더해 Harley · Noyer(1999) 등은 개별 언어에서 개개의 비음운적 통사형태자질이 통사부 이전에 조합되어 형태소를 이루는 것까지를 형태적 작용으로 여기기도 한다(Bobaljik · Thráinsson 1998 참조).

분산형태론의 문법 모형은 대략적으로 다음과 같은 도식으로 나타낼 수 있다.

(1) 분산형태론의 문법 모형(Harley · Noyer 1999 : 3)

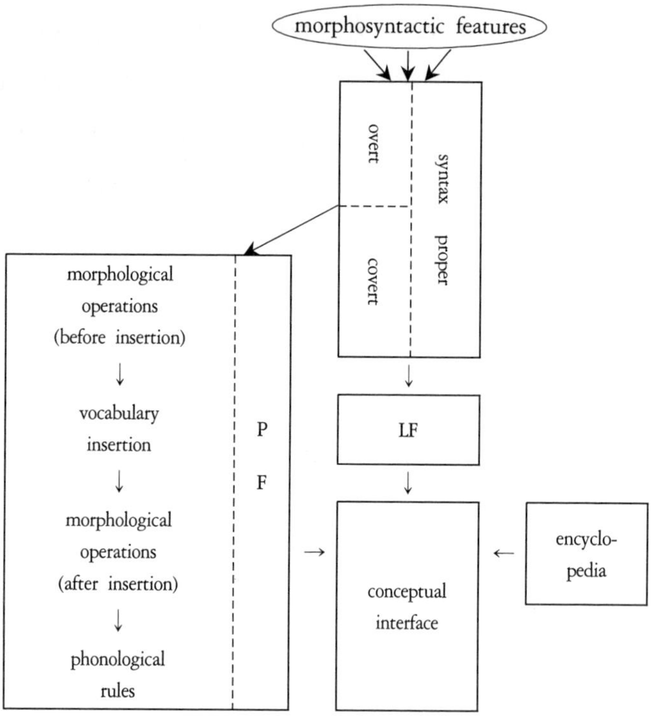

위의 도식에서 알 수 있듯이 분산형태론은 지배결속이론과 최소주의 통사이론(Chomsky 1981, 1986, 1993, 1995, 2000, 2001 등)과 맞물려 있다. 따라서 분산형태론의 이해를 위해서는 이에 대한 최소한의 지식을 전제로 하며, 이 글의 논의도 이러한 전제하에 있다. 본절에서는 위의 도식이 나타내는 분산형태론의 전반적인 문법 모형을 간략히 설명하고자 한다.

2.1. 음운-비음운자질의 분리와 통사부 이후의 음운자질 부여

분산형태론의 가장 큰 특징은 음성음운자질과 비음운자질(통사형태의미자질)을 분리하여 통사부는 비음운자질만으로 운용된다는 점이다. 개개의 범언어적 통사형태의미자질이 모여 "추상적인 형태소(abstract morpheme)"를 이루고(Bobaljik · Thráinsson 1998), 이들 형태소는 통사부에서 외적 및 내적 병합(merge, 즉, 구구조규칙 및 변형)의 구절형성과정을 통해 (단어와) 구절을 만든다. 통사적 도출은 가시통사부(overt syntax)의 작용이 끝나면 의미부(LF)와 음운부(PF)로 나뉘며, 이들 두 부문에서 각기 나름대로의 작용이 일어난다. 가시통사부와 가시통사부 이후의 의미부로 이어지는 도출의 부분을 아울러서 협의통사부(narrow syntax, syntax proper)라고 칭한다. 협의통사부에서 일어나는 통사작용은 구, 절, 문장의 명제적 의미에 어떤 방식으로라도 영향을 끼친다. 음운부에서는 (명제적인 의미 변화를 일으키지 않는 한도 내에서) 추가적으로 구구조에 변화를 주는 작용, 예를 들어 형태적 병합(morphological merger, Marantz 1988), 국부적 도치(local dislocation, Embick · Noyer 2001), 운율적 도치(prosodic inversion, Zec · Inkelas 1990, Schütze 1994) 등을 거치며 구조가 조정될 수도 있다(2.2절 참조).

가시통사부에서 만들어지고 변형을 겪은 통사구조가 음운부로 넘어오는 것은 Chomsky(2000, 2001 등)가 상정하는 국면(phase, vP와 CP)이다. 통사적 병합을 통해 만들어지는 구구조가 vP와 CP(학자에 따라서는 이의 보충어, complement)의 구성성분인 국면을 이루면 이들 국면이 차례로 통사부로부터 음운부로 넘어오는데, 해당 형태통사구조 내의 최하위교점에 위치한 형태소에 음운자질(음운적 형태)을 부여하게 된다(vocabulary insertion). 비음운자질과 음운자질을 연결한 관계(즉, 기의와 기표의 연관)를 어휘항목

(vocabulary item)이라 하고, 이를 전형적으로 다음과 같이 표기한다.

(2) 영어 어휘항목의 예
가. [+indicative, -past, -participle, 3rd, +singular] ↔ /z/
나. [+past] ↔ Ø / [+strong] ___

위에서 (2가)는 영어 동사의 3인칭 단수 직설법 현재형 어미의 변이형을 나타낸다. 통사형태 구구조의 최하위교점에 양방향 화살표의 왼쪽과 같은 통사형태의미자질 집합체([+indicative, -past, -participle, 3rd, +singular])가 있으면, 그 교점에 이에 상응하는 (즉, 양방향 화살표의 오른쪽과 같은) 음성음운자질 /z/(좀더 정확하게는 이를 이루는 변별자질의 집합체, Chomsky · Halle 1968, Archangeli 1984, Clements 1985, Sagey 1986, Clements · Keyser 1983, Hayes 1986)를 부여하는 것이다. (2나)는 "sang", "came"과 같은 강변화동사의 과거시제 어미 형태에 대한 어휘항목으로서 그 환경 [+strong]이 아울러 표기되어 있다.

형태소에 음운자질을 부여할 때, 각 교점에 있는 비음운자질이 해당 어휘항목에 모두 있어야 하는 것은 아니다. 즉, 음운자질 부여 시 형태통사구조의 교점에 비해 어휘항목의 비음운자질이 적을 때에도 해당 어휘항목의 음운형이 해당 교점에 "삽입"되는데 이러한 특징을 미명세(underspecification)라고 한다. 경우에 따라서는 한 형태통사구조의 최하위교점에 적합한 어휘항목이 하나 이상 있어서 어휘항목 간에 경합(competition)이 있을 수 있다. 이러한 경우에는 해당 통사형태 교점에 부합하는 최대의 비음운자질을 갖는 어휘항목이 선택된다. 영어의 과거시제 어미가 그런 양상을 보인다(Halle · Marantz 1993 : 123-125).

(3) 영어의 과거시제형 : sang-Ø, came-Ø, kep-t, bough-t, play-ed

(2나)에 의해 "sang", "came"처럼 [+strong] 자질을 갖는 동사에는 과거시제형의 어미로 영형태가 붙는다. 반면 [+strong] 자질을 갖지 않는 동사에는 두 종류가 있어서 "kept"와 "bought"처럼 어간 모음이 불규칙적으로 변하는 동사는 어미 /t/를 취하고, "play"처럼 어간 모음에 변화가 없는 동사는 규칙적인 변이형인 /d/를 취한다. 그런데, [+strong] 자질이 없는 이들 두 부류를 구분하기 위해 [-strong] 이외의 추가적 형태자질을 더할 필요가 없다. 아래의 어휘항목을 보자.

(4) 영어의 과거시제 어미 어휘항목
가. [+past] ↔ Ø / [+strong] ___
나. [+past] ↔ /t/ / [-strong] ___
다. [+past] ↔ /d/

위의 세 어휘항목은 [+past]를 포함하는 교점에 모두 부합하므로 잠재적으로 경합관계에 있다. 이중 (4가, 나)는 환경에 있는 추가적 형태자질로 인해 (4다)보다 명기된 자질이 더 많으므로, 음운자질을 부여할 때에 (4다)보다 먼저 고려된다. (4가, 나)는 상호배타적이어서 경합의 관계에 있지 않으므로 해당 [±strong]의 명세에 따라 적절하게 Ø 혹은 /t/가 부여된다. 그런 후에도 과거시제 형태소([+past])가 있는 교점에 음운자질이 부여되지 않은 경우에는, 특별한 환경정보를 갖지 않은 (4다)에 의해 여타형태(elsewhere form)인 /d/가 부여된다.[2] 따라서, 음운자질 부여에 있을

2) 변이형 /d/가 [d], [t], [ɪd]의 여러 표면형으로 실현되는 것은 음운적 환경에 의한 것이므로 음운자질 부여 이후의 음운규칙으로 처리할 수 있다.

수 있는 미명세와 경합에 의한 이러한 잠재적 충돌을 제어하는 기제로서 부분집합우선의 원리(subset principle)가 개입한다.

한편, 이러한 미명세와 경합의 관계는 문법적인 관계를 나타내는 형태소(f-morpheme, functional vocabulary 등으로 칭함)에 대하여는 아주 잘 작동하지만, 명사, 동사, 형용사 등의 실사(어근)의 경우에는 잠재적으로 문제가 있다. 동일한 의미자질을 공유하는 복수의 어휘항목이 단일한 형태통사 교점을 두고 경합을 벌이게 되면 부분집합 우선의 원리에 의해 의미자질을 가장 많이 갖는 어휘가 선택될 것이고 그렇지 않은 어휘는 해당 언어에서 전혀 사용되지 않게 되는 문제가 발생하게 된다(예를 들어, "개"와 의미상으로는 이의 부분집합인 "치와와"). 이러한 문제를 해소하고자 Embick (2000), Embick · Noyer(2007)는 (실사의) 어근은 이들 형태소가 통사부에 들어가 통사작용의 운용을 거치기 전에 음운자질을 갖고 있다고 주장하였다. 이에 반해 Haugen · Siddiqi(2013)는 Marantz(1995)를 따라, 어근도 음운자질을 통사부 이후의 음운부에서 부여받는다고 주장한다.

2.2. 형태작용은 문법의 여러 부문에 분산되어 있다

분산형태론의 이론에서는 음운자질 부여의 틀이 되는 형태통사구조가 통사부에서 만들어진다. Halle · Marantz(1994 : 276)는 이러한 특성을 "syntactic hierarchical structure all the way down"이라고 표현한다. 핵이동(head movement)을 음운부에서 일어나는 작용으로 보는 견해도 있기는 하나(예, Chomsky 2000, 2001, Boeckx · Stjepanović 2001) 일반적으로는 통사부에서 일어나는 것으로 보는 견해가 우세한데, 그러면 파생(예, 사동형)된 어휘나 굴절된 명사 및 동사의 어휘구조를 만드는 작용이 통사부에서 일어나는 것이 된다.

형태통사구조는 음운부(PF)에서 음운자질을 부여받기 전에 약간의 조정을 거칠 수 있는데, 이렇게 함으로써 통사구조와 형태구조 간의 불일치(syntax-morphology mismatch)를 처리할 수 있게 된다. Halle · Marantz(1993)가 제시한 네 가지 형태적 작용은 형태적 병합(morphological merger), 통사형태교점 분열(fission), 통사형태교점 융합(fusion), 형태소 혹은 비음운자질 탈락(impoverishment)이다.

형태적 병합(morphological merger)은 주로 자매교점이 아닌 두 교점을 자매교점으로 만드는 작용으로서, 이는 재구조화(rebracketing)로 이해할 수 있다. 영어에서 T에서 생성된 시제 어미가 이에 의해 성분통어 당하는 V의 동사 어간으로 내려가 부가(adjoin)되어 하나의 단어를 이루는 작용이 그 예이다.

(5) 가. Esther $[_{T'}$ T_i $[_{VP}$ play$_V$-*ed*$_{Ti}$ $[_{DP}$ Bach's d minor chanconne]]].

나. $[_{T'}$ T $[_{VP}$ V ...]] → $[_{T'}$ [V-T ...]]

이는 애초에 Chomsky(1957)가 주장했던 굴절접사 하강(Affix Hopping)을 약간 변형한 것인데, 초기 생성통사이론에서와는 다르게 이러한 하강 작용은 통사부가 아닌 음운부(PF)에서 일어나는 것으로 보는 견해이다. 이는 최근 통사론자 사이에서 많은 지지를 받고 있다(Bobaljik 1994, Lasnik 1995, Embick · Noyer 2001, Bošković · Lasnik 2003, Kim 2005 등).

융합(fusion)은 두 자매교점이 지닌 비음운자질을 하나의 교점으로 만드는 작용을 칭한다. 우리말의 용언 "있-"의 보충법적 부정형인 "없-"(< "안"+"있-")이 그 예인데, 음운자질 부여 전에 해당 용언 어근의 통사의

미자질([EXIST])과 부정자질([+neg])이 하나의 교점으로 융합된 후([[+neg], [EXIST]]→[+neg, EXIST]) 그 결과에 아래와 같은 어휘항목 중 (최대로) 합치하는 것을 선택하여 음운자질을 부여하면 최종적으로 "없-"가 도출된다(I. Chung 2007a, b).

(6) 우리말의 보충법적 부정형태를 보이는 용언의 어휘항목
가. [EXIST, +neg] ↔ /ʌps/ ("없-")
나. [EXIST] ↔ /is'/ ("있-")
다. [+neg] ↔ /an/ ("안")

우리말의 "있-"과 관련된 보충법적 이형태에 대하여는 제4절에서 자세히 다루겠다.

분열(fission)은 이와 반대로 형태소 교점이 통사부 이후에서 두 교점으로 나뉘는 것을 가리킨다(Noyer 1992, Calabrese 2002). 모로코의 타마지트어(Tamazight Berber)에서 주어의 성, 수에 따른 동사의 일치접사가 1인칭과 3인칭에서는 접두사나 접미사로만 실현되지만(예 : "dawa" '치료하다' : 1.sg dawa-ɣ, 1.pl n-dawa, 3.m.sg i-dawa, 3.m.pl dawa-n, 3.f.sg t-dawa, 3.f.pl dawa-n-t), 2인칭에서는 접두사와 접미사의 두 부분으로 나타난다(2.m.sg t-dawa-d, 2.m.pl t-dawa-m, 2.f.sg t-dawa-d, 2.f.pl t-dawa-n-t).

탈락(impoverishment)은 형태소 혹은 개별 통사형태자질의 삭제이다(Bonet 1991). 예를 들어 노르웨이어 형용사의 강변화 어미변화에서 단수형에는 중성 자질의 구별이 필요하여 중성 어미는 "-t"로, 남성 및 여성 어미는 Ø로 실현되지만, 다른 강변화 어미와 모든 약변화 어미는 중성 자질과 무관하게 모두 "-e"로 실현된다. 이는 중성자질이 여타의 해당 위치에서 음운자질 부여 이전에 삭제되어 동일한 음운자질을 부여받음

을 뜻한다.

한편, Schütze(1994), Embick · Noyer(2001), Kandybowicz(2007), I. Chung (2009), Barrie · Chung · Deer(2014) 등은 음운자질 부여 이후에도 형태 작용이 일어난다고 주장한다(도식 (1)의 morphological operations after insertion). 이러한 통사부 이후의 형태작용은 통사구조와 형태구조의 불일치(syntax-morphology mismatch)를 설명한다. 두 구조 간의 차이는 그리 크지 않은 것으로서 일반적으로는 위의 형태작용이 국부적이고 예외적인 경우가 많다. 따라서, 이러한 분산형태론의 가정에 따르면 형태구조는 (다소 손질을 거친) 통사구조를 반영하는 것이기에, 형태구조가 통사구조를 밝히는 데에 사용될 수 있다(Baker 1988 참조).

그러한 작용을 거친 후에 음운부에서는 일반적이고 규칙적인 음운규칙(phonological rule)을 거쳐 표면형의 발음이 도출된다. 이러한 과정을 거친 음운구조, 그리고 비가시통사부의 작용을 거쳐 나온 의미구조는 언어외적 지식(encyclopedic knowledge)과 함께 개별 어휘, 구절, 숙어, 문장의 의미를 해석한다.

2.3. Chomsky(1970)의 "Remarks" 논문은 어휘부를 도입하지 않았다

어휘부를 독자적인 문법의 한 부문으로 인정하지 않으려는 입장은 종종 있어 왔다. Sproat(1985), Baker(1988), Lieber(1988, 1992), Koopman (2005) 등은 어휘형성이 (대부분의 경우에) 통사부에서 (그리고 경우에 따라서 음운부에서) 일어난다고 주장했다(Lee 2010). 그 한 예로 Lieber(1992 : 11)는 [God is dead]$_{CP}$ theology, a [slept all day]$_{VP}$ look, the [Charles and Di]$_{NP}$ syndrome 등처럼 구를 포함하고 있는 합성명사(compound noun)

를 예로 들며 형태적 작용이 통사부에서 일어난다고 주장했다. (이 글의 3.1절에서는 이와 비슷한 점을 보이는 영어의 현상을 제시한다.) 반면, 분산형태론이 이들 이론과 다른 독특한 점은 통사부에서 일어나는 구절 및 어휘형성과정이 음운자질 없이 운용된다는 것인데, 이 점을 확인하기 위해 3.2절, 3.3절, 4.2절에서 가시통사부 이후의 음운자질 부여에 대한 사항을 구체적인 예를 이용하여 비교적 소상히 다룬다.

어휘론의 입장을 견지하는 많은 학자들이 Chomsky(1970)가 "Remarks on Nominalization" 논문에서 어휘부를 (재)도입하였다고 자주 주장한다. 그러나 Marantz(1997)가 설득력 있게 보이듯이, Chomsky는 독자적인 어휘부를 따로 설정하지 않았고, 복합어휘인 파생명사(derived nominal)가 도출되는 것이 (통사부 이전의) 어휘부의 규칙에 의해서라고 주장하지도 않았다. Chomsky는 (동사에 "-(at)ion", "-ance", "-ment", "-al" 등의 다양한 명사화 접사를 붙임으로 도출되는) 파생명사류가 동명사적 명사류(gerundive nominal, V-ing의 형태)와 다른 양상을 보이므로, 이 두 종류의 명사(류) 간의 연관 관계를 포착하는 데에는 다음의 두 방법이 가능하다고 했다.

> We might extend the base rules to accommodate the derived nominal directly (I will refer to this as the 'lexicalist position'), thus simplifying the transformational component; or alternatively, we might simplify the base structures, excluding these forms, and derive them by some extension of the transformational apparatus (the 'transformational position'). (Chomsky 1970 : 188)

Chomsky는 문제의 "lexicalist position"을 택했다. 이것이 흔히 Chomsky

가 통사부의 작용과 통사부 이전의 작용을 구별하는 기제로서 어휘부를 상정했다고 하는 근거로 자주 사용되어 왔다.

이에 대해 Marantz는 아래와 같이 쓰고 있다.

> [T]he crucial issue here is about extending the base rules (i.e., allowing N's to take complements) rather than adding operations to a place called "the lexicon." Chomsky proposes no special "lexical rules" or special lexical structure/meaning correspondences in his "Remarks." The "idiosyncrasy" of nominalizations is relevant strictly to the argument against deriving nominalizations from sentences .... (Marantz 1997 : 214-5)

Marantz(1997)는 Chomsky가 "base rule"과 "lexicalist position" 등으로 (통사부 이전의) 어휘부나 또는 어휘부에서 적용되는 규칙을 도입한 것이 아니라, 파생명사류를 해당 동사가 사용된 문장으로부터 도출해 내는 것이 아님을 주장한 것이라고 한다. 즉, Chomsky가 어휘부를 도입했다거나, 구구절규칙과 구별된 어휘형성규칙이 통사부 이전에 있다고 상정했다고 하는 것은 Chomsky의 의도를 잘못 받아들인 결과(Spencer 1991 : 69 참조)라는 것이다. 따라서 "Remarks" 논문을 근거로 Chomsky가 어휘부를 도입했다고 주장하기 어렵다.

3. 분산형태론과 영어

본절에서는 영어의 몇몇 현상을 분산형태론에서 상정하는 바에 따라 분석해 본다. 우선 3.1절에서는 복합어(morphologically complex word) 내에

구(句)가 들어가 있거나 복합어의 형성과 구의 형성에 엄밀한 선후관계가 있는 것으로 볼 수 없는 자료, 따라서 어휘론의 입장에 문제가 되는 자료를 몇몇 유형으로 나누어서 살펴 본다. 3.2절에서는 부정관사 "a/an"의 음운형, 3.3절에서는 관계대명사의 음운형 실현에 대해 살펴 본다.

3.1. 복합어와 구(句)

어휘론의 주장과 달리 어휘형성 이전에 구절형성이 일어나는 경우가 많은데, 앞서 언급한 Lieber(1992)가 든 예와 비슷하게 합성어(compound word) 형성이 구형성 이후에 일어나는 경우가 빈번하다. 또한 복합어(complex word) 형성과 구형성에 선후 순서 없이 적용되는 경우도 많다. 먼저 구형성이 합성어형성보다 앞서는 경우를 살펴 본다.

(7) 구가 합성어 내에 나타나는 경우
가. black board eraser (Chomsky · Halle 1968 : 21)
'eraser for a black board, i.e., a board which is black'
나. presidential election statistics
'statistics of the presidential election'
다. American English idioms
'idioms in American English'
라. parallel universe theory
'theory of parallel universes'
마. nuclear weapon strategy
'strategy of nuclear weapons'
바. administered price inflation
'inflation due to administered prices'

사. natural citizen status
'status regarding whether one is a natural citizen'

아. evolutionary biology thesis
'thesis on evolutionary biology'

자. inflectional morphology text
'text on inflectional morphology'

차. Congregational Church catechism
'catechism of the Congregational Church'

카. Central Connecticut State University
('the state university in central Connecticut')

위의 각 경우의 밑줄 친 부분은 형용사와 명사로 이루어진 명사구이다. 구와 합성어는 이들을 이루는 구성요소 자체만으로는 구별되지 않는 경우가 많다. 예를 들어 영어에서 형용사 "black"과 명사 "board"를 합쳐서 구인 "black board"('검은 판자')를 만들 수도 있고 합성어인 "blackboard"('칠판')도 만들 수 있다. 이 둘을 구별하는 중요한 음운적인 특징으로 강세형이 있다(Chomsky · Halle 1968). 명사구에서는 두 구성요소 중 뒤의 요소가 더 강한 강세를 받고(Nuclear Stress Rule, 구절강세규칙, $[\text{blâck}_A\ \text{bóard}_N]_{NP}$), 합성어에서는 일반적으로 앞의 요소가 더 강한 강세를 받는다(Compound Stress Rule, 합성어 강세 규칙, $[\text{bláck}_A\ \text{bòard}_N]_N$). 이러한 강세형은 형태통사 구조와 상호관계가 있고, 그에 따른 의미도 명확히 구별된다. 따라서 (7)의 각각의 예에서 전체 합성명사 내의 해당 밑줄 친 부분이 구라는 사실을 쉽게 확인할 수 있다. 어휘론에 따르면 합성명사형성은 어휘형성과정으로서 통사부 이전에 일어난다고 하는데, 따라서 위의 구를 내포한 합성어는 어휘론의 기본 사항에 위반되는 것이다.

이러한 구를 내포한 합성어는 아래는 실제 글과 연설에도 나타나는데,

아래가 그 예의 일부이다.

(8) 가. ... there are those who are preparing to divide us: the spin masters and negative ad peddlers ... (2004년 7월 27일 Barack Obama 당시 미국 상원의원 후보의 미국 민주당 전국 전당대회 연설)

나. An emergency response team ... reached the remote site of a small plane crash in the Puerto Rican rainforest ... (D. Coto 작성 2008년 12월 4일자 Associated Press 기사 "Teams Find Remains at Puerto Rico Plane Crash Site")

다. ... the team was able to definitively eliminate two of their four highest probability sites. (*Hands-On : The Newsletter of JMS Naval Architecture & Salvage Engineers* 2008년호(14호) 제8면. 인터넷 판: http://www.jmsnet.com/2008_Newsletter.htm)

라. ... most New Yorkers consider their city an urban hellhole, with its big city problems such as crime, homelessness, racial tension, heavy taxes, and high rents. (Brown · Hood 2002 : 220)

마. worst case scenario

이러한 예는 제한된 몇몇 구절이 "영구어휘항목"(permanent lexical entry)이 되어 어휘부에 수록되는 방식으로 운용되는 것이 아니라, 통사적 구를 어휘형성의 구성요소로 이용하는 것이 일상 언어활동에서, 또한 실시간으로 일어남을 보이고 있다.

아울러, 이와 유사하게 구조적으로 먼저 만들어진 구에 파생이 더해지는 경우도 많다. 아래의 예가 이를 보여 준다.

(9) 구에 파생이 더해지는 경우 : 복합형용사형성
가. double-helical (< double helix)
나. local governmental (< local government)
다. special educational (< special education)
라. surreal structural (< surreal structure)
마. inflectional paradigmatic (< inflectional paradigm)
바. three-dimensional (< three dimensions)
사. progressive political (< progressive politics)

(10) 구에 파생이 더해지는 경우 : 복합명사형성
가. modern harpsichordist (< modern harpsichord)
나. baroque stylist (< baroque style)
다. atomic bomber (< atomic bomb)
라. lexical grammarian (< lexical grammar)
마. wholeheartedness (< wholehearted)
바. ecumenical theologian (< ecumenical theology)
사. nuclear physicist (< nuclear physics)
아. higher critique (< higher criticism)

위의 (9)의 예는 각각 괄호 속에 있는 명사구에 접미사를 붙인 경우이다. 예를 들어, 명사구 "local government"('지방정부')의 두 번째 단어에 형용사화 접미사 "-al"를 붙여 복합형용사 "local governmental"('지방정부의') 을 만든다. (9바, 사)에서는 밑줄 친 부분을 기저로 이용하여 형용사화 접미사가 붙었다. (10)에서는 파생의 결과로 나온 복합어가 명사이다. 예를 들어, "lexical grammar"라는 명사구의 두 번째 명사에 명사화 접미사 "-ian"를 붙여 "lexical grammarian"이라는 복합명사를 만들어 낸다.[3)]

3) 통사부에서 만들어진 구에 어미 "-고"가 붙는 우리말에 대한 Yoon(1994)의 분석도 참조하라.

(9)와 (10)은 형태론 문헌에서 구조모순(즉, 괄호매김역설, bracketing paradox)의 예로 다루어져 온 자료이다(Williams 1981, Pesetsky 1985, Sproat 1985, Spencer 1988). 이들의 형태적 구조는 구의 두 번째 단어에 파생접사가 붙어 파생어 단어가 먼저 만들어진 후 그 앞에 형용사를 붙여 구를 만든 것(예, [lexical [grammarian]])처럼 나타난다. 그러나, 이들예의 의미적 측면을 고려하면 이와 구조가 다르다. "lexical grammarian"은 'grammarian who is lexical'의 뜻이 아니라 'scholar who advances lexical grammar'의 뜻으로서 [[lexical grammar]ian]의 의미적 구조를 갖고 있다. 따라서, 복합형용사와 복합명사 전체의 의미구조는 구가 먼저 만들어진 후 전체의 복합어에 파생 접사가 붙는 것이다.

위의 예가 "구조모순"을 보이는 이유는 모든 어휘형성이 구절형성보다 앞서야 한다는 어휘론의 근본적인 가정에 의한다. 그러나 분산형태론의 가정으로는 어휘형성과 구절형성 사이에 절대적인 순서가 정해져 있지 않으므로 이들 예는 전혀 모순적이지 않다. 이러한 시각에서 보면, 예를 들어, Sadock(1991)이 주장하는 형태구조, 통사구조, 의미구조의 독립적, 평행적(즉, 다중적) 상존이라는 설정도 필요 없게 된다. 이론적 해석이나 입장이 어찌 되었든, 이들 예는 어휘형성과정부분("어휘부")과 구절형성과정부분(통사부)이 분리되어 절대적으로 이러한 순서대로 일어나는 것이 아님을 보여준다.

구에 합성이나 파생이 추가적으로 일어나는 경우는 상대적으로 적다. 그러나 파생 자체에도 제약이 많다. Fabb(1984)는 영어의 파생접사와 어기(base)의 결합은 층위와 관련이 있는 것이 아니라 특정 파생접사는 특정 어기에만 붙을 수 있는 것으로 그 조합을 일일이 열거해야 하는 점을 보였다. 굴절접사 중에도 예외적인 형태가 많고 특정 어기와는 결합할 수 없는 경우도 많다. 구에 합성이나 파생이 더해지는 것도 이와 비슷한 맥락으로서, 양적인 문제이지 질적으로 불가능한 것은 아니다.

이러한 점은 어휘론을 주창한 Halle(1973)에서 이미 예견되었다. Halle는 어휘부에서 만들어진 단어가 통사부를 거쳐 구절을 이루고 음운부로 보내진 후, 이들 구절이 음운부에서 어휘형성규칙부로 되돌아가는 회송장치(loop)를 넣어 구가 파생이나 합성을 거치는 점을 포착하고자 했다. 즉, 통사부에서 만들어진 구의 일부가 영구어휘항목화하여 어휘부에 항구적으로 기록된다고 주장했다. 그러나 바로 이러한 점이 어휘부의 위상에 의문을 제기했다. 이들 구는 구구조규칙이 일어나는 통사부에서 만들어지고, 나아가 이들 구의 통사정보(범주정보)를 이용해야만 알 수 있는 음운적 현상(강세)까지 포함한다. 또한 구구조규칙으로 만들어진 무한의 구 중 일부를 어휘부로 보내기 위해서는 이를 선택하고 저장할 (어휘부도 통사부도 아닌) 제3의 언어부문이나 언어외적 요소(예를 들어 장기기억부, long-term memory)가 필요하다. 어휘론에서는 이러한 장치가 어디에서 어떻게 작용하는지, 이러한 장치가 언어외적 요소라면 어휘론의 입장에서 타당한 것인지, 또한 다른 인지작용과는 분리된 독자적 영역으로서의 언어부(language faculty)와 여타 인지작용영역과의 관계가 어떤지, 또한 언어이론상 타당한 것인가 하는 등의 문제와 의문이 생긴다. 공시적이든 통시적이든 이러한 입장 자체가 소위 형태적 작용과 통사적 작용이 절대적으로 정해진 순서가 있는 것이 아니라는 점을 오히려 뒷받침하고 있다.

어휘형성과정과 구절형성과정이 순서 없이 적용된다는 점은 구와 복합어가 더 큰 복합표현 내에서 연결된 다음의 예에서도 알 수 있다.

(11) 복합명사(구) 내에서 형용사와 명사가 "and"로 연결된 예

가. symphonic and concerto repertoire

나. atomic and hydrogen bombs

다. cellular and car phones

라. human and animal rabies

마. federal and state agencies

바. national and community service

사. clerical and lay delegates

아. phrasal and word levels

자. language and multicultural requirements

차. Compound and Nuclear Stress Rules

(12) 복합명사(구) 내에서 소유격형과 다른 형태가 "and"로 연결된 예

가. master degree program in women's and gender history

나. children's and adolescent services

다. state's and city auditors

라. bachelor's and doctoral degrees

마. juvenile and children's literature

바. local and state's rights

"and"와 같은 접속사는 동일한 유형의 복수 요소를 연결하는 것이 정설이다. 그러나 (11)의 각 예에서 "and"로 연결된 두 단어(밑줄 친 부분)의 품사는, 하나는 명사이고 다른 하나는 형용사이다. 더욱이 이들 두 요소 중 하나는 명사구(예, "symphonic repertoire")의 통사적 일부요소이고 다른 하나는 합성명사(예, "concerto repertoire")의 형태적 요소인데, 이러한 접사 연결은 어휘론에서는 불가능한 것이다.

(12)에는 두 유형이 있는데, 하나는 구의 명사 소유격형(예, "women's")과 합성어의 명사(예, "gender")가 접속되어 있고, 다른 하나는 다른 종류

의 구가 접속되어 있다([bachelor's degrees]$_{DP}$, [doctoral$_{A}$ degrees]$_{NP}$). (11)과 (12)의 예는 통사적 구절형성과정과 형태적 어휘형성과정에 선후 관계가 있지 않음을 분명하게 보여준다.4)

3.2. 부정관사 "a/an"의 이형태

잘 알려진 것처럼 영어의 부정관사는 (대부분의 방언에서) 음운형이 비강세형(또는 약형)은 [ə], [ən]으로, 강세형(또는 강형)은 [ej], [æn]으로 발음된다. 이 때 강세여부와 관계없이 자음 [n]이 있는가를 결정하는 요인은 뒤따르는 단어의 첫 분절음이 자음이냐 모음이냐에 의해 결정된다.

(13) 가. 부정관사의 변이형 "a" [ə] ~ [ej] (자음 앞)
a bug
a useful idiot
a truly unbelievable achievement
a well-educated actor
나. 부정관사의 변이형 "an" [ən] ~ [æn] (모음 앞)
an elephant
an annoying dude
an exceptionally notorious professor
an often-cited cause

명사구(즉, 지정사구, DP) 내에서 통사구조, 형태구조, 부정관사 직후 어휘

4) 어휘형성 작용의 한 부류로 포합(抱合, incorporation)이 있는데, Barrie(2012)는 (어근뿐만 아니라) 구도 포합을 겪는다고 주장한다(Barrie 2015도 보라). 한편, 분산형태론에서 합성어를 다룬 연구로는 Harley(2008)가 있다.

의 품사나 의미 등, 그 어느 것과도 관계없이 또한 명사구 내의 다른 단어의 그 어떤 요소의 특징과도 관계없이, 선형적으로 부정관사를 바로 뒤따르는 단어의 첫 분절음의 성절성(syllabicity, 음절핵음(nucleus)이냐 아니냐)만이 부정관사의 형태를 결정하는 유일한 요인이다.

이러한 현상에서 볼 수 있는 어휘론의 문제점은 다음과 같다. 어휘론에 따르면 단어의 형태(음운형)는 통사부에 들어가 구절 형성을 거치기 전에 어휘부에서 결정된다. 이렇게 결정된 음운형태는 통사과정에 관계없이 유지되고, 어휘부 및 통사부 이후의 음운부(postlexical, postsyntactic phonological component, 즉, 생성문법 모형의 PF)에서도 변화가 없다. 그런데 실제로는 독립된 단어인 부정관사의 음운형이 "an"에서 "a"로 자음탈락(혹은 분석에 따라서는 "a"에서 "an"으로 자음삽입)이라는 음운변화가 일어난다.

부정관사의 실제 음운형이 결정되는 시점은 통사적 작용에 의해 부정관사와 해당 단어가 DP를 이룬 후이다. 최소한 부정관사가 뒤따르는 단어 또는 그 단어를 포함한 통사적 구성성분, 즉 D의 보충어인 NP와 병합된 후 보충어 NP 내 첫 번째 단어의 음운정보에 의존한다. 나아가 통사구조는 선형적인 것이 아니라 구조적인 것이라는 것을 고려하면, 그러한 통사작용 이후에 PF로 넘어가서 구조를 선형화(linearization, Fox · Pesetsky 2005)한 이후의 통사음운운율구조를 도출해 낸 이후에야 그러한 음운정보를 이용할 수 있다. 그래야만 부정관사 바로 뒤에 오는 (단어의) 첫 분절음의 성절성을 알 수 있고 그때 [n]을 삽입하든지 탈락하는 일을 할 수 있다. 그러기 위해서는 그 부정관사의 음운형이 어휘부에서 부여될 수 없다는 역설적인 상황에 이른다. 또한 "an" → "a"(또는 "a" → "an")의 변화는 오로지 "a(n)"에만 해당되는 특이한 형태적 음운현상이므로, 어휘론의 가정인 변이음적(allophonic)이고, 단발적, 포괄적(across the board)

이며, 자동적(automatic)이고 예외가 없는(exceptionless) 어휘부 이후의 음성 음운과정의 성격에도 부합하지 않는다. 또한 "a(n)"의 음운형이 표면발음규칙(spell-out rule)에 의해 결정된다고 보는 것도 단어의 음운형이 통사부 이전과 이후로 나뉘어 두 차례에 결정된다는 일관성과 통일성을 떨어뜨리는 분석이다.

"a"와 "an"의 교체에 대해 음운적 분석을 제시할 수도 있겠다. 즉, (14)에서처럼 부정관사의 기저형을 /ən/으로 상정하고 통사부 이후에서 [n] 탈락규칙을 적용할 수 있을 것이다. 또는 이와 반대로 (15)에서처럼 기저형 /ə/와 음운규칙으로 [n] 삽입을 상정할 수도 있겠다. (이들 두 규칙은 고전적인 생성음운론의 방식의 음운도출규칙으로 쓴 것이다.)

(14) 부정관사 기저형 /ən/에서 [n] 탈락을 통한 [ə] 도출
가. 기저형 : /ən/
나. n → Ø / $\_\_\_]_{\text{Ind. Det.}}$##C

(15) 부정관사 기저형 /ə/에 [n] 삽입을 통한 [ən] 도출
가. 기저형 : /ə/
나. Ø → n / $\_\_\_]_{\text{Ind. Det.}}$##V

이러한 과정(process) 자체의 기술에 관심을 갖는 이론과는 달리, 표면제약을 기반으로 하는 이론으로, 예를 들어, 최적성이론(Optimality Theory, McCarthy · Prince 1993, Prince · Smolensky 2004)에서라면 기저형을 /ən/(또는 /ə/)으로 하고 다음과 같은 제약을 이용하여 자음 앞과 모음 앞의 변이형을 적절히 가려낼 수 있을 것이다.

(16) 영어 부정관사 이형태에 직접 연관된 제약
가. NoConsonantCluster(NCC) : 두 모음 사이에 자음이 둘 이상 나타날 수 없다.
나. *VV : 두 음절핵음이 연달아 나타날 수 없다.
다. MAX-IO : 기저형에 있는 분절음은 표면형에서 나타나야 한다.
라. DEP-IO : 기저형에 없는 분절음이 표면형에서 나타날 수 없다.

(17) 부정관사 기저형을 /ən/으로 할 때 : 자음 앞

/ən##C/	NCC	*VV	Max-IO	Dep-IO
가. [ən]	*!			
나. ☞ [ə]			*	

(18) 부정관사 기저형을 /ən/으로 할 때 : 모음 앞

/ən##V/	NCC	*VV	Max-IO	Dep-IO
가. ☞ [ən]				
나. [ə]		*!	*	

(19) 부정관사 기저형을 /ə/로 할 때 : 자음 앞

/ə##C/	NCC	*VV	Max-IO	Dep-IO
가. [ən]	*!			*
나. ☞ [ə]				

(20) 부정관사 기저형을 /ə/로 할 때 : 모음 앞

/ə##V/	NCC	*VV	Max-IO	Dep-IO
가. ☞ [ən]				*
나. [ə]		*!		

이러한 분석이 기교상으로는 불가능한 것은 아니지만, 역시 몇몇 문제점이 있다. 우선 음운적 분석은 관련 음운과정이나 제약이 유일하게 부정

관사에만 해당된다는 예외적 특이성을 갖게 된다. 즉, "can see"는 *"ca see"가 되지 않고, "be open"은 *"ben open"이 되지 않으므로 이들의 경우에는 MAX-IO, DEP-IO가 제약위계에서 NCC, *VV보다 상위에 위치되어야 한다. 나아가, (통사적으로는 동일한 구조를 갖는) 정관사 the를 포함하는 DP에서는 정관사 "the"에 [n] ~ Ø의 교체가 없기에 그 특이성은 더 큰 문제가 된다. 따라서 (17)-(20)의 위계가 부정관사에만 해당한다는, 문법 전체의 구성에서 보면 상당히 자의적이고 예외적인 단서를 둘 수밖에 없게 된다.

이에 더해, 부정관사의 강형(즉, 강세를 받을 때의 형태)을 고려해 보면 위의 음운규칙 또는 제약에 의한 분석은 일관성이 약해진다. 부정관사의 강형은 그 모음의 모양도 변한다(모음 앞에서는 /æn/, 자음 앞에서는 /ej/). 이러한 모음 변화는 /æn/, /ej/ 또는 추상적인 /ejn/, /æ/, /æ:n/ 등 생각해 봄직한 기저형태로부터 상황에 따라 [n] 탈락 또는 삽입과 함께 모음 이완음화(laxing) 또는 긴장음화(tensing) 등의 규칙(또는 이와 유사 효과를 내는 제약과 제약 위계)을 통해 음운적 분석을 해야 할 것이다. 물론 이러한 분석이 기교적으로 불가능하지는 않겠지만, 문제는 이 부정관사의 (강세를 포함한) 음운형이 결정되는 것은 실제로는 통사부 이후(구절이나 문장 내에 포함된 이후)인데, 어휘론은 통사부 이전에 그 음운형이 결정되어야 한다고 하는 점이다. 나아가 앞서 언급한 것처럼 이러한 음성음운적 과정 또는 제약이 부정관사라는 특정 어휘에만 해당된다는 제한적인 형태적 특이사항(통사부 이전의 특이한 어휘적 사항)을 (통사부 이후의) 음운부에 명기해야 한다는 그리 이상적이지 않은 상황에 이른다.

반면, 이러한 특이 사항이 해당 형태소를 기술하는 데에 직접적으로 명시되고 이의 음성음운정보가 음운자질 부여에서 단발적으로 적용되면

음운규칙은 그만큼 일반성을 유지할 수 있게 된다. 또한 부정관사의 이형태 음운형을 결정하는 작용이 통사부 이후에 일어나야 하는데, 분산형태론은 바로 이 두 사항을 만족시키며 이형태를 다룰 수 있다.

통사부 이후의 음운자질 부여를 상정하는 분산형태론에 따르면 영어 부정관사의 이형태를 다음과 같이 분석할 수 있겠다. 우선 아래의 어휘 항목을 상정한다.

(21) 영어 부정관사 어휘항목
가. [Det, -def, +sg] ↔ /æn/ / ___##V
나. [Det, -def, +sg] ↔ /ej/

통사부에서 생성되고 변형된 구절구조가 음운부(PF)로 넘어온 후 음운자질 부여 시에 (21가)와 (21나) 중 추가적인 정보(환경 부분 "___##V")를 가지고 있는 (21가)의 항목이 먼저 삽입될 기회를 갖는다. 뒤따르는 분절음이 모음이 아닌 여타의 경우, 즉 자음이거나 휴지가 있는 경우에는[5] (21나)의 항목이 부여된다. 이후 부정관사를 강조하거나 비교하거나 초점을 주는 경우가 아니면 후속적인 음운과정인 모음약화가 적용되어 어느 변이형에서든 모음이 약모음인 [ə]로 실현된다. 이 글은 부정관사(더욱 일반적으로는 영어의 기능어)의 강형과 약형의 음운론적 관계에 대해서는 다루지 않으나, 분산형태론의 도출(derivation)적 이론에서는 음운자질 부여 이후에 문장의 해당 의미화용적인면을 고려하여 강세탈락규칙과 모

5) 부정관사 뒤에 휴지가 오는 경우는 다음과 같은 예이다.

(i) 가. That's not the best bet, but it's a, ### to my knowledge, decent one.
나. That's not the best bet, but it's a, ### according to the Senate Majority Whip, decent one.

음약화규칙을 순서대로 적용하는 방법이 가능할 것이다.[6)]

본절의 논의는 비교적 간단한 것이지만, 영어에서 상당히 독특한 음운적인 행태를 보이는 어휘인 부정관사의 음성음운형은 어휘론의 가정과 주장으로는 문법 전반에 걸친 바람직한 기제를 얻어 내기 어렵다는 점을 보여 준다. 약간은 예외적으로 작용하는 "a"와 "an"의 음운 교체가 문법 전반의 운용방식에 대해 웅변적으로 드러내고 있다.

3.3. 관계대명사의 음운형

이 절에서는 관계대명사의 음운형이 결정되는 시점에 대해 살펴 본다. 잘 알려져 있듯이 영어의 관계대명사는 일반적으로 그 선행사가 사람이냐 그렇지 않으냐에 따라 다른 형태가 이용된다. 즉 선행사가 [+human]이면 (문장의 위치 또는 격에 따라) "who" 또는 "whom"이 선택되고, 그렇지 않으면 "which"가 선택된다. 그런데 그 형태가 결정되는 시점은 관계대명사가 관계절 내의 기저위치(base-generated position)에서 선행사 바로 뒤 위치, 즉 해당 관계절 CP의 지정어(specifier) 위치로 이동해 나간 이후이다. 다음을 보자.

---

6) 이와 달리 강형과 약형의 음운자질 부여를 분리하여 다룰 수도 있겠다. 즉, 강형인 (21)의 어휘항목이 이에 알맞는 의미화용 환경 하에서 부여되고, 그렇지 않은 의미화용 환경에서는 다음의 약형 어휘항목이 부여되는 것으로 분석할 수 있다.

(i) 가. [Det, -def, +sg] ↔ /ən/ / ___##V
나. [Det, -def, +sg] ↔ /ə/

이 경우에는 어휘항목의 환경을 음성적인 면뿐 아니라 의미화용적인 정보까지 포함하여 기술하여야 한다. 후자의 입장은 어휘항목에 비음운적 자질, 특히 의미화용적인 자질을 얼마나 포함해야 하는가와 같은 더욱 넓은 주제와 연관하여 후속 연구가 따라야 하겠다.

(22) 가. She's the violinist who I talked about.
She's [$_{DP}$ the [$_{NP}$ violinist [$_{CP}$ **who**$_i$ C [$_{TP}$ I talked about t_i]]]].
[+human]

나. That's the 'cello which I talked about.
That's [$_{DP}$ the [$_{NP}$ 'cello [$_{CP}$ **which**$_i$ C [$_{TP}$ I talked about t_i]]]].
[-human]

위의 예에서 관계사를 내포하고 있는 관계절의 TP가 보문소 C와 병합되고, 이렇게 해서 나온 C'가 이후 관계절 내의 해당 관계사 운용소(relative pronoun operator)의 wh-이동에 의해 함께 CP를 이룬다. 관계사가 이동하여 CP를 형성하기 전에는 아래와 같이 아직 관계절 내에 머물러 있다.

(23) [$_{TP}$ I talked about **who(m)/which**]

관계사가 통사구조에 처음 들어갈 때부터 위 (22)의 구조에 이르기 전까지는 아직 선행사와 병합되지 않아서 선행사의 의미자질 중 [±human]를 알 수 없다. 따라서 (23)에서는 “who”와 “which” 가운데 어떤 관계사 형태를 사용해야 할지를 결정할 수 없다. wh-이동, 그리고 선행사와 관계절 CP의 병합이 일어난 후에야 선행사의 의미자질 [+human]을 환경으로 이용해 관계사의 적절한 음운형을 정하게 된다. 이 분석은 관계사가 단어 경계를 넘어 구절 내의 특정 위치에 나타나야 한다는 점, 해당 형태통사구조 내 다른 단어의 의미적 요소를 환경으로 고려해야 한다는 점에서 통사부 이후 음운부에서 음운자질이 부여되는 점을 뒷받침하며, 어휘의 음운형이 통사부 이전 어휘부에서 정해진다는 어휘론에 반하는 근거가 된다.

아래는 관계사가 해당관계절 CP의 지정어 위치로 이동해 나간 이후의 해당 관계사 운용소의 음운자질을 나타내는 어휘항목이다. 아래에서 RP-OP는 관계사 운용소의 (비음운) 통사의미자질 복합체를 뜻한다.

(24) 영어 관계대명사의 어휘항목
가. [RP-OP] ↔ /huw/ / [$_{NP}$ N$_{[+human]}$ [$_{CP}$ ___ C']]
나. [RP-OP] ↔ /hwɪtʃ/

위의 두 어휘항목 중 "which"에 대해서는 환경을 지정할 필요가 없다. 경합의 상황에서 부분집합우선의 원리에 의해 덜 포괄적인 (24가)가 먼저 고려되고, 이것이 해당 환경에 부합하지 않을 경우에는, 이후 해당 동일 위치에 대해 여타형태(elsewhere form)인 (24나)가 고려된다.

관계사 음운형의 두 번째 경우는 전치사의 목적어 자리에서 이동해 나오는 목적격 "who" ~ "whom"의 형태에 관한 것이다. 잘 알려진 것처럼 전치사의 목적어 자리에 위치해 있던 관계사 중 선행사가 [+human]인 경우 두 개의 음운형이 가능하다. 전치사를 동반하는 경우(pied-piping)에는 항상 "whom"으로 발음되고, 전치사를 동반하지 않고 이동하는 경우에는 "who"로 발음하는 것이 가능하다.

(25) 가. She's the violinist [$_{CP}$ [$_{PP}$ about **whom**] [$_{TP}$ I talked]].
나. She's the violinist [$_{CP}$ **who** [$_{TP}$ I talked about]].

(25나)에서 목적격 관계사의 음운형 "who"가 가능하다는 점은 관계사가 CP의 지정어 위치로 이동해 나간 후, 그리고 이동된 관계사가 전치사를 동반하지 않을 때에만 알 수 있다. 전치사와 함께 이동한 경우에는 다음

과 같은 어휘항목이 이용된다.

(26) 영어 관계대명사 “whom”의 어휘항목
$[\text{RP-OP}] \leftrightarrow /\text{huwm}/ \ / \ [_{NP}\ N_{[+human]}\ [\text{CP}\ [\ \text{P}\ \_\_\_\ ]\ \text{C}']]$

따라서 선행사가 [+human] 자질을 가진 경우도 목적격 관계대명사의 음운자질이 비음운자질과 동시에 부여되는 것이 아니라, 통사부에서 구절형성과 변형을 거친 후에 음운형이 결정됨을 보여 준다. 나아가 전치사를 남기고 이동하거나 동사의 목적어 자리에서 이동하여 “who”와 “whom”의 변이를 보이는 것은 방언, 使用域(register) 등의 고려와 함께 적절히 어휘항목을 명시하여 분산형태론으로 설명할 수 있겠다.

이 글에서는 관계대명사의 세 형태 “who”, “whom”, “which”가 형태소 [RP-OP]의 이형태의 관계에 있다고 본다. (6)에서 보이듯이 음운자질 부여시에 경합관계에 있는 어휘항목이 항상 음운적으로 관련이 있는 이형태 관계에 있는 것은 아니지만, 이형태 관계에 있는 어휘항목은 (4), (21)에서처럼 경합관계에 있다. 그래야 *“oxes”나 *“boxen”과 같은 잘못된 형태를 막을 수 있다. 아울러, Halle · Marantz(1993)는 유표성에 대해 구체적으로 언급하지는 않지만, “which”가 가장 무표적이라 할 수 있다.7) “who”과 “whom”은 “which”에서는 필요없는 (선행사의) [+human] 자질을 추가로 고려해야 하고, 따라서 (24), (26)의 어휘항목을 상정할 때 “which”가 여타형태이기 때문이다.8)

---

7) 이는 언어유형론의 연구결과(예, Comrie 1989 : 188 이후)와도 일맥상통하는 것이다. 분산형태론에서 유표성에 대한 연구로는 인칭, 수 등의 형태의미자질의 유표성의 위계를 다룬 Harley · Ritter(2002)가 있다.

8) 영어에서처럼 관계대명사의 형태 구별을 위해 [human]의 자질을 이용하는 것은 드물다는

3.4. 요약 및 의의

이 절에서는 영어의 몇몇 현상을 통해 어휘론의 문제점을 지적하고 분산형태론을 지지하는 논의를 제시하였다. 본절이 영어의 모든 현상을 다룬 것도 아니고 해당 현상의 모든 사항을 다 고려한 것도 아니지만, 약간은 주변적인 행태를 보이는 현상과 자료에 주목한 것은 아주 중요하다. 일반적인 음성, 형태적 행태를 포함하여 그렇지 않은 현상과 자료를 아우르는 분석으로는 어휘 내부의 형태작용과 어휘들 간의 통사작용을 단일한 기제로 보는 입장(single engine hypothesis)과 음운자질이 통사부 이후에 부여된다는 입장(separation and late vocabulary insertion)을 포함하는 분산형태론이 설명력이 더 큼을 보이기에는 어느 정도 그 목적을 달성하였다고 본다.

약간은 주변적인 현상은 언뜻 보기에는 중요성을 인식하기 어렵거나 납득하기 어려울 수도 있으나, 실상은 언어이론에서는 아주 중요하다. 일반적이고 규칙성을 보이는 자료는 어떤 이론으로도 쉽게 잘 설명될 수 있겠지만, 그렇지 않은 자료는 많은 경우에는, 경쟁관계에 있는 둘 이상의 설명방법이나 이론 중에 어떤 것이 더 (혹은 가장) 나은지를 보여 줄 수 있는 귀중한 도구이기 때문이다. 일례로 정인기(2013)가 다룬 영어의 현상으로 "have to"의 중간에 아무 의미 없는 "got"가 수의적으로 삽입되는 현상이 있다. 통사, 의미적으로는 이러한 무의미어의 삽입은 문법에서 그리 중심적인 현상이 아닌 것으로 치부될 수 있다. 실제로도 의미적으로는 아무런 기여를 하지 않기 때문에 생성문법 이론에서는

지적과 함께, 본절에 대한 좀 더 자세한 논의는 I. Chung(2011)을 보라.

가시통사부(over syntax)에서나 의미부(LF)에서는 의미적으로는 실체가 없는 것일 것이다. 그러한 고려는 "got"의 삽입이 PF에서 일어남을 짐작하게 한다. 정인기(2013)는 "got"의 삽입이 구어체에서 운율적인 고려에 의해 수의적으로 작동되는 음운부(PF)의 현상이라는 분석을 제시했다(Chung · Barrie in prep.도 보라.).

이렇게 일반적이고 규칙인 현상에서 약간 벗어나는 자료, 약간은 지엽적인 행태를 보이는 현상으로 보충법적 이형태(suppletion)가 있다. 보충법은 교체를 보이는 음운형(변이형) 사이에 음운적인 관련성이 없는 이형태를 보이는 관계이다(예, 영어의 go ~ went). 이들 보충법적 형태를 규칙적이고 일반적인 방법으로 연관 지을 수는 없겠지만, 각 변이형이 어떤 구조와 환경에서 선택되느냐를 연구하면 복합어휘의 구조와 음운형 결정에 관한 문법적 특성을 알 수 있을 것이다. 그에 따라 다음 절에서는 이러한 보충법적 이형태를 집중적으로 살펴 보고자 한다. 자료는 한국어이다.

4. 분산형태론과 한국어

본절에서는 한국어의 용언 활용형과 관련한 몇몇 분석을 간단히 제시하며, 이들 현상이 분산형태론의 여러 방면 중에서 특히 보충법적 이형태를 어떻게 다루는지 살펴 본다. 한국어의 동사 활용형 중 불규칙적이거나 보충법적인 이형태를 보이는 용언에 집중하며 논의를 좀더 상세히 하고자 한다. 이를 통하여 통사부 이후의 음운자질 부여가 옳음을 보이고 통사–형태 구조의 불일치를 어떻게 다루는지를 보이고자 한다. 아울러, 한국어 형태론에 대한 분산형태론적 연구 주제에 대해 전망해 본다.

4.1. 보충법적 부정(否定)형태

우선, 앞서 2.2절에서 간단히 언급한 한국어의 보충법적 부정형태로 논의를 시작하고자 한다. 한국어의 부정, 특히 단형부정(短形否定, short-form negation)의 문장에서는 용언 앞에 부정을 의미하는 통사의미적 요소인 "안"이 붙는다.[9]

(27) 가. 영희가 학교에 (안)갔다.
　　나. 선생님께서 책을 (안)읽으신다.
　　다. 기분이 (안)좋다.

이 부정요소 "안"은 통사의미적인 부정(syntactic negation)으로서, 동사나 형용사에 붙어 반대 또는 부정의 의미를 나타내는 "불(不)", "비(非)", "미(未)" 등과는 다르다. 통사적 부정과 부정적 의미의 차이는 다음과 같은 현상을 통하여 쉽게 알 수 있다. 우선 "불", "비", "미" 등의 부정접사가 붙은 어휘 앞에 (약간 부자연스럽기는 하지만[10]) "안"이 나타날 수 있으나(예, "안불안하다", "안비상이다", "안미완성이다" 등), "불", "비", "미" 등의 부정접사 둘이 조합하여 단일 어휘에 나타날 수 없다(예, *"미불가능하다", *"비미숙하다" 등).

---

9) 이는 단순부정의 경우에 해당하는 것이고, 의지, 가능, 허가 등의 비진술문의 경우에는 "못"이 붙는다.

10) "안"과 "불"이 보이는 대비를 위해 가능한 최대한으로 최소대립쌍을 이루는 문장을 구축하고자 하나, "불"은 한자어에만 붙고, 한자어로 두 음절 이상인 어근으로 형성된 용언은 단형부정의 형태가 그리 자연스럽게 만들어지지 않는 이유로 해서 해당 예 중에서 "안불안하다"나 "안찬성하다" 등은 약간 부자연스럽게 들리기는 한다. 그러나 그에 상응하는 장형부정은 전혀 문제가 없고, 이들 예가 보여 주는 바가 "안"과 "불"의 대비라는 점에서는 큰 문제가 없겠다고 하겠다.

"안"의 통사의미적 특성을 보이는 다른 사항은 부정극어(negative polarity item)의 인허이다. "불", "비", "미" 등의 부정접사는 부정극어를 인허하지 않지만 "안"은 부정극어를 인허한다.

(28) 가. 아무도 안성실하다.
　　나. (?)나는 아무 것에도 안찬성했다.
(29) 가. *아무도 불성실하다.
　　나. *나는 아무 것에도 불찬성했다.

위의 예가 보여 주는 것처럼 용언에 "안"이 붙는 경우에는 부정극어 "아무도"가 나타날 수 있는 반면, 부정적인 의미를 지닌 "불"의 경우에는 부정극어가 나타날 수 없다.

마지막으로, "안"은 동일한 절 내에서 나타나는 양화사와 작용역의 중의성(scope ambiguity)을 보인다.

(30) 가. 모두가 안갔다.
　　나. 모두가 안좋다.
　　다. 선생님께서 모두를 안만나셨다.
　　라. 영희가 책을 모두에게 안주었다.

위의 각각의 예에서 양화사 "모두"는 그 나타나는 자리에 관계없이 부정의 요소 "안"보다 더 넓은 작용역을 가질 수도 있고 더 좁은 작용역을 가질 수도 있다. "모두"가 "안"보다 넓은 작용역을 가지는 경우에는, 예를 들어 위의 첫 예에서는 "간 사람이 하나도 없다"($\forall > \neg$)는 의미이며, 반대로 "모두"가 "안"보다 좁은 작용역을 가지는 영우에는 "(모두가 아닌) 일부가 갔다"($\neg > \forall$)는 의미이다.[11] 그런데, 이러한 작용역의 중의성이 용언에 "불" 등의 부정접사가 붙은 경우에는 나타나지 않는다.

(31) 가. 모든 회원이 이 안에 불찬성하였다.
나. 우리가 모든 안에 불찬성하였다.

위의 예에서 (의미상의) 부정을 나타내는 접사 "불-"은 양화사 "모든"과 작용역의 중의성을 보이지 않고 $\forall > \neg$의 의미만을 갖는다. 이는 "안"은 단순히 부정적인 의미를 지니는 "불", "비", "미" 등의 부정접사와 달리 통사의미적인 부정의 기능을 함을 보인다.

단형부정문의 일반적인 경우에는 동사의 어근 앞에 이 통사의미적 부정 "안"이 붙는다. 그런데, 동사 "알-"과 "있-"은 부정의 경우에 "안알-", "안있-"이 아니라 "모르-", "없-"으로 나타난다. 더욱이, "모르-"와 "없-"에 통사적 부정의 요소인 "안"이 붙을 수 없다(*"안모른다", *"안없다")는 점은 "모르-"와 "없-"이 통사의미적 부정을 포함하고 있음을 뒷받침한다. 아울러 아래의 예에서처럼 "모르-"와 "없-"이 있는 절에서는 ("안" 없이) 부정극어가 인허된다.

(32) 가. 아무도 답을 모른다.
나. 나는 아무도 모른다.
다. 아무도 없다.

또한 "모르-"와 "없-"이 있는 절에서 이들 동사는 양화사와 부정의 작용역의 중의성을 보인다.

11) 물론 이들 두 의미 중 맥락 등의 이유로 해서 더 먼저 떠오르는 것이 있을 수도 있겠으나, 중요한 것은 맥락에 따라 별도의 두 의미가 동일한 문장으로부터 나올 수 있다는 점이다.

(33) 가. 모두가 그 노래를 모른다. (∀ > ¬, ¬ > ∀)
나. 나는 모든 노래를 모른다. (∀ > ¬, ¬ > ∀)
다. 모두가 없다. (∀ > ¬, ¬ > ∀)

"모르-"와 "없-"이 보이는 이러한 행태로 인해 이 글은 "모르-"와 "없-"의 어근에 "안"이 갖는 통사의미의 부정의 요소를 가지고 있다고 본다. 문제는 부정요소 "안"과 "알-", "있-"을 합하여 부정의 동사 "모르-", "없-"을 음운적으로 도출해 내기(/an-al/ > /morɯ/, /an-is'/ > /ʌps/)가 용이하지 않다는 점이다. 이렇듯, "모르-"와 "없-"은 의미적으로는 요소가 둘(부정과 해당 어근)이고 형태적으로는 단일한 요소(portmanteau)인데, 각각의 두 요소의 음운적 형태가 단일한 부정 어근의 음운적 형태 사이에 관련이 없다는 문제가 있다. 통사부에서 부정과 동사어근의 교점에 해당 음운정보와 비음운(형태, 통사, 의미)정보가 모두 존재한다고 하면 그 관련성을 설명하기 어려울 것이다.

일찍이 임홍빈(1987)은 통사적 공기(co-occurrence)에 근거하여 "없-"과 "모르-"가 보이는 통사의미적 부정의 "예외적인 형식적인 관계"를 언급하였다. 즉, 통사적으로는 이들 부정어근과 (동사 어근 앞에 "안"을 붙이는) 일반적인 단형부정이 동일한 행태를 보이는 것을 인지한 것이다. 그러나, 음운형태적으로는 이들 부정어근("없-", "모르-")과 그에 상응하는 긍정어근("있-", "알-") 사이에는 아무 관계가 없는 이유로 인해, 이들 부정어근을 단형부정과 완전히 동일한 것으로 보려는 시도는 하지 않고 단순히 두 유형의 통사의미적인 공통성만을 인지하였다. Choi(1999)는 부정어근과 단형부정이 공유하는 이러한 통사적 특징에도 불구하고, 확연한 음운형태적 차이 때문에 부정어근을 단형부정으로 보는 견해에 반대하였다. 같은 방식으로 Kim(1999)과 Sells(2001)도 이러한 어려움으로 인해 "없-"과 "모르-"를 "어휘적으로 부정된 동사"(lexically negative verb)라고 칭하며 단형부정과 다른 종류의 것으로 구분하였다.

이러한 주장이 끊임없이 제시되어 온 이유는 음운형태적으로는 단일한 형태이며 상응하는 긍정형태와 관련이 없는 "없-"과 "모르-"가 통사의미상으로는 "안"+"있-", "안/못"+"알-"의 행태를 보이기 때문이다. 이러한 상황은 최소주의(Minimalist Theory) 통사론의 초창기 모형(Chomsky 1993, 1995)이나 어휘음운론(Lexical Phonology, Kiparsky 1982, 1985) 등처럼 어휘와 형태소가 통사부로 들어가기 전에 통사의미적 자질과 음운적 자질을 모두 가지고 있다고 가정하는 언어모형에서는 해결할 수 없는 문제이다. 이와는 달리, 통사부에서는 어휘와 형태소에 음운적인 자질은 없고 통사, 의미, 형태적인 비음운자질만 있으며, 문장과 구절의 구조가 통사부를 지난 후에 음운부(PF)로 넘어가서 (해당 형태통사구조상의 최하위 교점에 위치한) 형태소에 음운자질이 제공된다는 이른바 음운자질과 통사형태의미자질의 분리(separation)를 상정하는 분산형태론에서는 이러한 문제가 손쉽게 해결된다. 통사부에서는 일반적인 단형부정과 "없-", "모르-"가 동일한 구조로 나타나고 음운적인 형태는 가시통사부 이후의 음운부에서 결정되는데, 이때 두 유형의 부정이 서로 다른 음운자질 부여의 방식을 따른다고 보는 것이다.

분산형태론에 의거한 위의 한국어 자료의 분석은 다음과 같다. 우선 이 글에서는 절(clause)의 구조를 다음과 같이 상정한다.

(34)

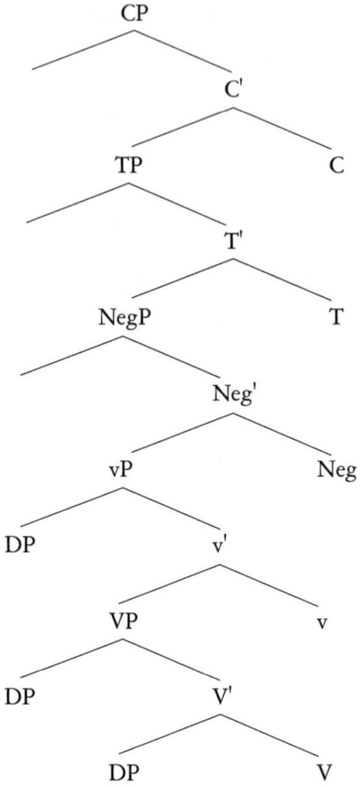

이 구조에서 v나 Neg는 통사구조에서 해당 자질(즉, 형태소)이 개재될 때에만 나타난다. 즉, Neg는 부정문에서만 나타나고 긍정문에서는 나타나지 않고, v는 행위를 나타내는 동사나 사동의 경우에만 나타나고 "있-"이나 "알-"과 같은 상태동사의 경우에는 나타나지 않는다. 나아가 위의 구구조가 보여주는 것처럼 (동사 어근 앞에 붙는) 단형부정의 "안"을 통사구조적으로 절 내의 Neg의 핵으로 보고자 한다. 아울러 이 구조에서 V 핵인 동사 어근이 중간의 핵(예를 들어 v)을 통해 핵이동(head movement)으로 이동하여 C까지 올라가고 다음과 같은 구조를 도출해 내는 것을

상정한다.[12]

(35)

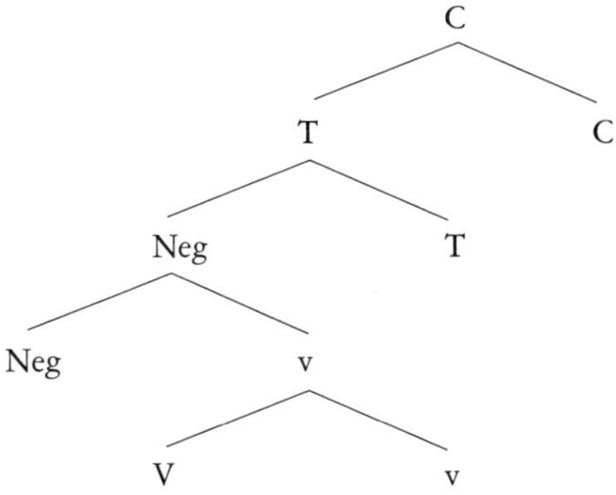

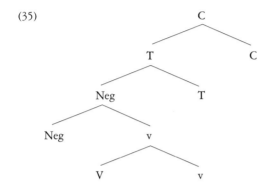

"없-"과 "모르-"를 제외한 일반적인 경우에는 위의 결과에 V부터 (v,) (Neg,) T, C의 순서대로 해당 최하위 교점에 동사어근, "안", 시제접사, 종결접사의 음운자질을 부여하게(vocabulary insertion) 된다.

"없-"과 "모르-"는 상태동사로서 v는 없이 핵이동의 결과로 아래의 구조가 나온다.

(36)

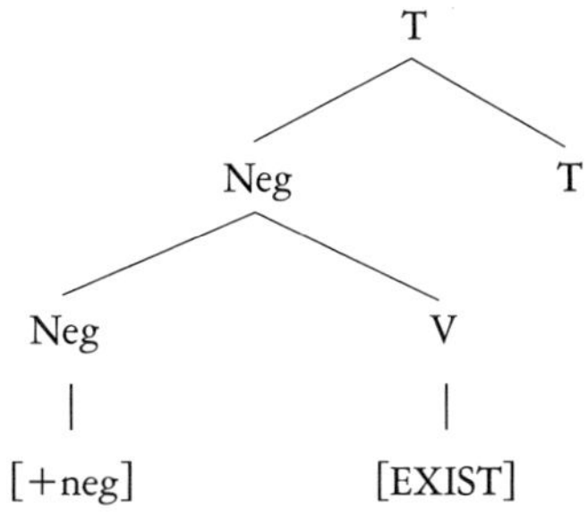

12) 이러한 핵이동이 통사부에서 일어나는지 아니면 음운부(PF)에서 일어나는지는 본 논의에서 밝히고자 하는 것은 아니며, 중요한 것은 음운자질 부여(vocabulary insertion) 이전에 해당 구조가 도출된다는 점이다.

여기까지는 보충법적 부정을 보이지 않는 다른 동사와 다를 것이 없다. "없-"과 "모르-"가 다른 동사와 달리 보충법적 부정형태를 보이는 것은 음운자질 부여 직전에 Neg와 V 어근이 통사형태교점의 융합(fusion)을 통해 하나의 교점으로 합쳐진다는 점이다. 아래는 융합의 결과이다.

(37)

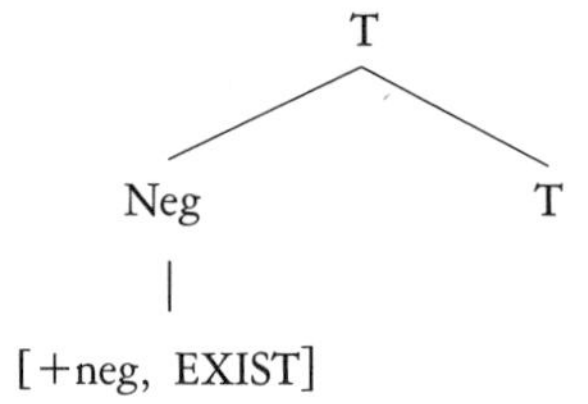

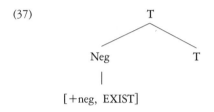

이렇게 나온 구조에 "삽입될" 어휘항목은 ((6)의 반복으로서) 다음과 같다.

(38) 가. [EXIST, +neg] ↔ /ʌps/
나. [EXIST] ↔ /is'/
다. [+neg] ↔ /an/

그러면 융합으로 나온 구조 (37)의 Neg 교점에 삽입될 어휘항목으로는 부분집합우선의 원리에 의해 (38가)가 선택되어, 결과적으로 음운형태는 "없-"이 된다. 그러면 "없-"에 해당하는 어휘항목만큼의 비음운자질(즉, [EXIST, +neg])을 가진 어휘항목은 없기 때문에 (38가, 나)는 (37)의 융합된 교점에서는 더 이상 고려되지 않는다. 나머지의 최하위교점에는 각각의 교점(T, C 등)에 해당하는 음운자질이 부여된다.

"알-"의 부정인 "모르-"의 경우에도 동일한 방식으로 도출된다. [KNOW]에 관련하여 융합이 일어난 구조와 이에 필요한 어휘항목은 다음과 같다.

(39)
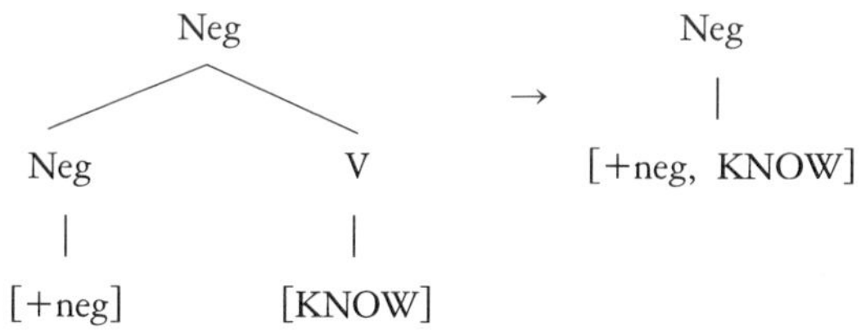

(40) 가. [KNOW, +neg] ↔ /molu/ ("모르")
나. [KNOW] ↔ /al/ ("알")

이러한 설명은 v가 필요한 다음의 두 경우와 대비된다. 먼저 "알-"에 사동(使動)과 부정(否定)이 모두 개재된 경우이다. "알-"의 사동화 어미는 "-리-"인데, 이의 부정의 형태는 "안알리-"이다. "알-"의 부정이 "모르-"인 것과 "알리-"의 부정이 "안알리-"인 것은 상당한 이론적 함의와 실증적지지를 제시한다. 생성문법의 최소주의이론에서 표준적으로 가정하는 것처럼, (한국어에서 "-이-", "-히-", "-리-" 등으로 실현되는) 사동접사가 v의 핵 위치에서 생성되는 것으로 본다.

(41)
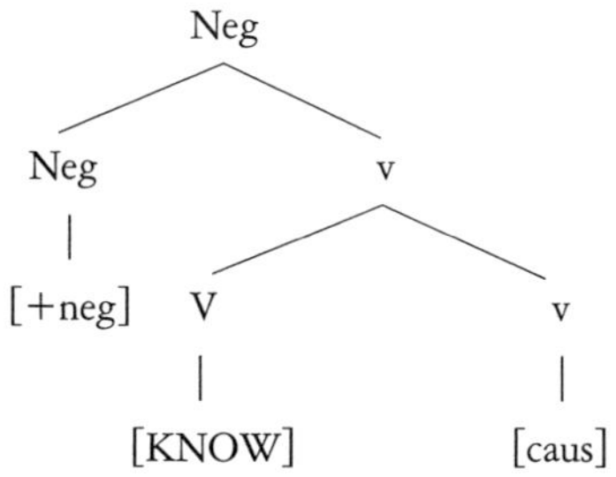

이 구조에서는 Neg와 V가 자매교점이 아니므로 (36)에서 (37)로 바뀌는 융합의 작용이 일어나지 않고 각 최하위교점이 그에 해당하는 음운자질

을 부여 받아 "안-알-리-"로 실현된다. 이는 부정과 사동이 선형적으로는 모두 어근(의 앞과 뒤)에 인접해 있으나 구조적으로는 사동이 어근에 더 가까움을 보여 주는 바이고, 따라서 그러한 구조에서는 융합이 일어나지 않음을 보인다.

"있-"의 부정형(否定形)도 이와 비슷한 방식으로 처리할 수 있다. 여기에서 추가적으로 고려할 것은 "있-"이 존재(存在)와 체재(滯在)의 중의적인 의미를 가지고 있고, 그에 따른 부정형이 "없-"과 "안있-"으로 다르게 나타난다는 점이다. 이에 대한 분산형태론적인 설명은 다음과 같다. 부정의 형태가 "없-"으로 나타나는 존재의 "있-"은 (36)-(38)에서와 같다. 부정의 형태가 "안있-"으로 나타나는 체재의 "있-"에는 v 교점이 추가적으로 존재한다.

(42)

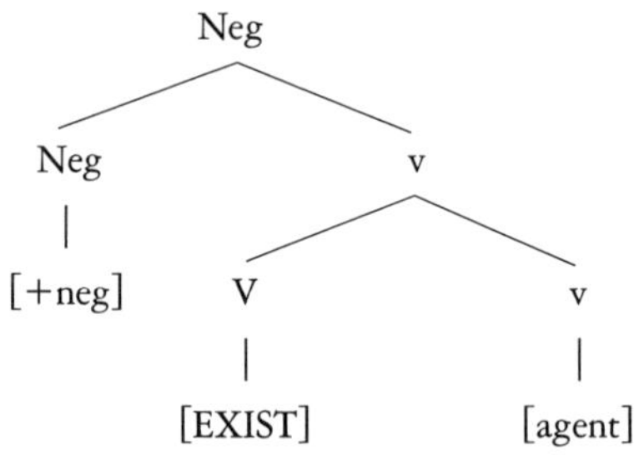

이는 구조상으로는 "알리-"의 (41)과 같고, 체재라는 동작의 의미가 [agentive]라는 통사의미자질로서 v 교점으로 나타난다. 이러한 구조에서는 [+neg]와 사동의 [causative]가 자매교점으로 되어 있지 않고 v 교점이 그 사이에 구조적으로 끼어 있기 때문에 (37)과 같은 융합이 일어나지 않는다.

분산형태론의 초창기(Halle · Marantz 1993, 1994)부터 제안되어 온 융합

(fusion)의 엄밀한 구조적인 제약은 융합되는 두 교점이 형태통사구조상 자매교점이어야 한다는 점이다. 따라서 이러한 제약과 위의 구조를 이용한 이러한 설명의 장점은 선형적으로는 [+neg]와 어근이 인접해 있는데 어근의 뒤에 나타나는 사동([caus])이나 동작([agent])의 교점이 어째서 [+neg]와 어근의 융합을 막는가를 설명할 수 있다는 것이다. 본고가 제시하는 분석에서는 사동과 동작은 공히 v 교점에 위치하고, 이 v는 구조적으로 V 어근과 Neg의 사이에 있기 때문에 (즉, V와 Neg가 자매교점이 아니기 때문에) 융합이 일어나지 않는 것이다. 본절에서 다룬 이러한 분석은 I. Chung(2007a, b)에 자세히 제시되어 있다.

일찍이 Trommer(1999)는 융합을 별도의 형태적 작용으로 인정하지 않고 음운자질 부여(vocabualry insertion)와 이와 관련한 이형태(allomorphy)로 처리할 수 있다고 주장하였다. 아울러, 구체적으로 본절에서 제시한 분석에 대해 Caha(2009), Radkevich(2010), Merchant(2015) 등은 비판과 함께 나름의 대안도 제시하였다. 반면, Siddiqi(2009)는 융합이 Minimize Exponence라는 일반적인 원리에 의해 유발되는 것이라는 제안을 하기도 하였다. 그런데 본절에서 다룬 현상은 단순히 융합을 인정할 것이냐 아니냐의 문제에 대한 것이 아니라, (융합의 결과로 보는) 보충법적 부정형을 막는 요소(v)가 융합을 겪는 두 요소 사이에 선형적으로는 개재하지 않음에 대한 것이다. Bonet · Harbour(2012)가 인지한 것처럼 이러한 구조적 인접성(structural adjacency)의 요건은 한국어에만 국한되지 않고 라틴어를 비롯한 다른 언어에서도 일어나고 있다(Bobaljik 2012 : 13). 따라서 어느 것이 되었든 본절이 제시한 것보다 나은 분석이 되기 위해서는 본절이 다룬 언어현상 자체를 일관성 있게 설명할 수 있어야 하겠다. 한국어의 보충법적 부정에 관한 논의는 이렇게 마무리하고, 다음 절에서는 이러한 보충법적 부정형태를 보이는 경우가 주체존대와 함께 나타나는 경우에 보이는 행태를 살피고자 한다.

4.2. 보충법적 부정형태와 보충법적 주체존대형태의 상호작용

본절에서는 부정과 주체존대가 동시에 개재되었을 때 나타나는 어근의 이형태적 행태를 관찰하고, 이를 통해 절의 구조, 활용된 동사의 형태적 구조, 음운자질 부여에 대해 수정되고 확충된 분석을 제시하고자 한다. 본절의 논의는 I. Chung(2009)을 기반으로 하며 여러 학자의 연구와 필자의 후속 논의로 보강하였다.

한국어의 몇몇 용언의 어근은 해당 용언이 술어로 쓰인 절의 주어가 화자에 의해 존대를 받는 경우와 그렇지 않은 경우에 상이한 음운형으로 나타난다. 우선, 일반적인 주어존대의 경우에는 용언의 어간 뒤에 주체존대 어미 '-시'가 나타난다. 다음의 문장이 그러한 점을 보이고 있다.[13]

(43) 가. 인수가 논어를 읽었다.
　　 나. 아버지께서 논어를 읽으셨다.
(44) 가. 인수가 비발디 아리아를 부른다.
　　 나. 아버지께서 비발디 아리아를 부르신다.
(45) 가. 인수가 (귀가) 크다.
　　 나. 아버지께서 (귀가) 크시다.

13) 주체존대의 용언에 "-시-"가 나타나는 경우에 해당 주어의 주격조사는 "-이/가"가 아닌 "-께서"로 나타난다. 젊은 세대에서는 "-께서" 대신 "-이/가"를 쓰는 경우가 있기도 하나, "-께서"와 "-시-" 간의 호응이 있으며 이 호응을 일치로 취급하고자 한다(김재은 · 정인기 2015를 보라.).

그런데, 더불어 잘 알려진 것처럼 일부 용언에서는 주체존대의 "-시-"가 동반될 때에 어근이 (음운적으로 연관이 없는) 보충법적인 형태로 실현된다.[14)]

(46) 가. 인수가 죽을 먹었다.
나. 아버지께서 죽을 잡수시었다.
다. *아버지께서 죽을 먹으셨다.
(47) 가. 인수가 방에서 잔다.
나. 아버지께서 방에서 주무신다.
다. *아버지께서 방에서 자신다.
(48) 가. 인수가 실험실에 있다.
나. 아버지께서 실험실에 계시다.
다. *아버지께서 실험실에 있으시다.

그런데, 존재의 "있-"에 주체존대와 부정 둘 다가 개재되면 그 형태는 흥미롭게도 "안-계-시-"로 나타난다.

(49) 가. 아버지께서 실험실에 안계시다.
나. *아버지께서 실험실에 없으시다.
다. *아버지께서 실험실에 안있으시다.

"있-"은 비존대의 경우에 부정문에서 "없-"의 보충법적 부정형태로 나타나고, 존대의 경우에 긍정문에서 역시 다른 보충법적 형태인 "계-"로 실현되는데, 여기서 흥미로운 것은 이 두 보충법 상황이 공존할 때에 존

14) 아래의 세 예 중에서 마지막의 *"있으시-"는 소유를 나타내는 문장(예, 아버지께서 돈이 있으시다)에서는 문법적인 형태로 나타날 수 있으나, 이는 소유에 대한 것으로서 본고에서 다루는 존재, 체재와는 다르므로 이 글은 이에 대해 논하지 않는다.

대의 보충법적 상황만 나타난다는 점이다. 그렇다면 경쟁관계에 있는 두 보충법적 상황(즉, 부정과 존대) 중에서 실제로 어근의 형태를 결정하는 것을 통해 부정, 존대, 사동 등이 개재된 복잡한 활용형의 구조를 밝힐 수 있을 것이다.

이 글의 이론적인 틀인 분산형태론의 가정 중 하나는 음운자질 부여(vocabulary insertion)가 어근(어휘의 형태통사 구조상 가장 안쪽에 위치해 있는 최하위교점)으로부터 시작하여 순차적으로 바깥으로 나가며 이루어진다는 점이다(Halle · Marantz 1993, Bobaljik 2000, Embick 2007 등). 물론, 각 단계에서 음운자질을 부여할 때에 해당 교점보다 바깥에 있는 비음운자질의 영향으로 인해 변이형이 나타날 수 있다. 그렇다면 어근 "있-"에 부정과 존대가 함께 있는 선형적인 순서인 [+neg]-[EXIST]-[+hon]의 구조는 어근의 (보충법적) 이형태를 근거로 다음과 같이 규명해 볼 수 있겠다.

(50)

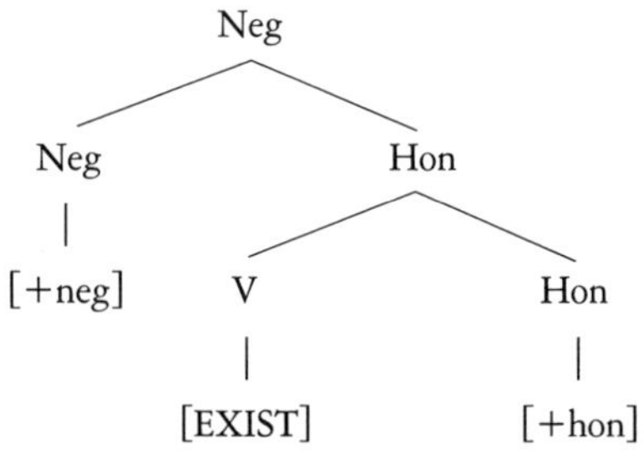

즉, 위의 구조에서는 존대의 Hon이 부정의 Neg보다 어근에 더욱 가까이 위치해 있고, 그렇기 때문에 부정과 존대의 두 요소에 다 영향을 받을 수 있는 어근 [EXIST]의 음운형을 결정할 때 실제로 어근에 가까이 있는 존대의 영향을 받을 것이라는 논리이다.

그런데, "있-" 대신에 (보충법적 부정형을 보이는 다른 용언인) "알-"

이 부정과 주체존대가 동시에 개재된 상황을 고려해 보면 문제가 생긴다. (50)과 같은 구조에 [EXIST] 대신 [KNOW]를 넣으면 다음의 구조가 나온다.

(51)

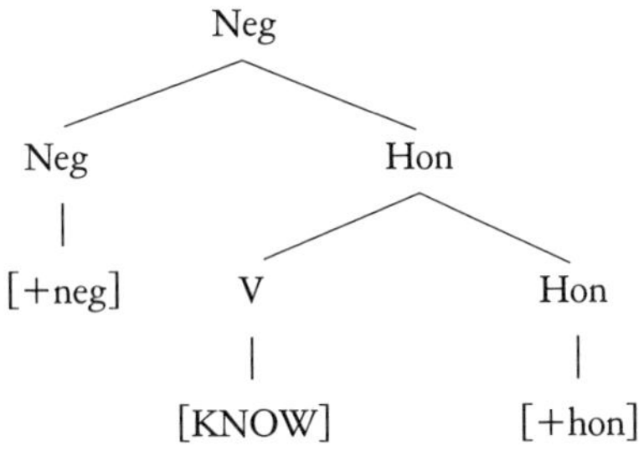

그런데, (39)와 달리 (51)에서는 [+neg]와 [+hon]이 자매교점이 아니기 때문에 융합이 일어날 수 없어야 하며 그렇게 되면 (51)은 "*안아시-"로 실현될 것이다("알-"의 장형부정이 "알지 못하-"인 것을 고려하면 생각해 봄직한 가상의 형태는 "*못아시-"가 더 적절하다고 할 수도 있다). 그러나, [+neg]-[KNOW]-[+hon]의 실제 결과는 "모르시-"이다. 따라서, 융합이 일어나려면 다음에서처럼 [+neg]과 [KNOW]가 자매교점의 관계에 있어야 한다.

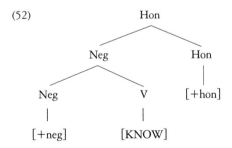

(52)

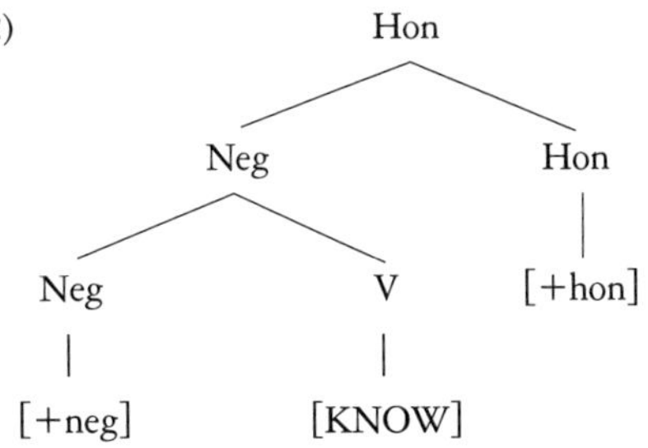

그러면 이러한 구조에서 (39)의 융합이 일어나고, [+neg, KNOW]$_{Neg}$, Hon의 순서로 음운자질 부여가 일어나게 되어, 그 결과는 "모르-시-"가 된다.

여기에서 문제가 발생한다. [+neg]-[KNOW]-[+hon]의 "모르시-"는 V와 Neg가 자매 관계에 있다고 하고, [+neg]-[EXIST]-[+hon]의 "안계시-"는 V와 Hon이 자매 관계에 있다고 하기 때문이다. 경합 관계에 있는 이 두 구조 중에서 어떤 것이 맞는지를 알아내기 위해 다음의 크게 두 사항을 고려하고자 한다. 그 중 하나는 (세 종류의) 용언반복구문이고, 다른 하나는 (부정과 존대에 더해) v가 개재된 더욱 복합적인 용언의 구조이다. 이에 대해 하나씩 짚어 보고자 한다.

용언반복구문이란 단일한 절 내에서 활용된 용언이 (부분적으로) 반복되면서 명제적 의미에 특정한 화용적 의미를 더하는 것이다. 이 글에서는 세 종류의 용언반복구문을 살펴 본다. 첫 번째로는 의사의문문(擬似疑問文) 또는 수사의문문이라고도 불리는 반어의문문에서 용언이 반복되는 경우이다(편의상 용언반복 반어의문문이라고 칭한다). 먼저 존대긍정문의 경우에서는 주체존대의 "-시-"가 용언의 어근과 함께 반복될 수도 있고 그렇지 않을 수도 있다.

(53) 가. 선생님께서 보시기는 무엇을 보시었니?
나. (?)선생님께서 보시기는 무엇을 보았니?
다. 선생님께서 보기는 무엇을 보시었니?

반면, 부정의 "안"은 다음의 비존대부정문에서 보이는 것처럼 반복되는 두 용언에 다 나타나야 한다.

(54) 가. 인수가 안보기는 무엇을 안보았니?
나. *인수가 안보기는 무엇을 보았니?
다. *인수가 보기는 무엇을 안보았니?

이러한 대비되는 행태는 존대부정문에서도 동일하게 나타난다.

(55) 가. 선생님께서 안보시기는 무엇을 안보시었니?
나. *선생님께서 안보시기는 무엇을 보시었니?
다. *선생님께서 보시기는 무엇을 안보시었니?
라. (?)선생님께서 안보시기는 무엇을 안보았니?
마. 선생님께서 안보기는 무엇을 안보시었니?

용언이 복사되어 반복될 때 복사되는 부분은 형태통사구조상으로 단일한 구성성분(constituent)이어야 할 것이라는 가정과 복사할 대상을 선택함에 있어서 어느 정도의 융통성이 있음을 통해 존대의 "-시-"보다 부정의 "안"이 어근에 더욱 가까이에 위치해 있다고 추론할 수 있다.

다른 용언반복구문도 이러한 점을 보여 주고 있다. 두 번째 유형의 구문은 Aoyagi(2006), Cho · Kim · Sells(2004), T. Chung(1994), Lee(1995), No(1988) 등이 논한 단순어간반복구문이 있다. 이 구문에는 문장의 명제적 의미에 더해 "명제적인 의미보다는 덜하다" 또는 "명제적인 의미만으로는 부족하다" 정도의 화용적 함의가 추가되어 있다.

(56) 가. 선생님께서 인수를 보시기는 보셨다.
나. (?)선생님께서 인수를 보시기는 보았다.
다. 선생님께서 인수를 보기는 보셨다.

(57) 가. 현희가 인수를 안보기는 안보았다.
나. *현희가 인수를 안보기는 보았다.
다. *현희가 인수를 보기는 안보았다.
(58) 가. 선생님께서 인수를 안보시기는 안보셨다.
나. *선생님께서 인수를 안보시기는 보셨다.
다. *선생님께서 인수를 보시기는 안보셨다.
라. (?)선생님께서 인수를 안보시기는 안보았다.
마. 선생님께서 인수를 안보기는 안보셨다.

이 구문에서도 용언반복 반어의문문에서 보이는 것처럼, 존대 어미 "-시-"는 두 어간에 다 나타나야 하지는 않지만 부정의 "안-"은 두 어간에 다 나타나야 한다. 따라서 동일한 논리로 인해 존대 어미보다 부정이 어근에 구조적으로 더 가까이 위치해 있다고 하겠다.

마지막으로, 용언반복구문에서 두 번째 나타나는 용언이 대용어(pro-form)인 "하-"로 나타나는 소위 "하-" 대용어 반복구문을 보겠다. 우선 아래의 비존대긍정문에서처럼 주체존대 "-시-"는 반복되는 두 용언 중에서 최소 한 군데에서 나타나면 된다.

(59) 가. 선생님께서 인수를 보시기는 하셨다.
나. 선생님께서 인수를 보시기는 했다.
다. 선생님께서 인수를 보기는 하셨다.

그런데, 이 "하-" 대용어 반복구문이 위의 두 용언반복구문과 다른 점은 각 구문의 첫 번째 용언이 부정일 때에는 아래의 예에서 보이듯이 두 번째 용언인 대용어 "하-"에 "안"이 함께 나오지 않는다는 것이다.[15)]

(60) 가. 현희가 인수를 안보기는 하였다.
나. *현희가 인수를 안보기는 안하였다.
다. *현희가 인수를 보기는 안하였다.

(60)의 행태가 보이는 바는 대용어 "하-"가 해당 구문의 첫 용언이 부정이면 그 부정의 요소까지 포함하여 용언을 대치한다는 것이다. 이러한 점은 대용어 반복구문의 동일 문장 내에서 첫 번째 용언에 부정과 존대어미 "-시-"가 둘 다 포함되어 있는 다음의 경우에서도 확인된다. (아래의 (61)의 모든 문장에 대해서는 문장자체의 비문법성에 더해, (61가)의 명제적, 화용적의미를 지니고 있는가에 따라 문법성을 판단하였다.)

(61) 가. 선생님께서 인수를 안보시기는 하셨다.
나. *선생님께서 인수를 안보시기는 안하셨다.
다. *선생님께서 인수를 보시기는 안하셨다.
라. *선생님께서 인수를 보시기는 하셨다.
마. 선생님께서 인수를 안보시기는 하였다.
바. 선생님께서 인수를 안보기는 하셨다.
사. *선생님께서 인수를 안보기는 하였다.

이렇게 대용어 "하-"가 존대어미는 포함할 수도 있고 그렇지 않을 수도 있지만 부정은 반드시 포함한다는 점은 부정이 구조적으로 어근에 더욱 가까이 위치해 있음을 보인다. 즉, (51)의 구조와 (52)의 구조 중에서 (52)가 올바른 구조라는 결론이다. 그에 따라, "있-"의 경우에는 (50)이 아닌 다음의 구조가 올바른 구조이다.

15) (60다)는 그 의미가 (60가)나 (57가)의 의미가 아니라는 점에서 비문법적이라는 뜻이다. "현희가 인수를 보는 일을 하지는 않았다"는 의미로는 문법적이다.

(62)

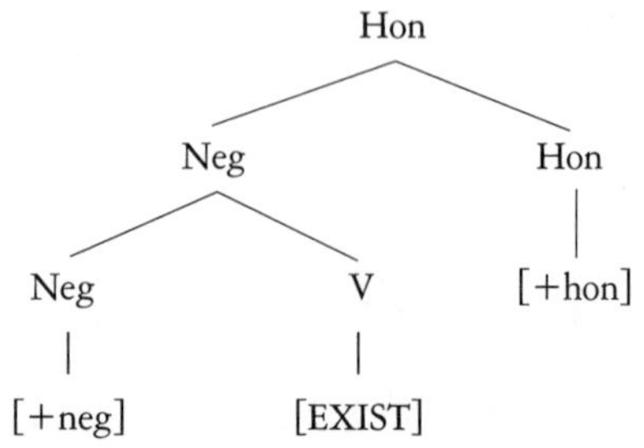

논의를 이어가기 전에, 지금까지 본절에서 다루어 온 자료에 다른 요소가 추가되어 용언이 더욱 복잡한 구조를 갖는 경우를 고려하고자 한다. 특히, 체재의 “있-”이 부정과 존대의 상황에 나타나는 경우이다. 4.1절에서 체재의 “있-”은 어근 [EXIST]에 영형태로 실현되는 [agentive] 자질이 v 교점에 위치해 있음을 밝힌 바 있다. 즉, 음운형태 “안계신-”의 선형적인 형태소 배열은 (시제접사 앞까지는) [+neg]-[EXIST]-[agent]-[+hon]이다. 중요한 것은 어근과 [+hon] 사이에 명확하게 [agent] 교점이 끼어 있음에도 불구하고 어근 [EXIST]가 (“있-”이 아닌) “계-”로 실현된다는 점이다.

(63) 가. 아버지께서 일요일 오후에도 집에 안계신다.
나. 선생님께서 실험실에 안계시겠다고 하셨다.

실상, 이러한 상황은 [+neg] 없는 긍정문에서 [EXIST]-[agent]-[+hon]의 경우에도 동일하게 (즉, “계-”로) 나타난다.

(64) 가. 아버지께서 일요일 오후에도 집에 계신다.
나. 선생님께서 실험실에 계시겠다고 하셨다.

v가 있는 체재의 "있-"의 (63)과 (64)의 활용된 동사형을 구조로 나타내면 각각 다음과 같다.

(65)

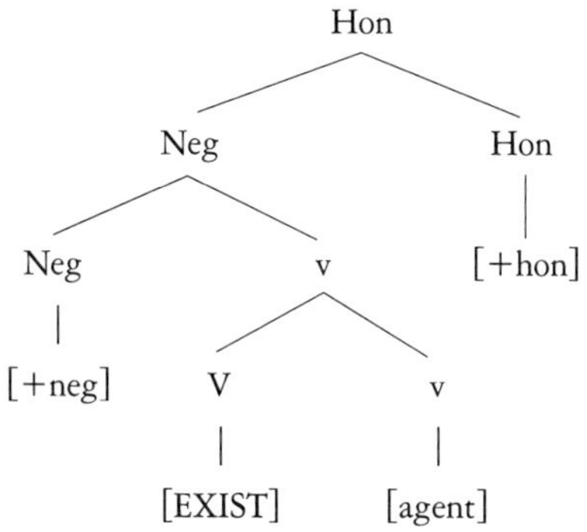

(66)

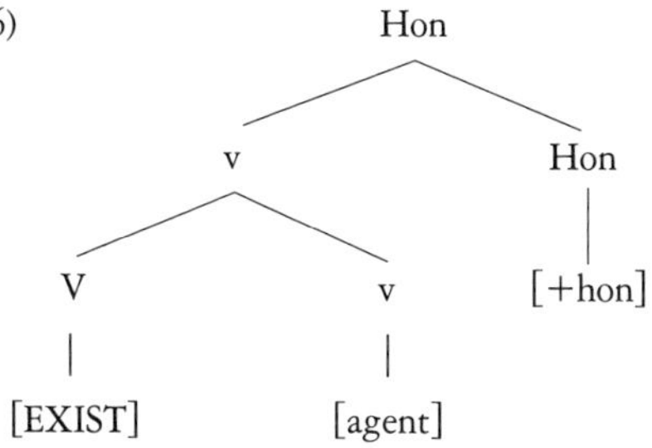

즉, 보충법적 존대형태를 보이는 어근과 이의 환경이 되는 비음운자질이 인접해 있지 않더라도 보충법적 존대형태가 실현된다.

따라서 보충법적 존대형태를 보이는 어근의 어휘항목은 다음과 같이 나타낼 수 있다.

(67) [EXIST] ↔ /kje/ when c-commanded by [+hon]

그러면, 특히 (62)과 같은 구조에서 음운자질 부여는 다음과 같은 방식으로 순차적으로 이루어진다.

(68)

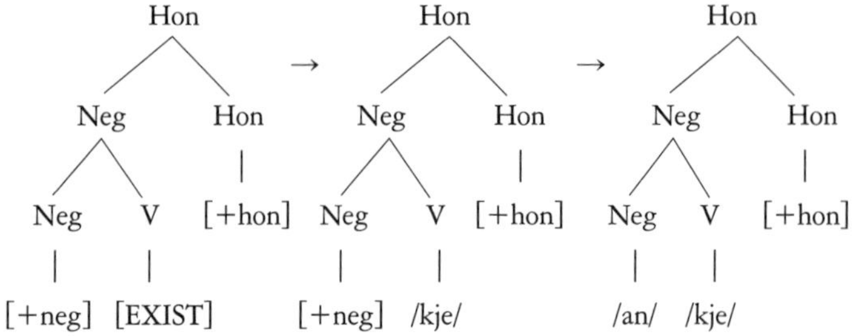

(67)은 위의 첫 번째에서 두 번째 단계로 넘어 갈 때 이루어진다. 위의 구조의 마지막(즉, 세 번째) 단계 이후에는 [+hon]에 /si/가 부여되며 그 위의 교점(예, T, C 등)에도 순차적으로 해당 음운자질이 부여된다.

보충법적 존대형태는 사실 보충법적 이형태(suppletive allomorphy)이다. 분산형태론의 초창기부터(Halle · Marantz 1993, Bobaljik 2000 등) 환경적 이형태(contextual allomorphy)는 보충형을 보이는 교점과 그 환경이 엄밀하게 인접한 구조가 아니더라도 일어난다는 점이 밝혀져 왔다. 한국어의 존대의 이형태는 자질 [+hon]에 의해 유발되는 환경적 이형태로서 역시 (해당 영역 내의) 성분통어 관계만이 요구될 뿐이다. 또한, 환경적 이형태는 단순히 특정 환경에서 이의 영향을 받는 어근의 음운형태만이 다를 뿐이고, 통사부에서 넘어온 구조나 음운자질 부여 이전의 형태통사구조나 음운자질 부여 이후의 구조가 모두 동일하다.

이와는 달리 보충법적 부정형태는 (지금까지의 논의에서 밝혀진 것처럼) 엄밀한 자매 교점의 관계에서 일어난다. 또한 그 융합의 결과는 융합 이전의 두 교점이 하나로 합쳐지며 원래의 두 교점이 지니고 있던 모든 비음운적 자질을 유지하게 된다. 그러한 결과로 나온 최하위 교점에 단일한 어휘항목의 음운자질이 부여된다. 융합의 작용은 통사부에서 넘어온 구조와 음운자질 부여 직전의 구조를 다르게 만든다.

위와 같은 융합의 성격이 융합을 상당히 독특한 형태작용으로 만든다. 이러한 점으로 인해 여러 학자들이 융합을 분산형태론의 형태작용에서 배제하려는 시도를 해 왔다(4.1절 참조). 예를 들어, Trommer(1999)는 Halle · Marantz(1983)가 제안한 여러 형태작용을 모두 환경적 이형태로 설명할 수 있다고 주장한다. 이에 따르면, 특히 융합의 경우에는 두 교점이 하나로 합쳐지는 것이 아니라, 한국어의 보충법적 부정형 어근은 [+neg]의 환경에서 특정 변이형으로 나타나고(즉, (69나)), 그 이형태의 환경에서 [+neg]가 영형태로 실현된다고(즉, (70가)) 주장하게 될 것이다. 그러면 "있-"과 관련된 어휘항목을 다음처럼 상정할 수 있겠다.

(69) 가. [EXIST] ↔ /kje/ when c-commanded by [+hon] (= (67))
나. [EXIST] ↔ /ʌps/ when c-commanded by [+neg]
다. [EXIST] ↔ /is'/
(70) 가. [+neg] ↔ Ø / ___ /ʌps/
나. [+neg] ↔ /an/ (= (38다))

실제로 Choi · Harley(2015)는 이러한 분석의 시도이기도 하다. 그러나 이러한 설명은 당장 문제를 야기하는데, [+neg]-[EXIST]-[+hon]의 형태통사구조가 (62)라면 이의 결과는 "안계시-"가 아니라 "없으시-"가 될 것이기 때문이다. 또한 (50)과 (52) 사이의 모순을 해결할 수 없다. 또한 [+neg]-[EXIST]-[+hon]의 형태통사구조가 (50)으로 판명되면 용언반복 구문에서 보이는 현상(즉, 반복되는 용언에 부정은 반드시 포함되지만 존대의 "-시-"는 포함되지 않을 수도 있음)을 설명할 수 없게 된다. 따라서, 보충법적 부정과 보충법적 존대가 동시에 개재될 상황에서 이 두 보충법적 현상을 동일한 (환경적 이형태의) 방식으로는 설명할 수 없다는 분명한 문제가 있다. Merchant(2015)는 복수의 교점이 선형적으로 인접해 있을 때에만 이형태가 일어난다고 하며 "이형태에 대한 선형적 범위"(span)를 도입할 것을 주장하지만, 역시 어근과 주체존대의 어미 사이에 보충법적 주체존대 행태와는 무관한 부정과 v의 교점이 끼어 있는 점을 설명할 수 없다.

한 가지 확실한 것은, Bobaljik(2012 : 13), Merchant(2015) 등도 명확히 밝힌 것처럼 환경적 이형태는 반드시 (구조적으로) 엄밀하게 인접한 상황으로 제한되는 것은 아니라는 점이다(Moskal 2015도 참조하라). 이는 최근의 분산형태론의 뜨거운 주제로서 아주 활발하게 연구되고 있다.

본절을 마무리할 마지막 사항은 보충법적 부정형태를 도출해 내기 위한 융합 작용((36)→(37), 또한 마찬가지로 (39))의 수정이다. (68)의 첫 단계에서 Hon은 구조적으로 V와 Neg의 바깥에 위치해 있기 때문에 맨 안쪽에 있는 이 두 자매교점(즉, V와 Neg)만으로는 잠재적으로 융합이 일어날 수 있다. 이러한 상황을 막기 위해서는 이보다 존대에 의한 이형태 규칙(즉, (67), (68))을 먼저 적용해야 하고, 이를 위해서는 Neg와의 융합과 Neg에 대한 음운자질 부여의 단계 이전에 어근 V에 대해서만 음운자질 부여가 일어나야 한다. 이 때, [+hon]은 단순히 (67)의 환경으로 작용할 뿐 음운자질 부여 자체의 작용은 아니다.

이에 반해 비존대의 (36)에는 [+hon]이 없기 때문에 이러한 원거리 존대 변이형이 나타나지 않는다. 그렇기에 이 구조에서는 (36)→(37)의 융합 작용이 곧바로 일어날 것으로 보이지만 지금까지의 논의를 보면 그렇게 할 수 없다. (68)에서 보듯이 V와 Neg만을 고려하는 경우에

[+hon]이 이 두 교점의 바깥에 있어도 융합이 일어나지 않으므로, (36)에서처럼 해당구조에 [+hon]이 있지 않은 (긍정문의) 경우에서 V와 Neg만을 고려할 때에도 융합이 일어나지 않는다. 즉, V 어근에 대해서만 우선 음운자질을 부여해야 한다는 뜻이다. 아래의 과정이 이러한 면을 보이고 있다.

(71)
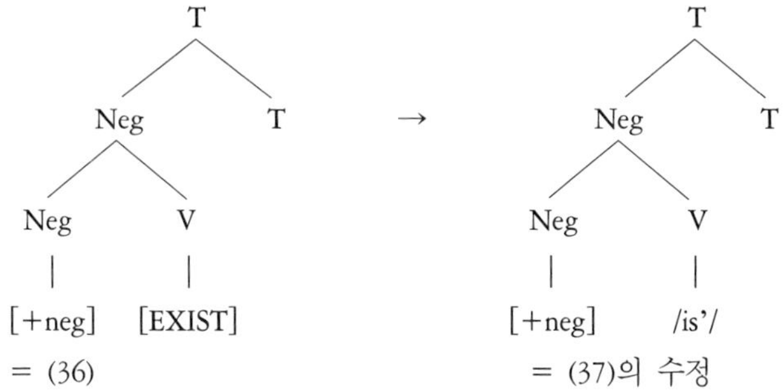

그러므로 융합은 (36)→(37)의 과정이나 (39)의 과정으로 일어나는 것이 아니라, V의 음운자질 부여의 다음 단계에 다음처럼 일어나야 한다.

(72)
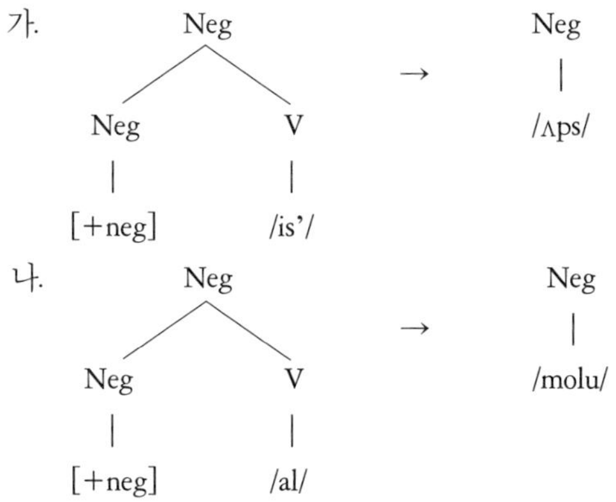

이는 융합(형태작용)과 음운자질 부여가 별도로 일어나는 것이 아니라 두 작용이 음운자질 부여와 융합이 서로 얽혀 있음을 뜻하는 것이다. Halle · Marantz(1993)가 초기에 제안한 융합 등의 형태작용은 모두 음운자질 부여 이전에 일어나는 것으로 생각되었다. 그러나 본절에서 일어나는 부정과 존대의 보충법적 이형태가 보이는 바는 형태통사구조의 교점 중에서 어근에 음운자질을 먼저 부여한 후에 다음 단계(cycle)로 가서 해당 융합 작용이 일어나고 이와 동시에 그 융합 작용의 결과로 그에 상응하는 음운자질을 부여받게 된다.

부정 보충법과 존대 보충법이 보이는 모순적인 상황을 설명하기 위해 융합과 이형태라는 별도의 두 기제를 이용한 이러한 분석과 이들의 구조, 그리고 각 교점이 부여받는 음운자질의 모습은 분산형태론이 주장하는 음운부(PF)에서의 음운자질 부여를 강력하게 뒷받침하는 근거가 된다. "안계시-"로 실현되는 [+neg]-[EXIST]-[+hon]를 고려해 보자. 각 형태소의 형태통사의미자질(비음운자질)과 음운자질이 형태소가 통사구조로 들어가기 전에 이미 묶여 함께 존재한다고 상정하는 이론(예, 어휘론)에서는 "안계시-"의 도출이 다음과 같은 방식으로 이루어질 것이다.

(73) 어휘론에서의 순차적 형태소 결합과 그에 따른 어근의 형태 변화

	통사의미자질	음운자질
단계 1 (어근)	[EXIST]	있-
단계 2	[+neg, EXIST]	없-
단계 3	[[[+neg] [EXIST]] [+hon]]	안계시-

위와 같은 도출과정은 음운적 측면에서나 통사의미적 측면에서나 상당히 의아하다. 특히 단계 2에서 단일한 통사의미자질체인 [+neg, EXIST]

가 단계 3으로 넘어가면서는 다시 [+neg]와 [EXIST]의 두 요소로 분리된다는 점과, 또한 이와 동일하게 음운적인 측면에서도 단계 2에서 단계 3으로 넘어갈 때 별도의 음운자질체를 갖게 된다는 점은 어떤 방식으로도 설명하기 어려워 보인다. 또한 세 단계에서 서로 상이한 음운자질체를 연관시키는 것도 쉬워 보이지 않는다.

이에 반해 음운자질이 통사부 이후에 부여된다고 가정하는 분산형태론에서는 이러한 문제가 없다. 분산형태론에서는 음운자질을 부여하기 직전의 형태통사구조 전체에 비음운자질이 이미 모두 존재한다. 음운자질을 부여하는 것은 해당 형태통사구조(음운자질 부여의 영역 전체)에 이미 들어와 있는 각 교점의 형태통사의미 자질을 모두 이용할 수 있다. 따라서 단계 1에서 어근에 "계-"의 음운자질을 부여할 때에 이미 구조에 [+hon]이 (환경으로) 존재한다. 다음의 도출이 이러한 점을 보여 준다.

(74) 분산형태론의 형태소 결합과 통사부 이후의 음운자질 부여

(음운자질 부여 직전의) 형태통사구조 (= (62))
[[[+neg] [EXIST]] [+hon]]

음운자질 부여 (통사형태 작용 이후의 음운부의 작용) (≈ (68))

단계 1 (어근)	[[[+neg] /계/] [+hon]]
단계 2	[[/안/ /계/] [+hon]]
단계 3	[[/안/ /계/] /시/]

따라서, 단계 1, 2, 3을 따라가며 어근이나 그와 관련된 음운형이 (상이한 변이형으로) 변화하지도 않고, 단계별로 별도의 음운형이 부여되지도 않는다. 통사작용과 이와 관련된 형태작용이 음운자질 없이(separation) 해

당 형태통사구조 전체를 만들어내고, 통사부를 지난 후에 그에 대한 음운자질이 어근으로부터 바깥으로 나가며 순차적으로 부여된다고(late insertion cyclically from roots outwards) 보면 깔끔하게 처리된다.

본절에서는 보충법적 부정형과과 보충법적 존대 이형태를 동시에 보이는 "있-" ~ "없-" ~ "계-"의 행태를 분산형태론의 이론으로 분석해 보았다. 이를 제대로 설명하기 위해서는 환경적 이형태의 구조적 요건이 구조적 인접이라는 엄밀한 요건이 아닌 성분통어의 요건이라는 점을 밝혔고, 부정 보충법을 위해서는 융합이 (음운자질 부여에 선행하는 것이 아니라) 음운자질과 얽혀 있다고 주장했다. 나아가 음운자질의 부여가 통사부 이후에 일어난다고 가정하는 것이 이의 행태를 설득력 있게 설명할 수 있음도 보였다. 음운자질과 비음운자질이 통사부 이전부터 함께 묶여 어휘부라고 칭하는 것에 저장되어 있다는 주장은 이러한 분석에서 성립하기가 아주 어렵다.

4.3. 한국어 존대 체계 연구의 현황

본절에서는 한국어의 존대가 일종의 문법적 일치(grammatical agreement)라고 상정하고 이와 관련된 용언의 구조와 음운형의 도출과정을 논하였다. 한국어의 존대는 흔히 서구언어에 많이 나타나는 인칭과 수에 따른 일치와는 다르다는 이유로 인해 문법적 일치로 다루지 않으려는 시도도 있었으나, 한편으로는 주어와 용언 사이의 형태적인 공기(co-occurrence)로 인하여 일치가 아니라고 단정하기도 어려웠다. 생성문법의 전통, 특히 최소주의(Chomsky 1993, 2001 등)의 입장에서는 '존대'를 형식자질(formal feature)로 보기는 어려울 듯하다. 특히 명사의 경우에는 '존대'(즉, [+honorific])

의 자질을 접점에서 해석할 수 있는 것으로 보는 것이 훨씬 더 타당하다(김재은 · 정인기 2015). 동시에 이 존대의 자질로 인해 용언의 변이형이 (문법적으로) 결정되는 측면을 생각할 때에는, 존대를 문법적인 것이 아니라고 보기도 어려울 듯하다. 따라서, 이 존대의 자질을 명확히 규명하는 것이 향후 연구의 한 주제가 될 것으로 전망한다.

이에 대한 분산형태론적인 해결 방법으로 가능한 것은 존대 자질이 형태통사 구조에 들어오는 시점이다. 존대 자질을 문법적으로 본다고 하더라도 이 자질이 반드시 통사부에서 구조가 만들어지고 변형될 때 현현해야 하는 것은 아니다. 분산형태론의 체제에서는 통사부에는 없지만 음운부(PF)로 해당 형태통사구조가 넘어온 후에 형태소가 추가되는 가능성을 인정하고 있다. 즉, Halle · Marantz(1993)의 형태소 삽입(morpheme insertion), Embick · Noyer(1997)의 추가형태소(dissociated morpheme)가 그것으로서, 통사부에서 음운부로 넘어온 형태통사구조에 특정 형태소가 추가적으로 삽입되는 것이다. 아울러 Bobaljik(2008)은 일치(agreement)가 통사부 이후에 일어나는 작용이라고 주장하였다. Choi · Harley(2015)는 이러한 점을 이용하여 [+hon] 자질이 통사부가 아닌 음운부에서 삽입되며 주어와 용언 사이의 존대 일치가 음운부에서 일어난다고 주장하였다. 이들은 본고의 4.2절의 필자의 부정과 존대의 이형태에 대한 분석을 반박하며 이러한 주장을 하였다. 필자는 Choi · Harley의 부정과 존대의 이형태에 대한 분석에는 반대하지만, [+hon] 자질이 음운부에서 추가로 삽입되는 형태소이며 해당 일치 현상이 음운부에서 일어난다는 주장에는 어느 정도 동의한다.

그리하여 김재은 · 정인기(2015)는 주어 명사의 존대격조사 "-께서"와 용언의 존대어미 "-시-" 사이의 일종의 일치가 그러한 방식으로 일어나며, 나아가 여격 간접목적어의 존대격조사 "-께"와 용언 사이에도 거의 동일한 일치 관계가 있음을 주장하였다. 이 주장의 핵심은 주어 명사와 간접목적어 명사가 존대될 때에는 공히 조사에 "-께"를 갖는다는 점이며, 이럴 때에는 용언이 변이형을 갖는 경우가 있다는 점이다. 용언의 이형태는 주어 명사가 존대되는 경우에는 "-시-"를 동반하며 일어나지만, 여격 간접목적어의 경우에는 그에 상응하는 용언의 어미가 없다는 점이 다른 점이다. 더욱 자세한 것은 김재은 · 정인기(2015)과 Chung · Kim(in prep.)를 보라.

5. 결론

이 글은 Halle · Marantz(1993)에서 제안되고 그 후 최소주의 문법이론과 궤를 같이하며 꾸준히 연구되어 온 분산형태론의 문법 모형을 개관하고, 영어와 한국어의 여러 현상을 이 이론으로 분석하며 수정제안도 하였다. 이에는 단순히 분산형태론의 문법이론을 소개하거나 예시만을 든 것이 아니라, 형태소의 음운자질과 비음운자질이 통사부에서 공존할 때의 문제점에 대한 증험적(證驗的, empirical) 근거도 제시하였다.

3.1절에서는 영어의 어휘형성과 구절형성이 분리되어 엄격한 순서를 따르는 것이 아님과 단어와 형태소의 음운자질과 비음운자질(즉, 통사형태의미자질)이 분리되어 통사부는 비음운자질로만 운용되고 각 형태소의 음운적 형태는 음운부에서 뒤늦게 부여된다는 분산형태론의 주장을 살펴보고, 이를 뒷받침하는 영어의 현상을 제시하였다. 제3절에서 제시한 이들 영어의 자료는 구절형성과 복합어형성의 상호작용에 대한 고려, 음운

형을 부여할 때 다른 단어의 음운형을 고려하는 경우, 다른 단어의 의미자질을 고려하는 경우, 또한 해당 단어가 포함된 형태통사구조를 고려해야 하는 경우 등 다양한 경우의 자료를 살펴 보았다. 이들 자료 모두 분산형태론에서 가정하는 형태작용이 문법전반에 분산되어 있음과 음운부에서의 음운자질 부여를 지지하는 예이다.

분산형태론의 음운-비음운자질 분리에 대한 언어습득적 뒷받침이 있다. Dye 등(2004)은 영어를 습득하는 어린이들이 통사적 구조인 I^0, I', IP(즉, T^0, T', TP)를 더 먼저 알고 이를 바탕으로 동사 어미의 음운형을 배운다는 연구 결과를 제시하였다. Naigles · Gleitman · Gleitman(1993)은 영어를 습득하는 어린이들이 동사를 배울 때 문장 전체의 구조를 이용해 해당 동사의 의미를 알아낸다고 보고했다. 이는 분산형태론을 직접 뒷받침하지는 않지만, 통사부에서는 형태소의 의미가 발음과 분리됨을 보여준다.

생성문법의 관점에서의 "언어"(I-language)는 (인지할 수 있는 매개체인) 음성(또는, 수화의 경우 손짓)으로 실현되기 전에 추상적으로 존재한다. 언어의 의사소통의 측면에서 보면, 이러한 추상적인 언어가 전달의 목적을 위해 음성이라는 매개체로 실현된다. 이는 정확히 분산형태론이 상정하는 의미와 음성의 분리를 뒷받침하는 것이고, 전달의 목적으로 음성(기표)에 의미(기의)가 실리는 과정을 음운자질 부여라 할 수 있다(물론 추상적인 기의가 모두 다 음성적, 물리적으로 관찰할 수 있는 형태로 실현되는 것은 아니다. 정인기 2015를 보라). 따라서 통사부(그리고, LF와 통사부 이전의 단계)에서는 음성 정보 없이 추상적인 통사형태의미적인 자질만 개재하고, 음운부에서 음운자질이 들어온다는 시각이 오히려 더 수긍이 가는 것이라 할 수 있다.

최근의 분산형태론의 쟁점 중 하나는 Chung(2009), Embick(2010),

Bobaljik(2012), Merchant(2015), 김재은 · 정인기(2015), Chung · Kim(in prep.) 등이 논의해 온 환경적 이형태의 국지성(locality)이다. 보충법을 비롯한 이형태가 단어(X^0) 또는 최대투사범주(XP) 내에서 일어나며 국지성을 지키는 것은 분명한 듯한데, 명확히 어떠한 구조와 방식으로 이루어지는가 하는 문제이다. 따라서 이의 연구로 어휘의 구조, 어형성의 양상을 알 수 있다. 이는 (전통적이며 좁은 의미의) 형태론에 더욱 직결되는 사항이다. 그러한 단어의 구조는 단어 자체로만은 규명할 수 없고 음운적, 통사적, 의미적인 면과 연결되어 있다. 이러한 면에서, 분산형태론은 형태 이론이면서도 문법 전반에 걸친 이론이기에, 단어의 구조를 밝히는 데에 분산형태론이 아주 적절하다 하겠다.

참고문헌

김재은 · 정인기(2015), "한국어 존대 체계에 대한 통합적 분산형태론 분석," 생성문법연구 25, 한국생성문법학회, 631-650.

임홍빈(1987), "국어 부정문의 통사와 의미," 국어생활 10, 국립국어원, 72-99.

정인기(2009), "분산형태론과 영어," 영어학 9, 한국영어학회, 303-326.

정인기(2013), "영어 have got의 운율적 분석과 분산형태론에 대한 시사점," 영어영문학21 26, 21세기영어영문학회, 145-171.

정인기(2015), "음성 및 음운 연구의 지향과 방법에 대한 성찰," 영어영문학 20, 미래영어영문학회, 205-228.

Allen, M.(1978), *Morphological Investigations*, Ph.D. dissertation, Univ. of Connecticut.

Aoyagi, H.(2006), "On predicate focus constructions in Korean and Japanese," In S. Kuno et al. (Eds.), *Harvard Studies in Korean Linguistics* 11, Hanshin, 359-372.

Archangeli, D.(1984), *Underspecification in Yawelmani Phonology and Morphology*, Ph.D. dissertation, MIT.

Aronoff, M.(1976), *Word Formation in Generative Grammar*, MIT Press.

Baker, M.(1988), *Incorporation: A Theory of Grammatical Function Changing*, Univ. of Chicago Press.

Barrie, M.(2012), "Noun incorporation and the lexicalist hypothesis," *Studies in Generative Grammar* 22, 235-261.

Barrie, M.(2015), "Generative approaches to noun incorporation," In S. Shin et al, *Language Phenomena and Linguistic Analyses*, Youkrak, (this volume).

Barrie, M, I. Chung & R. Deer(2014), "Clitics and the left periphery in Cayuga," *Studies in Generative Grammar* 24, 1-26.

Beard, R.(1976), "A semantically-based model of a generative lexical word-formation rule for Russian adjectives," *Language* 52, 108-120.

Beard, R.(1987), "Morpheme order in a lexeme/morpheme based morphology," *Lingua* 72, 1-44.

Bobaljik, J. D.(1994), "What does adjacency do?" In H. Harley & C. Phillips (Eds.), *MIT Working Papers in Linguistics Vol. 22: The Morphology-Syntax*

Connection. Department of Linguistics and Philosophy, MIT, 1-32.

Bobaljik, J. D.(2000), "The ins and outs of contextual allomorphy," In K. K. Grohmann & C. Struijke (Eds.), *The 1999 Maryland Mayfest on Morphology: Univ. of Maryland Working Papers in Linguistics 10*, Department of Linguistics, Univ. of Maryland, 35-71.

Bobaljik, J. D.(2008), "Where's phi?: Agreement as a post-syntactic operation," In D. Harbour et al. (Eds.), Phi-Theory: *Phi Features across Interfaces and Modules*, Oxford Univ. Press, 295-328.

Bobaljik, J. D.(2012), *Universals in Comparative Morphology: Suppletion, Superlatives, and the Structure of Words*, MIT Press.

Bobaljik, J. D.(to appear), "Distributed Morphology," In A. Spencer (Ed.), *Handbook of Morphology*, Wiley-Blackwell. [2011 version downloadable at http://bobaljik.uconn.edu/papers/DM_Hndbk.pdf]

Bobaljik, J. D. & H. Thráinsson(1998), "Two heads aren't always better than one," *Syntax* 1, 37-71.

Boeckx, C. & S. Stjepanović(2001), "Head-ing toward PF," *Linguistic Inquiry* 32, 345-355.

Bonet, E.(1991), *Morphology after Syntax: Pronominal Clitics in Romance*, Ph.D. dissertation, MIT.

Bonet E. & D. Harbour(2012), "Contextual allomorphy," In J. Trommer (Ed.), *The Morphology and Phonology of Exponence*, Oxford Univ. Press, 195-235.

Bošković, Ž. & H. Lasnik(2003), "On the distribution of null complementizers," *Linguistic Inquiry* 34, 527-546.

Brown, K. & S. Hood(2002), *Academic Encounters: Life in Society: Reading, Study Skills, Writing: Intermediate to High Intermediate*, Cambridge Univ. Press.

Caha, P.(2009), *The Nanosyntax of Case*, Ph.D. dissertation, Univ. of Tromsø.

Calabrese, A.(2002), "On impoverishment and fission in the verbal morphology of the dialect of Livinallongo," In C. Tortora (Ed.), *Studies on Italian Dialects*, Oxford Univ. Press, 3-33.

Cho, S., J.-B. Kim & P. Sells(2004), "Contrastive verb constructions in Korean," 10th Harvard International Symposium on Korean Linguistics, 360-371, Department of Linguistics, Harvard Univ.

Choi, J. H. & H. Harley(2015), "A 'dissociated morpheme' analysis of subject honorification in Korean," Poster presented at the 10th International Worshop in Theoretical East International Worshop, Tokyo, June 2015.

Choi, Y.(1999), "Negation, its scope and NPI licensing in Korean," In R. Daly and A. Riehled (Eds.), *Proceedings of Eastern States Conference on Linguistics 1999*, CLC Publications, 25-36.

Chomsky, N.(1957), *Syntactic Structures*, Mouton.

Chomsky, N.(1965), *Aspects of the Theory of Syntax*, MIT Press.

Chomsky, N.(1970), "Remarks on nominalization," In R. Jacobs and P. Rosenbaum (Eds.), *Readings in English Transformational Grammar*, Ginn and Co, 184-221.

Chomsky, N.(1981), *Lectures on Government and Binding: The Pisa Lectures*, Foris.

Chomsky, N.(1986), *Barriers*, MIT Press.

Chomsky, N.(1993), "A minimalist program for linguistic theory," In K. Hale & S. J. Keyser (Eds.), *The View from Building 20: Essays in Linguistics in Honor of Sylvain Bromberger*, MIT Press, 1-52.

Chomsky, N.(1995), *The Minimalist Program*, MIT Press.

Chomsky, N.(2000), "Minimalist inquiries: The framework," In R. Martin et al. (Eds.), *Step by Step: Essays in Minimalist Syntax in Honor of Howard Lasnik*, MIT Press, 89-155.

Chomsky, N.(2001), "Derivation by phase," In M. Kenstowicz (Ed.), *Ken Hale: A Life in Language*, MIT Press, 1-52.

Chomsky, N. & M. Halle(1968), *Sound Pattern of English*, Harper and Row.

Chung, I.(2007a), "Suppletive negation in Korean and Distributed Morphology," *Lingua* 117, 95-148.

Chung, I.(2007b), *Ecology of PF: A Study of Korean Phonology and Morphology in a Derivational Approach*, Ph.D. dissertation, Univ. of Connecticut.

Chung, I.(2009), "Suppletive verbal morphology in Korean and the mechanism of vocabulary insertion," *Journal of Linguistics* 45, 533-567.

Chung, I.(2011), "*Who(m)*, *which* and the humanness of the relative pronoun in English," *Studies in Generative Grammar* 21, 155-183.

Chung, I. & M. Barrie(in prep.), "Insertion of the dummy *got* in *have to* in English"

Ms., Sogang Univ.

Chung, I. & J. Kim(in prep.), "Locality in suppletive allomorphy in Korean," Ms., Sogang Univ. and Univ. of Massachusetts, Amherst.

Chung, S.(2014), "On reaching agreement late," In A. Beltrama et al. (Eds.), *CLS 48: Proceedings of the Forty-eighth Annual Meeting of the Chicago Linguistic Society*, Chicago Linguistic Society, Univ. of Chicago, 169-190.

Chung, T.(1994), *Argument Structure and Serial Verbs in Korean*, Ph.D. dissertation, Univ. of Texas, Austin.

Clements, G. N.(1985), "The geometry of phonological features," *Phonology Yearbook* 2, 225-252.

Clements, G. N. & S. J. Keyser(1983), *CV Phonology: A Generative Theory of the Syllable*, MIT Press.

Comrie, B.(1989), *Language Universals and Linguistic Typology*, 2nd edition, Univ. of Chicago Press.

Dye, C., C. Foley, M. Blume & B. Lust(2004), "Mismatches between morphology and syntax in first language acquisition suggest a 'syntax-first' model," In *Online Proceedings of the 28th Boston Univ. Conference on Language Development*, Cascadilla Press. [downloadable at http://cumm096-0b01-dhcp-186.bu.edu/posters/Dye.pdf]

Embick, D.(2000), "Features, syntax, and categories in the Latin perfect," *Linguistic Inquiry* 31, 185-230.

Embick, D.(2007), "Blocking effects and analytic/synthetic alternations," *Natural Language & Linguistic Theory* 25, 1-37.

Embick, D.(2010), *Localism versus Globalism in Morphology and Phonology*, MIT Press.

Embick, D. & R. Noyer(2001), "Movement operations after syntax," *Linguistic Inquiry* 32, 555-595.

Embick, D. & R. Noyer(2007), "Distributed Morphology and the syntax/morphology interface," In G. Ramchand & C. Reiss (Eds.), *The Oxford Handbook of Linguistic Interfaces*, Oxford Univ. Press, 289-324.

Fabb, N.(1984), *Syntactic Affixation*, Ph.D. dissertation, MIT.

Fox, D. & D. Pesetsky(2005), "Cyclic linearization of syntactic structure," *Theoretical Linguistics* 31, 1-45

Halle, M.(1973), "Prolegomena to a theory of word formation," *Linguistic Inquiry* 4, 3-16.

Halle, M.(1990), "An approach to morphology," In J. Carter et al. (Eds.), *Proceedings of the 20th North Eastern Linguistic Society Annual Meeting*, GLSA, Univ. of Massachusetts, Amherst, 150-184.

Halle, M. & A. Marantz(1993), "Distributed Morphology and the pieces of inflection," In K. Hale & S. J. Keyser (Eds.), *The View from Building 20: Essays in Linguistics in Honor of Sylvain Bromberger*, MIT Press, 111-176.

Halle, M. & A. Marantz(1994), "Some key features of Distributed Morphology," In A. Carnie et al. (Eds.), *MIT Working Papers in Linguistics Vol. 21: Papers on Phonology and Morphology*, Deptartment of Linguistics and Philosophy, MIT, 275-288.

Harley, H.(2008), "Compounding in Distributed Morphology," In R. Lieber and P. Stekauer (Eds.), *The Oxford Handbook of Compounding*, Oxford Univ. Press, 129-144.

Harley, H. & R. Noyer(1999), "State-of-the-article: Distributed Morphology," *Glot International* 4.4, 3-9.

Harley, H. & E. Ritter(2002), "A feature-geometric analysis of person and number," *Language* 78, 482-526.

Haugen, J. D. & D. Siddiqi(2013), "Roots and the derivation," *Linguistic Inquiry* 44, 493-517.

Hayes, B.(1986), "Inalterability in CV phonology," *Language* 62, 321-351.

Jackendoff, R.(1975), "Morphological and semantic regularities in the lexicon," *Language* 51, 639-671

Jensen, J. T. & M. Støng-Jensen(1984), "Morphology is in the lexicon!" *Linguistic Inquiry* 15, 474-498.

Kandybowicz, J.(2007), "Fusion and PF architecture," In T. Scheffler et al. (Eds.), *Penn Working Papers in Linguistics Volume 13-1: Proceedings of the 30th Annual Penn Linguistics Colloquium*, Department of Linguistics, Univ. of Pennsylvania, 85-98.

Kim, J.-B.(1999), "On the prefixhood and scope of short form negation," In S. Kuno et al. (Eds.), *Harvard Studies in Korean Linguistics* 8, Hanshin, 403-418.

Kim, S.-W.(2005), "Affix hopping as PF merger and VP ellipsis," *Studies in Generative Grammar* 15, 3-16.

Kiparsky, P.(1982), "Lexical phonology and morphology," In the Linguistic Society of Korea (Ed.), *Linguistics in the Morning Calm*, Hanshin, 3-91.

Kiparsky, P.(1985), "Some consequences of lexical phonology," *Phonology Yearbook* 2, 85-138.

Koopman H.(2005), "Korean (and Japanese) morphology from a syntactic perspective," *Linguistic Inquiry* 36, 601-633.

Lasnik, H.(1995), "Verbal morphology: *Syntactic Structures* meets the Minimalist Program," In H. Campos & P. Kempchincksy (Eds.), *Evolution and Revolution in Linguistic Theory: Essays in Honor of Carlos Otero*, Georgetown Univ. Press, 251-275.

Lee, J.-S.(1995), "A study on predicate clefting," *Studies in Generative Grammar* 5, 531-584.

Lee, J.-S.(2010), "Sharing a structure above VP," In S. Chae et al. (Eds.), *A Festschrift in English Linguistics in Honor of Dr. Young-Seok Kim*, Jihak, 551-568.

Lees, R.(1960), *The Grammar of English Nominalizations*, Mouton.

Lieber, R.(1988), "Phrasal compounds in English and the morphology-syntax interface," In D. Brentari et al. (Eds.), *Papers from the 24th Annual Meeting of the Chicago Linguistic Society: Papers from the Parasession on Agreement in Grammatical Theory*, Chicago Linguistic Society, Univ. of Chicago, 202-222.

Lieber, R.(1992), *Deconstructing Morphology: Word Formation in Syntactic Theory*, Univ. of Chicago Press.

McCarthy, J. & A. Prince(1993), "Prosodic morphology: Constraint interaction and satisfaction," Ms., Univ. of Massachusetts, Amherst and Rutgers Univ., New Brunswick, N.J.

Marantz, A.(1988), "Clitics, morphological merger, and the mapping to phonological structure," In M. Hammond & M. Noonan (Eds.), *Theoretical Morphology*, Academic Press, 253-270.

Marantz, A.(1995), "A late note on late insertion," In Y.-S. Kim et al. (Eds.), *Explorations in Generative Grammar: A Festschrift for Dong-Whee Yang*, Hankuk, 396-413.

Marantz, A.(1997), "No escape from syntax: Don't try morphological analysis in the privacy of your own lexicon," In A. Dimitriadis et al. (Eds.), *Penn Working Papers in Linguistics 4-2: Proceedings of the 21st Annual Penn Linguistics Colloquium*, Department of Linguistics, Univ. of Pennsylvania, 201-225.

Merchant, J.(2015), "How much context is enough? Two cases of span-conditioned stem allomorphy," *Linguistic Inquiry* 46, 273-303.

Mohanan, K. P.(1986), *The Theory of Lexical Phonology*, Reidel.

Moskal, B.(2015), "Limits on allomorphy: A case study in nominal suppletion," *Linguistic Inquiry* 46, 363-376.

Naigles, L. R., H. Gleitman & L. Gleitman(1993), "Syntactic bootstrapping and verb acquisition," In E. Dromi (Ed.), *Cognition and Language. A Developmental Perspective*, Ablex, 104-140.

No, Y.(1988), "Negative morphemes in Korean: Evidence for a derivational treatment," In E.-J. Baek (Ed.), *6th International Conference of Korean Linguistics*, Department of East Asian Studies, Univ. of Toronto, 556-567.

Noyer, R.(1992), *Features, Positions and Affixes in Autonomous Morphological Structure*, Ph.D. dissertation, MIT.

Pesetsky, D.(1979), "Russian morphology and lexical theory," Ms., MIT.

Pesetsky, D.(1985), "Morphology and logical form," *Linguistic Inquiry* 16, 193-246.

Prince, A. & P. Smolensky(2004), *Optimality Theory: Constraint Interaction in Generative Grammar*, Blackwell.

Pulleyblank, D.(1986), *Tone in Lexical Phonology*, Reidel.

Radkevich, N.(2010), *On Location: The Structure of Case and Adpositions*, Ph.D. dissertation, Univ. of Connecticut.

Sadock, J.(1991), *Autolexical Syntax: A Theory of Parallel Grammatical Representations*, Univ. of Chicago Press.

Sagey, E.(1986), *The Representation of Features and Relations in Non-linear Phonology*, Ph.D. dissertation, MIT.

Scalise, S.(1984), *Generative Morphology*, Foris.

Schütze, C.(1994), "Serbo-Croatian second position clitic placement and the phonology-syntax interface," In A. Carnie et al. (Eds.), *MIT Working*

Papers in Linguistics Vol. 21: Papers on Phonology and Morphology, Department of Linguistics and Philosophy, MIT, 373-473.

Selkirk, E. O.(1982), *The Syntax of Words*, MIT Press.

Sells, P.(2001), "Three aspects of negation in Korean," *Journal of Linguistic Studies* 6, 1-15.

Siddiqi, D.(2009), *Syntax within the Word: Economy, Allomorphy, and Argument Selection in Distributed Morphology*, John Benjamins.

Siegel, D.(1974), *Topics in English Morphology*, Ph.D. dissertation, MIT.

Spencer, A.(1988), "Bracketing paradoxes and the English lexicon," *Language* 64, 663-682.

Spencer, A.(1991), *Morphological Theory*, Blackwell.

Sproat, R.(1985), *On Deriving the Lexicon*, Ph.D. dissertation, MIT.

Trommer, J.(1999), "Morphology consuming syntax' resources: Generation and parsing in a minimalist version of Distributed Morphology," Paper read at the ESSLI Workshop on Resource Logics and Minimalist Grammars, Utrecht, August 1999.

Williams, E.(1981), "On the notions 'lexically related' and 'head of a word'," *Linguistic Inquiry* 12, 245-274.

Yoon, J. H.-S.(1994), "Korean verbal inflection and checking theory," In H. Harley & C. Phillips (Eds.), *MIT Working Papers in Linguistics, vol. 22: The Morphology-Syntax Connection*, Department of Linguistics and Philosophy, MIT, 251-270.

Zec, D. & S. Inkelas(1990), "Prosodically-constrained syntax," In S. Inkelas & D. Zec (Eds.), *The Phonology-Syntax Connection*, Univ. of Chicago Press, 365-378.

프랑스어의 생략 현상에 대하여

전 재 연

1. 서론

본 연구는 프랑스어에서 '생략(ellipse)' 현상, 즉 발화체를 구성하는 언어 요소들 가운데서 음성적으로 실현되지 않는 요소에 관한 것이다. '생략' 현상은 물론 프랑스어 이외의 언어들에서도 관찰되는 언어-보편적 현상 가운데 하나이다. 문장 혹은 발화체 내에서 음성적 실체가 '없는' 요소로는 대표적으로 공범주(catégorie vide)를 들 수 있다. 그렇다면 PRO, pro, 명사구 이동 흔적, 수량사 이동 흔적을 포함하는 공범주는 넓은 의미에서 '생략'에 해당하는 것일까? 또한 담화 및 그것을 구성하는 요소들 가운데서 생략이 가능한 요소는 모든 언어에서 공통된 것일까? 기존 연구, 특히 1980년대 이후의 변형생성문법 연구에서는 발화체 내의 결여된 요소로서 명사류 공범주(catégories vides nominales)를 주로 다루고 있다.

(1) 가. PRO :

Pierre$_i$ veut [PRO$_i$ partir tout de suite]. (Pierre wants to leave immediately)

나. pro :

$[e]_i$ $tengo_i$ cuatro (espagnol : lit. I have four)

다. *wh*-, *qu*[1]-흔적 (variable) :

$[Qui]_i$ $Pierre_z$ $a\text{-}t\text{-}il_z$ rencontré $[e]_i$? (Whom did Pierre meet?)

라. DP 흔적 (anaphore) :

$[Pierre]_i$ est décidément respecté $[e]_i$. (Pierre is obviously respected.)

다음 프랑스어 예문들에서 볼 수 있는 생략은 이러한 공범주들과 구별되는 현상이다.[2]

(2) 가. Pierre boit du café et Marie ___ du thé.
(Pierre drinks coffee and Marie tea.)

나. Pierre a vu plus de pays que Marie ___ de films.
(Pierre saw more countries than Marie movies)

위 예문들의 두 번째 등위절에서 생략이 일어났다고 보는 근거는 첫 번째 등위절의 구조를 기준으로 하여 두 번째 등위절에서 복원이 일어날 수 있다는 것이다.

(3) 가. Pierre boit du café et Marie <u>boit</u> du thé.
(Pierre drinks coffee and Marie drinks tea.)

나. Pierre a vu plus de pays que Marie <u>a vu</u> de films.
(Pierre saw more countries than Marie saw movies)

---

1) 프랑스어에서 보문소구 위치를 점유하는 관계사(*qui, que* ...), 의문사(*qui, que, quoi* ...)는 대부분 *qu-* 형태를 취하고 있다.

2) Zribi-Hertz(1985 : 132). 빈 칸 ___은 생략된 요소의 위치를 나타낸다.

이 연구는 영어 및 한국어의 생략 현상에 관한 기존 연구 결과를 바탕으로 프랑스어의 문장 및 한정사구에서 생략이 일어나는 양상을 검토해 보고, 이러한 생략 현상의 원인으로부터 출발하여 통사론적, 통사론외적 분석을 제시하고자 한다. 우선 다음 단원에서 공범주의 개념을 통하여 생략에 대한 정의를 명확히 제시하고, 이어서 생략된 요소의 문장 내 분포 및 유형에 관해 알아보기로 한다.

2. 생략에 대한 정의

2.1. 공범주와 생략

생략이란 문장 혹은 발화체 내에서 어휘적 내용 및 음성적 실체가 결여된 요소를 가리킨다. 공범주 역시, 그 정의에 따르면 문장 내에서 어휘 내용이 없는 통사적 위치를 나타낸다. 그런데 위 (1)에 예시된 공범주는 일정한 통사적 위치이거나 이동의 결과에 의한 흔적이고, 이러한 위치 또는 이동에는 그에 적합한 제약이 따른다(Chomsky 1981, 1982b, 1986a 등). 1980년대 초반 Chomsky에 의해 정의된 공범주 이론에 따르면 문장 내 명사구 위치는 음성적으로 실현되지 않을 수 있으며, 그 범주는 PRO, pro, 의문사 흔적(*qu*-, *wh*-trace), 명사구 흔적(DP-trace)으로 나뉜다. (1)의 공범주들은 다음과 같이 고유의 통사적 특성에 의해 정의된다.

(4) 가. PRO : Pierre_i veut [PRO_i partir tout de suite].
(Pierre wants to leave immediately)

나. pro : $[e]_i$ tengo_i cuatro

1SG have-1SG four (espagnol : lit. I have four)

다. *qu*-흔적 (변항, variable) :

$[\text{Qui}]_i$ Pierre_z a-t-il_z rencontré $[e]_i$?

who PAST-he met (Whom did Pierre meet ?)

라. DP 흔적 (대용사, anaphore) :

$[\text{Pierre}]_i$ est décidément respecté $[e]_i$

is obviously respected (Pierre is obviously respected.)

PRO[3]는 논항 위치에 나타나며 의미역을 받을 수 있고, [+anaphorique], [+pronominal]의 특성을 지니지만 격을 받지 못한다. pro는 프랑스어를 제외한 로망스어에서 주로 관찰되는 [-anaphorique], [+pronominal]의 특성을 지닌 공대명사 범주로 지배되는 위치에 나타나고 격을 받을 수 있다. 의문사 이동의 흔적은 변항(variable)의 특성과 [-anaphorique], [-pronominal]의 특성을 보이며, 지배되고 격을 받는다. 명사구 이동의 흔적은 [+anaphorique], [-pronominal] 즉 대용사의 특성을 가지고 있으며, 지배되고 격을 받는다.

이 공범주들(PRO, pro, 수량사 흔적, 명사구 흔적)은 그 중 어느 것도 생략에 해당되지 않는다.[4] 이들은 생략된 요소와 같이 자유롭게 어휘적 요소로 교체될 수 없기 때문이다. 한 예로, 명사구 이동의 흔적 $[e]_i$와 그 선행 명사구 DP_i는 문장 내에서 동일한 위치에 나타날 수 없다. 또한, 아래 예문이 나타내듯이 동사 부정법(verbe infinitif)의 주어 위치에 나타나는

3) 여기서는 임의적(arbitraire) 해석을 가지는 PRO가 아니라 통제(Contrôle)의 대상인 PRO를 말한다.

4) 반면, 김광현(1993)에서는 초기 생성문법에서 사용되었던 개념인 "삭제"(effacement)와 담화상 신정보들만의 합체를 의미하는 "zeugme'를 생략(ellipse)과 동일선상에서 파악하고 있다. "삭제"와 "생략"이 언어학자가 필요에 따라 달리 정의내린, 방법론에 있어서만 다른 동일한 요소라고 간주한 것은 공범주와 생략을 같은 현상으로 본 것이라 할 수 있다.

PRO는 어휘적 명사구5)인 주절 주어 명사구로 교체될 수 없다.6)

(5) Pierre croit [{PRO/*Pierre} être malade].
believes be sick

소위 pro 삭제(pro-drop) 언어에서 관찰되는 pro는 주어 위치, 즉 격을 받을 수 있는 위치에 나타나야 할 DP가, 의미의 변화 없이 영주어(sujet nul)로 교체되는 현상이다. 이러한 영주어는 동사 활용어미의 일치가 풍부한 이탈리아 어에서 관찰되는 반면, 영어에서는 관찰되지 않는 매개변항에 속하는 것으로 간주된다.

(6) 가. {**pro**/Io} Parlo inglese.
speak-1SG English (I speak English)
나. {**pro**/Tu} Parli inglese.
speak-2SG English (You speak English)

요컨대, PRO와 마찬가지로 pro역시 주어의 단순 생략을 가리키는 것은 아니다. 생략현상이 공범주와 다른 점은 이처럼, 중복적(redondant)인 요소를 반복하지 않고 표현하지 않는다는 것 외에도, 선행하는 문맥으로부터 어휘적인 복원이 가능하다는 것이다. 또한 생략은 화자의 의지에 따른 수의적 작용으로 여겨진다(Rooryck 1985 : 208-209). 아래와 같이 동일

5) 여기서 '어휘적(lexical)'은 내용이 '비어(vide, empty)'있지 않다는 의미로 사용되었다.

6) 그렇지만 PRO의 위치에 어휘적 명사구가 전혀 나타날 수 없는 것은 아니다. Zribi-Hertz (1985 : 136)는 영어에서 아래와 같이 PRO 대신 어휘적 대명사가 나타날 수 있으나 이때에도 어휘적 DP의 반복은 불가능하며, 대명사가 쓰인 경우라 하더라도 대조적인 의미를 부각시키기 위한 것임을 지적한 바 있다.
i) John wants [{PRO/HIMSELF(not MARY)/*John} to be the winner].

요소를 중복하는 문장은 대조적 강조의 의미를 지니게 된다.

(7) 가. John buys flowers for Mary and Peter buys flowers for Louise.
나. Jean achète des fleurs pour Marie et Pierre achète des fleurs pour Louise.

(8) 가. John gives flowers to Mary and Peter gives sweets to Ann.
나. Jean donne des fleurs à Marie et Pierre donne des bonbons à Anne.

다시 말해서 공범주는 문장 내 동일 위치에서 어휘 요소로 절대 자유롭게 교체될 수 없는 반면((9가)), 문장 내 요소의 생략은 (대부분의 경우) 반복된 어휘 요소로((9나)), 혹은 대체 어휘 요소(프랑스어의 le fait[7] (9다))로 복원이 가능하며, 이 때 문장의 의미와 적법성에는 변화가 없다.

(9) 가. Pierre_i croit [{PRO/*Pierre_i} être malade.] (=(5))
나. Pierre $[\text{boit}]_i$ du café et Marie {$\emptyset_i$/boit} du thé (=(2가))
다. Pierre $[\text{vient me voir}]_i$ en voiture et Marie {$\emptyset_i$/$[\text{le fait}]_i$/vient me voir} en moto.
Pierre comes me to-see by car and Marie it do /comes me to-see by motorcycle

2.2. 생략(ellipse)의 정의와 특성

'Ellipse'는 그리스어의 élleipsis("결여", "불충분"을 의미)에서 유래하며,

7) 프랑스어의 대동사(pro-V)로서 3인칭 목적보어 대명사 남성형 *le*와 동사 *faire*(하다)로 구성되어 있다.

16세기에 주로 수사학 분야에서 연구되었던 생략 현상으로, 수사학적 차원에서 "텍스트를 이해하는 데 원칙적으로 필요한 하나 또는 여러 요소들을 생략하여 축약의 효과를 가져오는 비유법"[8]으로 정의된다. 따라서 문장 내에 삭제된 요소가 포함되는데 이것이 의미 전달에는 영향을 주지 않는다.

현대 프랑스 언어학에서 '생략'은 대략 다음과 같이 정의된다. 우선, Grevisse(1981)은 생략을 "보충하기 쉬우며 문법구조의 규칙성이 요구하는 하나 또는 여러 단어의 빠뜨림[9]"으로 정의하였고, Chevalier, Blanche-Benveniste, Arrivé, Peytard(1991)은 명사구에 있어서 생략은 의미와 품사의 변화를 유발시킬 수 있음을 지적한다. 예를 들어 (10)에서 N인 ville(도시)의 생략을 통해 명사구 안에 남은 형용사 capitale이 명사로 품사전환 하게 되었다고 설명하고 있다.

(10) la (ville) capitale > la capitale
the city capital the capital

다음으로 Damourette et Pichon(1968)은 ellipse라는 용어 대신 zeugme(그리스어로 "합체"를 의미)를 사용한다. 이것은 통사적으로는 "두 문장에 공통적인 요소가 첫 번째 문장에는 나오고, 두 번째 문장에서는 생략되는 경우"를 뜻하고, 의미적 정의는 "문장의 다른 절에 나오는 개념이 다른

8) L'ellipse, du grec *élleipsis* ("manque, défaut, insuffisance"), est une figure de style qui consiste à omettre un ou plusieurs éléments en principe nécessaires à la compréhension du texte, pour produire un effet de raccourci. cf. http://fr.wikipedia.or/wiki/Ellipse_(rh%C3A9torique)dml

9) *Le Bon Usage*, Grevisse (1981), "Ellipse est donc l'ommission d'un ou plusieurs mots que requerrait la construction grammaticale et que l'on considère comme facile à suppléer," (p.214, note 1)

절 안에 논리적으로 내포된 상황"을 뜻한다.[10]

현대 프랑스어에서는 다음과 같은 경우에 생략이 관찰된다.

(11) 가. Pierre boit du café et Marie ___ du thé. (동사 *boit*의 생략) (= 2가)

나. Je suis la reine du cassoulet et des ris de veau, et toi ___ du
I am the queen of cassoulet and of rice with veal and you of
tiramisu et de la crème brûlée! (동사구 être la reine의 생략)
tiramisu and of the creme brulee

다. une (voiture) automobile, une (section) conique. (명사 *voiture*, *section*의 생략)
a car automobile, a section conic

(11가, 나)와 같이 동사 등 한 단어가 생략되거나 동사구가 생략되는 것은 문법적 생략(ellipse grammaticale)에 속하는데 이러한 용법은 어떤 특정한 효과를 창출해 내기보다는 잉여적인 요소는 표현하지 않는다는 경제성과 관련된다고 본다.

(11다)와 같은 어휘적 생략(ellipse lexicale)을 통하여 형용사가 실사가 되는 경우를 볼 수 있다. 어휘적 생략의 결과가 중의적일 때도 있는데, 가령 le portable은 컴퓨터인지 전화기인지(*le téléphone portable, l'ordinateur portable*) 모호하다. 지리학 용어 *un* (*cercle*) parallèle(남성명사, "평행권")과 기하학 용어 *une* (*droite*) *parallèle*(여성명사, "평행선")은 성(genre)을 통해 구분된다.

생략되는 요소는 위에서 확인한 바와 같이 표면적으로 V, N과 같은 단일 요소이거나 VP를 내포하는 IP(TP), DP 같은 최대 투사이다. 이들

---

10) 김광현(1993)에서 재인용.

은 보통 등위 접속된 문장 내에서 선행 요소와 동일한 기능과 구조를 가지며, 동일한 의미적·통사적 범주에 속한다. 다음 문장들이 비문인 이유가 여기에 있다. 프랑스어 예문 (12가, 나)에 대응되는 영어 예문이 (12가´, 나´)이며, 밑줄 친 요소가 후행절의 생략된 요소이다.

(12) 가. *Jean mange chez Maxim's et Pierre ___ un morceau de chocolat
가´. *John eats at Maxim's and Peter ___ a piece of chocolate.
나. *Jean mange à midi et Pierre ___ à la maison
나´. *John eats at noon and Peter ___ at home. (Rooryk 1985 : 190)

요약하면, 윤우열(1997)에서도 지적한 바 있듯이 "생략은 담화상의 필요에 따라" (중복적인) "어떤 요소를 표현하지 않는 것"이며 "생략된 요소는 필요하다면 재구성할 수 있어야 한다"(윤우열 1997 : 626). 따라서 본 논문에서는 문장 내 어떤 요소가 통사적으로 동일한 구조 내에서 반복될 때 음성적으로 표현하지 않는 것을 모두 '생략'으로 간주한다.

이와 같은 유형의 생략의 기저에는 언어의 '경제성 원리'가 있다고 본다. 불필요한 반복을 피하고 보다 간단하게 의미를 전달하고자 하는 의도가 있다는 것이다. 따라서 언어 현상으로서의 생략은 경제성의 원리에 따라 잉여적 언어 요소를 제외시키는 작용이며, 생략 요소는 복원가능성의 원리에 종속되어 있는 공요소(élément vide)라고 정의할 수 있다. 하지만 생략문에서 생략된 요소는 통사적, 의미적 측면에서 복원 가능한 요소이다. 이런 관점에서 볼 때 생략은 음성·형태상 '없는' 요소이지만 발화 내 다른 요소와 의미·지시적으로 연관되어 '있는' 요소이기도 한 것이다.

3. 다양한 생략의 양상 : 생략되는 요소의 종류 및 분포에 대하여

3.1. 생략의 유형

여기서는 우선 통사론적 측면에서 "생략"으로 다루어지는 일반적인 유형들, (동사) 공백화, VP-생략 혹은 의사공백화, 간접의문축약에 대해서 살펴보고, 뒤이어 생략에 대한 기존의 통사적 분석들에 대해 논의해 본다.

3.1.1. 공백화(Gapping)[11)]

생략의 예로서 많이 다루어지는 공백화는 다음 예문에서와 같이 두 개 (이상)의 절이 등위접속 되어 있을 때 후행절의 동사 부분이 음성·형태적으로 표현되지 않는 현상이다.

(13) John can play the piano, and Mary ___ the guitar.

Zribi-Hertz(1985)는 공백화가 일어날 수 있는 구조적 조건을 다음과 같이 나타내었다.

Gapping :
가. [[$_{S1}$ NP_1-V_1-X] conj. [$_{S2}$ NP_2-[$V_2\varnothing$]-Y]]
나. 동사 공백화가 일어나는 구조 조건 :

11) 이와 같은 현상을 'gapping'이라고 처음으로 이름 붙인 것은 Ross(1970)이다.

– X와 Y는 어휘적 요소임. 즉, 공요소가 아님.
– conj는 등위접속사를 나타냄.
– V_1은 단일 동사 핵어이거나 여러 요소들을 동반한 동사임.

다. 해석 규칙 : V_2는 V_1과 동일지표 표시되어야 함. (Zribi Hertz 1985 : 139)

공백화는 이처럼 두 개의 등위접속된 절에서 후행절의 양태동사 및 동사의 생략을 허용하며, 동사 이외의 다른 요소들도 함께 생략될 수 있다.

(14) 가. Some gave albums to their children, and others ___ tapes ___.
나. Some consider him honest and others ___ ___ pleasant.
다. The girls occasionally ate peanuts and the boys ___ ___ almonds.
(이숙희 · 이혜란 2007 : 211)

위 예문에서 밑줄 친 부분은 생략된 요소들의 선행사, 즉 관련요소(correlate)들을 나타낸다. 후행절의 잔여요소(remnant)들은 이 선행사들과 대비되어 초점(focus)을 받는 요소들이다. (14가)에서는 V외에도 PP가 생략되었고, (14나)에서는 V와 함께 DP가 생략되었으며, (14다)에서 생략된 요소는 부사[12]와 동사이다.

프랑스어에서도 이와 유사한 공백화의 예를 찾아볼 수 있다.

12) 동사와 함께 부사가 출현하는 경우, 선행절과 후행절에서 부사가 달라서는 안 되고 (i), 부사는 동사와 함께 삭제되어야 한다 (ii), cf. Rooryck(1985)
(i) *Jean mange parfois des œufs et Pierre souvent de la viande.
Jean eats sometimes eggs and frequently meat
(ii) *Jean lit soigneusement le journal et Pierre soigneusement le magazine.
Jean reads carefully the newspaper and Pierre carefully the magazine

(15) 가. Les garçons aiment le football et les filles ____ le basket. (V 생략)
나. Pierre a vu plus de pays que Marie ___ de films. (조동사 + 과거분사 생략)
다. Pierre lave la vaisselle à 13 heures et Marie ___ le linge à 17 heures (V 생략)
라. Pierre a peint son bateau en rouge et Marie ___ son vélo ___ (조동사+과거분사, PP 생략)
마. Pierre court le matin sur la plage et Marie ___ ___ sur la route. (V, 부사구 생략)

생략 구문에서는 잔여요소가 2개 이상이 되어야 하며 잔여요소가 1개일 경우 그 문장은 다음과 같이 비문법적이다.

(16) 가. John left and Mary ___ *(too)
나. John ate some ice cream and Mary ___ *(too)

(17) 가. Jean est parti et Bill ___ *(aussi)
나. Jean a mangé de la glace et Bill ___ *(aussi) ((16)과 동일한 해석)

영어 공백화 구문에서와 마찬가지로 프랑스어 공백화 구문에서 생략되는 요소는 동사 외에도 동사 연속체, 전치사구, 부사구 등이며, 최소 2개 이상의 잔여요소가 후행절에 남게 된다.

3.1.2. 동사구(VP) 생략

다음과 같이 등위 접속된 두 문장에서 선행절에 이미 등장한 동사구(VP)가 후행절에는 빠져 있는 것을 관찰할 수 있다. 이러한 동사구 생략

현상은 영어에서 주로 관찰되는 것이다.

(18) 가. John will [eat an egg sandwich] but Mary won't ___.
나. John will [eat an egg sandwich]$_i$ but Mary won't [eat an egg sandwich]$_i$

영어에서 조동사 *have/be* 그리고 양태동사는 위와 같이 생략된 동사구, 즉 생략요소를 인허하는 특성을 보이는 반면, 프랑스어에서는 영어와 유사한 조동사와 양태동사들이 존재함에도 불구하고 동사구 생략이 불가능하다(Dagnac 2008).

(19) 가. *Marie est [allée]$_i$ à l'école, et Jeanne est [$_{VP}$ Ø]$_i$ aussi.
Marie be[13] went to school and Jeann be [$_{VP}$ Ø] too
나. *On a demandé s'ils ont déjà [mangé]$_i$, et ils ont [$_{VP}$ Ø]$_i$
we have[14] asked if they had already eaten, and they had [$_{VP}$ Ø]$_i$
다. *On peut [demander s'ils ont déjà mangé]i, et on doit [$_{VP}$ Ø]$_i$
we can ask if they have already eaten, and we should [$_{VP}$ Ø]$_i$

다시 말해서, 영어는 조동사 및 양태동사들이 동사구 생략(empty VP)을 허용하나, 프랑스어는 허용하지 않는다.

3.1.3. 의사공백화(pseudo-gapping)

생략현상에서 생략되는 요소는 일반적으로 구성성분(constituant)이지

13) *be*로 주석을 붙인 프랑스어 동사(*être*)는 "가다"를 의미하는 동사 *aller*의 복합과거형을 구성하는 조동사이다.

14) *have*로 주석을 붙인 프랑스어 동사(*avoir*)는 대부분의 타동사들의 복합과거형을 만들기 위한 조동사이다.

만,15) 구성성분인 VP 전체가 아니라 조동사와 동사 목적어 명사구가 생략문 안에 남는 현상을 의사공백화라고 한다.

의사공백화는 동사를 포함한 요소가 생략된다는 점에서 표면적으로는 공백화와 비슷하지만, 공백화와 많은 차이를 보인다. 여기서는 두 현상의 차이를 생략이 허용되는 조건, 생략문을 구성하는 요소의 분포, 생략 요소의 범주 그리고 선행사 동일성 측면에 있어서 검토해 본다.16) 우선, 의사공백화는 공백화와는 달리 시제 표시된 조동사(finite auxiliary)가 생략문 안에 남아 있다. 이 조건이 지켜지지 않으면 비문이 된다.

(20) 가. Some will eat natto today, because others had ___ yesterday.
나. *Some ate natto today, because others ___ yesterday.

공백화는 일반적으로 등위접속문에서만 가능하고 종속접속문에서는 불가능하지만, 의사공백화는 등위접속구문 외에 종속접속문에서도 가능하다.

(21) 가. *John will have caviar, although Mary ___ beans.
나. Some will eat natto today, because others had ___ yesterday.

프랑스어에서는 일반적으로17) 의사공백화구문이 불가능한 것으로 보인다. 프랑스어에는 do와 같은 대동사가 없고, 시제조동사가 있지만, 다

15) 생략되는 요소가 반드시 구성 성분으로 국한되지는 않는다. 공백화의 경우는 생략 요소가 구성 성분이 아니다.
16) 영어 공백화와 의사공백화의 예는 이숙희 · 이혜란(2007 : 213-223)을 참고하였다.
17) 4장에서 프랑스어 양태동사들이 의사공백화를 허용하는 소위 '양태적 생략'에 대해 논의한다.

음 예문에서 조동사만 남겨지는 생략문은 비문법적이다(4.4.절 참고).

(22) 가. *Ce problème aurait dû être résolu, mais visiblement personne n'a pu.
this problem should-have-been solved but obviously nobody couldn't
나. *Les Japonais mangeront du natto cet après-midi, parce que les
the Japanese(pl.) eat-FUTURE natto this afternoon because the
Coréens (ont) ___ hier.
Korean(pl.) have yesterday

다음 예들을 보면, 프랑스어에서 공백화가 종속접속문에 나타나는 것은 일반적으로 어려워 보이나, 적절한 문맥이 주어지면 가능한 것으로 보인다.[18)]

(23) 가. *?Jean écrit un article bien que Marie ___ un livre.
Jean writes an article although Marie a book
나. *?Jean écrit un article pendant que Marie ___ un livre.
Jean writes an article while Marie a book
다. Il mangeait des épinards tandis que son frère des salsifis
he eat-PAST spinach while his brother salsify
라. Jean a pu acquérir sa part de l'héritage avant que son cousin la
Jean could acquire his portion of heritage before that his cousin DF
sienne.
his

내포절 안에서 의사공백화는 가능하지만, 공백화는 가능하지 않다. 이는 프랑스어에서도 마찬가지이다.

18) 예문 (23)의 적법성에 대한 판정은 Rooryk(1985)에 의한 것이다.

(24) 가. John ate natto and I thought that Mary had ___ rice.
나. *John ate natto and I thought that Mary ___ rice.
다. *Pierre a mangé du natto et je pense que Marie ___ du riz.

프랑스어에서는 대격 목적어와 함께 시제 조동사만이 남겨진 생략구문이 불가능하므로, 내포절 내의 의사공백화 역시 불가능하다.

(25) 가. *Pierre a mangé du natto et je pense que Marie a ___ du riz.
나. Pierre a mangé du natto et je pense que Marie a mangé du riz.

의사공백화 구문에서는 다른 생략 구문에서와 마찬가지로 VP, TP, NP(N)의 생략이 가능하다.

(26) 가. Sam can eat natto but Holly can't ______. (VP-생략)
나. I know you talked to someone, but I can't remember who ______ (TP 생략)
다. John read Mary's book, but he hasn't read Laura's ___ yet. (N 생략)

의사공백화 구문에서는 형용사구(AP)의 삭제가 불가능하다.

(27) 가. *John made Mary angry at Jane, before he made Cindy ___ at Bill.
나. *John seems happy today, while Mary seemed ___ yesterday.

그런데 다음과 같이 A(P)의 공백화는 가능하다.

(28) I consider Lena fond of chocolates and Sally ___ of ice-cream.

프랑스어에서는 형용사(구)의 생략이 불가능하며, 형용사를 대체하는 대명사 l'(le)가 시제 조동사에 접어화 되어야 ((29나)에서 볼드체로 표시된 부분) 비로소 정문이 형성된다.

(29) 가. *Jean semble heureux aujourd'hui tandis que Pierre a semblé ___ hier.
Jean looks happy today while Pierre has looked yesterday
나. Jean semble heureux aujourd'hui tandis que Pierre **l'a** semblé ___ hier.
Jean looks happy today while Pierre has looked yesterday

의사공백화의 경우에는, 다음과 같이 동사가 그것이 관할하는 소절의 주어와 함께 생략될 수 없으나, 공백화의 경우 이것이 허용된다.

(30) 가. *Even though some believe [$_{SC}$ Gapping to reveal much], others do ___ to obscure much.
나. Some believe Gapping to reveal much and others ___ to obscure much.

공백화에서 허용되는 동사+간접 목적어 삭제가 의사공백화 구문에서는 허용되지 않는다.

(31) 가. ??While some might give the men peanuts, others will ___ chocolate.
나. Some gave the men peanuts, others _____ chocolate.

의사공백화는 선행사와 생략요소가 정확히 일치하지 않아도 일어날 수 있는 반면, 이 둘이 일치하지 않으면 공백화는 일어날 수 없다.

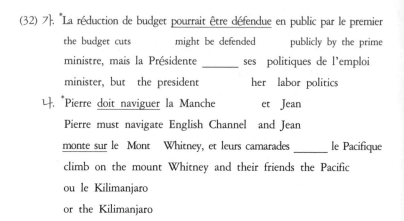

(32) 가. *La réduction de budget pourrait être défendue en public par le premier
the budget cuts might be defended publicly by the prime
ministre, mais la Présidente ______ ses politiques de l'emploi
minister, but the president her labor politics

나. *Pierre doit naviguer la Manche et Jean
Pierre must navigate English Channel and Jean
monte sur le Mont Whitney, et leurs camarades ______ le Pacifique
climb on the mount Whitney and their friends the Pacific
ou le Kilimanjaro
or the Kilimanjaro

위 공백화 구문 (32나)에서 생략된 부분의 의미적 내용은 *doit naviguer et monter sur*("must navigate and climb on")여야 하지만 이것은 선행절 동사들로부터 의미를 유추한 것이지 생략 부분과 정확히 일치하는 요소는 아닌 것이다.

등위 접속이 아닌 문장에서 중복되는 동사구의 일부가 남는 생략 현상으로 비교급 하위생략을 들 수 있다. 다음과 같이 영어에서 비교급이 사용된 문장의 후행절에서 조동사/양태동사와 목적어 DP가 잔여성분으로 남고 중복되는 TP는 생략된 것을 볼 수 있다.

(33) 가. John has visited more countries than Mary has ___ museums
나. John has been reading more novels than he has ___ short stories

이것은 단순히 동사 하나만을 삭제하는 문제는 아닐 것이다. Lasnik (1999a)는 아래와 같이 의사공백화를 VP생략으로 가정한다.

(34) 가. [$_{AGRoP}$ DP$_i$ [$_{AGRo}$ [$_{VP}$ [V e$_i$]]]] (대격 DP가 AGRo 지정어 위치로 이동)

나. [$_{AGRoP}$ DP$_i$ [$_{AGRo}$ ~~[$_{VP}$ [V e$_i$]]]]~~ (DP이동 이후 VP 생략)

한편 Agbayani & Zoerner(2004)는 의사공백화가 생략현상에 속하지 않는, 전역적 이동(ATB, Across-the-board 이동)의 결과라는 가정을 제시한다(이숙희 · 이혜란 2007 : 234-238). 다음 예문에서 *wh*-요소가 등위 접속된 2개 이상의 동사구들의 목적어 위치로부터 상위로 이동한 것처럼 보이는 경우가 전역적 이동의 전형적인 예라고 할 수 있다.

(35) What$_i$ does John like t$_i$ but Roy hate t$_i$?

의사공백화 역시 이와 같은 전역적 이동의 결과라는 것이 Agbayani & Zoerner(2004)의 주장이다.

(36) 가. John has visited more countries than Mary has ___ museums

나. [$_{CP}$ [$_{TP}$ John [has [$_{vP}$ visited$_i$ [$_{VP}$ t$_i$ [$_{DP}$ more countries [$_{CP}$ than [$_{TP}$ Mary [has [$_{vP}$ t$_i$ [$_{DP}$ museums]]]]]]]]]]

(36나)의 구조에서 우선 vP 내부로부터 동사가 상위로 이동한다. 작은 v는 선행절의 V를 거쳐 상위 v까지 이동하고, 선행절의 주어는 TP의 지정어 위치로 이동하여 (36가)와 같은 구조가 도출된다. 그렇지만 이와 같은 이동 분석은 생략을 포함하는 프랑스어 비교 구문에 대해 적용될 수 없다. 아래의 예문에서와 같이 프랑스어 비교 구문에서는 조동사가 목적어와 함께 남을 수 없기 때문이다.

(37) 가. Pierre [a visité] plus de pays que Marie ___ de musées.
Pierre has visited more countries than Marie museums
나. *Pierre [a visité] plus de pays que Marie a ___ de musées.
Pierre has visited more countries than Marie has museums

전역적 이동 접근법 외 다른 분석 방법에는 각각 그것들을 반증하는 사례들이 있다. 따라서 어떠한 분석 방법도 생략 구문을 그 다양한 유형을 모두 포괄하는 방식으로 설명하기에는 부족한 것으로 보인다.

3.1.4. 간접의문축약(sluicing)19)

다음 (38가)는 영어 간접의문축약의 예로서, 여기서 생략된 구는 *he could bake*이다((38나) 참고).

(38) 가. John could bake something, but I'm not sure what.
나. John could bake something, but I'm not sure what [he could bake]

프랑스어에서는 일반적인 경우 전치사 좌초가 허용되지 않으나((39) 참고), 간접의문축약의 경우에는 전치사가 함께 탈락되는 것이 허용된다((40) 참고).

(39) 가. *Qui tu as dansé avec ?
whom you have danced with

19) 간접의문축약 즉 '씻어내기(sluicing)'라는 용어는 Ross에 의한 것이다. 그의 지적에 따르면 축약된 절은 주절 혹은 종속절 내부에 있으며, *wh*-요소(프랑스어에서는 *qu*-)가 인도하는 CP의 내부이므로 TP(IP)라고 보는 것이 옳을 듯하다.

나. *Laquelle tu as dansé avec ?
whom(F-sg) you have danced with

(40) 가. ?Jean a dansé avec quelqu'un, mais je ne sais pas qui
Jean has danced with someone but I NEG know not who
나. Jean a dansé avec une des filles, mais je ne sais pas laquelle
Jean has danced with one of-the girls but I NEG know not whom(F-sg)

다중 간접의문축약에서는 전치사 좌초가 허용되지 않는다.

(41) Jean a mangé avec une des filles dans un restaurant, mais je ne sais pas
Jean has eaten with one of-the girls in a restaurant but I NEG know not
avec *(laquelle), dans *(lequelle)
with whom(F-sg) in what(M-sg)

위에서 제시된 프랑스어 간접의문축약보다 더 많이 쓰이는 표현은 사실 다음과 같이 현시적 계사 *c'était*("this was")가 개입된 문장이다.

(42) Jean a mangé avec une des filles dans un restaurant, mais je ne sais pas
Jean has eaten with one of the girls in a restaurant but I NEG know not
qui c'était / laquelle c'était.
who this-was / whom(F-sg) this-was

프랑스어는 *d'autre*(else)를 사용한 간접의문축약을 허용한다.

(43) Jean a dansé avec Marie, mais je ne sais pas (avec) qui d'autre
Jean has danced with Marie, but I NEG know NEG with who else

간접의문축약에서 생략되는 요소는 *wh*-(혹은 프랑스어 *qu*-)가 접속절에 남아 있는 것으로 보아 CP는 아니고, 그 안에 내포된 TP(IP)일 것으로 여겨진다.

이처럼 (의사)공백화, 동사구 생략 및 간접의문축약이 일어나는 발화에서는 생략된 항목의 복원을 위한 어휘항목들(즉 선행사)이 선행절에 존재하며, 이 상관어구들을 통하여 생략된 항목의 복원이 가능하다.[20]

3.2. 생략에 관한 통사적 분석

생략에 관한 통사적 연구는 주로 한국어와 영어를 중심으로 이루어져 왔다. 이 절에서는 한국어와 영어의 (의사)공백화에 대한 기존의 분석 방법을 소개해 보고 그러한 분석들이 프랑스어에 어떻게 적용되는지를 알아보기로 한다.

생략은 기존 연구에서 크게 음성형태(PF)-삭제, 이동, 논리형태(LF)-복사 가설 등으로 분석된다. 반복되는 요소, 즉 생략요소가 통사부에서 선행사와 동일한 구조로 형성되었다가 음성형태에서 삭제된다는 PF-삭제 가설이 있다. Hankamer & Sag(1976), Chomsky & Lasnik(1993) 등이 제시한 이 가설에 따르면, 다음 예문에서 후행절의 동사구 구성 어휘들은 선행 어휘들과 동일하게 통사부 구조 형성에 참여했다가 음성형태에서 삭제된다.

(44) 가. John talked to Bill, but Mary didn't [$_{VP}$ ~~talk to Bill~~]

---

20) 복원이 선행하는 문맥으로부터 이루어지는 것이 아니라 사회적, 상황적 문맥을 통하여 이루어지는 경우도 가능한데 이를 상황적 생략으로 분류하기도 한다(정승영 2005 : 111-113).

나. Jean peut se reposer, mais Marie ne peut pas ~~se reposer.~~
(Jean can take a rest, but Marie can't (~~take a rest~~))

위 예문 (44나)를 통해 프랑스어에서도 같은 분석이 적용될 수 있음을 알 수 있다. 또한, 프랑스어에서는 다음과 같이 생략구가 나타나는 위치에 대동사구 *le faire*("do it")가 나타날 수 있다.

(45) Jean va <u>écrire à Marie</u> cet après-midi, et Bill va <u>le faire</u> demain matin.
(Jean will write to Marie this afternoon, and Bill will do that tomorrow morning)

생략된 요소의 정체성에 관한 또 하나의 가설은 Wasow(1972), Lobeck (1995)처럼, 생략요소를 문장 내 생략 위치에 나타나는 비가시적 공요소 e 혹은 대용형태 pro로 보는 것이다.

(46) 가. John talked to Bill, but Mary didn't [$_{VP}$ [$_{V}$ e] [$_{PP}$ [$_{P}$ e] [$_{NP}$ [e]]]]
나. John talked to Bill, but Mary didn't [$_{VP}$ pro].

이러한 가설에서는 반복되는 어휘요소, 즉 생략요소가 의미적 측면에서 어떻게 해석되는가 하는 문제가 발생할 수 있다. 이에 대해 Wasow (1972)는 생략요소의 선행요소인 VP가 생략문의 생략 동사구 위치로 복사(copy)됨으로써 생략된 요소가 해석을 받는다고 설명한다. 또한 Lobeck (1995)에 따르면, C, v, 그리고 D가 각각 문장 굴절구(TP/IP), 동사구(VP), 그리고 한정사구(DP) 내의 명사구(NP)와 같은 후행 생략요소들을 통사적으로 인허하는 기능을 하고 있으며, 생략 위치에서 대용요소 pro는 선행사와의 의미적 관계에 의해 재구성된다는 가설을 제시한다.

3.2.1. LF-복사 가설 : Sag(1976), Williams(1977) 등

생략 구문에서 생략 위치가 본래 공범주라고 가정하고, 문자화 이후 LF로 가는 과정에서 일종의 비현시적 선행사 복사가 일어나서 이 공범주의 의미적 내용이 충족된다는 가정이다.

이 분석 방법에 따르면 아래의 영어 문장은 다음의 구조에서 출발하는데, 여기에 동사구 도출 규칙과 재귀대명사화가 단계적으로 적용되어 도출된다.

(47) 가. John shot himself and Bill did too.
나. John [shot himself] and Bill did [e e] too.
다. John [λx(x shot x) and Bill did [e_f e_f] too.
라. John [λx(x shot x) and Bill did [λx(x shot x)] too.

위 예문 (47라)의 후행절에서 지표 f는 f-하위지표화에 의해 붙여졌는데 이는 공범주 e가 선행절의 지표로부터 '자유롭다'는 것을 표상하는 방식이며 반드시 조동사에 인접한 동사구 내에서만 적용된다. 이러한 도출을 통해 후행절의 생략 요소는 이완동일성 해석(혹은 임의적 해석, 불완전 해석 sloppy identity)을 받게 되는 것이다.

이러한 가정에서는 생략 위치에 나타나는 공범주는 구성 성분이며 이 공범주의 위치에 선행절 혹은 후행절(어순이 다른 한국어의 경우)의 내용이 LF에서 복사된다고 분석하고 있다(김용하 2007 : 95).

(48) 가. Pierre aime sa mère et Jean aussi.
나. Pierre [aime sa mère]$_i$ et Jean [ ]$_i$ aussi (문자화/PF)
다. Pierre [aime sa mère]$_i$ et Jean [aime sa mère]$_i$ aussi (LF)

이 프랑스어 예문에서 생략된 VP는 그 선행사인 VP와 동지표 표시된 영형태이며, 당연히 PF에서는 발음되지 않고, LF에서 선행사가 복사된다.

(49) $Pierre_j$ aime sa_j mère et $Jean_k$ [aime $sa_{j/k}$ mère] aussi.

그런데 이 문장은 위 지표표시를 통해 알 수 있는 바와 같이 중의적이다. 우선 선행절의 주어 *Pierre*가 자신의 어머니를 사랑하고, 후행절 주어 *Jean* 또한 *Pierre*의 어머니를 사랑한다는 의미로 해석(엄밀동일성 해석, strict identity reading)이 가능하고, *Pierre*는 *Pierre* 자신의 어머니를 사랑하고, *Jean*은 *Jean* 자신의 어머니를 사랑한다는 이완동일성 해석(sloppy identity reading) 역시 가능하기 때문이다.

이와 같은 문장의 중의성은 LF-복사 분석으로 잘 설명될 수 있다. 첫 번째로 엄밀동일성 해석은 아래와 같이 LF에서 대용 표현(소유 형용사) 복사가 적용되고, 이어서 동사구 복사가 적용되면 도출된다.

(50) $Pierre_j$ [$aime_i$ sa_j mère$]_i$ et Jean [$_{VP}$ e_i e_j] aussi (문자화)

비현시적 대용적 표현 복사 ⇒

$Pierre_j$ [$aime_i$ la mère de Pierre] et Jean [$_{VP}$ e_i e_j] aussi.

비현시적 VP 복사 ⇒

$Pierre_j$ [$aime_i$ la mère de Pierre] et Jean [$_{VP}$ $aime_i$ la mère de Pierre] aussi.

(LF - strict identity)

다음으로 이완동일성 해석은 위 복사규칙의 적용이 순서를 바꿔 일어남으로써 도출될 수 있다.

(51) $Pierre_j$ [$aime_i$ sa_j mère]$_i$ et $Jean_k$ [$_{VP}$ e_i e_k] aussi (문자화)

비현시적 VP 복사 ⇒

$Pierre_j$ [$aime_i$ sa_j mère] et $Jean_k$ [$_{VP}$ $aime_i$ e_k] aussi.

비현시적 대용적 표현 복사 ⇒

$Pierre_j$ [$aime_i$ la mère de Pierre] et Jean [$_{VP}$ aime la mère de Jean] aussi.

(LF - sloppy identity)

이처럼 LF 복사 가설을 통하여 위 (49)에 나타난 엄밀동일성 해석과 이완동일성 해석의 중의성 문제를 설명할 수 있다.

한편, 위에서 간접의문축약은 CP를 구성하는 *qu*-(*wh*-)구에 의해 인허되는 TP의 생략인 것으로 보인다는 점을 이미 언급한 바 있다.

(52) Pierre va voir quelqu'un ce soir, mais je ne sait pas qui [$_{TP}$___/(c'est)]
Pierre will see someone this evening but I NEG know not who this is

LF 복사 분석에서처럼 문장이 도출되는 과정에서 위와 같이 후행절에 TP가 없고 대용형 만이 있다면 이러한 유형의 문장에서 의문사구의 출현을 설명하기가 어려울 것이다.

영어와 같이 일반적으로 전치사 좌초를 허용하는 언어에서는 생략문에서, 즉 생략된 TP 내부에서 전치사 좌초가 허용된다.

(53) 가. [John is talking with someone] but I don't know who [$_{TP}$ ∅].
나. [John is talking with someone] but I don't know who [$_{TP}$ he is talking with e].

따라서 전치사 좌초를 허용하지 않는 언어인 프랑스어에서는 생략문 내부에서도 마찬가지로 전치사 좌초가 허용되지 않는다.

(54) [Jean a mangé avec une des filles dans un restaurant], mais je ne
Jean has eaten with one of-the girls in a restaurant but I NEG
sais pas [$_{TP}$ il a mangé avec {*∅ / laquelle}]
know not he has eaten with whom(F-sg)

이상에서 간접의문축약과 관련하여, 일반적으로 전치사 좌초를 허용하는 언어에서는 생략문에서도 마찬가지로 전치사 좌초가 허용되는 것을 알 수 있었다. 이러한 현상은 원래 TP의 구성요소 가운데 하나인 의문사구가 이동하고 나서 후행절에서 중복 요소인 TP전체를 PF에서 삭제한다는 가설을 통해 설명될 수 있으나 LF 복사 분석으로는 설명하기 어렵다.

3.2.2. 우측절점 인상(RNR) 가설 : Kuno(1978), Saito(1987) 등

Kuno(1978)에 따르면, 다음의 무동사 접속문(공백화 구문)은 우측절점인상에 의해 도출된다.[21] 우측절점인상은 가령 다음과 같은 예문을 통해 관찰할 수 있다.

(55) 가. Mary buys t_i, and Bill sells t_i [pictures of Fred]$_i$.
나. Mary는 책을$_i$ 쓰고, Bill은 e_i 읽었다.
다. [$_{TP1}$ [$_{TP2}$ Mary buys [$_{VP}$ e [$_{DP}$ t_i] and [$_{TP3}$ Bill sells [$_{VP}$ e [$_{DP}$ t_i]]] [pictures of Fred]$_i$]

Saito(1987)는 다음과 같은 일본어의 무동사 접속문을 우측절점인상으로 설명하고 있다. 그의 분석에 의하면 다음 일본어 예문 (56가)는 우측

21) '무동사 접속문'은 김용하(2007)에서 한국어 공백화 구문에 대해 사용한 용어이다.

절점인상을 포함하는 (56나)의 구조를 지닌다.

(56) 가. John-ga Bill-nituite, sosite Mary-ga Susan-nituite hanasita.
John-이 Bill-에 대해 그리고 Mary-가 Susan-에 대해 이야기했다.
나. [$_{TP}$ [$_{TP}$ [$_{TP}$ John-ga [$_{VP}$ Bill-nituite t_i]] sosite [$_{TP}$ Mary-ga [$_{VP}$ Susan-nituite t_i]] [$_{VP}$ hanasita$_i$]]

(57) 가. [John-ni hana-o, sosite Bill-ni tyoko-o] Mary-ga okutta.
John-에게 꽃-을 그리고 Bill-에게 초콜렛-을 Mary-가 보냈다
나. [John-ni hana-o, sosite Bill-ni tyoko-o]$_i$ Mary-ga t_i okutta.

위 예문 (57가)는 [ ]안의 요소가 주어 *Mary-ga*를 넘어 뒤섞기 이동을 한 경우인데, 이 때 역시 우측절점인상이 적용되었다고 본다.

그러나 김용하(2007)은 이러한 일본어 예문에 관한 우측절점인상 분석이 적절하지 않다고 지적한다. 다음 예문에서 볼 수 있듯이, 구성 성분이 아닌 nituite hanasita("~에 대해 이야기했다")는 일본어에서는 후치사 고립을 허용하지 않는다는 것이 그 이유이다.

(58) 가. *Mary$_i$, John-ga t_i-nituite hanasita. (메리, 존이 -에 대해 이야기했다.)
나. [Mary-nituite]$_i$ John-ga t_i hanasita. (메리에 대해 존이 이야기했다.)

한국어에 대해서도 동일한 우측절점인상 분석을 적용할 수 있겠지만, 일본어의 예를 통해 보았듯이 한국어에서도 후치사(조사) 고립을 허용하는 이동은 불가능하므로 그 분석은 적절한 방법이 될 수 없을 것이다.

(59) 가. 존이 빌에 대해 그리고 메리가 수잔에 대해 이야기했다.
나. *메리, 존이 t-에 대해 이야기했다.
다. *존이 t-에 대해 이야기한 것은 메리이다.

Sohn(손근원, 1994) 또한, 적정결속조건(PBC, Proper Binding Condition)[22]에 위배된다는 점을 들어 우측절점인상 분석에 반대한다. 더구나 일본어와 한국어의 무동사 접속문에서 조사를 제외한 요소는 구성 요소라고 보기 어렵다. 그렇다면 지금까지 검토해 본 일본어와 한국어의 무동사 접속문에서 영형태는 생략의 예라고 볼 수 없으며, 다음과 같이 접속 삭감(Conjunction Reduction)으로 분석할 수 있다(Hankamer 1973, Kuno 1976). 따라서 아래의 구조와 같이 [ ]안의 두 요소가 동사 '이야기하다'의 목적 보어로서 등위 접속되어 있다고 볼 수 있을 것이다.

(60) [VP [VP [[DP 존이 빌에 대해] 그리고 [DP 메리가 수잔에 대해 e]] 이야기했다.]]

3.2.3. PF-삭제 가설 : Sohn 1994, Kim(김정석, 1997) 등

선행절에 나타난 요소가 후행절에서 중복되지 않고 PF 층위에서 삭제된다는 분석이 동일성에 근거한 PF-삭제 가설이다. (특히 Merchant(2001)은 무동사 접속문을 통해 생략 요소가 내부 구조를 반드시 가져야 한다는 것을 보여준다.) 위에서 언급된 무동사 접속문의 이른바 잔여성분(remnant)들은 동사구 내에 머무르지 않고 초점소(Focus)의 투사의 지정어 위치로 이동하여, 선행절에 그 이동의 흔적들을 포함한 동사구가 후행절

22) 적정결속조건(Proper Binding Condition) : 흔적은 반드시 그 선행사에 의해 성분통어(c-command)되어야 한다. Fiengo(1977) 참고.

과 마찬가지로 남게 되고 그것이 PF에서 삭제된다는 것이다. 다음 (61 나)에서 FP(FocusP)로 이동하는 요소들은 대조적 초점을 받는 성분들이다.

(61) 가. 존이 메리에게 꽃을, 빌이 수에게 책을 주었다.
나. 존이 [$_{FP}$ 메리에게$_1$ 꽃을$_2$ ~~[$_{VP}$ t1 t2 주]]]고~~, 빌이 [$_{FP}$ 수에게$_1$ 책을$_2$ [$_{VP}$ t1 t2 주었다.]]] (김용하 2007 : 104 (46))

Kim(1997)은 VP의 잔여성분이 FP의 지정어 위치로 이동한다고 가정한다는 점에서는 Sohn(1994)와 마찬가지이지만, Sohn(1994)와는 달리 VP 생략이 아니라 TP생략을 통해 무동사 접속문이 도출된다고 본다.

Mukai(2003)은, 위에서 언급된 후치사 고립 문제 등의 우측절점인상 분석이 지니는 문제점들이 PF삭제 분석에 의해서도 설명되기 어렵다는 점을 지적한다. 대신 이 학자는 무동사 접속문을 설명하기 위한 방법으로 연쇄체 삭제(String Deletion, SD)분석을 제안한다. 연쇄체 동일성(string identity)에 민감한 삭제가 무동사 접속문에서 작용하므로, 다음과 같이 음성적으로 동일한 연쇄체가 등장하면 삭제가 이루어진다는 것이다.

(62) Mike-ga raion-ni ~~osowareta otoko-o tasuketa~~, Tom-ga kuma-ni
Mike-NOM 사자-DAT Tom-NOM 곰-DAT
[osowareta otoko-o tasuketa].
(마이크가 사자에게, 톰이 곰에게 공격당하고 있던 남자를 구했다.)

이러한 연쇄체 삭제 분석은 다음과 같은 프랑스어 예문에도 적용될 수 있다.

(63) Jean a offert des fleurs à Marie et ~~Jean a offert~~ des livres à Sue.
Jean has given flowers to Marie and books to Sue

그러나 김용하(2007)은 주어의 복수성을 나타내는 '들'과 부사 '서로'와 '각각'의 문장 내 분포를 들어 Mukai(2003)의 분석으로는 다음 한국어 문장을 설명할 수 없다는 점을 지적한다.

(64) 존은 논문을, 메리는 책을 열심히들 읽었다.

연쇄체 동일성에 의하면 위 예문의 선행절과 후행절 모두에서 동일한 '열심히들'이 선행절에서 삭제되었다고 가정할 수 있을 것이다. 그러나 주어의 복수성을 나타내는 '열심히들'이 선행절에서 복원되면 이 문장은 비문이 된다.

(65) 가. 존은 논문을 ~~열심히들~~ (읽고), 메리는 책을 열심히들 읽었다.
나. *존은 논문을 열심히들 읽고, 메리는 책을 열심히들 읽었다.

따라서 무동사 접속문을 Mukai(2003)이 제안하는 연쇄체 동일성에 의한 삭제로 설명하는 것은 어려워 보인다. 다음 예문에서 볼 수 있는 상호적 부사 '서로'와 배분적 부사 '각각'에서도 같은 문제가 발생한다.

(66) 가. 존은 시를, 메리는 소설을 서로에게 읽어 주었다.
나. *존은 시를 서로에게 읽어주고, 메리는 소설을 서로에게 읽어 주었다.

(67) 가. 존은 팝송을, 메리는 샹송을 각각 불렀다.
나. *존은 팝송을 각각 부르고, 메리는 샹송을 각각 불렀다.

위 예문 (66가, 67가)는 (66나, 67나)로부터 도출된 것으로 볼 수 없다. 유사한 예를 프랑스어에서도 찾을 수 있다.

(68) 가. Jean a demandé à Bill de partir et à Sue de rester respectivement.
나. *Jean a demandé à Bill de partir respectivement et à Sue de rester respectivement.
다. Jacques appelle respectivement Joe Mike et Sam Harry.
라. *Jacques appelle respectivement Joe Mike et respectivement Sam Harry.

(68)에서 부사 respectivement("각각")이 선행절과 후행절 모두에 등장하게 되면 등위접속문은 비문이 된다. 따라서 동일 연속체 삭제 가설은 적용될 수 없다.

위에서 검토해 본 바에 의하면 어떤 증거들은 후행절을 구성하는 중복적 요소들이 PF에서 삭제된다는 가설을 지지하는 반면, 일부 생략문들은 LF 복제 가설을 지지하고 있음을 알 수 있다. 따라서 지금까지 살펴 본 가설들은 모두 다소 복잡한 과정으로 이루어져 있으며, 각기 나름대로의 설명적 한계를 지니고 있다. 생략은 통사적 차원에서 설명 가능한 작용이면서도 한편으로는 발화자 및 발화상황, 즉 음성형태와 연관된 일종의 축약현상이라고 볼 수 있을 것이다.

4. 프랑스어 생략구문

프랑스어에서 관찰되는 생략현상으로는 (2가)와 같은 공백화(Gapping)

및 소위 "양태적 생략(ellipse modale)"으로 지칭되는 유형과 간접의문축약 같은 시제구(TP)의 생략 그리고 한정사구 내에서의 명사 생략을 들 수 있다.

4.1. 공백화

프랑스어에서 공백화는 동일한 구조를 가진 두 문장 S_1, S_2가 접속사(*et*, *ou*, *mais* 등)로 연결되어 있을 때 후행절 S_2에서 동사가 생략된 결과이다. 이처럼 프랑스어에서도 생략된 요소와 그 요소가 지시적으로 연관되어 있는 선행사는 각각 개별 문장에 위치하고 있다. 이 문장들(선행절 S_1, 후행절 S_2)은 다양한 접속사들(*et*("and"), *mais*("but"), *bien que*("although") 등)로 연결되며 생략요소는 언제나 후행절에, 그리고 선행사는 선행절에 위치한다(선행성 조건, condition de précédence). 따라서 생략요소와 대체어휘는 선행사로부터 성분통어 된다(Zribi-Hertz 1985 : 137-138). 프랑스어에서는 후행절의 생략요소를 대체할 수 있는 요소로서 선행절의 상관어구(선행사) 외에 대용어구 *le faire*(it-do "do it")가 있다.

(69) 가. Pierre [vient me voir]$_i$ en voiture et Maire [le fait/∅]$_i$ en moto.
Pierre comes me to-see by car and Marie it do by motorcycle
나. *Pierre [le fait/∅]$_i$ en moto et Marie [vient me voir]$_i$ en voiture.
Pierre it do by motorcycle and Marie comes me to see by car.

(70) 가. Pierre [est plus allé au cinéma] à Bali que Bob [ne l'a fait/∅] à Hollywood.
Pierre be more gone to the movie in Bali than Bob it have done in Hollywood

나. *Pierre [l'a (plus) fait/∅] à Bali que Bob [n'est allé au cinéma]
Pierre it have more done in Bali than Bob be gone to the movie

그런데 생략요소는 선행사를 선행하여, 그로부터 성분통어 되지 못하는 위치에 나타날 수 없지만, 대체어휘는 그것이 가능하다.

(71) De savoir que Pierre [le fait/∅]$_i$ en voiture gêne Marie, qui
know that Pierre it do by car bother Marie who
[vient me voir]$_i$ en moto.
came to see me by motorcycle

Zribi-Hertz(1985)는 이와 같은 생략요소와 대체어휘의 분포를 다음의 원칙을 제안함으로써 설명하고자 한다.

(72) Principe de Récupérabilité des Ellipses(생략요소 복원성의 원칙) : 생략이 일어날 가능성이 있는 구조적 위치에서, 중복적 요소만이 생략될 수 있다.

(72)에 의하면, (73) 유형의 문장에서 관찰되는 공백화는 *et*에 의하여 등위접속된 선행절(S_1)과 후행절(S_2)이 동일한 통사적 구조로 이루어져 있을 때, 선행절 동사와 동일한 요소인 후행절의 동사가 생략된 결과로 도출된 것이다.

(73) Pierre boit du café et Marie ___ du thé (=(27가))

앞서 3.1.1.에서 소개한 공백화의 조건들은 생략을 대체어휘와 같은 기능을 하는 공요소로 규정한 정의로부터 기인하는 것이다. 조건 (나)의 등위접속사(coordonnants)에는 *et* 이외에도, *mais*, *ou*, *donc*가 있다. 이 요소들은 동등한 위상을 가진 구성요소들(여기서는 S_1과 S_2)을 연결하는 기능 작용을 한다. 조건 (다)에서 NP_2와 Y은 신정보를 나타내며, 중복적(redondant)인 요소, 즉 구정보를 나타내는 V_2가 생략 가능한 것이다.

공백화의 효과는 잔여요소가 내포하는 정보가치(신정보)를 부각시키는 것이다. 따라서 실제 발화시에 실질적으로 정보 전달에 필요한 요소들만을 남기고 그 외의 중복적 요소들은 "발화하지 않는다"는 것이며 이러한 추론은 위에서 언급한 가설들 중에서 음성형태 삭제 가설과 부합한다.[23]

4.2. 생략구문과 접속사

위에서 언급한 바와 같이, 생략구문은 선적인 순서를 고려했을 때 선행사를 포함하고 있는 문장에 뒤이어 나타나고, 구조적 측면을 고려했을 때 선행사로부터 성분통어되는 위치에 나타난다. Zribi-Hertz(1985b)는 공백화 구문에서 S_1과 S_2를 연결시키는 요소가 *et*(and)이외에도 *mais*(but), *ou*(or), *donc*(so) 같은 등위접속사들임에 주목한다.

(74) Pierre $[\text{boit}]_i$ du thé, {et/mais/ou/donc} Marie $\{\text{boit}/\varnothing_i\}$ du café.
drinks tea and/but/or/so drinks coffee

23) 음성형태 삭제 가설은 뒤에서 다루는 '양태적 생략'의 도출과정에 개입하는 이동과 결합하여 보다 구체화될 것이다.

위 예문에서 볼 수 있듯이, 이 등위접속사들은 생략구문을 내포하는 후행절과 선행절을 연결지어 모두 올바른 문장을 형성한다. 이 접속사들은 문장들 간의 어떤 우위 관계를 표시하는 일이 없이, 동일한 위상으로 두 개의 문장을 연결해 주고 있기 때문이다. 그런데 다음과 같이 등위접속사에 뒤이어 새로운 정보를 덧붙이는 접속어를 사용하게 되면, 동사의 생략은 어려워진다.

(75) Pierre [boit]$_i$ du thé, et de plus Marie {boit/?*$\emptyset_i$} du café.
et en outre
et d'ailleurs (이상 and besides의 의미)
et pourtant (though)

(76) Pierre [boit] du thé, mais cependant Marie {boit/?*∅i} du café.
though
mais malgré tout (at all costs)
mais par contre (on the contrary)

위 예문들에 사용된 접속어들은 "게다가, 더구나, 그렇지만", 그리고 "그런데도, 그럼에도 불구하고, 반면에"의 의미를 지닌, [+FOCUS]의 의미를 전달하는 접속사들이므로 이어지는 문장(S_2)이 신정보를 나타내도록 해준다. 따라서 신정보에 속하는 그 문장의 동사는 중복적이지 않으며, 더 이상 생략도 불가능해 지는 것이다.

4.3. 생략구문과 소절(Small Clause)

Zribi-Hertz(1985)는 Kuno(1976) 및 그 논문에 인용된 Jackendoff(1971),

Hankamer(1973)으로부터 발췌한 다음의 영어 예문들을 통하여, 이 언어학자들이 공백화에 관한 제약을 어떻게 설명하고자 했는지를 보여주고, 동사(혹은 시제)가 없는 [주어-술어]의 구조를 이루고 있는 소절(SC)의 개념을 통해 동일 유형의 프랑스어 문장을 설명한다.

(77) 가. John asks Bill to leave and Sue to stay (Jackendoff 1971)
나. Jack calls Joe Mike and Sam Harry (Hankamer 1973)
다. Max wanted to put the eggplant on the table, and Harvey in the sink (Kuno 1976)

이 저자들의 공통적인 설명에 의하면 위 예문들은 지금까지 보았던 생략구문과 다르다. 다시 말하면 밑줄 친 부분이 S_2에 생략된 것이 아니라 각각 *John asks*, *Jack calls*, *Max wanted* 뒤에 [간접 목적어-직접 목적어]의 구조가 등위 접속되어 있다.

(78) 가. John asks *[[Bill to leave]* and *[Sue to stay]]*
나. Jack calls *[[Joe Mike]* and *[Sam Harry]]*
다. Max wanted to put *[[the eggplant on the table]*, and *[Harvey in the sink]]*

다시 말해서 위 예문들은 공백화가 아니라, 다음과 같은 접속 삭감(Conjunction Reduction)의 예들로 볼 수 있으며, 이들의 구조는 (79)에서 [ ]로 표시한 바와 같다.

(79) 가. Pierre [$_{VP_1}$ boit du thé] et [$_{VP_2}$ mange des gâteaux].
나. Pierre boit [$_{DP_1}$ du thé] et [$_{DP_2}$ du café]

Zribi-Hertz(1985b)는 소절의 개념이 위 (77) 유형의 문장들의 구조에 대한 토대를 제공할 수 있고, 이 예문들을 통하여 생략과 관련한 가설을 증명할 수 있다고 보고(Zribi-Hertz 1985b : 151), 마찬가지로 접속 삭감을 포함하고 있는 다음 프랑스어 접속문에 대해 그러한 가설을 적용해 본다.

(80) John demande à Bill de partir et à Sue de rester (= 77가)

이 문장에서 등위접속사 et는 [+FOCUS]의 자질을 지닌 연결사들로 대체될 수 있으며((81가)), 이러한 사실을 통하여 (80)이 생략에 의한 공요소가 없는 (81나)와 같은 통사 구조로 나타내어 질 수 있음을 알 수 있다.

(81) 가. John demande à Bill de partir et de plus [à Sue de rester]
et d'ailleurs
mais cependant
et pourtant
나. John demande [[à Bill de partir] et [à Sue de rester]]

아래의 예문들 역시, 이전의 경우와 마찬가지로 공백화구가 아니라 소절(Small Clause) 즉, 동사 없는 주술관계로 이루어져 있는 것으로 볼 수 있다.

(82) 가. Pierre croit Jean malade et Paul guéri
나. Pierre trouve Jean gentil et Marie folle
다. Pierre trouve Jean gentil et Marie fou

이 문장들의 통사적 구조는 아래의 (83가)와 같다. 다시 말해서 이 문장들은 (83나)와 같은 [V-DP]의 생략을 내포하는 것이 아니라 (83가)처럼 2개의 소절이 등위접속된 구조를 이루고 있다고 보아야 한다.

(83) 가. Pierre croit [Jean malade] et [Paul guéri]
나. *Pierre [croit Jean]$_i$ malade et Paul [∅]$_i$ guéri.

여기서 두 번째 소절의 주어인 Marie(여성의 이름)는 문법적으로 여성명사이므로 이것과 결부된 형용사 술어도 마찬가지로 여성형(folle)을 취해야 한다.

(84) Pierre trouve Jean gentil et Marie {folle / *fou}
crazy(여성형) crazy(남성형)

또한 *Pierre trouve Jean gentil et Marie fou*는 아래와 같이 공백화구를 포함하고 있는 구조를 상정한다고 해도 비문이다.

(85) *Pierre [trouve Jean]$_i$ gentil et Marie [∅]$_i$ fou

이상의 사실들은 소절에서 술어구를 남겨둔 채로 주어구를 생략할 수는 없음을 보여주고 있다.

프랑스어의 소절을 내포한 구문에 대한 Zribi-Hertz(1985b)의 분석은 문장 내에서 생략될 수 있는(ellipsable) 요소에 관한 어떤 가정을 이끌어낼 것을 요구한다. 실제로 Zribi-Hertz(1985b)는 대용형태의 선행요소는 반드시 구성성분(constituant)이어야 한다는 원칙을 제안한다. (84)에서 *trouve Jean*과 같이 구성성분이 아닌 요소는 이 원칙을 위배한다.

또한 다음 예문에서 생략요소가 대용형태 *le faire*에 의해 대체될 수 있다는 것 역시 이 원칙이 생략에 의한 공요소 뿐만 아니라 대용형태에 일반적으로 적용될 수 있음을 보여주고 있다.

(86) 가. Pierre [a demandé à Marie de partir]$_i$ et Jean [l'a fait]$_i$ {aussi/de même}.
나. *Pierre [a demandé à Marie]$_i$ de partir et Jean [l'a fait]$_i$ de rester.

그런데 지금 인용한 논문에서 저자가 제시한 구성성분에 대한 정의는 다소 불분명하다. 위에서 먼저 살펴본 프랑스어의 공백화 구문에서 생략요소의 선행사가 구성성분이라고 보기에는 무리가 있기 때문이다.

본 연구는 프랑스어 및 기타 언어에서의 생략요소의 선행사를 반드시 구성성분으로 제한하지 않고, 생략을 위에서 언급한 대로 화자의 의지가 개입되어 통사적으로 나타나는, 즉 비통사적 요인과 통사적 요인이 모두 작용하는 현상으로 보고자 한다. 또한 선행사가 구성성분이든 아니든 프랑스어에서 생략에 의한 공요소는 대용형태의 한 하위부류로 간주하여, 어휘적 대용형태 *le faire*와 상보적인 비어휘적 대용형태를 구성한다고 본다.

4.4. 양태조동사(verbe modal) 구문에서의 생략

위 3.1.2.절에서 프랑스어에서는 VP-생략에 해당하는 문장들의 형성이 불가능하다는 것을 알 수 있었다. 실제로 다음의 프랑스어 예문에서 조동사 혹은 양태동사만 남고 나머지 요소들이 생략되는 것은 불가능하다.

(87) 가. *Marie est [allée]$_i$ à l'école, et Jeanne est [$_{VP}$ ∅]$_i$ aussi.
Marie is went to school and Jeanne is [$_{VP}$ ∅] too
나. *On a demandé s'ils ont déjà [mangé]$_i$, et ils ont [$_{VP}$ ∅]$_i$
we asked if they had already eaten, and they had.
다. *On peut [demander s'ils ont déjà mangé]$_i$, et on doit [$_{VP}$ ∅]$_i$
we can ask if they have already eaten, and we should.

그런데, 프랑스어에서도 다음과 같이, 적어도 표면적으로는 동사구 생략을 내포한 문장들을 관찰할 수 있다. 이 예문에서 생략구는 모두 프랑스어의 양태조동사 *pouvoir*("can, may"), *vouloir*("want"), *devoir*("must"), *falloir*(비인칭 "be necessary"), *avoir le droit*("be allowed") 뒤에 나타나 있으며, 이러한 프랑스 식 의사공백화를 흔히 "양태적 생략(ellipse modale)"으로 지칭한다.

(88) 가. Il a réoccupé le Rhin alors qu'il aurait pas dû [ ].
he has re-conquered the Rhine while he should not have
나. Jean peut parler à Pierre et Marie peut aussi [ ].
Jean can talk to Pierre and *Marie* can too
다. Paul est venu parce que *Marie* ne voulait pas [ ].
Paul is come because that Marie NEG want not
라. Tu peux toucher les statues, mais toucher les peintures, il faut pas [ ].
you can touch the statues, but touch the paintings you must not
(Authier 2012 : 4-5)

본 연구에서는 Dagnac(2008), Authier(2012)의 분석에 따라 이와 같은 프랑스어의 '동사구' 생략은 사실상 영어에서와 같은 VP의 생략이 아닌 TP생략이라고 가정하고, Busquets & Denis(2001), Dagnac(2008)의 초점이동을 통한 분석을 앞 단원에서 검토해 보았던 PF 삭제 분석과 결합하여, 프랑스어의 양태적 생략을 설명하고자 한다. 양태적 생략에 대한 이와 같은 분석은 생략구가 단순한 영 대용형태가 아니라 선행절과 동일한 통사적 구조를 갖춘 절에서 일어나는 생략이라는 것을 의미한다.

(88)에서 *pouvoir*, *vouloir*, *devoir*, *falloir*, *avoir le droit*와 같은 양태 조동사들만이 후행 요소의 생략을 허용하는 것을 알 수 있는데, 이 조동사들은 다음과 같이 후행요소의 좌측전이(left dislocation)에 의해 발생하는 공요소 역시 허용한다.

(89) 가. J'aimerais bien faire des études de médecine, mais <u>disséquer les</u>
I-would-like well to-do studies of medicine but dissect the
cadavres, je peux pas [ ].
corpses I can not

나. Elle m'a dit que <u>fumer dans les couloirs</u>, on a le droit [ ]
she told me that to-smoke in the hallways, one has the right

(89)에서와 같은 동사 부정법(verbe infinitif)구의 이동은 Authier(2012)가 유사한 구조의 영어 문장들에 대해 분석한 바에 의하면 주제화(topicalization)이며, 프랑스어에서도 역시 이 부정법에 내포된 요소가 밖으로 이동하는 것은 정착할 수 있는 시제절이 있을 경우에만 가능하다. 다음에 예시된 비문들은 주제화된 동사 부정법절이 그 자신이 포함된 부정법절 밖으로 이동하지 않아서 적절한 기착지인 시제절에 정착하지 않았음을 보여준다.

(90) 가. *Paul a téléphoné pour [obtenir son visa plus rapidement, pouvoir [ ]].
Paul has called for to-obtain his visa more quickly to-be-able

나. *[Son ardeur à [prendre sa revanche, vouloir [ ]] témoigne d'un
his fervor to take his revenge, to-want attests to-a
caractère combatif
spirit fighting

프랑스어의 부정법 동사가 적법하게 주제화되기 위해서는 다음과 같이 정착할 수 있는 시제절을 찾아 가야한다.

(91) 가. Soulever ce sac de ciment tout seul, tu risques pas de pouvoir [ ] !
to-lift this bag of cement all alone you are-likely not to be able
나. Il peut vous vendre sa récolte de pommes mais vendre sa récolte
He can to-you sell his crop of apples but to-sell his crop
de tabac, il dit de ne pas avoir le droit
of tobacco he says not to-have the right

Authier(2012)는 이와 같은 부정법절의 주제화를 지배하는 제약이 (92)의 양태동사구 내 생략과 매우 유사하다는 점에 착안하여 양태동사구에서의 생략이 주제화에 의해 인허된다고 가정한다.

(92) 가. Je ne sais pas si Patrick peut soulever 150kg, mais il se vante de
I NEG know not if Patrick can to-lift 150 kg but he brags of
pouvoir [ ]
to-be-able
나. Il a les moyens d'aider ses enfants et il devrait avoir honte
He has the means of-to-help his children and he should to-have shame
de ne pas vouloir [ ]
of NEG not to-want

따라서 위 (92)에서 생략된 부정법절은 주제 위치로 (비현시적으로) 이동한 부정법절의 영 대용형태[24]로 볼 수 있을 것이다. 이와 같은 가정하에서 Busquet et Denis(2001)에서 "프랑스어 의사공백화"로 지칭한 다음 예문들을 설명할 수 있다(Authier 2012).

(93) 가. Marie ne peut pas s'acheter de jouets, mais des livres, elle peut [ ].
Marie NEG can not self-buy any toys but some books she can
나. Je veux bien aller au ciné avec toi, mais avec elle, je veux pas [ ].
I want well to-go to-the movie with you but with her I want not
다. Tu peux faire de la musique, mais après 22h 00, il faut pas [ ].
You can make some music but after 22:00, it is allowed not

(93)에서 [ ] 위치로부터 이동하였다고 가정하는 밑줄친 요소들은 대체로 논항(cf. (93가))과 부가어(cf. (93나, 다))이며, 이들은 생략을 인허하는 양태동사들을 관할하는 시제구(TP)의 좌측 외곽으로 이동한 것으로 보인다. Dagnac(2008), Authier(2012)의 분석에 따르면 여기서 이동한 요소는 TP 전체로서, 가령 (93나)와 같은 문장은 다음 과정을 거쳐서 도출된 것이다.

(94) 가. [$_{\text{TopP}}$ PRO aller au ciné avec elle]$_i$, je veux pas [Ø]$_i$
go-to the movie with her, I want not
나. [$_{\text{FocP}}$ [Avec elle]$_j$ [$_{\text{TopP}}$ PRO aller au ciné [Ø]$_j$]]$_i$, je veux pas [Ø]$_i$
다. [$_{\text{FocP}}$ [Avec elle]$_j$, ~~[$_{\text{TopP}}$ PRO aller au ciné [Ø]$_j$]]$_i$~~ je veux pas [Ø]$_i$

24) Authier(2012)에서는 이것을 묵언의 복제(silent copy)로 표현하였다.

우선, 동사 부정법절은 TP의 좌측 외곽에 있는 주제구(TopP)의 지정어 위치로 이동한다(cf. (94가)). 다음으로 음성적으로 발화되는, 즉 신정보에 해당하는 전치사구 *avec elle*이 보다 상위의 위치, 초점구(FocP)의 지정어로 이동한다(cf.(94나)). 마지막으로 TopP의 지정어에 있던 절 전체가 삭제된다(cf. (94다)).

이와 같은 프랑스어의 소위 "의사공백화"에 관한 Authier의 분석은, 삭제는 일어나지 않고 주제화 및 초점화만 일어난 다음의 예문들 역시 설명해 줄 수 있다. 여기서 밑줄 친 요소들((95가)의 전치사구, (95나)의 여격 논항)은 초점화된 요소들이며 따라서 이 요소들의 위치는 초점화 요소를 위한 FocP의 지정어 위치일 것으로 예측되는 것이다.

(95) 가. En tout cas, <u>avec elle</u>, PRO aller au ciné, je veux pas.
in all cases with her to-go to-the movies I want not
나. Le problème, c'est qu'<u>à Jean</u>, PRO dire la vérité, j'ai jamais pu.
the problem it's that-to Jean, to-tell the truth I have never been-able

이상에서 프랑스어의 "의사공백화" 구문은 *pouvoir*, *vouloir*, *devoir*, *falloir*, *avoir le droit*와 같이 특정한 의미를 지닌 양태 조동사들에 의해 인허되는데, 그것은 우선 이들의 보어인 동사 부정법절이, 이들을 관할하는 TP의 영역 밖으로 이동하고(주제화), 다음으로 초점화하고자 하는 신정보에 해당하는 요소가 TopP 외부로 이동하여 FocusP의 지정어 위치에 안착(초점화)하면, 마지막으로 앞서 이동했던 TopP 전체가 삭제되어 도출된다고 볼 수 있다.

그렇다면 프랑스어의 공백화 구문 역시 이와 같은 연속적 이동과 PF-삭제 이론으로 설명할 수 있을 것이다.

(96) Pierre boit du café, et Marie ___ du thé.

선행절과 같은 통사적 구조를 가진 두 번째 등위절 *Marie boit du thé* 가 생성된 이후, 우선 신정보를 지닌 요소들, 즉 후행절의 주어와 목적어 DP가 AgrsP의 외곽으로 초점화 이동을 한다. 목적어 DP가 먼저, 주어 DP가 그 이후에 초점 위치(FocP의 지정어)로 이동한다. 이어서 기지의 정보를 담고 있는 동사 boit가 삭제된다.

(97) 가. [$_{FocP}$ [du thé]$_i$ [$_{AgrsP}$ Marie boit t$_i$]
나. [$_{FocP}$ Marie$_j$ [$_{FocP}$ [du thé]$_i$ [$_{AgrsP}$ t$_j$ boit t$_i$]
다. [$_{FocP}$ Marie$_j$ [$_{FocP}$ [du thé]$_i$ [$_{AgrsP}$ t$_j$ ~~boit~~ t$_i$]

이상에서 검토해 본 바에 의하면 프랑스어에서 생략이 일어날 수 있는 조건은 대체적으로 다른 언어들에서 이 현상이 일어나는 조건과 같다. 우선, 생략된 성분은 그 선행사와 동일하다.[25] 다시 말해서 선행사를 구성하는 모든 요소들이 생략되는 것이다. 생략이 일어나는 원인은 신정보의 초점화이며 초점화는 이동과 중복적 요소(기지의 정보)의 삭제를 통해서 이루어진다.

5. 한정사구 내 명사(N) 생략

통사론에서 다루는 생략 또는 영형태에는 한정사구(DP) 내부의 NP의

25) 물론 프랑스어는 동사형태가 주어의 인칭과 수에 따라 변하므로 부합형 생략이 있다.

핵어 N의 생략이 포함된다. 프랑스어에서도 명사 핵어 N이 음성·형태적으로 실현되지 않은 경우들을 관찰할 수 있다. 다음 예문에서 밑줄 친 단위들, 즉 한정사와 함께 나타나 있는 요소들을 영형태 명사를 수식하는 한정 형용사로 볼 것인지 혹은 한정사구 내 NP의 핵어로 볼 것인지의 문제가 제기된다.

(98) Entre ces deux voitures, j'achèterai {la rouge / la petite}
between these two cars I-will- buy the red / the small

이 글에서는 이런 경우 한정사구 내에 음성적 영형태 [$_N$ Ø]로 나타내어지는 N이 존재하는 것으로 가정하여, 이것을 명사 생략으로 보기로 한다.

5.1. 자동사적 D(D intransitif) 용법

한정사구 내에서 생략된 명사는 언어적 또는 상황적 맥락으로부터 의미상 복원될 수 있다. 예를 들어 다음 (99)에서 [$_N$ Ø]는 각각 *valeur* ("stock"), *pull*("sweater")과 의미적으로 결부되어 있음을 이해할 수 있다.

(99) 가. Les valeurs françaises sont en baisse, les [$_N$ Ø] américaines irrégulières.
나. Il a pris le pull rouge, moi, le [$_N$ Ø] vert.

이 예문들은 프랑스어에서 명사 핵어가 문맥상 명확할 경우, 후행하는 명사를 반복하지 않고 생략한다는 것을 보여준다.

이러한 N 생략 역시 여러 언어에서 관찰되는 현상이다. Abney(1987)

은 영어에서의 N 생략을 자동사적 핵어 D(intransitive D)의 용법으로 분석한다.

(100) 가. As for loudspeakers, these are the most reliable {∅/ones}. (Panagiotidis 2003 : 383)

나. I don't like this scarf from Paris but I like that {∅/one} from Prague. (Panagiotidis 2003 : 393-394)

그런데 영어 한정사구에서 언제나 영형태의 N(혹은 자동사적 D)이 허용되는 것은 아니다.

(101) The saleslady showed me these two dresses. I wanted the green *(one).

프랑스어에서는 위 (99)에서 확인할 수 있듯이 DP를 구성하는 나머지 요소들, 즉 한정사와 한정 형용사가 명사의 생략을 인허해 준다. 반면 (102)과 같은 영어 예문은 영어에서 명사 영형태를 인허해 주는 요소가 지시한정사와 형용사의 최상급임을 보여준다.

(102) 가. I like {this/that} {∅/one}.

나. This is the most reliable {∅/one}.

또한, 영어 한정사구에서 그와 같은 분포적 조건이 충족될 경우, 지시한정사 뒤에 *one*이 나타날 수 있는 것을 알 수 있다. Panagiotidis(2003)은 음성적 내용이 없는 명사(null noun)와 음성적으로 실현되나 의미적 내용이 없는 명사 *one*을 통합적으로 설명하고 있다. 음성적으로 영형태인 명사는 Postal(1969) 이후 기존 연구에서 일반적으로 공범주 pro로 간주되어 왔으나(cf.Felix 1990, Lobeck 1995, Sleeman 1993, Cardinaletti 1994, Uriagereka 1995, Kester 1996, Corver & Delfitto 1999, Koopman 2000) 이 연구에서는 *one*과 마찬가지로 어휘부 안에 등재된 하나의 어휘 요소로서 간주하고 있다. 다시 말해서 Panagiotidis(2003)은, 음성적 영형태인 명사는 (*one*과 같은) 서술적 영명사[26]의 한 부류를 구성하며 이 두 종류의 명사는 모두 어휘부에서 다른 어휘 항목들과 마찬가지로 존재하면서, 명사들 중에서 닫힌 부류(closed class)에 속하는 명사 부류를 구성하므로 통사적인 규칙의 제약을 받지 않고 어휘부에 대한 제약을 따른다고 가정하고 있다.

요컨대, 위에 제시된 예문들 (98~102)에서와 같은 음성적 영형태 [$_N$ Ø]에 관한 분석은 크게 pro 가설과 'one'으로 대표되는 명사적 대명형태의 비가시적 이형태로 보는 가설로 나뉜다. Pro는 다른 공범주들과 마찬가지로 인허되고 확인되어야 한다(Chomsky 1982 : 85). 이 공범주는 이미 알려져 있듯이, 수, 인칭, 격과 같은 문법적 자질들의 다양한 조합을 내포한다고 가정한다.

(103) 가.	Io/pro	sono
	1SG.NOM	am
나.	Tu/pro	sei
	2SG.NOM	are
다.	Noi/pro	siamo
	1PL.NOM	are(1PL)

이처럼 소위 pro-drop 언어들의 주어 위치에 나타나는 pro는, 인허되

26) 이 때의 서술적 "영명사"란 음성적으로 영(null)이 아닌, 의미 내용이 영(null)인 영명사를 말한다.

고 확인될 수 있는 환경이 주어진다면, 주어 외의 논항 위치에서도 나타나는 것으로 가정할 수 있다. 그런데 일반적으로 알려진 이와 같은 pro의 특성을 고려해 보았을 때, *one*과 교체 가능한 pro의 경우는 설명하기 어려워진다. 가령 (100)에서 *one(s)*와 교체가능한 pro를 [-anaphor]의 특성을 가지는 요소로 볼 수 있을지는 의문이다. 요약하면, 음성적 영형태인 명사를 pro로 본다면, 영어의 *one*과 같이 현시적 영명사와 통합적으로 설명하기가 힘들다. pro가 공범주로서 지켜야 하는 통사적 요구사항들을 *one*은 지키지 않으며 그렇게 되면 ∅과 *one*의 교체가능성을 설명할 방법이 없기 때문이다.

따라서 본 연구는 한정사 내의 생략된 명사를 선행요소와의 중복을 피하기 위한 일종의 대용적 영형태로 간주하고자 한다. (99나)에서 *le pull vert*와 *le pull rouge*에서 대조에 의하여 초점화되는 요소는 색깔 형용사 vert이다. 따라서 초점화된 요소만을 남겨두고 기지의 정보인 중복적 요소 N이 대용형태 [N ∅]으로 대체된 것이다.

5.2. 프랑스어 DP내 [$_N$ ∅]의 분포

(102가)를 통해 [$_N$ ∅]를 포함하는 한정사구 내에서는 D가 그 영명사를 인허하는 범주라고 가정하기 쉽다.

(102) 가. I like {this/that} ∅.

그러나, 영어에서 (104가)가 비문이며, 프랑스어에서 (104나)의 한정사구가 불가능한 것을 볼 때, 또한 분포적인 측면에서 관찰된 다른 데이터들을 고려해 볼 때, 한정사를 영형태 N을 인허하는 요소로 간주하기에는 무리가 있다.

(104) 가. *I like the green ∅.

나. *J'aime ce ∅. *J'aime le ∅.

I love this I love the

프랑스어 한정사구내의 명사 위치에 영형태를 허용하는 경우는 다음과 같이, 관사 외 한정 형용사(최상급 포함)와 같은 요소가 나타나는 경우이다.27)

(105) 가. Ces jeunes apprennent le français.

these young learn French

'These young people learn the french language.'

나. Marc est le plus grand (de la classe).

is the biggest (of the class)

다. Il faut aider les pauvres.

it is necessary to help the poor

(105가, 다)의 *Ces jeunes, les pauvres*와 같은 한정사구는 모두 [한정사+형용사]의 구조로 이루어져 있다. 그런데 *les pauvres*가 *plus*, *très* 등의 부사의 수식을 받을 수 있는 반면, *ces jeunes*은 그러한 부사의 수식을 받지 못한다. 이러한 차이는 형용사 *jeune*과 *pauvre*의 차이가 아니라, *jeune* 앞에 있는 지시한정사 *ces*와 정관사 *les*의 기능적 차이로부터 기인하는 것

27) 예문 (105가, 다)는 Jones(1996 : 328)에서 가져온 것이다.

으로 보아야 할 것이다.

(106) 가. *Ces très jeunes apprennent le français.
those very young(s) are-learning French
나. Il faut aider les {plus/ très} pauvres,
it is necessary to help the most/very poor

*ces jeunes*의 경우, 어떤 특정한 선행사를 필요로 하지 않으며, 지시한정사 *ces*의 의미로 인해 특칭적으로 해석된다(specific reading). 또한 지시사 *ces*를 정관사 복수형 *les*로 대체할 경우, 형용사가 *très*, *plus*의 수식을 받는 것이 가능해지며 문장은 총칭적 해석(generic reading)을 받게 된다.

(107) Les très jeunes devraient apprendre le français.
The very young should learn French

한편, 예문 (105)에서 밑줄친 요소들은 모두 의미상 [+humain]의 자질을 지닌 한정사구들이다. 그러나 [+humain]자질이 프랑스어 명사 핵어 생략의 제약 조건은 아니다. 프랑스어에서는 아래와 같이 [-humain]이면서 [-animé](무정명사)인 명사의 생략도 가능하다.

(108) 가. De ces robes, je préfère la rouge.
Of these dresses, I prefer the red one
나. Entre ces deux voitures, j'achèterais la plus petite.
Between these two cars I-buy-FUT the smallest

한편, 형용사를 포함하는 한정사구에서 항상 명사 생략이 가능한 것은 아니다. 다음 예문들을 비교해 보면, 어떤 분류의 기준이 되는, 색깔이나 크기와 같이 외형상 인지 가능한 특성을 나타내는 형용사들이 명사 생략을 허용한다는 점을 알 수 있다.

(109) 가. Entre ces deux voitures, j'achèterais la rouge / la petite.
나. *Entre ces deux voitures, j'achèterais la confortable.
다. Entre ces deux voitures, j'achèterais la plus confortable.

이상에서, 프랑스어에서는 색깔이나 크기와 같은 외형상 인지 가능한 특성, 혹은 최상급으로 표현되어 (전체에 대한 일부를 가리키는) 부분적 해석을 지니는 형용사만이 [N ∅]을 허용한다는 결론을 내릴 수 있다 (Sleeman & Hulk 2011/2012).

(109)에서 *Entre ces deux voitures*("Between these two cars")를 통하여, 생략 명사가 가리키는 대상이 *voiture*임을 알 수 있다. *voiture*가 문법적으로 여성 자질이 내재된 명사이고, 따라서 형용사 역시 여성형인 *petite*로 일치되고 있는 것으로 보아, [ ]안의 표현은 어떤 방식으로든 명사 *voiture*와 지시적으로 결부되어 있다고 볼 수 있다(*Entre ces deux jouets*(남성명사), *je prendrais le plus petit*(남성형용사), "Between these two toys, I'll take the biggest").

따라서 이 한정사구 내 명사구 내부에는 영명사가 있을 것으로 가정하며 이 요소는 영어에서는 보통 *one*으로 나타내어진다.

(110) 가. I would buy the small(est) one. (*I would buy the small.)
나. I would buy the smallest (one.)

(105다)에서 사용된 형용사를 살펴보면, *pauvre*는 *plus*, *très*와 같은 수

식어의 수식이 가능하다.

(111) Il faut aider [les (plus/très) pauvres].

따라서 이 예문에서 *pauvre*는 명사가 아닌 형용사이며 [ ]표시된 한정사구 내부에는 $[_N\ \emptyset]$이 있다고 볼 수 있다. 이 문장에서 *les pauvres*는 해석의 측면에서 특정 선행사에 의존하지 않는 [+generic], [+human]의 의미자질을 가진다("poor people in general"을 의미).

한정사구를 구성하는 요소들(기능범주, 어휘범주)의 분포와 위계에 관해 잠시 언급하고 넘어간다. 프랑스어에는 명사를 좌측에서 한정하는 형용사(prenominal adjectives)들과 우측에서 한정하는 형용사들(postnominal adjectives)이 있다. 수 형용사와 *petit(e)* "small", *grand(e)* "big", *bon(ne)* "good", *beau(belle)* "beautiful", *jeune* "young"과 같은 형용사들은 명사 좌측에 나타나고, 그 외의 형용사들(특히 색채, 국적 등을 나타내는 형용사)은 명사 우측에 나타난다.[28] 이 형용사들은 한정사구 내에서 대략 다음과 같은 분포를 보인다.

(112) 가. une belle <u>voiture</u> bleue allemande

a nice car blue German (a nice blue German car)

나. a nice blue German car

DP내에서 명사 핵어를 수식하는 한정 형용사들의 다양한 분포는, 보

28) DP 내부에 나타날 수 있는 한정 형용사들의 선형적 분포를 다음과 같이 정리할 수 있다. possessor > cardinal > ordinal > quality > quantity > shape > colour > origin > material (Rowlett, 2007 : 88)

편문법에 의해 한정사의 위치가 고정되어 있으며, 명사가 NP 외부로 이동하여 안착하는 위치에 따라 명사구 구성요소들의 상대적 위치가 결정된다는 가정(cf. Bernstein 1991, 2001, Cinque 1990)에 의해 설명될 수 있다. 이러한 가정에 입각하여 DP의 통사적 구조를 다음과 같이 설정할 수 있다.29)

(113)

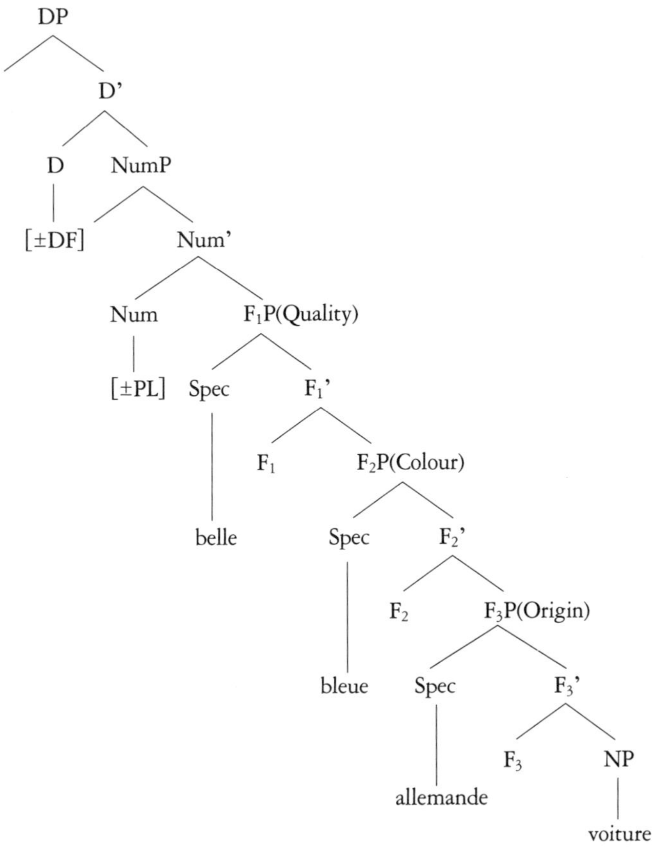

29) Scott(2002 : 102)에서 착안하여 변형시킨 Rowlett(2007 : 88)의 명사구 내부 구조를 참고로 하여 본 논문의 저자가 한정사구로 재구성하였음.

(112나)와 같은 영어 명사구는 NP를 가장 가까이서 직접 관할하는 기능범주(DP 내에서 주로 형용사가 위치하는 것으로 가정하는 기능범주, 위 수형도에서는 F_3P)의 핵어로 N이 이동하여 생성된다. (112가)에서 프랑스어 명사구의 명사 핵어 voiture는 F_1까지 이동하고, 그 결과 une-belle-voiture-bleue-allemande의 선형적 순서로 이루어진 명사구가 생성되는 것이다.

5.3. 명사화의 예

프랑스어에서 한정사와 형용사로만 이루어진 다음과 같은 유형의 명사구가 있다.

(114) 가. La marquise a appelé la bonne.
the marquise called the housemaid
나. Jules a épousé une Anglaise. (Jones 1996 : 328 참고)
Jules married a British woman

Chevalier, Blanche-Benveniste, Arrivée, Peytard(1990)은 이와 같은 유형을 명사 생략으로 간주하여, 형용사가 의미의 변화를 통하여 (명사로) 품사 변화한 것으로 분석한다. 예를 들면, *la capitale*(수도(首都))이라는 명사는 *la ville capitale*(중심적인 도시)에서 명사 *ville*(도시)이 생략되어 생겨났다는 것이다.

(114가)의 경우, bonne이라는 어휘는 D가 선행하는 명사 N으로 보는 것이 타당하다. 다시 말해서 형용사로부터 명사화된 어휘로 보아야 한다. 여기서 *bonne*이 생략된 명사를 수식하는 형용사라면 그 [$_N$ ∅]을 대체할 수 있는 적절한 어휘가 있어야 하지만, 그러한 어휘는 없다. 이와 유사

하게 품사 전환된 프랑스어 명사로는 *un bleu*("bruise"), du bleu("blue cheese"), une circulaire("letter") 등을 들 수 있다.

(114나)에서 *une Anglaise*는 부정관사 여성형 *une*과 국적 형용사 여성형 Anglaise로 구성되어 있다. 영어에서는 모든 국적 형용사가 특정 국가의 국민을 지칭하지는 못하지만(cf.(115)), 프랑스어에서는 모든 국적 형용사가 관사와 함께 관련 국가의 국민을 지칭하는 명사로 사용될 수 있다. 따라서 *(une) Anglaise*와 같은 표현은, *bonne*나 *bleu*처럼 프랑스어에서 명사로 품사 전환된 예로 볼 수 있을 것이다.

(115) *He married an English

프랑스어에서 영형태 명사가 형용사의 수식을 받으면, 그 [N ∅]은 (가) 어떤 선행사를 지시하는 것으로 해석되거나 (나) 총칭적([+générique]) 으로 해석되면서 사람을 가리키는([+humain]) 자질을 가지는 것으로 해석된다.

이와 같은 '명사적 형용사'의 사용은 영어에서보다 프랑스어에서 훨씬 더 광범위하고 일반적이어서 *pauvre*, *jeune*외에도 *malade*("sick"), *vieux*("old"), *aveugle*("blind"), *sourd*("deaf"), *fidèle*("faithful") 등이 [$_N$ ∅]을 한정하는 형용사로 사용될 수 있다. 이러한 형용사들과 달리 *bonne*이나 *bleu* 등은 문법적 성(genre)이 고정된, 특정한 의미를 가지는 명사로 간주되어야 한다.

프랑스어에서는 한정사구 내에 출현하는 영형태를 대용적 명사 [$_N$ ∅]로 볼 수 있으며 이것이 인허되는 통사적 조건은 D와 A가 명사구 내에 명시적으로 실현되는 것이다. 또한 중요한 것은 그 A(한정 형용사)가 지닌 의미적 제약인데, [+partitif] 또는 [+classifiant]의 의미적 자질을 갖춘 한정 형용사가 [$_N$ Ø]를 인허할 수 있으며, 그 과정에서 [±humain]의 해석과 결부된 의미 · 화용적 제약이 개입한다는 점이다. 이는 생략이라는 현상이 한정사구 내에서도 언어에서 기지의 정보를 중복적으로 발화하지 않으려는 경제성 추구의 일환으로 생겨난다는 점을 뒷받침해 준다.

6. 결론

한국어, 프랑스어, 영어 등 다양한 언어에서 관찰되는 생략현상은, 언어 행위에서 중복되는 요소를 표현하지 않는다는 측면에서 언어의 기본 원리인 경제성 추구에서 기인한다고 볼 수 있다. 이는 다시 말해서 생략이 기지의 정보/구정보를 표현하지 않으려는 경향으로부터 비롯된 현상임을 의미한다. 중복적인 요소를 배제하고 초점이 주어진 요소, 신정보만을 발화하는 것은 화자의 의지 및 발화 상황과도 결부되므로, 생략현상 자체는 통사적 원리 외에도 담화 문법적 원리의 지배를 받는다고 할 수 있다. 이처럼 생략은 통사적, 담화적 맥락으로부터 복원가능한 현상이라고도 할 수 있다. 생략이 구정보의 표현을 자제하고 신정보를 부각시키고자 하는 화자의 의지를 반영한 언어현상임은 프랑스어의 등위접속문에서 생략이 가능한 반면, "양보" 혹은 "대조"의 부사의 영역 안에 후행절이 있는 접속문에서는 생략이 불가능한 점을 통해 보여진다.

이러한 생략현상은 통사론에서 설정하고 있는 pro, PRO 및 공연산자(Op)와 같은 공 DP나 비어있는 각종 핵어들과 다른 요소로 분류되고 연구되어 왔으며 PF-삭제 가설과 LF-복제 가설이 그 중 대표적인 분석방법이다. 생략되는 요소는 그것이 포함된 절과 동일한 통사적 구조를 지닌 선행절로부터 형태적, 의미적 복원이 가능하며, 공백화, 의사공백화와 같은 생략 구문에서 '생략'되는 요소는 중복성에 입각하여, 주제화, 초점화와 관련한 연쇄적 이동을 거친 후 PF 층위에서 삭제된다고 가정할 수 있다. 생략되는 요소들은 공백화 혹은 의사공백화에서 구성 성분이라고 보기 어렵다. 구성 성분이 일반적으로 '이동'이라는 통사적 운용의 대상인 것을 고려해 볼 때 생략은 전면적 이동(ATB) 등과 같은 복잡한 이동 절차를 포함한 분석 방법으로 설명되기에는 조심스러운 면이 있다. 이숙희, 이혜란(2007)의 지적대로, 이동 분석이든 삭제 분석이든 생략 현상만을 잘 설명할 수 있는 가정은 보편문법에 어긋나게 될 것이다.

접속문 후행절에서 일어나는 생략 외에도 프랑스어 한정사구 내에서 "명사 없이" 형성되는 "명사구"를 검토해 보았다. 프랑스어 혹은 기타 언어에서 명사 없는 명사구가 가능한 이유는 현시적 혹은 비현시적 선행사를 통하여 발화되지 않은 명사의 의미적 복원이 가능하기 때문이다. 이 현상에는 언어마다 고유의 분포적, 의미적 제약이 따르는데, 영어의 경우 내용상 빈 명사인 *one*이 출현하는 것으로 보아, 영형태인 명사는 어휘적으로 표현된 *one*과 함께 선행요소를 대체하는 무형의 대용형태 $[_N\ \varnothing]$인 것으로 가정한다. 프랑스어에는 논항 위치에 나타날 수 있는 *one*과 같은 요소가 없고 $[_N\ \varnothing]$만이 이용 가능하다.

Zribi-Hertz(1985)의 지적을 인용하면, 생략 요소의 중요한 특성인 복원 가능성은 이 요소의 언어적 위치를 통사론과 화용론 사이의 어딘가로 지정한다고 볼 수 있다. 생략현상은 경제적이고 효율적인 발화를 위한 작용으로서, 복잡한 통사 규칙을 통해 설명하기보다는 의미·해석적 측면을 함께 고려하여 설명해야 할 것으로 보인다.

생략에 의한 영형태와 공범주는 항상 상호보완적인 두 개념으로써 어떤 영형태를 포함하고 있는 통사구조를 설명하는 데 기여할 수 있을 것이다.

참고문헌

김광현(1993), "생략현상에 대한 고찰," 불어불문학연구 28, 한국불어불문학회, 375-387.

김용하(2007), "한국어의 무동사 접속문," 생략현상연구 : 범언어적 관찰, 한국문화사, 84-119.

윤우열(1997), "인칭체계와 문장요소의 비명시화 : 생략, 부정화, 영형태," 불어불문학연구 34(2), 한국불어불문학회, 625-641.

이숙희 · 이혜란(2007), "공백화," 생략현상연구 : 범언어적 관찰, 한국문화사, 210-246.

정승영(2005), "영어 생략현상에 관한 고찰," 현대영미어문학 23(4), 현대영미어문학회, 95-117.

Carnie, A.(2012), *Syntax : A Generative Introduction* 3rd edition, John Wiley and Sons Inc. [안동환 역(2013), 통사론, 한국문화사.]

Abney, S(1987), *The English Noun Phrase in Its Sentential Aspects*, PhD dissertation, MIT.

Agbayani, B. & E. Zoerner(2004), "Gapping, pseudogapping and sideward movement," *Studia Linguistica* 58, 185-211.

Authier, M.(2012), "Ellipsis as movement and silence : Evidence from French," *University of Pennsylvania Working Papers in Linguistics*, 18-1. <http://repository.upenn.edu/pwpl/col18/iss1/2)>

Bernstein, J.(1991), "DPs in French and Walloon : Evidence for parametric variation in nominal head movement," *Probus* 3, 101-126.

Bernstein, J.(2001), "The DP hypothesis : Identifying clausal properties in the nominal domain," In Baltin and Collins (Eds.), 536-561.

Busquets, J. & D. Pascal(2001), "L'ellipse modale en français: le cas de *pouvoir* et de *devoir*," *Cahiers de Grammaire* 26, 55-74.

Cardinaletti, A.(1994), "On the internal structure of pronominal DPs," The *Linguistic Review* 11, 195-219.

Chevalier, J.-C et *alii*(1991), *Grammaire Larousse du Français Contemporain*, Paris : Larousse.

Chomsky, N.(1981), *Lectures on Government and Binding*, Dordrecht : Foris.

Chomsky, N.(1982), *Some Concepts and Consequences of the Theory of Government and Binding*, Cambridge, Massachusetts : MIT Press.

Chomsky, N.(1986), *Knowledge of Langauge*, New York : Praeger.

Chomsky, N. & H. Lasnik(1993), "*The theory of principles and parameters*," In J. Jacobs et al (Eds.) *Syntax : An International Handbook of Contemporary Research*, vol.1. Walter de Gruyter, 506-569.

Cinque, G.(1990), *Types of A' Dependencies*, Cambridge, Mass. : MIT Press.

Cinque, G.(2002), *Functional Structure in DP and IP : the Cartography of Syntactic Structures*, Oxford University Press.

Corver, N. & D. Delfitto(1999), "On the nature of pronoun movement," In Henk Van Riemsdijk (Ed.), *Clitics in the Langauge of Europe*, Berlin : de Gruyter, 799-861.

Grevisse, M.(1981), *Le Bon Usage*, Paris : Duculot.

Dagnac, A.(2008), "L'ellipse modale en français: arguments pour une ellipse du TP," Durand J. Habert B., Laks B. CMLF'08, Jul 2008, Paris, France. ILF, 2453-2465, <10.1051/cmlf08211>. <hal-00881837>

Felix, S.(1990), "The structure of functional categories," *Linguistische Berichte* 125, 46-71.

Fiengo, R.(1977), "On trace theory," *Linguistic Inquiry* 8, 35-62.

Hankamer, J.(1973), "Unacceptable Ambiguity," *Linguistic Inquiry* 4(1).

Hankamer, J. & I. Sag(1976), "Deep and surface anaphora," *Linguistic Inquiry* 7-3, 391-426.

Michael, J.(1996), *Foundation of French Syntax*, Cambridge University Press.

Kester, E.(1996), *The Nature of Adjectival Inflection*, OTS, Utrecht University.

Kim, Jeong-Seok(1997), *Syntactic Focus Movement and Ellipsis : A Minimalist Approachs, Doctoral dissertation*, University of Connecticut, Storrs.

Kim, S-W(1999), "Sloppy/strict identity, empty objects, and NP ellipsis," *Journal of East-Asian Linguistics* 8, 255-284.

Koopman, H.(2000), "The internal and external distribution of pronominal DPs," In H. Koopman (Ed.), *The Syntax of Specifiers and Heads*, London : Routledge, 77-118.

Kuno, S.(1976), "Gapping : A functional analysis," *Linguistic Inquiry* 7.

Kuno, S.(1978), "Japanese : A characteristic OV language," In W. P. Lehmann (Ed.)

Syntactic Typology, Texas, Austin : University of Texas Press.

Lasnik, H.(1999), *Minimalist Analyses*, Oxford : Blackwell.

Lobeck, A.(1995), *Ellipsis-Fuctional Heads, Licensing and Identification*, Oxford : Oxford University Press.

Merchant, J.(2001), *The Syntax of Silence : Sluicing, Islands and the Theory of Ellipsis*, Oxford : Oxford University Press.

Mukai, E.(2003), "On verbless conjunction in Japanese," *NELS* 33, 205-224.

Panagiotidis, P.(2003), "Empty nouns," *Natural Language and Linguistic Theory* 21, 381-432.

Postal, P.(1969), "On so-called 'pronouns' in English," In D. Reibel and S. Schane (Eds.), *Modern Studies in English*, Prentice-Hall Englewood Cliffs, NJ, 201-224.

Rooryk, J.(1985), "Gapping-zeugma in French and English : a non deletion analysis," *Linguistic Analysis* 15, 2-3, 187-229.

Ross, J.(1970), "Gapping and the order of constituents," In M. Bierwisch and K. E. Heidolph (Eds.), *Progress in Linguistics*, Hague : Mouton, 249-259.

Rowlett, P.(2007), *The Syntax of French*, Cambridge University Press.

Sag, I.(1976), *Deletion and Logical Form*, PhD dissertation, Cambridge, MA : MIT.

Saito, M.(1987), "Three notes on syntactic movement in Japanese," T. Imai & M. Saito (Eds.), *In Issues in Japanese linguistics*, Dortrecht : Foris.

Scott, G.(2002), "Stacked adjectival modification and the structure of nominal phrases," In G. Cinque (Ed.), 91-120.

Sohn, Keun-Won(1994), "Deletion and right node raising in Korean and English," *Studies in Generative Grammar* 13, 485-502.

Sleeman, P.(1993), "Noun ellipsis in French,: *Probus* 5, 271-295.

Sleeman, P. & A. Hulk(2011), "L1 acquisition of noun ellipsis in French and in Dutch-consequences for linguistic theory," presented at Going Romance XXV(Utrecht, 7-9 December 2011), at the 38th Incontro di Grammatica Generativa(Verona, 23-25 February 2012), and at the 22nd Colloquium on Generative Grammar(Barcelona, 21-23 March 2012).

Uriagereka, J.(1995), "Aspects of the syntax of clitic placement in western romance," *Linguistic Inquiry* 26, 79-123.

Wasow, T.(1972), *Anaphoric Relations in English*. PhD dissertation, Cambridge, MA :

MIT.

Williams, E.(1977), "Discourse and logical form," *Linguistic Inquiry* 8, 101-139.

Zribi-Hertz, A.(1985), "L'ellipse zeugmatique et le principe de récupérabilité," *Lingvisticae Investigationes* 9-1, 131-165.

<http://fr.wikipedia.org/wiki/Ellipse_(rh%C3%A9torique)>

생성통사론에서의 통제구문과 인상구문

박 종 언

1. 서론

통제구문(Control Construction)과 인상구문(Raising Construction)은 생성통사론(Generative Syntax), 특히 지배결속이론(Government and Binding Theory)에서 격이론(Case Theory), 결속이론(Binding Theory), 의미역이론(Theta Theory) 등의 모듈(module)은 물론, 공범주(empty category)의 분류 및 분포와 밀접한 관련을 맺고 있어 핵심적인 통사현상으로 간주되어 왔다. 가령, 아래 (1가)와 (1나) 두 문장은 외견상으로는 상위절(higer clause) 동사가 각각 *seem*과 *hope*인 복합문(complex sentence)으로 서로 매우 유사하게 보이지만, 여러 가지 경험적 혹은 이론적 근거를 바탕으로 상이한 구조를 갖고 있는 구문으로 분석되어 왔다.

(1) 가. John seems to be happy. (Raising)
나. John hopes to leave. (Control)

즉, (1가) 문장의 경우 아래 (2가)처럼 *John*이 *happy*라는 하위절(lower clause) 주어로 기저 생성된 이후 상위절(higher clause) 주어 자리로 상승이동(upward movement)을 거친 인상구문으로 간주되는 반면, (1나) 문장의 경우는 (2나)처럼 *John*은 *hopes*라는 상위절의 주어이며 *leave*라는 하위절 술어의 주어로는 PRO라는 별도의 영논항이 상정된 통제구문으로 분석이 된다. 특히, (1가)에서 상위절 주어 자리의 *John*과 하위절 주어 자리의 명사구 흔적(NP-trace) 간에는 논항이동(A-movement)에 의한 논항연쇄(A-chain)가 형성되는 반면, (1나)의 경우 상위절 *John*과 하위절 PRO 간에는 통제관계(control relation)가 형성되는 것으로 분석하였다.

(2) 가. [John$_i$ seems [t_i to be happy]].
A-movement

나. [John$_i$ hopes [PRO$_i$ to leave]].
Control

그러나 1990년대 초 '개념적 필연성'(conceptual necessity)을 만족시키지 못하는 문법층위(grammatical level)나 중간투사(intermediate projection), 그리고 잉여적인 통사작용의 적용 등을 인정하지 않는 최소주의(Minimalism)가 대두된 후, 지배결속이론에서와 달리 통제구문과 인상구문이 이질적인 현상이 아니며 두 구문 모두 논항이동에 의해 도출 가능한 것이라는 통합된 관점을 견지하고 있는 소위 이동분석(movement analysis)이 Hornstein (1999, 2001) 등에 의해 제안되었다. 이 이동분석의 등장은 지난 10여 년간 생성통사론 분야에서 다시 한 번 통제구문과 인상구문에 대한 논쟁을 불러일으켰다.

이 장에서는 생성문법, 특히 지배결속이론 이후 오랫동안 핵심적인 통사현상으로 간주되어 온 통제구문과 인상구문이 외견상 유사점에도 불구하고 통사적 속성에 있어서 뚜렷한 차이가 있음을 보여주고, 두 구문이 갖고 있는 문법적 속성이 무엇인지를 자세히 살펴보고자 한다. 동시에 두 구문과 관련된 이론적 논제들을 소개하고 해당 논제에 대한 생성통사론 틀 안에서의 주요 접근법들을 개괄하는데 목적을 두고 있다. 특히, 최소주의이론(Minimalist Theory) 틀에서 '이동분석'이 대두되게 된 배경 및 동기와 더불어 해당 분석이 갖고 있는 이론적 함의점(implications)에 대해 논의를 하고자 한다.

본 장의 구성은 다음과 같다. 우선 2절에서는 표면적으로는 유사한 통제구문과 인상구문의 차이를 드러내주는 문법적 속성이 무엇인지를 *hope*, *try*, *reluctant*, *promise*, *order*, *persuade* 등의 통제술어(control predicate)와 *appear*, *seem*, *likely*, *believe*, *want*, *prove* 등의 인상술어(raising predicate)의 논항구조를 중심으로 살펴보고자 한다. 또한 두 구문 간의 이질성을 판별하는데 유용한 근거인 언어학적 진단법(linguistic diagnostics) 세 가지를 소개한다.

3절에서는 인상구문의 두 가지 유형, 즉 주어 인상구문(Raising to Subject(RTS) construction)과 목적어인상구문(Raising to Object(RTO) construction)에 대해 소개하도록 한다. 특히 후자인 목적어인상구문에서는 하위절 주어인 명사구가 상승이동을 거쳐 상위절로 이동하여 대격(Accusative Case)을 할당받으며, 하위절 주어가 상위절 동사와 동일한 절로 이동했음을 뒷받침하기 위한 근거로 상승이동을 거친 하위절 주어의 격 형태, 부정극어의 분포 및 대명사 형태의 내포절 주어의 분포 등을 소개할 예정이다. 이와 더불어 지배결속이론 틀에서는 설명이 어렵지만 최소주의 통사론 틀에서의 격과 구구조 이론에 의거해서는 설명이 용이한 결속조건

(binding conditions)과 관련된 추가적인 자료에 대해 논의를 할 것이다.

4절에서는 통제구문의 내포문 주어 자리를 차지하고 있는 공범주로 제시된 PRO의 속성에 대해 보다 자세히 다루고, 동시에 통제구문의 유형을 논의하고자 한다. 5절에서는 최소주의 이론 틀 내에서 통제현상을 인상구문처럼 논항이동을 통해 분석하고 있는 소위 이동분석(Movement Analysis)에 대해 논의한 후, 몇 가지 난제들을 소개할 예정이다. 마지막으로 6절에서는 본 장의 내용에 대한 요약 및 결론을 제시하고자 한다.

2. 통제구문과 인상구문 비교

2.1. 통제구문과 인상구문

통제구문과 인상구문은 각 구문의 상위절 술어의 속성에 따라 결정이 나며, 특히 각 술어의 논항구조(argument structure)에 있어서 차이를 보인다. 먼저 인상구문인 (3)을 살펴보면, 이 문장에서 상위절 주어인 *John*은 떠나는 행위를 하는 행위자(Agent)에 해당되나 전체 문장의 술어인 *likely*와는 의미역 관계(thematic relation) 등 문법적 관계를 직접적으로 맺고 있지 않다. 즉, (3)에서 *likely*는 *John*이 아닌 'John이 떠나는 행위'(John's leaving)에 대한 가능성을 표현해주는 서술적 형용사(predicative adjective)라고 할 수 있다.

(3) John is likely to leave.

Carnie(2013 : 431-32)에서 언급이 되어 있듯이, *likely*가 인상구문의 상위절 술어라는 직관을 뒷받침하는 근거로는 (4가)와 (4나)의 예문을 들 수 있다.

(4) 가. [$_{\text{IP}}$ [$_{\text{CP}}$ That John leaves] is likely].
　　나. [$_{\text{IP}}$ It is likely [$_{\text{CP}}$ that John leaves]].

*Leave*를 술어로 취한 내포절(embedded clause)이 정형절(finite clause)인 *that*-절(*that*-clause) 형태인 경우에는 (4가)처럼 절 주어(sentential subject)로서의 지정어(specifier) 자리에 위치해 있거나, 혹은 (4나)에서처럼 상위 IP의 지정어 자리는 허사(expletive) *it*가 자리하고 *that*-절은 문장의 오른쪽으로 외치(extraposition) 될 수 있다. 즉, (4가)와 (4나) 두 문장은 *likely*가 *that*-절의 술어로서 기능을 하며, *that*-절의 주어인 *John*과는 직접적인 문법관계를 맺지는 못하고 있음을 잘 보여주고 있다. 이러한 인상구문의 특징은 아래 (5)에 제시된 인상술어 *likely*의 논항구조에 해당되는 의미역 격자(theta grid)를 통해 표현할 수 있다. 즉, (5)에서 보듯 *likely*는 1항 술어(1-place predicate)로서 '명제'(Proposition) 의미역(thematic role, 혹은 Θ-role)이 할당될 단일한 논항(argument)을 취하게 된다.

(5) *is likely*

Proposition CP

반면, (6)처럼 *reluctant*를 상위절 술어로 취한 통제구문에서는 (3)과 같은 인상구문의 경우와 달리 *John*은 '떠나는 행위'(action of leaving)를 행할

뿐만 아니라 (떠나는 행위를) 주저하고 있는 경험자로도 해석되어야 한다.

(6) John is reluctant to leave.

*Reluctant*라는 통제술어가 *likely*라는 인상술어와 명백한 차이가 있음은 *leave*가 술어인 정형절을 내포절로 취한 (7가)와 (7나)의 비문법성을 통해 뒷받침할 수 있다(Carnie(2013 : 434-35)).

(7) 가. *$[_{IP}$ $[_{CP}$ That John leaves] is reluctant].
　　나. *$[_{IP}$ It is reluctant $[_{CP}$ that John leaves]].

즉, (7가)에서 보듯 *that*-절이 *reluctant*의 주어로서 상위 IP의 지정어 자리에 위치할 수 없는데, 이는 인상술어가 사용된 (4가)와 극명한 대조를 보인다. 또한 (7나)와 같이 *that*-절이 외치되어 문장의 오른쪽 끝에 위치한다고 해도 허사 *it*가 상위 IP의 지정어 자리에 나타날 수가 없으며, 이점 또한 인상술어가 사용된 (4나)와 대조가 된다.

(7가)와 (7나) 두 예는 *reluctant*는 *likely*와 같은 인상술어와 달리 '명제'라는 내재논항(internal argument)뿐만 아니라 '경험자'(Experiencer)를 외재논항(external argument)으로 별도로 취하는 2항 술어(2-place predicate)임을 보여준다. 따라서 *reluctant*의 논항구조는 아래 (8)과 같이 나타낼 수 있다.

(8) *is reluctant*

Experiencer NP	Proposition CP

그러나 (6)의 통제구문의 하위절 술어인 *leave* 역시 독자적으로 아래 (9)와 같은 논항구조를 취하며 '행위자'를 필요로 하는 1항 술어에 해당된다.

(9) *leave*

Agent NP

하지만 실제 (6)에서 두 개의 술어가 부여하는 의미역을 할당받을 수 있는 가시적인(visible) 명사구는 *John* 하나만 존재하므로, *leave*로부터 의미역을 할당받을 논항이 존재하지 않아 의미역 기준(Theta Criterion)을 위배하게 되고 따라서 비문법적인 문장으로 잘못 판단을 하게 된다.[1] 이 문제를 해결하기 위한 방안으로 Chomsky(1981)는 PRO라는 공범주를 상정한다.

지금까지 인상술어와 통제술어의 논항구조에 있어서의 차이에 대한 논의를 종합해보면, (3)의 인상구문과 (6)의 통제구문은 각각 다음과 같이 표현할 수 있다.[2][3]

---

1) Chomsky(1981 : 36)가 제안한 의미역 기준(Theta Criterion)은 다음과 같고, 이후 논항(위치)의 가시성(visibility)과 연계하여 수정된 의미역 기준과 관련해서는 Chomsky(1986a)를 참고.

(i) Theta Criterion
Each argument bears one and only one Θ-role, and each Θ-role is assigned to one and only one argument.

2) 지배결속이론은 물론 최소주의 이론에서도 통제동사에 의해 선택된 내포문의 경우는 PRO 분포를 설명하기 위한 이론 내적(theory-internal)인 이유로 IP가 아닌 CP라고 분석하지만, 이 절에서는 잠정적으로 IP로 표시하고자 한다. 또 상위절의 술어 종류에 상관없이 동사구 내부주어 가설(VP-internal Subject Hypothesis)에 따르면, 모든 절의 주어 명사구는 동사구

(10) 가. [$_{IP}$ ____ is likely [$_{IP}$ John to leave]$_{Proposition}$].
θ'-position Agent
나. [$_{IP}$ John$_i$ is likely [$_{IP}$ t_i to leave]].
↑____________| A-movement

(11) [$_{IP}$ John$_i$ is reluctant [$_{IP}$ PRO$_i$ to leave]$_{Proposition}$].
Experiencer Agent

먼저 인상구문의 경우 (10가)에서와 같이 *leave*는 *John*에게 '행위자' 의미역을 할당하며, 인상술어인 *likely*는 하위절에 '명제' 의미역을 할당하여 두 술어 각각은 의미역 기준을 충족시킨다. 단, *likely*는 상위절 주어 자리엔 어떤 의미역도 할당하지 못한 채 비어 있으므로 하위절 주어 *John*이 그 빈 자리로 이동하여 주격을 할당받는다. 반면, 통제구문의 경우 (11)에서와 같이 *leave*는 PRO에 행위자 의미역을 할당하고 통제술어인 *reluctant*는 상위절 주어에 '경험자' 의미역을, 내포문 전체에는 '명제' 의미역을 할당하여 의미역 기준을 충족시킨다. 상위절의 주어 자리가 채워져 있으므로 통제구문에서는 하위절 주어인 PRO가 이동할 이유가 없다. (11)에서 상위절 주어인 *John*을 통제사(controller), 그리고 통제사와 동일한 지시(referent)를 갖는 PRO를 피통제사(controllee)라고 칭한다.

내부에서 IP 지정어 자리로 이동하나 논의에 직접적인 관련이 없는 경우엔 구조나 표상(representation)에 표시하지 않기로 한다.

3) (10가)의 θ'-position이란 의미역을 할당받지 못하는 위치임을 의미한다.

2.2. 통제구문과 인상구문 진단법

2.1항에서 통제술어와 이동술어는 피상적인 유사성에도 불구하고 논항구조에 있어서 이질적인 속성을 갖고 있는 다른 종류의 술어임을 살펴보았다. 생성통사론에서는 이러한 문법적 속성에 있어서 두 구문의 술어 간 차이가 있음을 보다 명확하게 확인할 수 있는 진단법들이 제시되었는데, 그 가운데 허사의 사용 가능여부를 활용한 진단법, 관용어구(idioms)를 이용한 진단법 및 태(voice)를 활용한 진단법 등을 살펴보도록 하겠다.[4)]

첫 번째로, *seem* 같은 인상술어는 *likely*의 경우와 마찬가지로 내재논항에 '명제' 의미역을 할당하는 반면 외재논항은 취하지 않는 1항 술어이므로, 의미역을 필요로 하지 않는 허사 *it*의 사용이 허용될 것으로 예측된다. 예측한 바대로 허사가 상위절 주어 자리를 차지하고 있는 (12)의 문장은 문법적으로 완전한 것으로 판정된다. 반면, *hope*와 같은 통제술어는 *reluctant*의 경우처럼 '명제' 의미역을 할당받을 내재논항과 별도로 '경험자' 의미역을 부여받을 외재논항이 필요하므로, 허사의 사용이 불허될 것으로 예상된다. (13가)의 비문법성은 이 예측이 올바른 것임을 분명히 보여준다((12)와 (13가)는 Hornstein et al.(2005 : 51)에서 인용). 그러나 만약 (13나)처럼 내포문이 비정형절(non-finite clause)이고 상위절 주어 자리에 허사 대신 *John*이 자리 잡고 있는 경우엔 문법성이 개선되는데, (13가)와 (13나)의 문법성 차이는 통제술어가 별도의 의미역을 할당하기 때문임을 분명하게 보여준다.

4) 이 항에서 소개하는 세 가지 주요 논거에 대한 보다 자세한 논의는 Haegeman(1994), Hornstein et al.(2005) 및 Carnie(2013) 등을 참고.

(12) It seems that John leaves early.

(13) 가. *It hopes that John leaves early.
나. John hopes to be happy.

두 번째로, 관용어구는 기본적으로 일반적인 형태의 의미역 할당이 불가능하며(Marantz(1984)), 하나의 덩어리(chunk) 형태로만 관용적 의미해석이 가능한 것으로 가정한다. 가령 (14가)와 같은 단문인 경우에는 *The cat is out of the bag.*이란 표현이 '비밀이 누설되다.'라는 관용적인 해석(idiomatic reading)이 가능하지만, (14나)처럼 *the cat*과 *(is) out of the bag*이 분리되어 각각 서로 다른 정형절에 위치할 경우엔 (14가)에서와 같은 관용적 해석이 불가능하다.

(14) 가. The cat is out of the bag.
나. The cat thinks that he is out of the bag.

Carnie(2013 : 438)

이러한 점에 유념하여 통제구문과 인상구문의 차이를 살펴보도록 하자. 2.1항에서 논의를 했듯이 통제구문의 경우 상위절 주어가 내포절 주어가 될 가능성이 전혀 없으므로 (14가)에서와 같은 관용적 해석이 불가능할 것으로 예측되며, 아래 문장 (15가)에서 문자 그대로의 해석(literal reading)만 허용된다는 점은 이 예측이 올바름을 뒷받침해준다. (15나)는 (15가)의 기저구조(base structure)에 해당되는데, *the cat*과 *out of the bag*이 서로 다른 절에 존재함을 알 수 있다.5) 반면 상위절 주어가 내포절 주어 자리에서 기저 생성(base-generation) 되었다가 상승이동을 한 이동구문의 경우 (14가)에서와 같은 관용적 해석이 가능할 것으로 예상되며, 이 예상이 올바름은 (16가)의 인상구문에서 관용적 해석이 가능하다는 사실로 뒷받침할 수 있다. (16나)는 (16가)의 기저구조이며, *the cat*과 *(be) out of the bag*이 동일한 절에 존재하므로 왜 (16가)가 (15가)와 달리 관용적 해석이 가능한지를 보여준다.

(15) 가. The cat is reluctant to be out of the bag.
　　나. [The cat is reluctant [PRO to be out of the bag]].

(16) 가. The cat is likely to be out of the bag.
　　나. [_____ is likely [the cat to be out of the bag]].

마찬가지로, (17가)의 통제구문에서는 *The shit hit the fan.*이라는 문장이 '재앙을 초래하다.'라는 관용적 해석이 불가능한 반면, (17나)의 인상구문에서는 가능한데 이 두 문장 간의 차이 역시 *hope*라는 통제동사는 상위절 주어에게 독립적인 의미역을 할당 가능한 반면, *seem*이라는 인상동사는 상위절 주어에게 별도의 의미역을 할당하지 못하기 때문으로 설명이 가능하다.

(17) 가. The shit hoped to hit the fan.
　　나. The shit seemed to hit the fan.

Hornstein et al. (2005 : 53)

---

5) 지배결속이론을 포함한 매개변인(Principles and Parameters) 모델에서는 D-구조(D-Structure), S-구조(S-Structure) 및 음성형태(PF)와 논리형태(LF) 등의 네 가지 문법층위(grammatical levels)를 가정하고 있는데, 이 장에서 사용된 '기저구조'(base structure)란 핵계층 규칙(X-bar rules)에 의해 구구조가 형성되고 의미역 기준이 충족되어야 하는 등의 특성을 갖고 있는 D-구조에서의 구구조를 의미한다.

세 번째로, 인상구문의 경우엔 내포절의 태의 변화에 따라 문장의 의미해석이 변화하지 않는 반면, 통제구문의 경우에는 내포절의 태의 변화에 따라 문장 해석이 달라지는 점을 들 수 있다. 먼저 (18가)와 (18나)의 인상구문을 보면 알 수 있듯이 내포절이 능동태(active voice)이건 수동태(passive voice)이건 상관없이 the doctor는 '검사자'(examiner), *John*은 '피검자'(examinee)로 동일하게 해석된다. 이와 대조적으로 통제구문에서는 내포절이 능동태인 (19가)의 경우에는 *the doctor*가 '희망자'(hoper)이고 *John*은 '피검자'인 반면, 내포절이 수동태로 바뀐 (19나)의 경우는 동일한 논항이 다른 의미역을 갖게 된다. 즉, (19나)에서 *John*은 '희망자'로서 해석을 받게 된다.

(18) 가. The doctor seemed to examine John.
나. John seemed to be examined by the doctor.

(19) 가. The doctor hoped to examine John. (hoper = *the doctor*)
나. John hoped to be examined by the doctor. (hoper = *John*).
Hornstein et al. (2005 : 51)

이처럼 소위 "태의 투명성"(voice transparency)이 인상구문인 (18가)와 (18나)에는 허용되는 반면 통제구문인 (19가)와 (19나)에는 허용되지 않는 이유 역시도 인상술어와 통제술어 간의 논항구조에 있어서의 차이에 의해 설명이 가능하다. 즉, (18가, 나)의 인상구문은 (20가, 나)에서 보듯 인상술어인 *seem*이 별도의 의미역을 상위절 주어 자리에 할당하지 않으므로 *the doctor*나 *John*이 내포절 술어인 *examine*에게서 할당받은 의미역이 그대로 보존되는데, 특히 *John*은 두 문장 모두에서 '피검자'로 해석된다. 반면, (19가, 나)의 통제구문의 경우는 (21가, 나) 각각에서 보듯 통제술어인 *hope*이 상위절 주어 자리에 '희망자'로 해석되는 '경험자' 의미역을 별도로 부여한다. 따라서 (21가)의 능동태에서 '피검자'로 해석되는 *John*이 수동태인 (21나)에서는 '희망자'로 상이한 해석을 받게 된다 (Hornstein et al.(2005 : 56) 참조).

(20) 가. [The doctor$_i$ seemed [t$_i$ to examine John$_{Examinee}$]].

나. [John$_{iExaminee}$ seemed [t$_i$' to be examined t$_i$ by the doctor]].

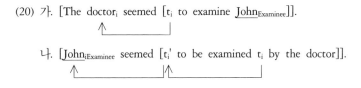

(21) 가. [The doctor hoped [PRO to examine John$_{Examinee}$]].

나. [John$_{Hoper}$ hoped [PRO$_i$ to be examined t$_i$ by the doctor]].

지금까지 2절에서는 통제술어와 인상술어 간의 차이를 각 술어의 논항구조의 차이를 바탕으로 살펴보았고, 또한 두 유형의 술어 간 이질성을 확인하는 데 유용한 세 가지 언어학적 근거인 허사 주어의 허용 여부, 관용적 해석 허용 여부 및 태의 투명성 여부를 살펴보았다.

다음 3절에서는 인상술어의 속성에 대해 보다 더 자세히 다룰 예정인데, 특히 인상술어의 유형과 각 유형에 따른 구조적 특징을 중심으로 논의를 전개할 것이다.

3. 인상술어의 유형

3.1. 주어인상과 목적어인상

본 항에서는 인상술어(raising predicate)의 유형에는 무엇이 있으며, 각 유형별 절 구조가 어떻게 다른지 조금 더 자세히 논의를 하고자 한다. 인상동사의 경우는 내포절(embedded clause) 주어의 종착지(final landing site)에 따라 주어인상(Raising to Subject(RTS))과 목적어인상(Raising to Object(RTO)) 두 가지 유형으로 분리를 할 수 있다. 특히 목적어 인상의 근거로는 하위절 주어의 격(Case) 형태, 부정극어(Negative Polarity Item(NPI))의 분포, (재귀)대명사의 분포와 관련된 결속현상(binding phenomena)을 예로 들 수 있다.[6)]

첫 번째로 '주어 인상구문'의 경우는 2절에서 다루었던 인상구문에 속하는 모든 예문들이 이에 해당된다. 예를 들면 (22가)와 (22나)의 예문에서 볼 수 있듯이, 주어 명사구인 *John*과 *the doctor*가 각각 하위절 동사구 내부에서 기저 생성되었다가 하위 IP의 지정어 위치를 들른 후 상위 IP의 지정어 위치로 이동하는 것으로 분석하는 것이 일반적이다.

(22) 가. John is likely to leave.
　　 나. The doctor seemed to examine John.

이 두 예문 가운데 (22나) 문장의 경우, 그 기저구조 및 주어 명사구

6) 주어 인상구문은 또한 'Subject-to-Subject Raising,' 목적어인상구문은 Subject-to-Object Raising'으로 칭하기도 한다.

의 상승이동 후의 구조를 살펴보면 각각 (23가), (23나)와 같다.

(23) 가. [$_{IP}$ ____ seemed [$_{IP}$ ______ to [$_{VP}$ the doctor examine John]]].
나. [$_{IP}$ The doctor seemed [$_{IP}$ t_i' to [$_{VP}$ t_i examine John]]].
NOM, EPP EPP

특히, 지배결속이론(Government and Binding Theory)에서는 동사구 내부주어 가설(VP-internal Subject Hypothesis)을 가정하고 (23가)에서처럼 *the doctor*가 내포절 술어인 *examine*으로부터 '행위자' 의미역을 할당 받아 의미역 기준을 충족시킨 후 하위절의 IP 지정어 자리를 거쳐 상위 IP 지정어 자리로 이동하는 것으로 분석한다. 여기서 주어 명사구가 동사구를 빠져나와 하위 IP의 지정어 자리로 이동한 이유는 확대투사원리(Extended Projection Principle(EPP))를 만족시키기 위한 것으로 분석된다(Chomsky(1982)). 반면, 하위 IP의 지정어 자리에서 상위 IP의 지정어 자리로 이동하는 것은 주격(Nominative Case)를 할당받아 격 여과(Case Filter)를 충족시키는 동시에 상위 IP의 지정어 자리가 채워져야 하는 원리인 EPP를 충족시키기 위한 것이라고 분석한다. 이러한 주어 인상구문을 형성하는 주요 인상술어는 *likely*, *seem*은 물론 *appear* 등도 포함된다.

두 번째로 '목적어인상구문'은 2절에서 다루지 않았던 유형의 인상구문으로, 그 이름에서 예측을 할 수 있듯이 내포절의 주어 명사구가 인상이동(raising 혹은 upward movement)을 거친 후 상위절의 목적어 역할을 담당하는 구문을 일컫는다. 이러한 두 번째 유형의 인상구문의 예로는 다음을 들 수 있다.

(24) 가. John believes Mary to leave early.
나. The professor expects Bill to finish a draft soon.
다. The policeman wants the suspect to return.

위의 예문들 가운데 (24가)를 살펴보면, *Mary*의 경우 *leave*라는 하위절 술어로부터 '행위자' 의미역을 할당받지만, 동시에 *believe*라는 동사의 목적어 역할을 하는 것으로 분석된다. 그러나 주어 인상구문의 경우와는 달리 (24가-다)의 각 예문에서 상위절 동사인 *believe*, *expect*, *want*는 명사구가 아닌 내포절 전체를 내재논항으로 취하여 '명제' 의미역을 부여하기 때문에, 하위절 주어 명사구인 *Mary*, *Bill*, *the suspect* 각각이 상위절 동사의 목적어로 기능을 하는지 아니면 내포절 주어로서의 역할만을 담당하는지 표면적으로는 분명치 않다. *Believe*의 논항구조는 아래와 같고, *expect* 및 *want*의 경우도 유사한 논항구조를 취한다.[7)]

(25) *believe*

Experiencer NP	Proposition IP

하지만 (24가-다)에서 *Mary*, *Bill*, *the suspect* 등의 명사구가 하위절 술어의 주어로 기저 생성은 되었으나 상위절 술어의 목적어로서 기능을

7) 물론 *believe*를 포함한 나머지 목적어인상 술어의 경우들도 내재논항으로 절의 형태인 '명제' 뿐만 아니라 '대상'(Theme) 의미역을 할당받는 명사구를 내재논항으로 범주선택(c-selection) 하여 *John believes the rumor.*과 같은 문장의 술어 역할을 할 수도 있으나 여기서는 그러한 경우는 논외로 하기로 한다.

할 수 있음은 대명사가 하위절 주어인 (26가)와 (26나) 간의 대조를 통해 뒷받침할 수 있다.

(26) 가. John believes [that she/*her leaves early].
나. John believes [her/*she to leave early]. (RTO/ECM)

우선 내포절이 정형절(finite clause)인 (26가)의 경우 IP의 핵이 주격(Nominative Case)을 할당 가능하므로 *leave*의 주어인 대명사가 반드시 주격인 *she*의 형태이어야 하며 *her*처럼 대격(Accusative Case)은 불가능하다. 이와 대조적으로 내포절이 비정형절(non-finite clause)인 (26나)의 경우에는 IP의 핵이 주격을 할당할 수 없으므로 (26가)와는 정반대로 *she*와 같은 주격의 형태는 불가능하다. 그러나 (26나)에서 보듯이 대격인 *her*의 형태는 가능한데, 이를 설명하기 위해 *her*는 동사구 내부에서 기저 생성된 후 내포절인 IP의 지정어 자리로 이동한 후 상위절 동사인 *believe*에 의해 예외적인 방식으로 대격을 할당받는다고 주장한다. 이와 같은 구문을 특히 '예외적 격표시 구문'(Exceptional Case Marking(ECM) construction)이라고 일컬으며, 이 관점에 따르면 (26가)와 (26나) 각각의 상위절 동사구까지의 구조는 아래 (27가)와 (27나)와 같다.

(27) 가.

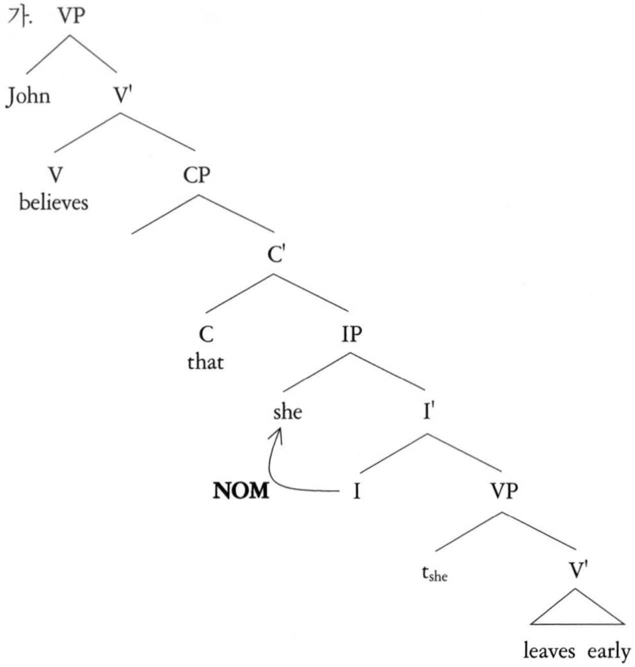
VP
John
V'
V
believes
CP
C'
C
that
IP
she
I'
NOM
I
VP
t she
V'
leaves early

나.

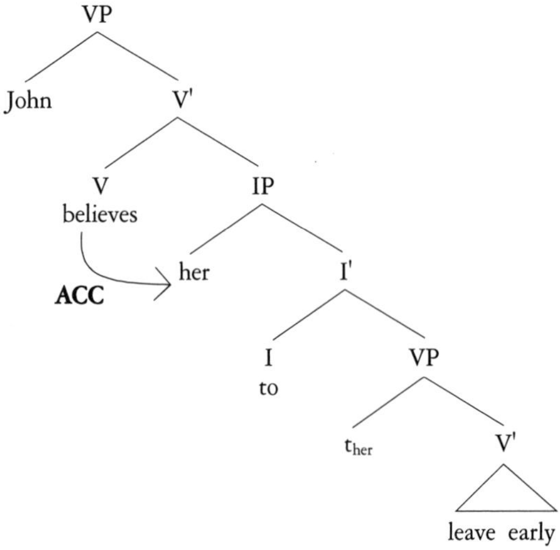
VP
John
V'
V
believes
IP
her
ACC
I'
I
to
VP
t her
V'
leave early

즉, 내포절이 비정형절인 (27나)의 경우를 먼저 살펴보면, 내포절의 핵인 Infl이 주격을 할당할 능력이 없고, 대신 상위절의 동사 *believe*가 내포절 내에서 IP의 지정어 자리로 인상이동 한 대명사 주어에 대격을 예외적으로 할당한다. 반면, 하위절이 정형절인 (27가)의 경우는 내포절이 정형절이어서 하위 IP의 지정어 자리에 주격을 할당한다. 그렇다면 (27가)에서는 (27나)의 ECM 구문과 달리 왜 상위절 동사인 *believe*가 내포절인 IP의 지정어 자리에 있는 대명사 주어 *she*에 대격을 할당할 수 없는 것일까? 지배결속이론에서 (27가)의 구조에서 예외적 격표시가 불가능한 이유는 하위 IP와 CP가 함께 장벽(barrier)를 형성하여 상위절 동사와 하위절의 주어 간에 격 할당을 위해 필요한 지배(government) 관계가 성립할 수 없기 때문이라고 제안한다.8)

(28) $[_{IP}$ John $[_{VP}$ t_{John} $[_{V'}$ believes $[_{CP}$ that $[_{IP}$ she $[_{VP}$ t_{she} $[_{V'}$ leaves early]]]]]]]

No Government

8) Chomsky(1981) 등에서 가정하고 있는 '지배'(government)는 다음과 같이 정의할 수 있다 (Haegeman(1994 : 160)에서 재인용).

(i) Government
α governs β if and only if
(a) α is a governor;
(b) α m-commands β;
(c) no barrier intervenes between α and β.
where
(a) governors are the lexical heads (V, N, P, A) and tensed I;
(b) maximal projections are barriers.

단, 위의 (i-b)에서처럼 모든 최대투사가 장벽이라고 한다면, (27나)의 경우에서도 내포절의 IP 역시도 장벽이어야 하므로 예외적 격표시가 불가능해야 하는 문제점이 생긴다. 이러한 장벽과 관련된 문제점에 대해 Chomsky(1986b : 11)는 IP와 CP 등은 '내재적인 장벽'(inherent barrier)이 아니라는 관점을 취한다.

(26나)와 같은 목적어인상구문에서 하위절 주어는 (26가)처럼 정형절인 하위절 주어와 달리 상위절에 위치해 있음을 보여주는 두 번째 근거로는 부정극어(negative polarity item(NPI)) 인허와 관련된 두 문장 간 대조를 들 수 있다. 즉, 아래의 (29가-다)의 예문에서 볼 수 있듯이 영어에서 부정극어인 *any*, *ever* 등은 반드시 같은 절 내에 *not*과 같은 부정소(negation)가 존재할 경우에만 그 인허가 가능하다는 소위 '동일절 조건'(clause-mate condition)의 적용을 받는다.

(29) 가. John didn't see anyone.
나. *John didn't say that he saw anyone.
다. *John didn't say that anyone was seen (by him).

이러한 부정극어의 인허조건을 감안하면, 예외적 격표시가 가능한 목적어인상구문에서는 하위절 주어가 *anyone*이고 상위절에 부정소가 존재하는 경우 문법적인 문장으로 판정될 것으로 예측되며, 이 예측이 올바르다는 점은 아래 (30가)의 문장이 문법적인 문장임을 통해 뒷받침된다.

(30) 가. John doesn't believe anyone to leave early.
나. *John doesn't believe that anyone leaves early.

다음으로 (26나)와 같은 목적어인상구문에서 하위절 주어가 인상이동을 거쳐 상위절로 이동을 했음을 보여주는 근거로 (31가)와 (31나)의 대조를 들 수 있다. 우선 인상이동을 거친 하위절 주어가 재귀대명사(reflexive pronoun)이고 상위절 주어와 공지시(coindexation) 될 경우 (개인적인 차이가 존재하며 완벽하지는 않지만) (31가)에서 보듯 문법적인 문장으로 판정이 되는 반면, (31나)처럼 인상된 하위절 주어가 재귀대명사가 아닌 일반적인 대명사(pronoun)로 대치되면 비문법적인 문장으로 판정이 된다.[9)]

(31) 가. ?John$_i$ wants himself$_i$ to be appointed president.
나. *John$_i$ wants him$_i$ to be appointed president.
다. John$_i$ wants him$_j$ to be appointed president.

즉, 결속조건 A에 따르면 재귀대명사 등의 조응사(anaphor)는 결속영역(Binding Domain)(혹은 지배범주(Governing Category)) 내에서 선행사에 의해 결속되어야 하는데, (31가)의 문장이 문법적인 것은 목적어인상구문에서 하위절 주어인 *himself*가 선행사에 해당되는 상위절 주어 *John*과 동일한 절 내에 위치하고 있기 때문이라고 할 수 있다. 참고적으로, 지배결속이론의 주요 모듈(module) 가운데 하나인 결속이론(Binding Theory)의 핵심인 결속조건 A, B, C는 아래 (32)와 같이 정의될 수 있으며, 결속영역에 해당되는 지배범주는 (33)과 같이 정의될 수 있다(Chomsky(1981)).[10)]

(32) 가. Binding Condition A : An anaphor must be bound in its governing category.
나. Binding Condition B : A pronoun must be free in its governing category.
다. Binding Condition C : An R-expression must be free everywhere.

9) 각 예문의 문법성은 Carnie(2013 : 442, 예문 (35))에 보고된 문법성 판단에 기반을 두고 있는 것임.

10) Haegeman(1994 : 240-1)에서 재인용.

(33) Governing Category
The governing category for α is the minimal domain containing it, its governor and an accessible subject/SUBJECT.

따라서 재귀대명사와 그 분포가 상보적(complementary)인 *him*이 하위절 주어로 대치된 경우인 (31나)가 비문법성을 보이는 것은 이 문장이 결속조건 B를 위반했기 때문이라는 설명이 가능하다. 다시 말하면, 결속조건 B에 따라 대명사는 결속영역 내에서 결속이 불허되는데, (31나)의 비문법성은 하위절 내부로부터 인상된 대명사 *him*과 상위절 주어 *John*이 동일한 절 내에 위치하고 있음을 다시 한 번 입증해준다. 이에 덧붙여 (31나)와 대조적으로 (31다)가 문법적인 문장이란 사실은 이러한 설명을 더욱 공고히 해준다. 즉, (31다)에서는 (31나)와 달리 대명사 *him*이 *John*과 공지시 되지 않았기 때문에 결속될 수도 없으므로 결속조건 B를 충족하게 되어 문법적인 문장이라고 설명할 수 있다.

3.2. 최소주의와 목적어인상구문

3.1항에서는 인상구문에 있어서 두 가지 주요한 유형인 '주어 인상구문'과 '목적인상구문'의 구조적 특징에 대해 논의를 하였다. 특히, 지배결속이론 틀에서 목적어인상구문에서 하위절 주어는 상위절 주어와 동일한 절로 인상이동을 한다는 주장을 입증해주는 근거로 내포절 주어의 격 형태, 부정극어의 인허여부 및 대명사의 분포 등에 대해 중점적으로 살펴보았다.

그러나 지배결속이론에서의 목적어인상구문의 구조에 대한 분석에는 문제점이 없는 것이 아니다. 가령 (34)와 같은 목적어인상구문에서 교호사(reciprocal)와 같은 조응사나 부정극어가 각각 어떻게 결속, 혹은 인허되는지를 고려해보도록 하자.

(34) 가. The DA proved the defendants$_i$ to be guilty during each other$_i$'s trials.

나. *Joan believes him$_i$ to be a genius even more fervently than Bob$_i$'s mother does.

다. The DA proved none of the defendants to be guilty during any of the trials.

Hornstein et al.(1995:135)

(34가)의 예문을 보면 하위절 주어가 기껏해야 내포절인 IP의 지정어 위치로까지만 인상이동을 할 수 있으므로, 상위절 동사구(VP)에 부가된 전치사구(PP) 내에 위치한 *each other*를 선행사인 *the defendants*가 성분통어(c-command)할 수 없게 되고 따라서 논항결속이 불가능하기 때문에 결속조건 A가 위반되어 비문법적인 문장인 것으로 잘못 판정된다. 아래의 수형도는 (34가) 구조의 일부에 해당된다.[11)]

11) 지배결속이론 틀에서의 결속이론(Binding Theory)의 핵심인 결속(binding)은 논항결속(A-binding)을 의미하며, '공지시'(co-indexation)와 '성분통어'(c-command)란 두 가지 개념을 기반으로 하고 있고 일반적으로 수용되고 있는 각각의 정의는 다음과 같다(Haegeman (1994 : 240-41면)서 인용).

(i) A-binding
α A-binds β if and only if
(a) α is in an A-position;
(b) α c-commands β;
(c) α and β are coindexed.

(ii) C-command

(35)

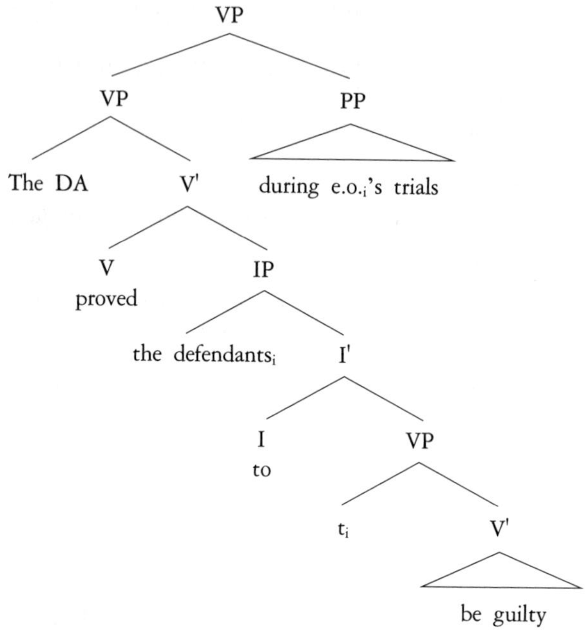

위의 수형도에서 볼 수 있듯이 선행사에 의해 결속이 필요한 *each other*는 잠재적으로 선행사 역할이 가능한 *the defendants*에게 성분통어될 수 없는 위치에 있어 결속조건 A가 충족할 수 없을 것으로 예측되나 실제로는 문법적인 문장에 해당된다.

마찬가지로 (34나)의 경우 내포절 주어인 *him*이 역시 상위절 동사구에 부가된 *than*-절 내의 지시적 표현(R(eferential)-expression) *Bob*을 외견상으로는 성분통어할 수 없는 위치까지만 이동하므로 결속조건 C를 위배하지

A node α c-commands a node β if and only if
(a) α does not dominate β;
(b) β does not dominate α;
(c) the first branching node dominating α also dominates β.

않을 것으로 예측된다. 그러나 실제로 예문 (34나)는 비문법적인 것으로 판정되므로, 본질적으로는 (34가)와 동일한 문제를 안고 있는 것으로 보인다. 또한 (34다)에서는 *none*이라는 부정대명사는 기껏해야 내포문인 IP의 지정어 자리까지만 이동이 가능하므로 상위절 동사구에 부가된 전치사구 내에 위치한 *any*라는 부정극어를 인허할 수 없을 것으로 예측되나, 실제로는 인허가 가능하여 문법적인 문장으로 판정된다.

(34가-다)에서 내포절 주어 이동의 종착지(final landing site)가 재귀사나 부정극어를 성분통어할 수 없는 위치라는 공통적인 문제점을 해결하기 위한 대안으로 혹자는 내포절 주어의 이동이 S-구조(S-Structure)가 아닌 논리형태부(LF component)에서 적용되는 것으로 가정할 수도 있다. 즉, 교호사 결속이나 부정극어 인허는 S-구조가 아닌 논리형태부에서도 가능하며, 목적어상승구문인 (34가)와 (34다)에서 *the defendants*와 *none of the defendants* 같은 내포절 주어가 논리형태부에서 내현이동(covert movement)을 통해 상위절인 IP에 부가된 후 각각 *each other*와 *any of the trials*를 성분통어 함으로써 조응사 결속과 부정극어 인허가 가능한 것으로 주장할 수도 있을 것이다. 그러나 Lasnik(1999 : 2장)에서도 지적을 하고 있듯이, 만일 이 제안을 받아들인다면 (34가) 같은 문장이 마치 아래 (36나)와 같은 문장과 문법성에 있어서 차이가 없는 것으로 잘못 예측이 되는 문제점이 발생한다.12)

(36) 가. $John_i$ wonders which picture of $himself_i$ Mary showed to Susan.
나. *$John_i$ wonders who showed which picture of $himself_i$ to Susan.
Lasnik(1999 : 16)

12) Lasnik(1999 : 2장)은 Lasnik and Saito(1991)을 재출판한 것임.

즉, (36가)의 경우 재귀사 *himself*는 *wh*-의문사구가 내포절 내에서 가시적인(visible) *wh*-이동을 통해 CP의 지정어 자리로 이동한 후 선행사인 *John*과 같은 절에 위치하게 돼 결속조건 A를 충족시킬 수 있는 반면, (36나)의 경우는 내포절인 CP의 지정어 자리가 *who*라는 *wh*-의문사구에 의해 이미 채워져 있으므로 S-구조에서 다중 의문사구 이동(multiple wh-movement)이 허용되지 않는 영어에서는 *which picture of himself*의 가시적인 이동은 불가능하다. 따라서 선행사인 *John*과 동일한 결속영역(binding domain)으로 이동을 할 수 있는 유일한 방법은 논리형태부에서 비가시적인 내현이동을 통해서인 것으로 보이나 실제로 이 방법이 적절한 대안이 아니라는 것은 (36나)의 비문법성을 통해 알 수 있다. 이를 근거로 Barss(1986)와 Lasnik and Saito(1992) 등에서는 (34가-다)와 같은 목적어인상구문에서의 결속조건은 논리형태에서의 비가시적(invisible) 이동에 의해서만 충족될 수 없고 S-구조에서의 외현이동에 의해서 가능하다고 주장하였다.

그러나 S-구조에서의 가시적 이동에 의해 조응사나 부정극어 인허가 가능한 것이 사실이라고 해도, (35)와 같은 구조에서는 여전히 선행사인 *the defendants*가 *each other*를 성분통어할 수 있을 만큼 충분히 상위에 있는 적절한 착륙지(landing site)가 존재하지 않는 것으로 보인다. 반면, 1990년대 초 지배결속이론의 이론적 문제점을 보완하기 위해 대두된 최소주의(Minimalism)에서는 (34가-다) 각각에서 상위절 동사구 바로 위에 AgroP라는 기능범주가 존재하는 것으로 가정한다(Chomsky(1991), Chomsky and Lasnik(1993)). 이 기능범주는 Pollock(1989)의 경우는 불어에서 정형절과 비정형절에 있어서 부정소 *(ne-)pas* 및 부사구와 어휘 동사 간의 상대적 위치가 대조적임을 포착하기 위해 VP와 NegP 사이에 AgrP를 처음 제안하였으며, 이후 Chomsky and Lasnik(1991)과 Chomsky(1991, 1993) 등에서는 IP를 AgrsP와 TP로 분리하고 AgrsP를 TP 바로 위에, 그리고 동사구 바로 위에는 AgroP를 상정하여 일치(agreement)는 물론 격 점검(Case checking)이 이루어지는 장소라고 제안하고 있다.13)

(37)

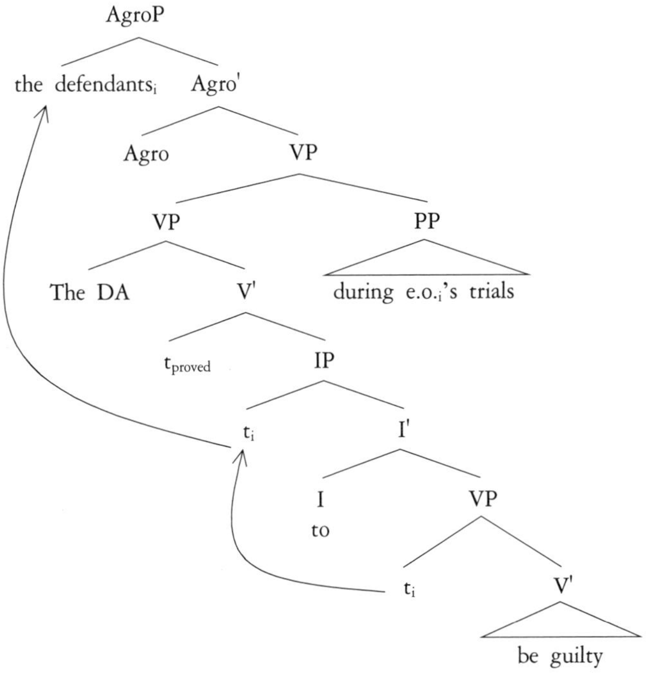

13) AgrP와 TP의 상대적 순서는 학자마다 조금씩 다른데, Belletti(1990)의 경우에는 Pollock (1989)의 'IP-(NegP-)AgrP-VP' 순서와는 조금 다른 'AgrsP-FP-(NegP-)AgrP-VP'의 순서를 로망스 언어(Romance languages)의 일치 자료를 근거로 주장하였다. Pollock(1989)과 Belletti(1990) 간의 차이에 대한 자세한 논의는 Chomsky(1991)를 참조. 또한, Chomsky (1993) 역시도 'AgrsP-TP-(NegP-)AgroP-VP'의 순서를 가정하지만, 그 이전과는 달리 목적어의 AgroP의 지정어로의 이동이 가시적 이동이 아닌 '비가시적 (구) 이동'(covert phrasal movement)이라고 가정하고 있는 점에서 차이가 있다.

즉, 위의 수형도에 제시되어 있듯이 내포절 주어인 *the defendants*가 (동사와의) 일치 및 대격 점검을 위해 동사구보다 상위에 있는 AgroP의 지정어 위치로 가시적 이동을 통해 인상된 후에는 동사구에 부가된 전치사구 내의 조응사를 성분통어하고 결국 결속하여 결속조건 A를 충족시킨다는 것이다.

3.3. 격 할당과 격 점검

다음 절에서 통제구문에 대해 논하기 전 이 항에서는 지배결속이론과 최소주의 이론에서 가시적 명사구가 '격 여과'를 충족시키는 방식에 있어서 어떤 차이가 있는지 간략하게 알아보도록 하겠다. 특히 이 차이는 왜 지배결속이론이 최소주의이론으로 대체되게 되었는지를 보여주는 중요한 이유 가운데 하나라는 점에 주목할 필요가 있다. 즉, 지배결속이론 틀에서 가시적 명사구는 자신을 지배하는 격 할당자로부터 격을 '할당'(assignment) 받지만 주격(Nominative Case)이나 속격(Genitive Case)을 부여받느냐 대격(Accusative Case)이나 사격(Oblique Case)을 부여받느냐에 따라 이질적인(heterogenous) 방식으로 격을 부여받았다. 가령 (38가)처럼 주격의 경우에는 [+AGR, +Tense] 자질을 지닌 정형절의 Infl이 최대투사인 IP의 지정어(specifier) 자리에 있는 주어 명사구에게 주격을 '할당'하는 것으로 가정하고, (38나)처럼 속격의 경우에는 명사구의 핵인 D가 최대투사인 DP의 지정어 위치에 있는 소유자(possessor) 해석을 받는 명사구에 속격을 할당하는 것으로 가정한다.14) 반면, (39가)처럼 대격의 경우에는

14) Abney(1987)는 절(clause)과 명사구 간의 유사성을 포착하기 위해 명사구는 NP가 아닌 DP

타동사(transitive verb)가 동사구 보충어(complement) 자리에 있는 목적어 명사구에 대격을 할당하고, (39나)처럼 사격인 경우에는 전치사가 전치사구 보충어 자리에 있는 명사구에 해당 격을 할당하는 것으로 가정한다.[15)]

(38)
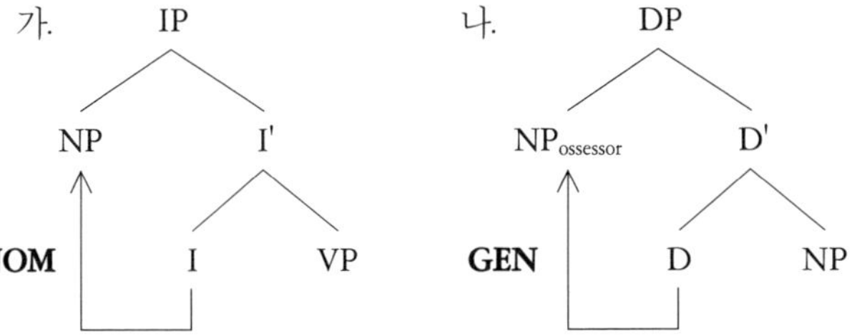

(39)
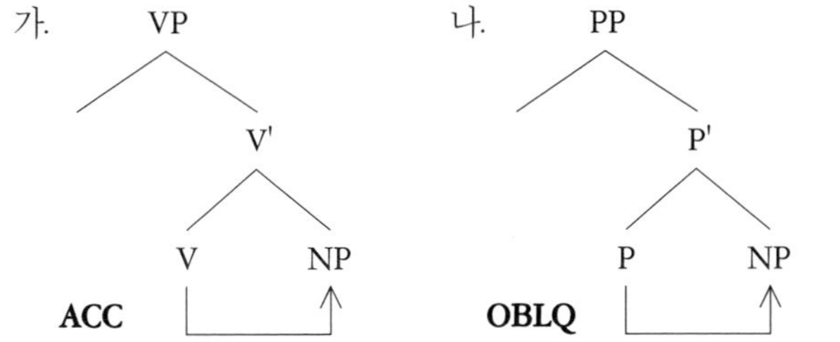

즉, 위의 수형도에 제시되어 있듯이 지배결속이론에서 명사구가 격을 할당받는 방식은 주격과 속격의 경우는 (38가, 나)처럼 '지정어-핵' 관계(Spec-head relation)에 의해서 가능하지만, 대격과 사격의 경우는 (39가, 나)

가 최대투사이며, 그 핵인 D가 NP를 보충어(complement)로 취한다고 제안한다. 본 장에서는 편의상 명사구를 'NP'라고 표기하고 있으나 지배결속이론 틀 안에서 가정하고 있는 속격과 주격의 할당 방식의 유사성을 설명하기 위하여 DP 구조가 용이하여 이 항에서 제한적으로 명사구를 DP라고 표기하기로 한다. 명사구를 NP가 아닌 DP로 봐야한다는 제안을 뒷받침하는 보다 자세한 논거와 관련해서는 Carnie(2013 : 7장, 1절)를 참조.

15) '지배'의 정의로는 각주 8을 참고.

에서와 같이 '핵-보충어' 관계(Head-complement relation)라 불리는 이질적인 관계에 의해 가능한 것으로 가정한다.

지배결속이론에서는 이와 같이 (38가, 나)와 (39가, 나) 사이에 존재하는 구조적 관계에 있어서의 이질성은 큰 문제가 아니며, (38)과 (39) 모두 격 할당자(Case assigner)와 명사구 간에는 공통적으로 '지배'(government) 관계가 성립하고 있다고 주장한다. 이러한 주장을 뒷받침하는 예로 아래의 예문 (40)을 살펴보자. 즉, (38)-(39)에서와 달리 (40가, 나)의 예문 수동태 동사인 *expected*는 *her*를, 정형절인 상위절의 핵인 Infl은 *him*에 각각 격을 할당하지 못한다. 이는 수동태 동사나 정형절의 핵인 Infl 등과 같은 잠재적 격 할당자가 지배자로서의 자격 요건이 없거나(즉, 명사(N), 동사(V), 전치사(P), 정형절의 Infl(finite Infl) 등에 속하지 않거나) 혹은 격을 필요로 하는 명사구를 장벽(barrier)이 가로막고 있어 지배 관계가 성립될 수 없기 때문이라고 분석한다.

(40) 가. *[$_{IP}$ It was [$_{VP}$ expected [$_{IP}$ her to win]]].
　　 나. *[$_{IP}$ [$_{CP}$ [$_{IP}$ Him to leave]] would be terrible].

Hornstein et al.(2005 : 115)

그러나 (38)과 (39)에 대한 '지배' 관계에 의거한 단일한(unitary) 접근법이 문제가 없는 것이 아니다. 우선, '지정어-핵'이나 '핵-보충어' 관계라는 가장 순수한 구조적 관계뿐만 아니라 '지배'나 '장벽'이라는 추가적인 이론적 개념에 의존을 해야 한다는 점을 들 수 있다. 특히, '지배'는 개념적으로 자연스러운 개념이라고 할 수 없는데, 그 이유는 해당 개념이 목적어인상구문 등에서의 예외적 격표시를 설명하기 위해 다소간

이질적인 관계까지 지정어-핵이나 핵-보충어 관계와 동일한 집단의 개념으로 묶으려는 시도에 해당되기 때문이다(Hornstein et al.(2005 : 115) 참조).

반면, 최소주의에서는 위에서 논의된 지배결속이론 틀에서의 격 이론이 안고 있는 개념적 문제점들을 해결 가능하다고 할 수 있다. 최소주의 이론 틀 내에서의 격 이론에 대해 간략하게 살펴보면, 첫 번째로 격은 더 이상 '할당'이 아닌 '점검'(checking)의 대상이라고 주장을 한다. 즉, 본 장에서 몇 차례 언급을 했듯이 지배결속이론에서 명사구는 D-구조 상에서는 어떠한 격도 보유하고 있지 않고 있으나 이동이 적용된 이후인 S-구조에 가서야 지배자(governor) 지위를 갖고 있는 격 할당자(Case assigner)의 유형에 따라 상이한 구조격(structural Case)을 '할당' 받는 것으로 가정하였다((38)-(39) 수형도 참조).

이와 달리 최소주의에서는 각 명사구는 도출(derivation)이 처음 시작되는 시점에서 이미 해석성(interpretable) 일치자질(agreement features, 혹은 phi-features) 등과 함께 비해석성(uninterpretable) 격 자질이 명시된 채 통사구조에 도입되는 것으로 가정한다. 이후 해당 명사구는 가시적 혹은 비가시적 이동을 통해 국부적 영역(local domain) 내의 격 자질 점검자(Case-feature checker)에 의해 격 점검(checking)을 받고 삭제(deletion)되어야 한다. 반면, 만일 명사구가 보유하고 있는 비해석성 격 자질이 적절한 격 점검자에 의해 점검을 받지 못해 삭제(deletion)되지 못 할 경우엔 개념-의도 접합부(Conceptual-Intensional Interface)에서 완전해석원리(Principle of Full Interpretation)를 위배하여 파탄(crash)에 이르러 비문법적인 문장이 되는 것으로 분석한다.16)

16) 최소주의이론 틀에서의 '전도된 Y형 모델'(Inverted Y-model) 및 도출 방식에 대한 자세한

둘째, 가시적 명사구의 주격이나 대격을 포함한 모든 (구조)격은 동질적인(homogeneous) 방식, 특히 '지정어-핵' 관계에 의해 점검되는 것으로 간주한다. 가령 (41가) 문장의 구조인 (41나)에서처럼 주격의 경우는 AgrsP의 지정어 자리로 이동한 주어 명사구와 Agrs-T가 지정어-핵 관계에서 점검이 되고, 대격의 경우는 AgroP의 지정어 자리로 이동한 목적어 명사구와 Agro-V가 역시 지정어-핵 관계 하에 점검이 된다고 제안한다(Chomsky(1991, 1993), Hornstein et al.(2005 : 4장)).

(41) 가. John_{NOM} likes her_{ACC}.

나.

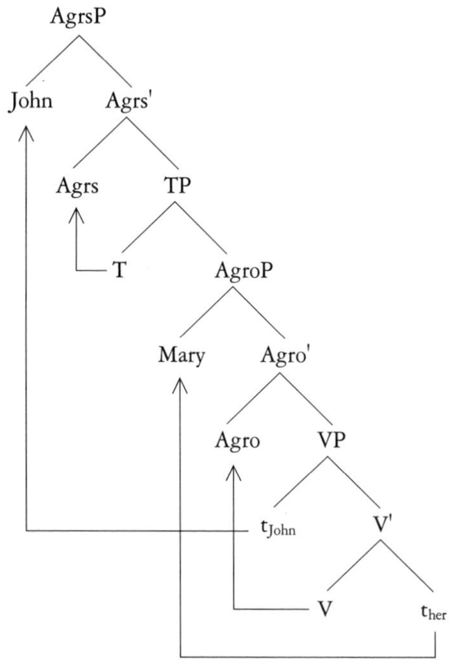

논의는 Chomsky(1993), Chomsky(1995 : 4장) 및 Hornstein et al.(2005 : 2장)을 참고하도록 하고, 특히 '해석성 자질'과 '비해석성 자질'의 분류에 대해서는 Chomsky(1995 : 4장)와 Hornstein et al.(2005 : 9장)을 참조 바람.

이러한 통일된(unified) 구조적 관계, 즉 '지정어-핵 관계'에 의존한 격 분석은 개념적 필연성(conceptual necessity)을 충족시키지 못하는 어떠한 문법적 요소나 층위를 허용해서는 안 된다는 최소주의 정신과 밀접한 관련이 있다. 우선, 지배결속이론에서 격 할당, 결속조건, 공범주 인허(empty category licensing) 등을 설명하는 데 핵심적인 역할을 했던 '지배'(government)라는 개념이 최소주의이론에서는 그 타당성이 결여된 것으로 간주되어 폐기가 되고, 그 결과 '격 할당'이 '격 점검'이란 용어로 대체되게 되었다.

또한 문법층위에 있어서도 지배결속이론의 경우 핵계층 규칙(X-bar rules) 적용이나 의미역 할당(Θ-role assignment) 등은 D-구조에서 이루어지며, EPP 충족이나 격 할당 및 결속 등은 S-구조에서 가능한 것으로 가정했었다. 그러나 최소주의이론에서는 더 이상 D-구조와 S-구조라는 문법층위가 필요하지 않는 것으로 결론을 내리는데, 이 결론을 입증하는 과정에서 의미역 할당은 구구조 형성 과정에 필수적인 '병합'(Merge)이라는 통사작용에 의해 가능함을 보여주고 격 할당 및 EPP 충족 등은 이동(Move)에 의한 (비)해석성 자질의 점검에 의해 가능함을 입증해 줄뿐만 아니라 결속의 경우는 논리형태부에서 적용되는 것을 보여주었다.[17)]

지금까지 주어인상과 목적어인상이라는 두 가지 대표적인 인상구문의 문법적 속성에 대해 개괄을 한 후, 목적어인상구문에서 예외적 격표시 대상인 내포절 주어의 구조적 위치에 대해 지배결속이론과 최소주의이

17) 지배결속이론 틀에서의 구구조 이론, 격 이론, 의미역 이론 등이 안고 있는 개념적 문제점이 무엇이고 각각의 문제점이 최소주의이론 틀에서는 어떤 방식으로 해결 가능한지에 대한 보다 자세하고 광범위한 논의는 Chomsky(1995 : 4장) 및 Hornstein et al.(2005)을 참고. 단, 이 장에서는 인상구문과 통제구문에 대한 설명에 직접적으로 관련성이 있는 것들만 언급하기로 한다.

론에서 어떤 방식으로 분석을 해왔으며 둘 가운데 어떤 접근법이 더욱 설득력이 있는지를 살펴보았다. 그리고 마지막 항에서는 지배결속이론에서의 '할당'에 의존한 격 분석방식이 왜 최소주의이론 틀에서는 '점검'이란 개념으로 대체가 되었는지에 대해 논의를 하였다.

다음의 4절에서는 통제구문의 구조 및 속성에 대해 보다 더 자세히 살펴볼 예정인데, 특히 지배결속이론을 거쳐 최소주의 초기까지 가장 대표적인 통제구문에 대한 주요 접근법 중 하나인 '표준 PRO 통제이론'(Standard PRO Theory of Control)에 대한 구체적으로 논의하고자 한다. 1, 2절에서도 이미 언급을 했듯이 Chomsky(1980, 1981) 이후 생성통사론 분야에서 널리 수용되어 온 표준 PRO 통제이론의 핵심은 통제구문의 내포문 주어로서 PRO를 상정하고 그 해석은 상위절의 명사구와의 통제관계에 의해 가능하다는 것이다. 다음 절에서는 이 PRO가 pro 등 여타의 공범주와 어떻게 구별되는지를 보여주는 언어학적 진단법을 소개하고, 나아가 통제사(controller)의 위치 및 통제관계의 수의성(optionality) 등에 의거한 통제구문의 유형에 대해 자세히 살펴보도록 하겠다.

4. PRO와 통제이론

4.1. 표준 PRO 통제이론(Standard PRO Theory of Control)

2절에서 인상구문과 통제구문 간의 차이에 대해 논하면서 지배결속이론 틀에서 전자의 경우는 (42가)처럼 상위절 주어인 *John*이 논항이동을 거친 후 남긴 명사구 흔적이 내포문인 IP의 지정어 자리에 위치하고 있는 반면, 통제구문의 경우는 아래 (42나)와 같이 내포문 IP의 지정어 위치에 PRO라는 별도의 공범주가 존재하며 *John*과 동일한 인물로 해석된다는 분석되어 왔다는 점을 제시하였다((42가, 나)는 (2가, 나) 각각을 반복한 것).

(42) 가. [John$_i$ seems [t$_i$ to be happy]]. (Raising)

A-movement

나. [John$_i$ hopes [PRO$_i$ to leave]]. (Control)

Control

통제이론에 대한 기존 문헌에서 오랫동안 논의가 되어 왔듯이, 이 공범주 주어인 PRO의 분포, 인허조건 및 해석방법 등이 통제이론의 가장 핵심적인 논제라고 할 수 있다(Chomsky(1981), Haegeman(1994:5장), Landau (1999), Hornstein(2001), Hornstein et al.(2005:4장), Madigan(2008a, b), Park(2011)).

2절에서 논의된 바에 따르면, 통제구문인 (42나)에서 상위절 주어이며 통제사(controller)이기도 한 *John*과는 별도로 내포문 주어 자리에 PRO라는 공범주를 상정한 이유는 전체 문장에 가시적인 논항이 *John*밖에 없기 때문이다. 즉, 하위절 동사인 *leave*로부터 의미역을 할당받아 의미역 기준(Theta Criterion)을 충족시키기 위해 내포절 술어로부터 의미역을 별도로 할당받을 수 있는 추가적인 논항이 필요하기 때문이라고 하였다.

그러나 (42나)와 같은 통제구문에서 내포문의 주어가 다른 종류의 공범주, 즉 명사구 흔적(NP-trace)이나 pro도 아닌 PRO라는 제 3의 공범주이어야만 하는 이유에 대해서는 구체적으로 논의를 하지 않았다. PRO 제안 동기를 파악하기 위해 우선 다음의 예들을 살펴보자.

(43) 가. $John_i$ hopes [$_{CP}$ [$_{IP}$ PRO_i to write a paper]].

나. $John_i$ persuaded $Mary_j$ [$_{CP}$ [$_{IP}$ $PRO_{*i/j}$ to write a paper]].

(44) 가. $Poirot_i$ is considering [$_{CP}$ whether [$_{CP}$ PRO_i to abandon the investigation]].

나. $Poirot_i$ needs a lot of courage [$_{CP}$ [$_{CP}$ PRO_i to abandon the investigation]].

다. $Poirot_i$ was glad [$_{CP}$ [$_{IP}$ PRO_i to abandon the investigation]].

Haegeman(1994 : 263)

(45) 가. $John_i$ hopes that [$PRO_{i/j}$ writing a paper] will be fun.

나. $Mary_i$ knew that [$PRO_{i/j}$ to perjure himself/herself] would damage $John_j$. Landau(1999 : 20)

다. $Mary_i$ knew that it damaged $John_j$ [$PRO_{i/j}$ to perjure himself/herself]. Landau(1999 : 20)

라. [$_{CP}$ [$_{IP}$ PRO_{arb} to abandon the investigation]] would be regrettable.

Haegeman(1994 : 263)

(42나)에서와 마찬가지로, (43)-(45)의 예문들은 공통적으로 공범주인 PRO를 내포절의 주어 자리에 상정해서 동일절 내의 동사에 의해 의미역을 할당받는 사례들로 분석할 수 있을 것이다. 단, (43)과 (44)의 경우는 내포절 주어 PRO가 '의무적으로' 상위절 주어나 목적어 명사구를 통제사(controller)로 취해야 하는 반면, (45가-다)에서는 내포절 내의 절 주어(sentential subject)의 주어 자리에 PRO가 자리 잡고 있으면서 차상위절의 명사구나 혹은 최상위 절에 위치한 명사구와 '수의적인' 통제관계를 형성할 수 있는 예들에 해당된다. 더 나아가 (45라)의 예문은 절 주어의 주어 자리에 위치한 PRO와 통제관계를 맺을 수 있는 가시적인 통제사가

같은 문장 내 어디에도 존재하지 않는 경우에 해당된다.

소위 '표준 PRO 통제이론'(Standard PRO Theory of Control)에서는 위의 (43)-(45) 예문에서 관찰되는 PRO의 해석적 특성을 기반으로 (43)-(44)와 같은 환경에서의 PRO는 '의무적 통제'(obligatory control)를 필요로 하는 영주어(null subject)인 반면, (45가-다)의 PRO는 '수의적 통제'(optional control)가 가능한 영주어라고 주장하였다. 또한 (45라)의 PRO는 같은 절은 물론 동일 문장 내에 가시적인 통제사가 불필요한 '자의적 통제'(arbitrary control)로 분류되는데, 이 역시도 '수의적 통제'의 한 예라고 할 수 있겠다.

결속이론(Binding Theory)의 관점에서 (43)-(45)에서의 통제관계를 재고해보면, 우선 (43)과 (44)에서와 같이 의무적 통제관계를 필요로 하는 PRO의 경우는 결속조건 A를 충족시켜야 하는 조응사(anaphor)에 가까운 속성을 지녔다고 할 수 있다. 이는 (43)-(44)의 PRO의 경우 반드시 자신과 공지시(coindexation)되어 있을 뿐만 아니라 성분통어(c-command)까지 가능한 명사구가 통제사로서 상위절에 존재하지 않으면 해석이 불가능하기 때문이라고 할 수 있다. 반면, (45가-다)에서 수의적 통제관계만 가능한 PRO는 자신과 공지시되며 성분통어 가능한 통제사가 상위절에 반드시 존재할 필요가 없거나 존재할 수 없는 예들의 경우이므로 대명사(pronoun)와 유사한 속성을 갖고 있는 공범주라고 할 수 있다.

이러한 이유로 Chomsky(1981)는 PRO는 아래 (46)에 재진술된 결속조건 가운데 서로 양립할 수 없는 결속조건 A와 결속조건 B의 속성을 동시에 갖고 있는 공범주라고 가정하게 된다.

(46) 가. Binding Condition A : An anaphor must be bound in its

governing category.

나. Binding Condition B : A pronoun must be free in its governing category.

다. Binding Condition C : An R-expression must be free everywhere.

Chomsky(1981)에 따르면, 모든 명사구는 [+/-Anaphoric, +/-Promominal]이란 두 가지 자질에 의거하여 분류가 가능하며, 그 가운데 PRO는 [+Anaphoric, +Pronominal]이라는 양면적인 속성을 갖고 있는 공범주라고 정의하고 있다. 아래 (47)은 PRO를 비롯한 가시적 혹은 비가시적 명사구에 대한 분류표에 해당된다.

(47) <표 1> 명사구 범주의 분류(Chomsky(1981))

자질 (Features)	가시적 명사구 (Overt NPs)	비가시적 명사구 (Null NPs)
[+Anaphoric, -Pronominal]	조응사 (Anaphor)	명사구 흔적 (NP-trace)
[-Anaphoric, +Pronominal]	대명사 (Pronoun)	pro
[-Anaphoric, -Pronominal]	지시적 표현 (R-expression)	의문사구 흔적 (Wh-trace)
[+Anaphoric, +Pronominal]	-	PRO

그러나 PRO가 조응사와 대명사 두 종류의 명사구 속성을 동시에 갖고 있음을 그 분포는 물론 해석을 위한 통제사의 존재 여부를 통해 명확하게 알 수 있는 반면, 그러한 모순된 속성 때문에 "PRO가 어떤 구조적 환경에서 어떻게 인허되는가?"라는 통제이론에 있어서의 핵심 논제에 대한 답변을 찾기가 쉽지 않은 것으로 보인다. 이 문제에 대해 Chomsky (1981)는 PRO가 기본적으로 다른 가시적 명사구나 공범주들과 달리 지

배범주(Governing Category)가 존재해서는 안되는 범주라고 주장을 한다. 즉, 위의 (46가)와 (46나)에 정의된 결속조건 A와 B가 말해주듯 조응사와 대명사는 '지배범주'(Governing Category)라는 동일한 통사적 영역에서 상호 배타적인 분포를 보이는 명사적 요소들이므로, 만약 PRO가 아래 (48)에 정의된 지배범주 정의의 핵심인 '지배'(government) 관계를 허용하지 않는 요소라고 가정하면 모순된 것처럼 보이는 PRO의 속성이 더 이상 문제가 아니라는 것이 그의 주장의 핵심이다.

(48) Governing Category
The governing category for α is the minimal domain containing it, its governor and an accessible subject/SUBJECT.

즉, Chomsky(1981)는 결국 PRO에 근접한 어떤 요소들도 PRO를 지배할 수 없어야 하며, 이를 포착하기 위한 방법으로 다음과 같은 'PRO 공리'(PRO Theorem)를 제안하게 된다.

(49) PRO Theorem
PRO must be ungoverned.

본 항에서는 통제사 존재 유무 및 통제관계의 수의성 여부에 따른 PRO의 분포와 PRO가 인허되기 위한 구조적 환경에 대해 살펴보았다. 한마디로 말하면, PRO는 통제사와 통제관계가 의무적인 경우와 수의적인 경우가 존재하는데, 이는 PRO가 마치 조응사와 대명사라는 상보적 분포를 지닌 두 종류의 명사구의 속성을 동시에 갖고 있음을 의미한다. 이러한 PRO가 갖고 있는 양립 불가능한 모순적인 것으로 보이는 속성을 포착하기 위해 Chomsky(1981)는 PRO는 반드시 지배되지 않는 위치에서만 나타날 수 있다는 PRO 공리를 제안한다. 이 공리에 따르면 PRO가 나타날 수 있는 유일한 위치는 비정형절의 주어 자리라고 할 수 있고, 이러한 예측은 (42)-(45)의 자료를 통해 입증이 될 수 있다고 하겠다. 특히, 인상동사에 의해 선택된 비정형절이 IP에 해당되는 반면, PRO를 영주어로 취하는 비정형절은 반드시 IP뿐만 아니라 CP까지 투사되어야만 하는 것으로 가정한다.

4.2. OC PRO와 NOC PRO 진단법

4.1항에서 살펴보았듯이 지배결속이론에서 통제관계 및 PRO의 분포에 대한 대표적 접근법 가운데 하나인 '표준 PRO 통제이론'에서는 상위절이나 차상위절의 통제사(controller)와의 통제관계를 통해서만 해석이 가능한 '의무적 통제 PRO'(Obligatorily controlled PRO, 이하 OC PRO)와 반드시 가시적인 통제사와 통제관계를 맺을 필요가 없는 PRO, 즉 '수의적 통제 PRO'(Non-obligatorily controlled PRO, 이하 NOC PRO) 두 가지로 분류한다. 이 두 가지 종류의 PRO가 실제로 존재하는 것인지를 규명하는데 유용한 대표적 언어학적 진단법으로 다섯 가지를 살펴보도록 하자. 첫째, 그 명칭에서 알 수 있듯이 OC PRO의 경우 해석을 위해 상위절 내에 통제사(controller)가 반드시 존재해야 한다. 반면, NOC PRO의 경우는 통제사가 반드시 필요하지 않다(Williams(1980), Koster(1984), Hornstein(1999, 2001)). 가령, *expect*라는 통제동사는 PRO가 주어인 비정형절을 보충어(complement)로 취하는데, 이때 (50가)와 (50나)에서 보듯이 반드시 상위절 목적어가

PRO의 통제사로 해석이 되어야만 한다. 이러한 속성을 보이는 (50가, 나)와 같은 환경에서의 PRO를 OC PRO라고 규정한다.

(50) 가. Mom expected $John_i$ [PRO_i to shave $himself_i$].
나. *It was expected [PRO_{arb} to shave himself].
다. It was believed that [PRO_{arb} shaving] was important.
Hornstein(2001 : 31-32)

반면, 특정 통제동사에 의해 선택되지 않고 PRO가 지정어 자리에 위치한 것으로 분석되는 (50다)와 같은 절주어(sentential subject)의 경우는 상위절에 가시적인 통제사가 없어도 자의적 PRO(arbitrary PRO)로서 해석이 가능하다. 이와 같은 속성을 갖고 있는 (50다)와 같은 환경에서의 PRO를 특히 NOC PRO라고 분류할 수 있다.

두 번째로, OC PRO의 경우는 (51가)에서와 같이 PRO가 주어로 존재하는 비정형절 바로 위에 위치한 절의 논항에 의해 통제를 받아야 한다. 즉, OC PRO의 경우 PRO와 통제사 간 국부성(locality)이 준수되어야만 한다. 즉, OC PRO의 경우에는 '원거리 통제'(Long Distance control, 이하 LD control)가 불허된다. 그러나 NOC PRO의 경우에는 (51b)에서와 같이 PRO가 반드시 바로 상위절 내의 논항과 통제관계를 형성하지 않아도 무방하다. 따라서 (51나)의 PRO처럼 차상위절의 논항에 의한 원거리 통제가 가능한 PRO를 NOC PRO라고 분류 가능하다(Williams(1980), Manzini (1983), Bouchard(1984), Koster(1984), Hornstein(1999, 2001)).

(51) 가. *$John_i$ thinks that it was expected [PRO_i to shave $himself_i$]
Hornstein(2001 : 31)

나. $John_i$ thinks that it is believed that [PRO_i controlling his mind] is necessary for winning the game. Park(2011 : 26)

세 번째로, OC PRO의 경우는 통제사가 반드시 PRO를 '성분통어'(c-command)해야만 하는 반면, NOC PRO의 경우 통제사가 존재하는 문장에서도 반드시 PRO를 성분통어할 필요가 없다. 즉, (52가)에서 보듯 OC PRO는 '성분통어 요건'(c-command requirement)를 충족시켜야만 하는 반면, NOC PRO는 (52나)에서와 같이 동일한 조건을 반드시 지켜야만 할 필요는 없다(Williams(1980), Bouchard(1984), Koster(1984), Hornstein(1999, 2001)).

(52) 가. *$John's_i$ campaign expects PRO_i to shave $himself_i$.
Horrnstein(2001 : 31)

나. $John's_i$ coach believes that [PRO_i controlling his mind] is necessary for winning the game. Park(2011 : 27)

네 번째로, 동사구 생략(VP ellipsis) 환경에서 OC PRO의 경우엔 '게으른 해석'(sloppy interpretation)은 허용하되 '엄밀 해석'(strict interpretation)은 허용하지 않는 반면에 NOC PRO는 게으른 해석은 물론 엄밀 해석도 가능하다(Bouchard(1984), Higginbotham(1980, 1992), Landau(1999), Hornstein(1999, 2001) 등 참조). 예를 들면, OC PRO의 경우는 (53가)의 경우처럼 *Bill*만을 지칭할 수 있는 반면, NOC PRO의 경우는 (53나)처럼 *Bill*뿐만 아니라 *John*으로도 해석이 가능하다.

(53) 가. John expects [PRO to win] and Bill does, too.

(i) *... and Bill expects John to win. (Strict)

(ii) ... and Bill expects Bill to win. (Sloppy)

나. John thinks that [PRO getting his resume in order] is crucial and Bill does, too.

(i) ... and Bill thinks that John's getting his resume... (Strict)

(ii) ... and Bill thinks that Bill's getting his resume ... (Sloppy)

Honrstein(2011 : 31-32)

다섯 번째로, OC PRO는 *only*-명사구(*only*-NP)의 형태를 선행사로 취할 경우 결속변항 해석(bound variable interpretation)만이 가능한 반면, NOC PRO는 결속변항 해석 외에도 다른 해석이 가능한 차이점을 보인다. 가령 OC PRO는 양화사구(quantified phrase)인 *only*-명사구가 남긴 흔적에 의해 결속될 수 있는데, (54)에서 보듯이 소위 '불변항 해석'(invariant interpretation)은 불허하지만 '공변항 해석'(covariant interpretation)이 가능한 점에서 이 사실을 확인할 수 있다. 반면, NOC PRO의 경우는 동일한 양화사구가 선행사 기능을 하더라도 (55)에서 보듯이 공변항 해석뿐만 아니라 불변항 해석까지도 허용을 한다.

(54) Only Churchill remembers PRO giving the BST speech.

가. Covariant : For no x, x different from Churchill, x rememebrs himself (i.e., x) giving the BST speech.

나. Invariant : *For no x, x different from Churchill, x remembers his (Churchill's) giving the BST speech.

Hornstein(2011 : 31)

(55) Only Churchill remembers that PRO giving the BST speech was momentous.

가. Covariant : For no x, x different from Churchill, x remembers that himself (i.e., x) giving the BST speech was momentous.

나. Invariant : For no x, x different from Churchill, x remembers that his (Churchill's) giving the BST speech was momentous.

Hornstein(2011 : 32)

지금까지 4.2항에서 논의한 OC PRO와 NOC PRO를 구별할 수 있는 언어학적 진단법을 정리하면 아래 표 2와 같다.

(56) <표 2> OC PRO와 NOC PRO 진단법

진단법(Diagnostics)	OC PRO	NOC PRO
가. Optionality of the overt controller	×	✓
나. Long-distance control	×	✓
다. C-command requirement	✓	×
라. Only sloppy reading in VP ellipsis	✓	×
마. Only covariant reading	✓	×

4.3. OC 통제의 유형

4.2항에서 통제술어에 의해 선택된 비정형절의 주어 자리에 존재하는 것으로 가정하고 있는 공범주 주어 PRO는 통제관계를 형성하는 통제사의 존재가 의무적인지 수의적인지 여부에 따라 'OC PRO'와 'NOC PRO' 두 가지 종류로 대분할 수 있음을 살펴보았다. 특히, 문법적 속성에 있어서 뚜렷한 차이를 보이는 OC PRO와 NOC PRO가 존재한다는 사실을 대여섯 가지의 진단법을 통해 보여주었다(<표 2> 참조).

한 발 더 나아가 이 두 가지 유형의 PRO 가운데 OC PRO가 비정형절의 주어 역할을 하는 통제구문의 경우는 PRO 해석을 가능케 해주는

통제사가 상위절의 주어 자리에 위치하느냐 목적어 자리에 위치하느냐에 따라 '주어통제'(Subject Control)와 '목적어통제'(Object Control)로 구분할 수가 있다. 이러한 구분은 인상구문의 경우 내포절 주어가 이동한 종착지가 상위절의 주어 위치인지 목적어 위치인지에 따라 주어인상과 목적어인상구문으로 분류했던 방식과 유사해 보이지만 차이가 존재한다. 즉, 인상구문의 두 유형은 상승이동을 거친 논항의 종착지에 의거한 분류라면, 통제구문의 경우는 OC PRO와 통제관계를 맺고 있는 통제사가 상위절에서 차지하고 있는 구조적 위치에 따른 분류라고 할 수 있다.

가령, 2절에서 살펴보았듯이 *reluctant*와 같은 통제술어는 아래 (57)의 예문에서와 같이 내포절의 주어 자리의 PRO가 상위절의 주어 위치에 있는 *John*을 통제사로 취하여 해석을 받는 '주어통제' 구문을 형성하는 통제술어라고 할 수 있다.

(57) [$_{IP}$ John$_i$ is reluctant [$_{IP}$ PRO$_i$ to leave]]. (Subject Control)
Obligatory Control by Subject

반면, 아래의 (58가)에서와 같이 *persuade*가 상위절 동사로 비정형절을 보충어(complement)로 취한 경우 의미역 기준을 위배하지 않기 위해서는 내포절의 주어 위치에 PRO를 별도로 상정을 해야만 한다. 즉, 상위절 동사인 *persuade*의 경우 (59가)에서 보듯이 행위자(Agent), 대상(Theme) 의미역 및 명제(Proposition)라는 세 개의 논항을 취하는 3항 술어에 해당되는데, 내포절 내에도 1항 술어인 *leave*가 행위자 역할을 할 논항을 필요로 하고 행위자 의미역을 할당받을 가시적인 논항으로는 *Mary*가 가장 유력하나 *persuade*로부터 대상역을 추가적으로 할당받아야 한다. 만일 그렇게 되면 '하나의 논항은 단 한 개의 의미역만을 취할 수 있다'는 의미역 기준을 위배하는 것으로 잘못 예측을 하게 된다. 따라서 주어통제구문에서와 마찬가지로 PRO를 내포절의 주어 자리에 상정을 해 의미역 기준을 충족시킬 수 있으며, 이때의 PRO는 반드시 상위절 목적어인 *Mary*와 통제관계를 형성해야만 한다. 이러한 이유로 (58가)과 같은 문장은 (58나)처럼 분석할 수 있으며, 이 구문을 '목적어통제구문'이라고 일컫는다.

(58) 가. John persuaded Mary to leave.

나. [John$_i$ persuaded Mary$_j$ [PRO$_{*i/i}$ to leave]]. (Object Control)

└───↑ Obligatory Control by Object

(59) 가. *persuade*

Experiencer NP	Theme DP	Proposition CP

나. *leave*

Agent NP

주어통제구문을 형성하는 통제술어로는 *reluctant* 외에도 *try*, *hope*, *promise* 등의 동사가 있으며, 목적어통제구문을 형성하는 통제술어로는 *persuade* 외에 *order*, *force*, *tell* 등이 대표적이다.

2절의 2.2항에서 허사의 허용여부, 관용적인 해석의 유지 여부, 그리고 태의 투명성 등 세 가지 진단법을 활용하여 주어 인상구문과 주어통제구문이 서로 이질적인 구문임을 입증을 했었다. 따라서 '목적어인상구문'과 '목적어통제구문' 역시도 동일한 진단법을 활용하여 두 구문이 서로 이질적인 속성을 지닌 것임을 입증할 수 있어야 할 것이다. 실제로 세 가지 진단법 가운데 처음 두 가지 테스트를 활용해보면, 우리 예측대로 서로 다른 결과를 낳게 되는데, 다음의 예문을 살펴보도록 하자.

(60) 가. *John persuaded there to a man in the room.
　　 나. John wants there to be a man in the room.

(61) 가. *John persuaded the cat to get his/Bill's tongue.
　　 나. John wants the cat to get his/Bill's tongue.

Carnie(2013 : 444)

먼저, (60나)에서 보듯이 목적어인상구문의 경우 상위절 목적어 자리에 *there*라는 허사를 허용하지만, (60가)처럼 목적어통제구문의 경우 같은 위치에 *there*의 출현을 불허한다. *There*라는 허사가 의미역이 할당되지 않는 위치에 출현 가능하기 때문에 (60가)와 (60나) 간의 문법성 차이는 오직 전자만이 상위절 목적어 위치가 별도의 의미역, 특히 대상역을 할당되는 위치이기 때문이라고 할 수 있다.

두 번째로, (61나)처럼 목적어인상동사인 *want*가 상위절 동사인 경우에는 *The cat gets his tongue.*이란 표현이 '비밀을 유지하다'란 관용적 의미로 해석이 가능한 반면, (61가)와 같이 목적어통제동사인 *persuade*가 상위절 동사인 경우는 관용적 해석이 불가능하고 문자 그대로의 해석만이 가능하다. 이는 다시 한 번 (61나)의 상위절 동사 *want*와 달리 (61가)의 경우 상위절 동사 *persuade*는 동일 절 내의 목적어 자리에 별도의 의미역이 할당 가능하다는 점을 보여주는 근거라고 할 수 있겠다.

이상 4절에서는 지배결속이론 틀 안에서 통제구문에 대한 가장 대표적인 접근법인 '표준 PRO 통제이론'(Standard PRO Theory of Control)에 대해 간략하게 논의를 하였다(Chomsky(1980, 1981)). 먼저, 통제주어(controlled subject)로서 PRO가 인허되기 위한 조건으로 'PRO 공리'(PRO Theorem)가 제안된 이유에 대해 살펴보았다. 즉, PRO의 해석방식이 조응사(anaphor)뿐만 아니라 대명사(pronoun)의 속성을 모두 갖고 있어 결속이론의 측면에서는 모순적인 상황을 야기하지만 PRO를 지배범주(Governing Category)를 정의하기 어려운 공범주로 간주하면 그 문제점을 해결할 수 있기 때문이라는 것이다.

또한 PRO의 유형과 관련해서 상위절의 가시적인 논항과 반드시 통제관계를 맺어야하는 OC PRO와 반드시 그럴 필요가 없는 NOC PRO를 구별할 필요가 있음을 다섯 가지 진단법을 근거로 살펴보았다. 마지막으로, 특히 OC PRO가 통제주어인 통제구문의 경우는 PRO의 통제사가 상위절의 주어 위치에 있느냐 혹은 목적어 위치에 있느냐에 따라 주어통제구문과 목적어통제구문으로 대분할 수 있음을 목적어인상구문과의 비교를 통해 보여주었다.

다음 5절에서는 생성문법이론이 지배결속이론에서 최소주의이론으로의 전환되면서 PRO 및 통제현상과 관련된 다음의 세 가지 주요 논점에 대해 어떤 변화가 있는지에 대해 간략하게 알아보도록 하겠다: 첫째, 통제사의 통사범주는 무엇인가?; 둘째, 통제사는 어떤 구조적 환경에서 인허될 수 있는가?; 셋째, 통제사의 결정은 어떻게 이루어지는가? 동시에 표준 PRO 통제이론을 대체할 대안으로 '이동분석'(Movement Analysis)이 대두되게 된 배경 및 그 의의에 대해서도 논의를 할 것이다.

5. 최소주의에서의 통제구문과 PRO

5.1. PRO와 Null Case

1990년대 초 대두되어 발전을 거듭하고 있는 최소주의이론(Minimalism)은 개념적 필연성(conceptual necessity)을 충족시키지 못하는 문법층위(grammatical representation), 구구조 표지(phrase marker) 및 도출 단계(derivational step) 등을 인정하지 않는다. 가령, D-구조(D-structure)와 S-구조(S-structure)와 같은 문법층위는 물론이거니와 중간투사(intermediate projection)는 물론 핵 계층이론(X-bar theory) 자체의 폐기 등이 주장되었다(Chomsky(1993, 1995)). 특히, 지배결속이론의 핵심 개념 가운데 하나인 지배(government) 역시 개념적 필연성을 충족시키지 못하는 잉여적인 개념으로 간주되어 폐기 되며, 이로 인해 격 이론, 결속이론, 통제이론 및 이동이론 등 대다수의 모듈(module)에 대한 재고가 필요하게 되었다.

즉, 지배결속이론을 구성하던 모듈 가운데 격 이론, 이동이론 및 결속이론 등에서 설명되던 다양한 현상들이 '지배'라는 개념에 의존하지 않고도 재해석이나 분석이 가능하다는 주장이 제기됐다. 가령, 3절에서 살펴보았듯이 지배결속이론에서 구조격(structural Case)은 격 할당자(Case assigner)가 S-구조에서 인접해 있으면서 동시에 지배가 가능한 명사구에 격을 '할당'하는 것으로 분석을 했으나, 최소주의에서는 비해석성 격자질을 갖고 있는 명사구는 이동을 통해 적절한 격 점검자와 '지정어-핵 관계'를 통해 점검된 후 삭제되어야 완전해석원리를 충족시키는 적절한 도출이 된다고 설명하였다. 이러한 접근법이 격 현상을 설명하는 데 있어 개념적 필연성을 충족시키는 방식이라는 주장이 제기되었다(Chomsky

(1991, 1993)). 그 결과 지배라는 개념이 격 현상을 설명하는 방법에 있어서 필수적인 개념이 되지 못하게 됐다.

마찬가지로, 결속이론 가운데 결속조건 A의 경우 지배라는 개념에 기반을 둔 결속영역을 상정하기보다 조응사는 선행사에 가까운 위치로 LF 상에서의 이동을 하게 되고 이동시 가장 적은 도출단계를 거치고 각 단계별 최단거리 이동을 거쳐야만 한다는 경제성 원리만 지켰다면 결속조건 A를 충족시킬 수 있다는 것이다(Chomsky and Lasnik(1993)).[18] 이러한 주장이 옳다면, 표준 PRO 통제이론에서 주장을 한 것처럼 'PRO는 지배를 받지 않는 위치에만 나타날 수 있다'란 PRO 공리(4.2항의 (49) 참조)가 PRO의 인가조건으로서 충분하지 못한 문제가 발생하게 된다.

다음으로, '지배' 개념의 폐기와 관련된 문제점 외에도 지배결속이론 틀에서 격 할당의 이유로 제시되었던 '가시성 조건'(Visibility Condition)과 PRO의 존재가 양립할 수 없는 문제점이 있다. 지배결속이론에서 Chomsky (1981)는 공범주가 아닌 가시적 명사구가 격을 할당받아야만 하는 이유는 (62)에 정의된 가시성 조건을 충족시켜야만 하기 때문이라는 주장을 제기했다. 간단히 말하자면, 격 할당을 받지 않은 명사구는 LF에서 해석이 불가능하기 때문에 모든 가시적 명사구는 격 할당을 받아야 한다는 것이다.

(62) Visibility Condition
A DP's Θ-role is visible at LF only if it is Case-marked.

18) 이동을 제약하는 경제성 원리로는 Minimize Chain Link(Chomsky and Lasnik(1993)), Shortest Movement(Chomsky(1993)), Minimal Link Condition(Chomsky(1995)) 등을 예로 들 수 있다.

하지만 Chomsky(1986a)는 (62)에 제시된 가시성 조건은 가시적 명사구에만 국한되며, 비가시적인 공범주인 PRO에는 적용이 불가능하다는 점을 보완하기 위해 (63)과 같이 수정할 것을 제안한다.

(63) Revised Chain Visibility Condition
A Chain is visible for Θ-marking if it contains a Case-position or is headed by PRO.

그러나 Martin(1996) 등에서 지적하고 있듯이 Chomsky(1986a)가 제안한 수정된 가시성 조건 역시도 여전히 여러 가지 이론적·경험적 문제점을 안고 있다. 첫째, (63)의 조건은 PRO의 분포에 대한 진정한 설명이라기보다는 단순한 약정에 불과하다는 점이다.

두 번째로 PRO 공리와 함께 (63)의 연쇄 가시성 조건에 따르면, 아래 (64가)와 같은 문장에서 PRO가 *respected*의 보충어 위치에서 반드시 내포절인 IP의 지정어 자리로 (64나)와 같이 논항이동(A-movement)을 거쳐야만 한다.

(64) 가. John hopes to be respected.
나. John hopes [PRO_i to be respected t_i].
A-Move

Park(2011 : 97)

하지만 최소주의이론 관점에서 볼 때 (64나)에서의 PRO의 이동은 중대한 문제점을 안고 있다. 우선, 최소주의이론 틀에서 모든 이동은 타당한 원동력(driving force)이 있어야 한다. 이를 '최후수단원리'(Principle of Last

Resort)라 일컫는데, 일반적으로 논항이동은 비해석성 자질인 격 자질을 점검 후 삭제하여 완전해석조건(Principle of Full Interpretation)을 충족하기 위한 일환으로 적용이 된다는 것이 최소주의이론 틀에서 널리 수용되고 있는 관점이다(Chomsky(1993)). 그러나 통제구문에서의 비정형절 핵어인 Infl이 격 할당이 불가능하다는 가정 하에서는 (64나)에서 PRO의 이동은 논항이동임에도 격과 무관한 이동에 해당된다. 따라서 최후수단원리를 위배하게 되며, 결과적으로 적법하지 못한 도출로 잘못 판정하게 된다. Chomsky and Lasnik(1993)은 (64나)에서의 PRO의 이동 때문에 발생한 문제점을 해결하기 위해 PRO는 '영격'(null Case)을 지니고 있고 이를 점검받아야 한다는 제안을 하게 된다. 이러한 소위 '영격 분석'(Null Case Analysis)에 따르면, (64나)에서의 PRO의 이동은 '모든 이동은 타당한 동인이 있어야 한다'는 최후수단원리를 충족시키는 적법한 이동으로 판단되게 된다.

Martin(1996)과 Bošković(1997) 역시 PRO가 자신이 지닌 영격을 비정형 IP의 핵어에 의해 점검받아야 한다는 Chomsky and Lasnik(1993)의 제안과 일맥상통하나, 어떠한 종류의 비정형 Infl(혹은 T^0)이 영격을 점검할 수 있는가를 분명히 밝혀주는 경험적 근거를 제시한다. 가령 Chomsky and Lasnik의 제안대로라면, 영격을 지닌 PRO는 아래 (65나)와 (66나)와 같이 인상술어에 의해 선택된 비정형 IP의 지정어 자리로도 이동을 할 수 있어야 하나 실제로는 그렇지 못하다.

(65) 가. John tried [PRO_i to be t_i the best player in the league].

나. *John believes [PRO_i to be t_i the best player in the league].

(66) 가. For John, it is difficult [PRO_i to be t_i the best player in the league].

나. *For John, it seems [PRO_i to be t_i the best player in the league].

Martin(1996 : 48)

(65가)-(66가)와 (65나)-(66나) 간의 대조를 기반으로 Martin(1996)과 Bošković(1997)는 PRO가 지닌 영격은 모든 비정형 Infl이 점검할 수 있는 것은 아니며, 통제술어에 의해 선택된 것만이 영격 점검이 가능하다고 주장한다. 특히, 이들에 따르면 통제술어에 의해 선택된 비정형 Infl이 주어인상술어 및 ECM이라고도 불리는 목적어인상술어에 의해 선택된 비정형 Infl과 구별되는 점은 전자는 [+Tense]의 속성을 갖고 있는 반면 후자는 [-Tense]의 속성을 갖고 있는 것으로 가정한다.

간단히 말하자면 이러한 주장은 Stowell(1982)의 관찰에 기반을 둔 것으로, 통제술어의 비정형 내포절의 사태(event)나 행위(action)가 주절의 사태나 행위와 시간적으로 동시에 일어날 수 없으며, 전자는 후자보다 반드시 나중에 발생해야한다는 점에 의거하여 통제구문의 비정형절이 [+Tense]라는 자질명세를 갖고 있는 것으로 규정한다. 가령 (67가)에서 'Ginny의 기억하는 행위'(Ginny's action of remebering)는 '동일인의 와인을 가져오는 행위'(Ginny's action of bringing the wine)에 시간 순서 상에서 필연적으로 선행을 해야만 한다.

(67) 가. Ginny remembered [PRO to bring the wine].

나. Kim decided [PRO to go to the party].

다. Romário promised Bebeto [PRO to pass the ball].

Martin(1996 : 51)

또한 복합문(complex sentence)에서 주절의 행위와 적어도 발생시간이 동시다발적이거나 앞서는 경우에만 내포문에 완료시제가 가능함을 감안하면, 비정형 Infl이 지니고 있는 [+Tense]라는 자질 때문에 통제구문의 비정형 보충문의 경우 완료시제가 불허될 것으로 예측되는데, (68)의 예문은 이 예측이 올바름을 보여준다.

(68) 가. *Ginny remembered to have bought some beer.
나. *Kim decided to have gone to the party.
다. *Romário promised Beberto to have passed the ball.
Martin(1996 : 52)

이와 반대로, 인상술어의 보충어인 비정형 Infl은 [-Tense]를 갖고 있으므로 상위절의 사태나 행위와 비정형 내포절의 그것과 시간 상으로 엄격한 차이가 존재하지 않음을 아래 (69)의 예문을 통해 알 수 있다. 즉, (69가)에서와 같이 'Rebecca의 최우수 선수 선발'(Rebecca's being the best basketball player)은 '모든 이들의 믿는 행위'(everyone's action of believing)와 동시다발적인 사태라야 가장 자연스러운 해석이 가능한 점을 들 수 있다.

(69) 가. Everyone believed [Rebecca to be the best basketball player at UConn].
나. The doctor showed [Bill to be sick].
다. The defendant$_i$ seemed to the DA [t$_i$ to be a conspirator].
Martin(1996 : 53)

지금까지 5.1항에서는 최소주의이론 틀 안에서 통제구문의 비정형 내포절의 비가시적 주어는 PRO이며, PRO는 영격을 지니고 있어 해당 격을 점검할 수 있는 [+Tense]라는 자질을 지닌 비정형 Infl에 의해서만 인가가 가능하다는 제안을 한 '영격 분석'(Null Case Analysis)에 대해 알아보았다. 이 영격 분석은 개념적 필연성이 결여된 '지배'라는 인위적 개념에 기반한 'PRO 공리'(PRO Theorem)에 의존하지 않으면서 PRO의 인허환경에 대한 분석이 가능하며, 또한 PRO가 비정형 IP의 지정어 자리로 이동하는 이유가 영격을 점검하기 위해서라고 보는 '최후수단원리'에 합치되는 분석을 제공한다는 점에서 지배결속이론에서의 표준 PRO 통제이론(Standard PRO Theory of Control)에 비해 우월하다고 하겠다.

또한 PRO의 해석방식과 관련해서도 지배결속이론 틀에서의 표준 PRO 통제이론에서는 사실 NOC PRO는 물론 OC PRO가 어떤 방식으로 해석이 되는지, 즉 통제사가 어떤 방식으로 결정되는가에 대해서는 통제이론이라는 모듈에 의존할 뿐 구체적인 방법이나 기제는 제시하지 않았다. 이에 반해 영격 분석을 채택한 Martin(1996)의 경우는 PRO가 통제사가 위치한 상위절 지정어와 지정어-핵 관계를 이루는 Infl(이나 T)까지 로망스어 등에서 접어(clitic)가 이동하는 것과 유사한 방식으로 이동을 해 통제사와 통제관계를 맺는다고 제안하였다.

그러나 Martin의 분석은 논항이동을 거치는 PRO가 아래의 (70)에서와 같이 복잡한 DP 구조의 지정어 자리에서 기저 생성되는 것으로 가정해야하며, XP 요소인 PRO가 X^0 요소에 해당되는 접어처럼 일종의 핵이동을 거친다고 보는 것은 자연스럽지 못한 분석이라고 할 수 있다.[19)]

19) Martin(1996)이 제안한 영격 분석 내에서 PRO의 통제사 결정방식과 관련된 이동분석의 개괄 및 이론적 문제점에 대한 보다 자세한 내용은 Hornstein(2001)과 Park(2011 : 2장, 2.3.3.1항)을 참고할 것.

(70)

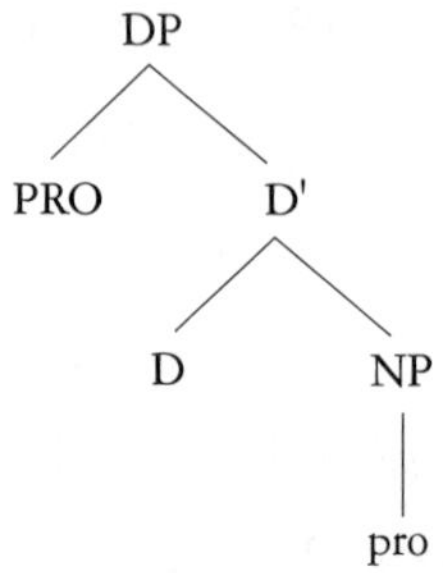

다음 항에서는 Martin(1996)이 PRO의 해석방식과 관련해서 PRO의 이동을 상정했다는 점에서 유사한 Hornstein(1999, 2001)의 '이동분석'(Movement Analysis)에 대해 개괄하고 그 분석의 함의점에 대해 논하도록 하겠다.

5.2. PRO = 명사구 흔적?

Hornstein(1999, 2001)은 PRO의 범주적 지위(categorial status), 인허조건(licensing condition), 그리고 통제사 결정방식 각각에 대해 Martin(1996)이 제시한 PRO 이동을 가정한 분석에 문제점이 있음을 지적하고 이에 대한 대안을 내놓게 된다. 특히, Hornstein은 개념적 필연성(conceptual necessity)에 합치되는 문법적 요소와 도출만을 허용하는 최소주의이론 틀에서 통제이론(Control Theory)이라는 묘듈을 폐기하기 위한 목적으로 (i) 통제술어의 비정형 내포절의 비가시적 주어는 PRO가 아니라 통제사(controller)가 이동한 후의 명사구 흔적(NP-trace)이며, (ii) 통제구문의 비정형 내포절의 주어 위치는 명사구 이동이 가능한 환경이어야 하며, (iii) 통제관계는 통제사와 흔적 간의 논항연쇄(A-chain) 관계에 해당된다고 주장한다.

이러한 방식의 통제구문 및 비정형 내포절 주어에 대한 접근법을 '이동분석'(Movement Analysis)이라고 칭하며,[20] 이 분석에 따르면 통제구문과 인상구문 간에는 차이가 없는 것으로 간주해야 하나 이 점은 본 장의 선행절에서 주장했던 바와 상충되는 것처럼 보인다. 이에 대해 Hornstein은 인상구문에서 주어 명사구가 그렇듯이 통제구문에서 통제사 역시도 논항이동을 거치는 것은 맞지만, 전자와 이동의 목적 및 종착지(landing site)에 있어서 차이가 있다고 가정한다. Hornstein식의 이동이론에서의 주요 가정들(assumptions)은 다음과 같이 요약할 수 있다.

(71) 가. Θ-roles are features on verbs.
나. Greed is enlightened self interest.
다. A D/NP receives a Θ-role by checking a Θ-feature of a verbal /predicative phrase that it merges with.
라. There is no upper bound on the number of Θ-roles a chain can have. Hornstein(2001 : 37)

이동분석에서 차용하고 있는 위의 주요 가정 가운데 가장 주목할 점은 (71다)라고 할 수 있는데, 지배결속이론 틀에서와 달리 의미역(Θ-role)을 통사적 자질(syntactic feature)로 간주하고 통제사는 의미역 할당 술어에 의해 자질점검(feature checking)을 거쳐야 적절한 의미역을 할당받는다고 가정하고 있다. 이는 인상구문에서 하위절 주어가 상위절 주어나 목적어 위치로 이동하는 목적이 자신의 격 자질(이나 Infl의 EPP-자질)을 점검하기 위한 것과 구별된다는 것이다. 또한, (71라)에서 언급하고 있듯이 통

20) Hornstein(2001)은 자신이 제안한 접근법을 '이동통제이론'(Movement Theory of Control)이라고 명명했으나, 여기서는 편의상 '이동분석'이라고 칭하기로 함.

제사가 비정형절의 술어에 의해 한 차례 의미역을 할당받은 이후 상위 절의 통제술어에 의해 추가적으로 의미역을 할당받아야 하므로, 통제사인 명사구의 이동에 의해 형성되는 논항연쇄(A-chain)가 받을 수 있는 의미역 수는 제한이 없는 것으로 가정한다. 이러한 가정은 '하나의 논항은 오직 하나의 의미역 할당만이 가능하다'라는 지배결속이론 틀에서의 의미역 기준(Theta Criterion)과 상치되는 가정이라 할 수 있다. 위에 제시된 가정을 기반으로 (72) 문장의 도출과정은 (73가)-(73라)와 같다.

(72) John hopes to win.

(73) 가. [$_{vP}$ John$_{NOM,\theta1}$ [$_{v'}$ v-win [$_{VP}$ t_{win}]]]

나. [$_{TP}$ John$_{NOM,\theta1}$ [$_{T'}$ to [$_{vP}$ John$_{NOM,\theta1}$ [$_{v'}$ *v*-win [VP t_{win}]]]]]

다. [$_{vP}$ John$_{NOM,\theta1,\theta2}$ [$_{v'}$ *v*-hope [$_{VP}$ thope [$_{TP}$ John$_{NOM,\theta1}$ to [$_{vP}$ John$_{NOM,\theta1}$ [$_{v'}$ *v*-win [$_{VP}$ t_{win}]]]]]]]

라. [$_{TP}$ John$_{NOM,,\theta1,\theta2}$ [$_{T'}$ T [$_{vP}$ ~~John~~$_{NOM,\theta1,\theta2}$ [$_{v'}$ *v*-hope [$_{VP}$ t_{hope} [$_{TP}$ ~~John~~$_{NOM,,\theta1}$ to [$_{vP}$ ~~John~~$_{NOM,,\theta1}$ [$_{v'}$ *v*-win [$_{VP}$ t_{win}]]]]]]]]]

위의 도출과정에서 통제사인 *John*이 비정형 내포절의 주어 흔적과 어떻게 통제관계를 형성하게 되는지를 중심으로 간략하게 살펴보면, 먼저 (73가)에서와 같이 *John*은 내포절의 주어로서 기저 생성된 후 내포절 동사 *win*과 지정어-핵 점검관계 하에서 행위자(Agent) 의미역을 할당받게 된다. (73다)에서 보듯, 이후 상위절의 *v*P의 지정어 위치로 논항이동을 거친 후 그 위치에서 상위절 동사인 *hope*에 의해 경험자(Experiencer) 의미역을 추가적으로 할당받게 된다. 이런 방식으로 (72)의 통제구문에서 유일한 가시적 명사구인 *John*이 왜 '승리자'(winner)뿐만 아니라 '희망자'

(hoper) 두 가지 의미로 해석될 수 있는가를 설명 가능하다고 주장한다. Hornstein(1999, 2001)은 이동복사이론(Copy Theory of Movement)를 받아들여 도출의 마지막 단계에서 (73라)에서처럼 *John*이 상위절 IP의 지정어 위치까지 논항이동을 한 후 형성된 네 개의 복사체(copies) 가운데 최상위의 것만 남겨두고 음운부(PF)에서 삭제된다고 가정한다(Chomsky(1993, 1995)).

Hornstein식의 이동분석이 갖고 있는 주요한 이론적·경험적 함의점에 대해 간략하게 알아보면, 이론적인 측면에서 첫째, 이 분석은 통제사와 피통제사 간의 통제관계를 논항연쇄(A-chain)와 동일시할 수 있고, 둘째, PRO라는 이론 내적(theory-internal) 동인만을 갖고 있는 공범주를 상정하지 않아도 되며, 셋째, 통제이론이라는 별도의 모듈을 상정하지 않아도 되는 이점이 있어 최소주의이론에 부합되는 통제구문에 대한 분석이라고 주장한다.

특히 첫 번째 이론적 이점과 관련해서는, 이동분석에서는 통제관계를 논항연쇄와 동일시하기 때문에 통제사의 결정 시 작용하는 통사적인 제약을 최소주의이론 틀에서의 경제성원리에 의해 재해석 가능한 장점이 있다. 즉, Rosebaum(1967, 1970)은 아래 (75나)에서 상위절 주어가 아닌 (간접) 목적어가 PRO의 통제사가 되어야만 하는 이유를 (74)의 '최소거리원리'(Minimal Distance Principle)에 의해 설명하였다. 즉, (75가)와 같은 주어통제(Subject Control)의 경우 상위절의 유일한 가시적 명사구인 주어 명사구가 언제나 통제사의 역할을 하는 반면, (75나)와 같은 목적어통제(Object Control)의 경우 상위절에 위치한 두 개의 가시적 명사구 가운데 PRO에 가까운 명사구가 통제사 기능을 한다고 주장하였다.

(74) Minimal Distance Principle

An infinitive complement of a predicate P selects as its controller the minimal c-commanding noun phrase in the functional complex of P.

(75) 가. John$_{i}$ attempts [PRO$_{i}$ to leave]. (Subject Control)

나. John$_{i}$ persuaded Mary$_{j}$ [PRO$_{*i/j}$ to leave]. (Object Control)

Hornstein은 만약 이동(통제)이론을 수용한다면, Rosenbaum의 최소거리원리를 최소주의이론 틀 안에서 이동의 거리를 제약하는 주요 원리에 해당되는 '최소연결조건'(Minimal Link Condition)으로 재해석 할 수 있다고 주장한다((76) 참조). 즉, (75나)와 같은 목적어통제구문의 경우 *Mary*가 비정형 내포절에서 상위절로 논항이동을 거칠 때 가장 가까운 위치가 상위절의 목적어 자리이기 때문이며, 만약 그 자리를 건너 주어 위치까지 이동할 경우 *Mary*의 연쇄가 최소연결조건을 위배하게 된다는 것이다. 이동분석 하에서의 (75나)의 표상은 아래 (77)과 같다.

(76) Minimal Link Condition (Chomsky(1995 : 296))

α can raise to target K only if there is no legitimate operation Move β, where β is closer to K.

(77) John$_{i}$ persuaded Mary$_{j}$ [t$_{*i/j}$ to leave]. (Object Control)

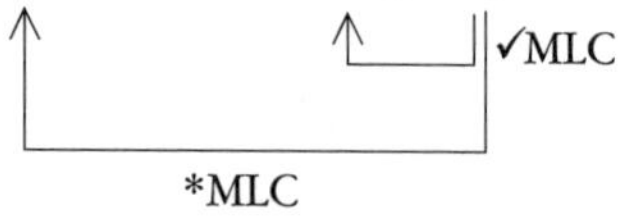

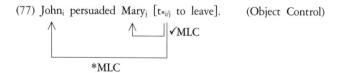

이동분석은 이러한 이론적 측면에서의 장점뿐만 아니라 보다 다양한

통제현상에 대한 언어 자료를 설명하는 데 용이한 장점도 갖고 있는데, 특히 최근 여러 언어에서 존재하는 것으로 보고되고 있는 소위 후위통제(Backward Control)를 보다 명확하게 설명할 수 있는 대안이 될 수 있다는 점이다. 즉, 지금까지 살펴본 영어를 비롯한 대부분 언어에서 통제관계는 통제사(controller)가 피통제사(controllee) 간의 상대적인 순서와 관련해서 전자가 후자에 앞서는 전위통제(Forward Control)가 일반적이었다. 그러나 2000년대 들어 여러 문헌에서 몇몇 언어의 경우는 피통제사가 통제사를 선행하는 후위통제가 가능하다고 보고되고 있다. 가령, Polinsky and Potsdam(2002)에 따르면 Tsez의 경우 아래 (78)에서 보듯 통제사에 해당되는 명사구가 내포절 내에 위치한 반면, 이와 통제관계를 맺고 있는 비가시적 명사구는 오히려 주절의 주어 자리를 차지하고 있음을 종속절 및 주절 동사의 일치 형태소를 통해 규명을 하고 있다.

(78) $\Delta_{i/*k}$ [kid-bā$_i$ ziya b-iš-a]
girl.II-ERG cow.III.ABS III-feed-INF
y-oq-si.
II-begin-PAST.EVID
'The girl began to feed the cow.'
Polinsky and Potsdam(2002 : 246)

이외에도 한국어(Monahan(1993), Kwon and Polinsky(2006), Park(2011) 등) 및 일본어(Fujii(2006)) 등에도 후위통제가 가능한 것으로 보고되고 있는데, 한국어의 경우 다음과 같은 예가 후위통제에 해당된다.

(79) 죤-은 e$_i$ [메리$_i$-가 떠나-도록] 설득했다.

PRO 통제이론에 따르면, (78)의 경우 피통제사가 위치한 상위절 주어 위치는 정형절인 IP의 지정어 자리이므로 정형절 Infl에 의해 지배를 받는 위치에 있어 비문으로 예측되나 위에서 보듯 사실은 그렇지 않다. 반면 이동분석에 따르면, 종속절에서 기저 생성된 명사구 *the girl*이 상위절 주어 위치로 이동한 후에 PF에서 하위절 복사체(copy)를 남기고 상위절 복사체를 대신 삭제를 하게 된다면 후위통제가 가능한 이유를 쉽게 설명할 수 있는 장점이 있다. 따라서 이동분석에서 전위통제와 후위통제는 통제사의 이동 후 삭제된 복사체가 무엇인지에 따라 결정되며, 각각의 유형은 다음과 같이 도식화할 수 있다.

(80) 전위통제(Forward Control)

가. NP$_{controller\text{-}i}$ V [~~NP~~$_i$ to VP] (Subject Control)

└──────↑ Lower copy deleted

나. NP V NP$_{controller\text{-}i}$ [~~NP~~$_i$ to VP] (Object Control)

└──────↑ Lower copy deleted

(81) 후위통제(Backward Control)

가. ~~NP~~$_i$ V [NP$_{controller\text{-}i}$ to VP] (Subject Control)

↑──────┘ Higher copy deleted

나. NP V ~~NP~~$_i$ [NP$_{controller\text{-}i}$ to VP] (Object Control)

↑──┘ Higher copy deleted

5.3. 이동분석과 기타 논제들

5.2항에서는 최소주의이론 틀에서의 이동분석(Movement Analysis)이 대두된 배경 및 그 이론적·경험적 이점에 대해서 살펴보았다. 그러나 그

러한 장점에도 불구하고, 이동분석이 포착하기에 어려운—엄밀히 말하면, 어떠한 통사적 분석에도 포착하기가 용이하지 않은—논제들을 소개한 후 이 절을 마무리 하도록 하겠다.

첫째, 전통적으로 통제사가 분리되어 있는 분리선행사통제(split antecedent control)는 아래의 예문에서 보듯이 의무적 통제(Obligatory Control)가 아니며, OC PRO의 경우 이 유형의 통제관계는 허용하지 않는 것으로 간주되어 왔다(Williams(1980), Bouchard(1984), Koster(1984), Martin(1996) 등).

(82) 가. *John$_i$ told Mary PRO$_{i+j}$ to leave together.
나. John$_i$ told Mary that PRO$_{i+j}$ having dinner together on Valentine's Day would be fun.
Park(2011 : 31)

반면, Landau(1999)를 비롯한 최근의 여러 문헌에서는 영어에서 OC PRO가 분리통제를 허용하는 것으로 보고하고 있다.

(83) 가. John$_i$ promised his son$_j$ [PRO$_{i+j}$ to go to the movies together].
나. John$_i$ persuaded Mary$_j$ [PRO$_{i+j}$ to kiss in the library].
다. John$_i$ proposed to Mary$_j$ [PRO$_{i+j}$ to meet each other at 6].
라. John$_i$ asked Mary$_j$ [whether PRO$_{i+j}$ to get themselves a new car]. Landau(1999 : 43, 67)

그러나 Chomsky(2000, 2001)가 이동 및 자질점검 작용의 대안으로 제시한 일치(Agree) 작용을 차용하고 있는 Landau식 분석 틀 안에서 왜 (82)와 달리 (83)에서만 분리선행사통제가 가능하며, 어떻게 분리통제가 도출 가능한지에 대한 자세한 설명을 제시하지 않고 있다. 마찬가지로 이동분석의 경우에도 통제사가 한 군데 이상의 구조적 위치로 이동을 해야 하는 분리통제를 제대로 분석하기에는 쉽지 않은 것으로 보인다.21)

두 번째로, (84)에서와 같이 전통적으로 NOC PRO와 달리 OC PRO에서는 불가능한 것으로 가정해왔던 '부분통제'(Partial Control) 역시 Landau(1999) 및 Barrie(2004) 등의 최근 문헌에서는 (85)와 같은 자료를 근거로 OC PRO에서도 허용되는 것으로 주장하고 다음과 같은 예문들을 제시하였다.

(84) 가. *John$_i$ managed [PRO$_i$ to meet at 6]. (cf. *John met at 6.)
나. *The chair$_i$ dared [PRO$_i$ to gather during the strike]. (cf. *The chair gathered during the strike.)
다. *Mary$_i$ forgot [PRO$_i$ to apply together for the grant]. (cf. *Mary applied together for the grant.)

Landau(1999 : 38-39)

(85) 가. John$_i$ wanted [PRO$_{i+}$ to meet at 6].
나. The chair$_i$ was afraid [PRO$_{i+}$ to gather during the strike].
다. Mary$_i$ wondered [whether PRO$_{i+}$ to apply together for the grant].

Landau(1999 : 41)

이에 대해 Landau는 '부분통제'의 경우 '완전통제'(Exhaustive Control)와

21) Fujii(2006)는 일본어에도 분리선행사통제(split antecedent control)가 의무적 통제(Obligatory Control)에 해당되며, 이동분석의 틀 안에서 분리선행사통제를 포착하려 하고 있다. 또한 Madigan(2008) 및 Park(2011) 등에서는 한국어에도 분리통제가 의무적 통제 현상으로 가능하며 각각 구별되는 분석을 제시하고 있다. Fujii(2006) 및 Madigan(2008) 등의 분석의 문제점에 대해서 Park(2011)을 참고할 것.

달리 '일치' 작용이 적용되는 방식이 다르다는 가정 하에 부분통제에 대한 독자적인 분석을 제시하고 있으나 국부성 조건을 충족시켜야 하는 일치 작용이 절 경계를 가로질러 발생해야 하는 것으로 가정해야 하는 등 기술적인 문제점을 안고 있는 것으로 비판을 받고 있다(Park(2011) 참조). 마찬가지로, 통제사의 이동에 의해 통제관계를 도출하는 이동분석의 경우에도 통제사에 존재하지 않는 선행사가 피통제사의 의미가 되어야 한다는 점을 설명하기에는 기술적인 문제가 있는 것으로 판단된다.

마지막으로, 일부 통제구문에서 내포절의 태(voice)의 변화에 따라 통제사가 전환이 되는 '통제사 전환'(control shift) 현상이 오랫동안 관찰되어 왔다. 가령 아래 (86가)의 경우에는 통제사가 상위절 목적어에 위치한 *Kate*인 반면에, (86다)처럼 비정형 내포절 내에 수동태 절이 추가가 되면 통제사는 상위절 목적어가 아닌 주어인 *Louis*로 전환이 되어야 한다.

(86) 가. Louis_i begged Kate_j [$\text{PRO}_{*i/j}$ to leave her job].
나. Louis_i begged Kate_j [that $\text{she}_{*i/j}$ leave the job].
다. Louis_i begged Kate_j [$\text{PRO}_{i/*j}$ to be allowed [PRO_j to shave himself]].
라. Louis_i begged Kate_j [that $\text{he}_{i/j}$ be allowed to shave himself]].
Carnie(2013 : 448)

이처럼 특정 통제술어가 내포절의 태의 변화에 따라 목적어통제에서 주어통제로 전환되는 현상은 이동분석으로는 포착하기가 어려운 것으로 보이며, 이 현상에 대한 설득력 있는 분석을 제시하기 위해서는 통제현상이 과연 순수한 통사적 현상인지 아니면 의미론적, 혹은 화용론적 고려가 필요한 복합적인 현상인지에 대한 고찰이 요구된다고 할 수 있다.

6. 결론

이 장에서는 통제구문(Control Construction)과 인상구문(Raising Construction)의 문법적 속성 및 유형 등에 대해 생성문법이론, 특히 지배결속이론(Government and Binding Theory)과 최소주의이론(Minimalism)의 관점에서 살펴보았다. 특히, 각 구문과 관련된 주요 쟁점들이 무엇이었으며, 각각의 쟁점에 대해 지배결속이론과 최소주의이론 틀 내에서 어떤 방식으로 접근을 했는지를 논의하였다.

지배결속이론 틀 안에서는 외견상 유사해 보이는 두 구문을 형성하는 통제술어와 인상술어는 논항구조(argument structure)에 있어서 차이가 있으며, 따라서 비정형 내포절의 주어 역시 통제구문의 경우 PRO를, 인상구문의 경우 명사구 흔적(NP-trace)을 취하는 것으로 분석하였다. 그러나 개념적 필연성(conceptual necessity)을 충족시키는 문법층위 및 문법적 요소, 그리고 도출 단계(derivational steps) 등만 인정하는 최소주의이론의 대두와 함께 이 두 구문을 모두 논항이동에 의해 단일한 방식으로 취급하려는 시도가 있었음을 살펴보았다.

하지만 통제구문을 인상구문과 마찬가지로 논항이동이라는 통사적 작용에 의해 설명하기에 분리선행사통제(split antecedent control) 및 부분통제(partial control)를 비롯하여 통제사 전환(control shift) 등의 복잡한 현상들이 남아 있어 이에 대한 설득력 있는 분석을 위해서는 통사적 요인뿐만 아니라, 의미적·화용적 요소에 대한 고려가 필요하다는 점이 지속적으로 제기되어 왔음을 소개하는 것으로 본 장을 마무리 하였다.

참고문헌

Abney, S.(1987), *The English Noun Phrase in Its Sentential Aspects*, Doctoral Dissertation, MIT, Cambridge, MA : MIT Press.

Barss, A.(1988), *Chains and Anaphoric Dependence : On Reconstruction and Its Implications*. Doctoral Dissertation, Cambridge, MA : MIT Press.

Barrie, M.(2004), "Moving towards partial control," In K. Moulton and M. Wolf (Eds.), *Proceedings of the 34th Meeting of the North East Linguistic Society*, Amherst, MA : GLSA, 133-146.

Belletti, A.(1990), *Generalized Verb Movement : Aspects of Verb Syntax*. Turin : Rosenberg and Sellier.

Bošković, Ž.(1997), *The Syntax of Nonfinite Complementation : An Economy Approach*. Cambridge, MA : MIT Press.

Bouchard, D.(1984), *On the Content of Empty Categories*, Dordrecht : Foris.

Carnie, A.(2013), *Syntax : A Generative Introduction*, Malden, MA : Wiley-Blackwell..

Chomsky, N.(1980), "On binding," *Linguistic Inquiry* 11(1), 1-46.

Chomsky, N.(1981), *Lectures on Government and Binding*, Dordrecht : Foris.

Chomsky, N.(1982), *Some Concepts and Consequences of the Theory of Government and Binding*, Cambridge, MA : MIT Press.

Chomsky, N.(1986a), *Knowledge of Language*. New York : Praeger.

Chomsky, N.(1986b), *Barriers. Cambridge*, MA : MIT Press.

Chomsky, N.(1991), "Some notes on economy of derivation and representation," In R. Freidin (Ed.), *Principles and Parameters in Comparative Grammar*, Cambridge, MA : MIT Press, 417-54.

Chomsky, N.(1993), "A minimalist program for linguistic theory," In K. Hale and S. J. Keyser (Eds.), *The View from Building* 20, Cambridge, MA : MIT Press, 1-52.

Chomsky, N.(1995), *The Minimalist Program*, Cambridge, MA : MIT Press.

Chomsky, N.(2000), "Minimalist inquires: the framework," In R. Martin et al. (Eds.), *Step by Step : Essays on Minimalism in Honor of Howard Lasnik*, Cambridge, MA : MIT Press, 89-156.

Chomsky, N.(2001), "Derivation by phase," In M. Kenstowicz (Ed.), *Ken Hale : A Life in Language*, Cambridge, MA : MIT Press, 1-52.

Chomsky, N. & H. Lasnik(1993), "The theory of principles and parameters," In J. Jacobs et al. (Eds.), *Syntax : An International Handbook of Contemporary Research*, Berlin : Mouton de Gruyter, 506-569.

Fujii, T.(2006), *Some Theoretical Issues in Japanese Control, Doctoral Dissertation*, University of Maryland, College Park.

Haegeman, L.(1994), *An Introduction to Government and Binding Theory*, 2nd edition, Malden, MA : Blackwell Publishers.

Higginbotham, J.(1980), "Pronouns and bound variables," *Linguistic Inquiry* 11, 679-708.

Higginbotham, J.(1992), "Reference and control," In R. K. Larson, S. Iatridou, U. Lahiri and J. Higginbotham (Eds.), *Control and Grammar*, Kluwer : Kluwer Academic Publishers, 79-108.

Hornstein, N.(1999), "Movement and control," *Linguistic Inquiry* 30, 69-96.

Hornstein, N.(2001), *Move! A Minimalist Theory of Construal*, Malden, MA : Blackwell Publishers.

Hornstein, N., J. Nunes & K. K. Grohmann(2005), *Understanding Minimalism*, Cambridge : Cambridge University Press.

Koster, J.(1984), "On binding and control," *Linguistic Inquiry* 15, 417-459.

Kwon, N. & M. Polinsky.(2006), "Object control in Korean : structure and processing," In *Proceedings of Japanese/Korean Linguistics* Vol. 15, CSLI Publications.

Landau, I.(1999), *Elements of Control, Doctoral Dissertation*, Cambridge, MA : MIT Press.

Lasnik, H.(1999), "Minimalist analysis," Malden, MA : Blackwell Publishers.

Lasnik, H. & M. Saito(1991), "On the subject of infinitives," In H. Lasnik (Ed.), *Minimalist Analysis*, Malden, MA : Blackwell Publishers, 7-24.

Lasnik, H. & M. Saito(1992), *Move α Conditions on Its Application and Output*, Cambridge, MA : MIT Press.

Madigan, S.(2008), *Control Constructions in Korean, Doctoral Dissertation*, University of Delaware.

Marantz, A.(1984), "On the nature of grammatical relations," Cambridge, MA : MIT

Press.

Martin, R.(1996), *A Minimalist Theory of Control, Doctoral Dissertation*, University of Connecticut, Storrs.

Monahan, P.(2003), "Backward object control in Korean," In G. Garding and M. Tsujimura (Eds.), *WCCFL 22 Proceedings*. Somerville, MA : Cascadilla Press, 356-369.

Park, J. U.(2011), *Clausal Structure and Null Subjects : Referential Dependencies in Korean*, Doctoral Dissertation, Georgetown University, Washingon, DC.

Polinsky, M. & E. Potsdam(2002), "Long-distance agreement and topic in tsez," *Natural Language and Linguistic Theory* 19, 583-646.

Pollock, J.-Y.(1989), "Verb movement, UG and the structure of IP," *Linguistic Inquiry* 20, 365-424.

Rosenbaum, P.(1967), *The Grammar of English Predicate Complement Constructions*, Cambridge, MA : MIT Press.

Rosenbaum, P.(1970), "A principle governing deletion in English sentential complementations," In R. Jacobs and P. Rosenbaum (Eds.), *Readings in English Transformational Grammar*, Waltham, MA : Ginn, 20-29.

Stowell, T.(1982), "The tense of infinitives," *Linguistic Inquiry* 13, 561-70.

Williams, E.(1980), "Predication," *Linguistic Inquiry* 11, 203-238.

Generative Approaches to Noun Incorporation*

Michael Barrie

This article outlines the history of generative approaches to noun incorporation, giving a current state-of-the-art description of the phenomenon and its analysis. I also discuss the future outlook of this phenomenon and why it is important to linguistic theory in general.

1. Overview

This article gives an overview of noun incorporation (NI), including both an empirical description of the phenomenon and a history of generative analyses. I show that an understanding of NI impinges on

* I would like to thank my Onondaga speakers, Gloria Williams and Nora Carrier and my Cayuga speakers, Ruby Williams, Barb Garlow, and Alfred Keye. This research has benefitted from discussions from Roronhiakehte Deer, Carrie Dyck, Marianne Mithun, Karin Michelson, Elizabeth Cowper, Martina Wiltschko and especially my long term collaborator on noun incorporation Eric Mathieu. All errors and shortcomings are mine. This research was supported by a Sogang University research grant of 2011 awarded to Michael Barrie (201110051.01) and a SSHRC grant awarded to Éric Mathieu (410-2011-2417).

many aspects of interest to generative grammarians, thus underscoring the importance of an understanding of this phenomenon. In particular, NI impacts on our understanding of lexicalism, distributed morphology, complementation, idiomaticization, specificity and definiteness, head movement, and doubling phenomena.

Descriptions and analyses of NI abound in the literature. See Gerdts (1998) and Massam (2009) for recent descriptions. For the earliest descriptions of NI see Sapir (1911), Kroeber (1909) and Cuoq (1866). In this paper, we will consider only canonical cases of NI and unfortunately will not have the opportunity to consider closely related phenomena such as noun stripping (Miner, 1986), denominal verbs (de Reuse, 2008, Gerdts and Hukari, 2008, Haugen, 2008a, Marlett, 2008, Mathieu, 2013), or pseudo noun incorporation (Dayal, 2011, Massam, 2001), except in passing.

The remainder of this paper is structured as follows. Section 2 presents an empirical description of NI. Section 3 discusses the role of NI in the lexicalist debate. Section 4 presents Baker's first generative account of NI, assuming head movement. Section 5 presents some of the replies to Baker's analysis, pointing out problems with this analysis. Section 6 presents Baker's updated analysis of NI within the framework of his Polysynthesis Parameter. Section 7 presents additional data from other languages that are similar to NI, but which present additional challenges to the traditional head movement analysis. Section 8 discusses NI and doubling. Section 9 discusses head movement and noun incorporation, presenting the novel analysis by Barrie and Mathieu (to appear). Finally, Section 10 presents future directions in the analysis of NI.

2. Description of Noun Incorporation

This section introduces the phenomenon of noun incorporation (NI), giving a description of the basic facts. A key aspect to keep in mind is that while the properties of NI are somewhat constant from one language to the next, they are not, of course, identical. There are variations from one language to the next. The majority of the data I present are from Onondaga and Cayuga, the two languages I have done the most field work on. These are both Northern Iroquoian languages, closely related to Mohawk, the language which is most commonly associated with generative syntactic approaches to NI, thanks to Baker (1988). Data from numerous other languages are presented, however to highlight specific points of variation.

NI constructions are prototypically formed from a verbal root and a nominal root or base that thematically stands in a verb-direct object relation (Baker 1988; Lounsbury 1949; Mithun 1984), although incorporation of adjuncts is also available as I will discuss below (Mithun 2004). Consider first the following Onondaga example with a non-incorporated DP (Gloria Williams and Nora Carrier speakers).[1)]

(1) waˀkhnínú: neˀ ganakdaˀ [Onondaga]

waˀ-	k-	hninu-	:′	neˀ	ka-**nakt**-aˀ
fact-	1.sg-	buy-	punc	ne	np-**bed**-suf

'I bought the/a bed.'

Notice that the free-standing object DP contains functional morphology that is absent when the nominal root meaning bed undergoes NI, as shown in the following example. The absence of nominal morphology on the incorporated root is a hallmark of NI (Gerdts 1998; Massam 2009).

(2) waˀgenakdahnínú: [Onondaga]

waˀ-	k-	nakt-	hninu-	′:
fact-	1.sg.ag-	bed-	buy-	punc

'I bought a bed.'

1) The following abbreviations are used : 1a=first person agent, abs=absolutive, adv=adverbial, ag=agent, all=allative, an=animate, approx=approximative, aux=auxiliary caus=causative, com=commitative, cond=conditional, dat=dative, decl=declarative, deg=degree, det=determiner, dim=diminutive, dist=distributive, ds=different subject, dur=durative, emph=emphatic, epen=epenthetic, f=feminine, fact=factual, fut=future, gen=gender, imp=imperfective, hab=habitual, in=inanimate, ind=indicative, instr=instrumental, invis=invisible, join=joiner vowel (an epenthetic vowel in Northern Iroquoian NI constructions), lv=light verb, m=masculine, md=mood, n=neuter, ne=a nominal particle related to definiteness and specificity in Iroquoian languages, nfs=noun forming suffix, nfut=non future, nom=nominative, npref=nominal prefix, num=number, nzlr=nominalizer, o=object, obl=oblique, obv=obviative, pat=patient, pej=pejorative, pl=plural, poss=possessive, pres=present, pro=pronoun, prox=proximate, pst=past, punc=punctual, q=interrogative, ref=referential, rel=relativizer, rev=reversative, s=subject, srfl=semireflexive, sg=singular, ss=same subject, tr=transitive, vai=Verb Animate Intransitive, vbl=verbalizer, vii=Verb Inanimate Intransitive, vta=Verb Transitive Animate, vti=Verb Transitive Inanimate.

Note, however, that the IN is not necessarily a bare root. In some languages, including Onondaga, a nominalizer is found in instances where a deverbal root is incorporated. Consider the following Onondaga examples (Woodbury 2003 : 278, 139, respectively).

(3) a. agatgųˀtshé:hwih

ak-	[atkų-	*(ˀtshR)]-	ohw	-ih
1s.pat-	[be.poisonous-	nzlr]-	put.in.water	-stat

‘I have poisoned it with liquid poison.’

b. agadęnaˀtshähninų́h

ak-	[atęnaˀt-	*(shR)]-	hninų	-´h
1.sg.pat-	[take.provisions-	nzlr]-	buy	-stat

‘I have bought groceries.’

While NI is typically characterized as incorporating either a bare root (as Wiltschko, 2009 shows for Halkomelem) or root + nominalizer (numerous Iroquoian examples shown here), there are some cases of incorporation of a larger nominal element. Consider the following Ojibwe (Algonquian) example below (Barrie and Mathieu, to appear). The IN, in square brackets, contains additional derivational morphology and a possessive marker.

(4) gii-ikwezhenzhishimi [Ojibwe]

(5)

gii-	[ikwe	-zhenzh	-ish	-im]	-i	-w
pst-	[girl	-dim	-pej	-poss]	-have.vai-3	

‘He/she has a naughty little girl.’

Doubling and stranding are available with NI in some languages, and both properties have played a major role in the generative analysis of NI. Doubling refers to the possibility of a full noun phrase appearing in object position along with an incorporated noun. The two nominal expressions have the same semantic relationship with the verb, and the IN is usually less specific than the full noun. Consider the following Onondaga example (N.C, G.W, speakers).

(6) waˀgnasgwahní:nǫˀ neˀ gwíhsgwihs   neˀ   kwihskwihs
waˀ-k-naskw-a-hninǫ-ˀ   ne   pig
fact- 1.sg.ag- animal- epen- buy-   punc
'I bought a pig.'

Here, the IN *naskw* refers to a domesticated animal. It is doubled by the full DP neˀ gwíhsgwihs, ('a pig'). Note that this is distinct from the phenomenon in (11), where NI allows for a different nominal (with a different semantic relationship to the verb) to appear in object position. Related to doubling is stranding. Stranding involves the appearance of material that modifies the IN; however, the IN itself is not doubled by another free-standing noun. Consider the following Onondaga examples (N.C, G.W, speakers).

(7) a. waˀgnakdahní:nǫˀ nę̨geˀ
waˀ-k-nakt-a-hninǫ-ˀ   nękeˀ
fact-1.sg.ag-bed-epen-buy-punc   dem
'I bought that bed.'

b. John wahanakdahní:nǫ́: ahsęh niyǫh
John wa'-ha-nakt-a-hninǫ-'
John fact-3.sg.m.ag-bed-epen-buy-punc
ahsęh niyǫh
three cl
'John bought three beds.'

In these two examples, the IN is modified by a demonstrative and a number phrase, respectively.

The next property we consider is agreement. In his *Polysynthesis Parameter*, Baker (1996) famously argues that NI and agreement are in complementary distribution in Mohawk.2) (Lateron, Baker *et al.* 2005 propose that Mohawk actually has phonologically null agreement with the IN. We will take this up below.) Consider the following examples (Mohawk, Baker 1996 : 21).

(8) a. *Ra-nuhwe'-s ne owira'a.
3.sg.m.ag-like-hab ne baby
'He likes babies.'
b. Shako-nuhwe'-s (ne owira'a).
3.sg.m.ag:3.f/i.pat-like-hab ne baby
'He likes them (babies).'
c. Ra-wir-a-nuhwe'-s.
3.sg.m.ag-baby-join-like-hab
'He likes babies.'

2) Note that Koenig and Michelson (2008) challenge this observation based on data from Oneida. Their examples, however, involve additional probes such as benefactives or other applicatives.

Observe that when the object is a full DP as in (7)a-b agreement with the direct object is obligatory; however, when the noun is incorporated as in (7)c, agreement is absent.

Southern Tiwa exhibits an extremely complex system on NI (Allen, Gardiner and Frantz 1984), the details of which we explore below. Unlike Mohawk and Mapudungun, Southern Tiwa does exhibit agreement with NI. Consider the following examples (Allen et al. 1984 : 295).

(9) a. Yede seuanide a-mũ-ban.
that man 2.sg:A-see-pst
'You saw that man.'

b. Yede a-seuan-mũ-ban.
that 2.sg:A-man-see-pst
'You saw that man.'

Finally, we note that NI is restricted to direct objects and obliques such as locatives and instruments. Subjects and indirect objects cannot undergo NI (though see Öztürk 2009 for a possible exception). Baker (1988 : 207) offers the following example showing that the IN cannot be interpreted as the indirect object.

(10) *t-a'-ke-wir-u-' ne athvno
cis-fact-1sS-baby-give-punc ne ball
('I gave the ball to the baby.') [ok as, 'I gave the baby to the ball.']

To summarize, we have examined the following properties of NI and briefly considered how they can vary. The first property was the size of the IN. Typically, the IN is reduced in size, stripped of most of the functional morphology that accompanies full DPs. The next two properties were stranding and doubling. Some languages with NI have these two properties and some do not. Barrie (to appear) argues that these two properties go hand-in-hand—languages either have both or lack both. We will take this up below, however. Next, we examined the possibility of agreement with the IN, noting that some languages such as Mapudungun lack agreement with the IN, while other languages such as Southern Tiwa have agreement with the IN. Mohawk (and Northern Iroquoian in general) are traditionally described as lacking agreement with the IN; however, we will come back to this point below. Finally, we noted that NI is restricted to direct objects and obliques.

2.1. Mithun's Classification

Since the earliest studies on NI, a plethora of descriptions on a wide variety of languages have brought to light several cross-linguistic similarities, beckoning a unified analysis. Mithun's (1984) seminal cross-linguistic study on NI set the stage for much future research on the typological properties of NI. I review here the classification set out by Mithun, where she proposes an implicational hierarchy of the types of NI, labelled types I, II, III, and IV, such that if a given language has one type of NI on the hierarchy, then it must have all lower numbered types. Type I NI involves lexical compounding and may exhibit limited productivity. The IN typically satisfies an internal argument slot, thereby preventing the expression of a full DP argument. Various Oceanic languages, for instance, exhibit type I NI. Consider the following example (Harrison 1979, as cited in Mithun 1984).

(11) a. Ngoah kohkoa oaring-kai.
I grind coconut-these
'I am grinding these coconuts.'
b. Ngoah ko oaring.
I grind coconut
'I am coconut-grinding.'

Type II NI involves the manipulation of Case such that a full DP, such as an oblique or a possessor, can take the place of the IN and function syntactically as a direct object, once the direct object has undergone NI. Mithun (1984, ex (49)), citing Bricker (1978), offers the following example from Yucatec Mayan.

(12) a. k-in-č'ak-Ø-k   če'   ičil   in-kool
incomp-I-chop-it-impf   tree   in   my-cornfield
'I chop the tree in my cornfield.'
b. k-in-č'ak-če'-t-ik   in-kool
incomp-I-chop-tree-tr-impf   my-cornfield
'I clear my cornfield.'

In (11)a, the direct object če' ('tree') is a free-standing nominal expression, assumedly a full DP. The sentence is accompanied by a locative expression, in which the nominal receives Case from the preposition. In (11)b, the form če' has undergone incorporation, thereby leaving accusative Case unassigned (the tacit assumption being that INs don't need Case). The locative expression is now free to take the role of the direct object and so receives Case directly from the verb rather than from a preposition.

Type III NI involves the manipulation of discourse properties. Here, the IN can be subsequently referred to or be used to represent backgrounded information. This class corresponds roughly to Rosen's (1989) *compound* incorporation and to Chung and Ladusaw's (2004) *saturation*, in which the IN satisfies (or saturates) an argument position of the verb. This type of NI cannot appear with additional modifiers external to the IN or with DP doubles. Baker et al. argue that NI in Mapudungun is of this type. The following example shows that doubling and stranding are not available in Mapudungun (Baker, Aranovich and Golluscio, 2005 adapted from ex (9)).

(13) a. Juan ngilla-waka-n
Juan buy-cow-ind.3.sg.subj
'Juan bought a cow.'

b. *Pedro ngilla-waka-y tüfachi (waka)
Pedro buy-cow-ind.3.sg.subj this (cow)
('Pedro bought this cow.')

Type IV NI corresponds to *classificatory* incorporation in Rosen's description, and to restriction in Chung and Ladusaw (2004), where the IN restricts, but does not saturate the argument taking property of the verb. Here, the IN can be accompanied by additional modificational material such as demonstratives, relative clauses or adjectives. The IN can also be doubled, either by an exact double or by a more specific DP, although doubling by and exact double is perceived as repetitive, at least in Onondaga, a point I return to below. NI in Northern Iroquoian languages typically instantiates type IV. Consider the following Onondaga example (G.W., N.C., speakers). Here, the IN *naskw* ('animal') is doubled by the full DP *neˀ gwíhsgwihs* ('pig').

(14) waˀgnasgwahní:nǫˀneˀgwíhsgwihs

waˀ-k-naskw-a-hninǫ-ˀ	neˀ	kwihskwihs
fact-1.sg.ag-animal-epen-buy-punc	ne	pig

'I bought a pig.'

Baker et al. (2005) review NI data from Mohawk, Mapudungun (an language of uncertain genetic affiliation spoken in Chile and Argentina), and Southern Tiwa (Kiowa-Tanoan) and draw a three-way distinction in terms of types of NI. As the analysis I present builds on their work, I review here data from these three languages, adding data from two other Northern Iroquoian languages, Oneida and Onondaga, to the Mohawk data. Most of the data in this discussion are cited from the sources noted, except Onondaga and Oneida, much of which comes from my own field work in addition to other sources.

2.2. Compounding and Classifier Incorporation

The distinction between compounding and classifier incorporation was introduced above, but we go over some more of the differences here. These two types of NI were proposed and analyzed by Rosen (1989) as a lexical operation (rather than syntactic as proposed by Baker 1988). We will present the empirical facts here and consider Rosen's analysis later.

In classifier NI, the IN can be doubled by a full DP that is typically more specific than the IN. In some languages, the full DP can be as specific as the IN. An example is given in (13). In Northern Iroquoian languages, Rosen (1989) claims that the full DP double must give more information than the IN; however, in Rembarnga, a Macro-Gunwinyguan language spoken in Northern Australia, exact DP doubles are found. Here is an example (McKay 1975 : 296).

(15) kaʈaʔ-Ø par-kaʈaʔ-ta-ŋiɲ.
paperbark-nom 2:3.pl.tr-paperbark-stand-(caus)-pst.cont
'They would spread paperbark (on the ground.)'

Stranding is similar to doubling, except that the full DP does not contain a lexical N. The following Caddo (Caddoan) examples illustrate this phenomenon (Mithun 1984 : 865-6). The INs are *italicized* and the stranded modifiers are <u>underlined</u>.

(16) a. <u>ná</u>: *kan*-núh-ʔaʔ
that water-run.out-will
'That water will run out.'
b. <u>wayah</u> hák-*kʔuht*-ʔíʔ-saʔ
a.lot prog-grass-be.grow-prog
'There's a lot of grass.'

Finally, recall that we mentioned above that the presence or absence of agreement is a property along which NI can vary. Rosen proposes that the presence or absence of agreement corresponds to the distinction between classifier and compound incorporation. With classifier NI, Rosen argues there is no loss of transitivity. Thus, a transitive verb that has undergone NI remains transitive. The Rembarnga example in (14) shows this clearly since transitive marking is found on the verbal complex, and both subject and object agreement is found. This was also shown for the Southern Tiwa data in example (8). Rosen also argues that Northern Iroquoian languages also do not show any reduction in transitivity, but the data in example (7) clearly show that this is not the case. We will come back to this discrepancy later, but for now just cover the basic properties of classifier and compound NI.

Compound NI is distinguished from classifier NI by having the opposite properties as described above. Thus, with compound NI neither doubling nor stranding are available, and compound NI results in a loss of transitivity. Examples typically come from Austronesian languages. Consider the following Tongan example (Chung 1978, as cited in Rosen, 1989).

(17) a. naʔe haka ʔe he sianá ʔa e ika
pst cook erg the man abs the fish
'The man cooked a fish.'
b. naʔe haka-ika ʔa e siana
pst cook-fish abs the man
'The man cooked fish.'
c. *naʔe haka-ika ʔe he sianá
pst cook-fish erg the man
('The man cooked fish.')

Crucially, once NI has taken place, the subject is marked with absolutive Case (as expected with intransitive verbs) rather than with ergative Case (as expected with transitive verbs). Rosen also gives examples showing that doubling and stranding are not possible in these languages; however, the reader is left to consult the references above to see the relevant examples.

2.3. Summary

I have identified several key properties of NI in the world's languages and discussed how they vary. We noted that the size of the IN cross-linguistically is morphologically reduced with respect to the stand-alone noun. Much of the functional suprastructure that accompanies a full DP cannot appear on an IN, although there is variation. Languages vary in whether verbs agree with the IN or not. Finally, some languages allow the IN to be accompanied by a DP double or by stranded material.

We also covered Mithun's four-way typology and Rosen's two-way classification. Mithun's four-way typology is an implicational hierarchy that is meant to capture the historical development of NI. Rosen's two-way classification is meant to tie together three of the properties listed above. Namely, with classifier NI there is no loss in transitivity either in terms of the ability of the verb to still appear with a direct object or in terms of agreement (although we have pointed out that this doesn't quite hold for Northern Iroquoian languages). With classifier NI, doubling and stranding are also possible. With compound NI, on the other hand, transitivity is reduced, and neither doubling nor stranding is available.

3. Background : Noun Incorporation and Lexicalism

The Lexicalist Hypothesis aligns closely with a traditional view of grammar in that it contains a Lexicon with a word-formation module (Ackema 1999; Ackema and Neeleman 2004; Anderson 1982; Aronoff 1994; Chomsky 1970; Di Sciullo and Williams 1987; Williams 1981).

The output of this word-formation module is the syntactic word, which is functionally atomic for all syntactic operations. That is, no syntactic operation can depend on the internal morphological structure of a word.

The Single-Engine Hypothesis rejects any kind of presyntactic lexical module (Arad 2005; Julien 2002; Marantz 1997). Thus, the Single-Engine Hypothesis is a rejection of the Lexicalist Hypothesis. Under this approach, syntax manipulates individual morphemes rather than word-like elements (although once the syntax has formed a word-like element it can be manipulated as a whole). The precise notion of "syntactic word" has consequently received less attention since it appears to be epiphenomenal.

Barrie (2012) argues that NI does not make the strong argument for lexicalism that it was claimed to have. I do not repeat the entire argumentation here, but I do cover some facts as they pertain to the current discussion. The points I cover are the following: (1) NI of non-objects and (2) special meaning. Other properties of NI that have arisen under the rubric of lexicalism will be dealt with separately.

In addition to direct objects, other elements including paths, locations, and instruments can also undergo NI, as mentioned above (Mithun 1984; Muro 2009; Spencer; 1995). In Blackfoot (Algonquian) and Greek, adverbs can also undergo NI (Alexiadou 1997). Recipients and benefactives, however, cannot undergo NI. This seemingly disparate set of elements (direct objects, paths, locations, instruments and adverbs) was originally an argument against a syntactic analysis for NI (Di

Sciullo and Williams 1987; Spencer 1995). Here are some examples from Onondaga (Woodbury 2003:282, 928, respectively), (17); Chukchi (Spencer 1995, ex (58a)), (18); and Southern Nahuatl (Merlan 1976, ex (10)), (19).

(18) a. Honathahidá̜khe?.

hon-	at-	hah-	idakhe	-?
3.pl.m.ag-srfl-		path-	run	-punc

'They are walking on a path.'

b. Wa?hage?nhyayę́hda?.

wa?-	hak-	?nhya-	a-	yęht	-a?
fact-	3:1	stick-	join-	hit	-punc

'He hit me with a stick.'

(19) gətg=əlqət-gʔe walwəŋən
lake=go-3.sg.subj raven.abs.sg
'Raven went to the lake.'

(20) yaʔ kikočillotete?ki panci
3.sg 3.sg-it-knife-cut bread
'He cut the bread with the knife.'

Barrie and Li (2013, 2015) compare these facts with non-canonical objects in Chinese, which show exactly the same range of possibilities. Non-canonical objects in Chinese can include locations, paths, and instruments as well, but exclude benefactives and recipients, just as for NI. Here is an example for illustration.

(21) ta xihuan chi **haohua canting**
he like eat fancy restaurant
'He likes to eat at fancy restaurants.'

The Chinese non-canonical objects are clearly syntactic as there is no morphological cohesion between the object and the verb as in the case of NI, but crucially, the non-canonical object interacts with the Case system of Chinese, highlighting the syntactic nature of this construction (Li 2010). Barrie and Li argued that the common properties between NI and Chinese non-canonical objects beckoned a common syntactic analysis. See the references cited for such an analysis. The gist of this discussion is that thematic range of objects that can under NI is not an impediment to a syntactic analysis of the phenomenon.

Second, many authors advancing the Lexicalist Hypothesis have claimed that wordhood is distinguished by the property of special meaning. Marantz (1997) has shown several mismatches between the domain of the word and the domain of special meaning (though see Marantz 2013 for a more refined account of special meaning and polysemy). Polysynthetic languages offer an additional testing ground for special meaning due to their tendency to pack an entire clause into a phonological word. Marantz (1997) proposes that the domain of special interpretation is the sister of v. Such a proposal predicts that special meanings should arise only for those parts of the word that correspond to something smaller than a vP. Consider the following example

(Woodbury 2003 : 225). The verb embedded under the causative morpheme is an unaccusative, whose argument is part of the VP. Thus, an idiomatic reading is possible for 'someone's body disappeared', namely, 'become lost'.

(22) waˀgǫyaˀdahdǫ́ˀdaˀ [Onondaga]

waˀ-	kǫ-	yaˀt-	ahtǫ	-ˀt	-aˀ
fact-	I:you-	body-	disappear	-caus	-punc

'I lost you (e.g. in a crowd).'

However, no idiomatic reading possible if the verb embedded under a causative contains an agent. Consider the following example (G.W, N.C., speakers).[3)]

(23) waˀkheyǫdyaˀdęˀ [Onondaga]

waˀ-	khe-	yǫdy	-a	-ˀt	-ę	-ˀ
fact-	1:3-	laugh	-epen	-caus	-ben	-punc

'I made them/her laugh.'

Yǫdy ('laugh') is an unergative with a single external argument. No idiomatic reading is possible here. Thus, what we observe here is portions of words that are not capable of idiomatic readings. These facts are not predicted by the Lexicalist Hypothesis, but receive a principled explanation under the hypothesis that the domain of special meaning is

3) A full scale study of idioms in Onondaga awaits, but preliminary evidence suggests that idiomatic readings are available only to elements below vP.

rooted in syntactic structure rather than in the notion of wordhood.

To conclude, the typical arguments raised against a syntactic analysis of NI in favour of a lexicalist analysis simply do not hold water under closer scrutiny. Although we have only touched on a few of the arguments here, the literature cited above contains further arguments in favour of a syntactic approach to NI, the history of which we describe in the next section.

4. The Early Analysis : NI in Northern Iroquoian

Baker (1988) represents the first syntactic analysis of NI within a generative framework, which arose at the same time as Pollock's (1989) syntactic analysis of verbal morphology. Baker and Pollock were the catalyst for a range of studies in which many phenomena, which were previously thought to be morphological, were re-analyzed as syntactic.

Baker develops a general theory of incorporation largely grounded in Government and Binding Theory, which has all but been abandoned. Thus, we do not cover the intricacies in great detail here, but concentrate on the main ideas. The bulk of the theoretical machinery he covers concerns the Head Movement Constraint, which he seeks to derive from the Empty Category Principle and the notion of Barriers. The conclusion he draws in his discussion is that head movement is restricted to moving a head to an immediately c-commanding head position. On the morphological side, Baker restricts word formation to head movement. In fact, he largely discusses morphology as being the grammar of complex head formation. In the following hypothetical example, X^0 is a word derived by head movement as shown, and whose internal properties are regulated by language-specific morphological rules.

(24)

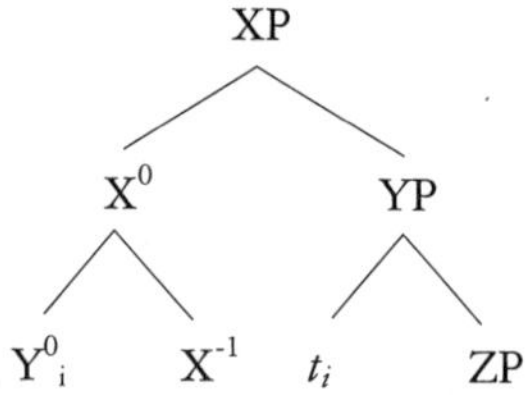

In short, Baker (1988) argues that incorporation is derived by head movement, which is constrained by the Head Movement Constraint. The maximal X^0, be it complex or simplex, forms a morphological word.

Let's consider the first example of NI given at the very beginning of this chapter. An analysis along the lines of Baker (1988) runs as follows.

(25)

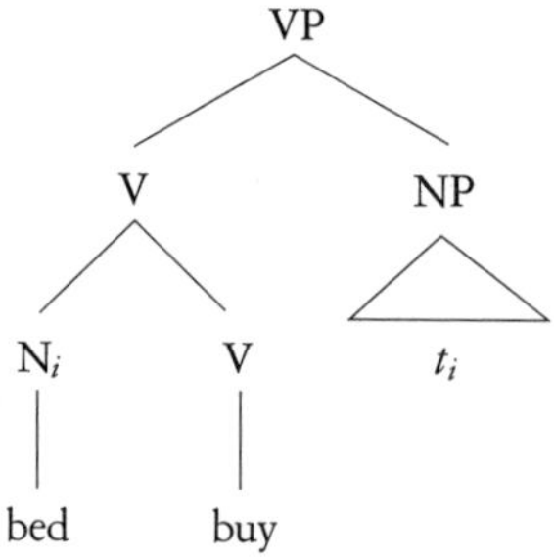

Baker's idea is quite simple. The head N of the NP undergoes head movement to V, thus forming a morphological word. Under this analysis, stranding falls out naturally as described next.

Baker (1988, inter alia) has argued that stranding neatly falls out from the head movement analysis he proposes. Consider example (6)a from above. Under the head movement analysis, the demonstrative is adjoined to the NP and does not interfere with head movement from N to V.

(26)

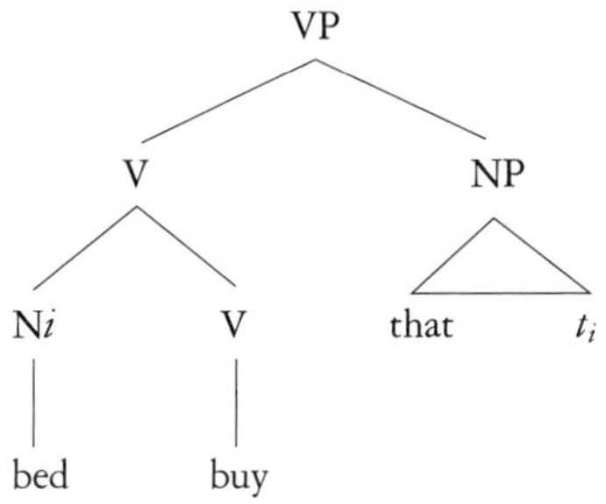

5. The Lexicalist Reaction

As noted above, Rosen (1989) proposes two fundamentally different kinds of NI: classifier NI and compound NI, the analysis for which we cover here. Rosen departs from Baker's syntactic approach, arguing for a lexicalist approach to NI. That is, Rosen assumes a pre-syntactic morphological component where word-building processes take place. The process itself is quite simple. Rosen argues that there are two fundamentally different kinds of NI that are derived lexically as follows. In compound NI, a noun and a verb are combined for form a complex predicate such that the noun takes up an argument position. In classifier NI when the noun and verb are combined, the noun does not take up an argument position but is semantically linked to the direct object. In the following paragraphs, we take up Rosen's arguments against Baker's syntactic analysis of NI. Specifically, we discuss stranding and doubling. Rosen argues that stranding is available independently of NI, thus it does not constitute a strong argument for NI. Rosen also argues that doubling presents a major challenge for a syntactic analysis of NI since the IN and the double apparently originate in the same position.

First we examine classifier NI. Baker had originally used stranding as evidence in favour of his head movement account of NI. However, Rosen counters that NI is available regardless of stranding. She offers the following Caddo data, citing Mithun (1984 : 865-5).

(27) a. ná: kan-nű́h-ʔaʔ
that water-run.out-will
'That water will run out.'
b. ná: ʔíyű́hʔaʔ
that run.out.will
'That will run out.'

Rosen argues that Baker's syntactic account of NI requires two different mechanisms for the data in (26), whereas her lexical analysis does not. Furthermore, under the lexical analysis she proposes, doubling does not present any challenge. Since the IN is lexically combined with the verb, a full DP can appear in object position. Doubling, as mentioned above, is problematic for Baker's head movement analysis.

Rosen argues that transitivity is not affected in Classifier NI, a point made clear from the following quote (Rosen 1989 : 302) : "*There is no indication in the literature that incorporation ever affects the transitivity of the verb in these languages.*" In support of this claim she offers the following Rembarnga example (McKay 1975 : 79).

(28) … piri-ṛut-maṇinʔ-miɲ munaŋa-yiʔ
3.sg.obj.3.pl.trans.s.rel-road-build-pst.punc white.man-erg
'…where the white men build a road.'

Observe that the subject appears with ergative Case and that transitive morphology and object agreement are found inside the verbal complex.

6. The Polysynthesis Parameter

Baker (1996) proposes an overarching macroparameter that distinguishes polysynthetic languages from non-polysynthetic ones. Languages make a parametric choice as to whether they are polysynthetic or not. The parameter is stated informally below, followed by Baker's formal definition.

(29) Every argument of a head element must be related to a morpheme in the word containing that head. (Baker 1996 : 14)

For our purposes, we can take 'head element' to mean verbs. Below is the formal version, called the Morphological Visibility Condition (MVC). Thus, a language such as Mohawk obeys the MVC, while a language such as English does not.

(30) A phrase, X, is visible for theta-role assignment from a head, Y, only if it is coindexed with a morpheme in the word containing Y via :

a. an agreement relationship, or

b. a movement relationship.

Let's consider how this works for one of the examples above. Consider example (14) above. The subject is first person singular and the object is third person singular—a pig. Here is Baker's analysis (English words underneath for clarity).

(31)

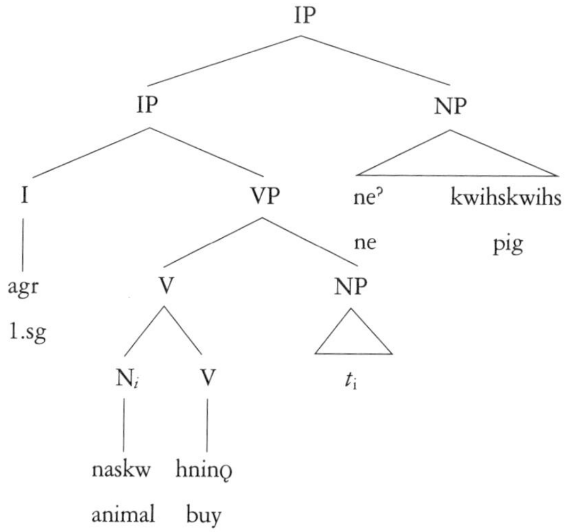

The verb *hninǫ* ('buy') assigns two theta roles, <agent> and <theme>, both of which are assigned to word-internal morphemes, thereby satisfying the MVC.[4]

This condition explains the complementarity between agreement and NI observed in Mohawk. Mohawk makes the economical choice between hosting either an agreement morpheme or an IN. Recall the Southern Tiwa facts above in which NI and agreement are not in complementary distribution. Baker contends that there is no prohibition against the appearance of two word-internal morphemes for a given argument. He does give evidence that NI in Southern Tiwa is indeed syntactic, but in

4) Note that under more contemporary theories syntactic structure the external argument is not assigned by the verb, but by a higher functional projection (Chomsky 1995; Kratzer 1996). This is not problematic for Baker's analysis presented here since all the relevant morphemes are still word-internal.

the interests of space we gloss over his arguments.

7. Widening the Empirical Domain of NI

Since Baker's ground breaking study on NI in Mohawk, the same phenomenon has been studied in other languages with the unsurprising result that NI is not a uniform phenomenon cross-linguistically. This fact, of course, was underscored much earlier in Mithun's (1984) cross-linguistic typology of NI as described above. In light of the increasing awareness in the variation in NI by generative linguists Baker et al. (2005) analyze NI in three unrelated languages, which exhibit disparate properties of NI. In the same vein, Barrie and Mathieu (to appear) analyze variation in the structure of the IN itself. In this section we discuss some of the variation found in NI constructions around the world and some of the generative analyses that have been proposed to account for them.

7.1. Variable Phi-Feature Deletion

Baker *et al* (2005) discuss NI in detail in three unrelated languages: Mohawk, Mapudungun and Southern Tiwa. Many relevant details have been supplied above; however, we review these here and provide additional details on the variation in NI among these three languages.

Baker *et al.*'s analysis rests on the assumption that the deletion of phi-features is parameterized across languages. We begin with a review of the relevant properties of NI in Northern Iroquoian pertinent to Baker *et al.*s analysis. Note that many of the examples use Onondaga rather than Mohawk, although, as made clear above, the properties regarding NI are virtually the same in both languages.

Recall that in Northern Iroquoian the IN can appear with a full DP double, as the following Onondaga example, repeated from above, illustrates. In such cases, the full DP is hyponymous to the IN.

(32) wa'gnasgwahní:nǫ' ne' gwíhsgwihs
wa'-k-naskw-a-hninǫ-' ne' kwihskwihs
fact-1.sg.ag-animal-epen-buy-punc ne pig
'I bought a pig.'

Recall that modifier stranding involves an adjectival phrase, relative clause or the like modifies an IN. This was shown above with Onondaga, and additional examples from Mohawk are shown here (Baker 1996 : 308, ex (52c,d)).

(33) a. Akwéku ʌ-ye-nakt-a-núhwe'-ne'
all fut-3.sg.f.ag-bed-epen-like-punc
'She will like all the beds.'
b. Λ-ye-nakt-a-núhwe'- ne' ne thetʌre' wa'khnínu'
fut-3.sg.f.nom-bed-epen-like- punc ne yesterday I.bought.it
'She will like the bed that I bought yesterday.'

NI is also freely available with unaccusatives in Northern Iroquoian (see Rice, 1991 for a discussion of NI as an unaccusativity diagnostic). Consider the following Onondaga examples (Woodbury 2003).

(34) a. ohahaná:węh
o- ahah- a- nawę- h
3.sg.nt.pat- road- join- wet- stat
'The road is wet.'

b. waˀgaihwí:nyųˀ
waˀ- ka- Rihw- inyų -ˀ
fact- 3.sg.nt.ag- matter- arrive -punc
'The news arrived.'

c. ęgaędyenę́ˀnhaˀ
ę-ka-Ręt-yenę-ˀ-nhaˀ
fut-3.sg.nt.ag-log-fall-inch-punc
'The will log fall over.'

d. gojyasgwiyänų́hwaks
go- tyaskwiR- nųhwak -s
3.sg.f.pat- ankle- hurt -hab
'Her ankle hurts.'

Note in these examples the NI does not require the presence of a double or a raised possessor, although observe that the last example shows agreement with the possessor, which I discuss next.

Northern Iroquoian languages exhibit a kind of possessor raising construction (see also Michelson, 1991 for Oneida). Consider the following Onondaga data (N.C., G.W., speakers). Agreement with the possessor is obligatory, as (35)b shows. This construction is available only with inalienably possessed nouns, regardless of the presence or absence of agreement, (35)c-d.5)

(35) a. waˀkhenętshohaeˀ neˀ Mary

waˀ-khe-nętsh-ohae-ˀ	neˀ	Mary
fact-1:3-arm-wash-punc	ne	Mary

'I washed Mary's arm.'

b. *waˀgnętshohaeˀ neˀ Mary

waˀ-	k-	nętsh-	ohae-	ˀ	neˀ	Mary
fact-	1.sg.ag-	arm-	wash-	punc	ne	Mary

('I washed Mary's arm.')

c. *waˀkhenakdohaeˀ neˀ Mary

waˀ-	khe-	nakt-	ohae-	ˀ	neˀ	Mary
fact-	1:3-	bed-	wash-	punc	ne	Mary

('I washed Mary's bed.')

d. *waˀgnakdohaeˀ neˀ Mary

waˀ-	k-	nakt-	ohae-	ˀ	neˀ	Mary
fact-	1.sg.ag-	bed-	wash-	punc	ne	Mary

('I washed Mary's bed.')

Finally, recall that Baker (1996) describes Mohawk as not having agreement with the IN as per his MVC. In Baker *et al.* (2005),

5) Michelson (1991) discusses Oneida data such as the following, which appear to be examples of possessor stranding of an alienably possessed item. She argues convincingly, however, that the possessor is actually a dependent of the verb and not of the noun.

i. wa-hi-nuhs-ahni:nú: John

fact-1.sg.ag.3.sg.m.pat-house-buy.punc John

'I bought John's house.'

however, he changes his stance and argues, along with his co-authors, that the IN in Mohawk exhibits default agreement, which happens to be phonologically null. The distinction between complete lack of agreement and phonologically null agreement is integral to the analysis presented below. The following Onondaga examples illustrate the same property (N.C., G.W., speakers).

(36) a. gwiyänǫ́hweˀs
k-   wiR-   nǫ́hweˀ-   s
1.sg.ag- baby-   like   punc
'I like the baby.'
b. khenǫ́hweˀs neˀ owiyäˀ.
khe-   nǫ́hweˀ-   s   neˀ   o-wiR-aˀ
1:3-   like   punc   ne   agr-baby-nfs
'I like the baby.'

Northern Iroquoian, however, does show agreement in some circumstances, aside from agreement in inalienable possessor-raising constructions with NI discussed above. Koenig and Michelson (2008) offer the following Oneida data, where agreement is obligatory.

(37) a. waʔ-   shakoti-   ksaʔt-   áks(ʌ)-   a-   ht-   eʔ
fact-   3:3.f-   child-   be.bad-   epen-   caus-   punc
'They spoiled her, the child.'
b. waʔ-   khey-   atʌloʔsl-   úny-   ʌ-   ʔ
fact-   1:3-   friend-   make-   ben-   punc
'I made friends with her'

To summarize, Northern Iroquoian languages exhibit classifier NI, where an overt hyponymous full DP can appear in addition to the IN. NI can take place with the single argument of unaccusative predicates. Possessor stranding is permitted along with stranded or bare modifiers. Finally, agreement with the object is absent in many instances of NI; however, it is obligatory with possessor raising and in a few other circumstances.

7.2. Mapudungun

As discussed in Baker *et al.* (2005), Mapudungun does not allow doubling or stranding, and does not exhibit agreement with the IN (see also Harmelink 1992). Also, Mapudungun does not allow NI with unaccusatives, unless it is accompanied by possessor raising (Baker et al. 2005). Consider first doubling and stranding. The following examples, repeated from above, show that doubling and stranding are not permitted in Mapudungun (Baker et al. 2005, ex (5) and (6b), respectively).

(38) a. Juan ngilla-waka-lel-fi-y
Juan buy-cow-ben-3.obj-ind.3.sg.subj
'Juan bought a cow for him.'

b. *Pedro ngilla-waka-y tüfachi (waka)
Pedro buy-cow-ind.3.sg.subj this (cow)
('Pedro bought this cow.')

Unlike Iroquoian languages, Mapudungun has overt agreement with 3rd person neuter arguments. This agreement disappears, however, in NI constructions, as the following examples illustrate (Baker et al. 2005 adapted from ex.(9)).

(39) a. ngilla-fi-ñ ti waka
buy-3.obj-ind.1.subj the cow
'I bought the cow.'
b. *ngilla-waka-fi-n
buy-cow-3.obj-ind.1.subj
('I bought a cow.')

Finally, the following examples show that NI is illicit in unaccusatives, unless accompanied by possessor stranding (Baker et al. 2005, ex (65)).[6)]

(40) a. *lüf-ruka-y
burn-house-ind.3.subj
('The house burned down.')
b. Juan lüf-ruka-y
Juan burn-house-ind.3.subj
'Juan's house burned down.'

---

6) Note that we cannot boil the availability of NI with unaccusatives down to a single parameter. Hirose (2003) shows that NI is unavailable for static unaccusatives in Plains Cree (such as adjectives), but is available for dynamic unaccusatives (such as *arrive*, *fall*, etc.). Note also that Baker *et al*. state that "Mapudungun *usually* does not (admit NI in unaccusatives)" [emphasis mine], suggesting that more research should be done on the syntax of NI with unaccusatives.

To summarize, Mapudungun does not allow doubling or modifier stranding with NI and object agreement is absent in NI constructions. NI is not permitted with unaccusatives, unless accompanied by possessor stranding. I turn now to NI in Southern Tiwa.

7.3. Southern Tiwa[7)]

Southern Tiwa exhibits a complex set of restrictions on NI. With inanimate objects, NI is obligatory, but with animate objects, the obligatoriness of NI depends on number, whether the object is human or not, and whether the object is accompanied by modifiers or not. Specifically, singular human objects optionally undergo NI, while plural objects obligatorily undergo NI, unless the plural human object is modified, then it is optional. The pattern is nearly the opposite for non-human animate objects. In the singular, NI is optional when modifiers are present and obligatory otherwise. In the plural, NI is obligatory. See Allen et al. (1984) for further details and examples.

As just mentioned, Southern Tiwa allows INs to host stranded modifiers in certain situations, as the following examples show (Allen et al. 1984 : p. 293f, ex (1), (7)).

7) Agreement in Southern Tiwa is marked by a portmanteau morpheme that shows both subject and object agreement. The subject is referenced in the traditional way. The object is referenced by one of three markers, namely A, B or C, which indicate both number and gender. There are three genders or noun classes in Southern Tiwa (i, ii and iii). The markers indicate the following: A - i.sg or ii.sg; B - i.pl or iii.sg; C - ii.pl or iii.pl.

(41) a.	ti-	shut-	pe-	ban	
	1.sg.A-	shirt-	make-	pst	
	'I made the/a shirt.'				
b.	yede	ti-	shut-	pe-	ban
	that	1.sg.A-	shirt-	make-	pst
	'I made that shirt.'				

Baker et al. (2005) also show that while stranding is permitted in Southern Tiwa, doubling is not based on the following contrast (Baker et al. 2005, ex (23a, b)).[8)]

(42) a.	yede	a-	diru-	k'ar-	hi	
	that	2.sg.A-	chicken-	eat-	fut	
	'You will eat that chicken.'					
b.	*yede	diru-de	a-	diru-	k'ar-	hi
	that	chicken-sg	2.sg.A-	chicken-	eat-	fut
	('You will eat that chicken.')					

It is not clear, however, that the ungrammaticality of (42)b is attributed to the presence of doubling. Rosen (1989) suggests that the ungrammaticality of (42)b might be due to the fact that the doubled noun is identical to the IN. That is to say, the independent noun does not contribute any new information to the sentence and so is judged

---

8) Note that this is the only example of doubling in Southern Tiwa that Baker *et al*. offer as ungrammatical, while an additional example is given in Baker (1996 : 313, ex (66b)). There are no examples showing that NI with true hyponymous doubles is ungrammatical in either Baker *et al*. (2005) or Baker (1988, 1996).

unacceptable. Indeed, in an out-of-the-blue context, an NI construction in Onondaga in which the root of the double is identical to that of the IN is generally deemed unacceptable because of the unnecessary repetition of information.

(43) #wa[ʔ]genakdahní:nǫ[ʔ] ne[ʔ] ganakda[ʔ]
wa[ʔ]-k-nakt-a-hninǫ-[ʔ] ne[ʔ] ka-nakt-a[ʔ]
fact-1.sg.ag-bed-epen-buy-punc ne agr-bed-suf
'I bought a bed.'

Like the Northern Iroquoian languages, Southern Tiwa also allows NI in unaccusatives without the benefit of a raised possessor. Consider the following examples (Allen et al. 1984 : 300, ex. (59), (61)). The single argument of these verbs obligatorily incorporates if it is inanimate. An animate subject of an unaccusative remains obligatorily unincorporated, in line with the idiosyncratic properties of NI in Southern Tiwa described above.

(44) a. I- k'uru- k'euwe -m
B- dipper- old -pres
'The dipper is old.'
b. We- fan- lur -mi
C.neg- snow- fall.pl -pres.neg
'It is not snowing.'

Finally, Southern Tiwa also exhibits full agreement with the IN, in contrast to Mapudungun as described above. Consider the following example. The agreement marker, A, references the noun class and number of the object (see footnote 7).

(45)	Yede	a-	seuan-	mũ	-ban
	that	2.sg.A-	man-	see	-pst
	'You saw that man.'				

To summarize, Southern Tiwa allows stranded modifiers with NI. Baker et al. argue that doubling is not permitted; however, I have suggested, following Rosen's discussion, that this claim may be hasty. Like Northern Iroquoian, Southern Tiwa allows NI with unaccusatives but does not require a raised possessor as in Mapudungun. Finally, agreement is obligatory with NI in Southern Tiwa, where it is generally absent in Northern Iroquoian save the few instances discussed above.

Unfortunately, space does not allow us to present Baker *et al.*'s entire analysis, so we just cover the core of it here. They propose that upon movement of a nominal, the ϕ-features that remain in the base position are subject to parametric deletion of reduction as follows. The ϕ-features can either remain (as they propose for Southern Tiwa), be reduced (to 3rd person, singular, neuter as they suggest for Mohawk) or be deleted (as they suggest for Mapudungun).

Their analysis of NI runs as follows. They assume, following Baker (1988) that NI arises by head movement. Once the noun incorporates, it is no longer visible for agreement; however, the trace is. This is where the parametric ϕ-deletion comes in to play. In Southern Tiwa, the ϕ -features remain in full and can trigger full object agreement. In Mohawk, the ϕ-features are reduced to 3rd person singular, neuter, which triggers null agreement. Finally, in Mapudungun, the ϕ-features are deleted and no object agreement is found at all. The reader is invited to consult Baker *et al.* to read the rest of the analysis and how it captures the facts concerning NI and unaccusatives. Although there are problematic issues with their analysis (see Barrie, to appear), it represents one of the first attempts at capturing the cross-linguistic variation in NI constructions from a generative perspective.

8. NI and Doubling

As Rosen (1989) points out, doubling presents one of the most difficult challenges to a purely syntactic account of NI. Simply put, how can the IN and the double originate in the same place? In this section, we will review some of the ways this challenge has been taken up. We start with Baker's analysis and point out some problems, then go on to present solutions proposed by Barrie (to appear) and Haugen (2008b, 2009).

As we saw above, Baker (1996) proposes that the double is adjoined in a clause-peripheral position. Baker (1996 : 66ff) showed that Mohawk has canonical *wh*-movement, in which the wh-phrase originates in argument position and raises to the left periphery. It is crucial that the wh-phrase be merged in argument position, since A-bar movement from an adjoined position is impossible. This predicts that wh-movement is incompatible with NI constructions under Baker's model. Consider, however, the following Onondaga data that clearly contradict this prediction (G.W., N.C., speakers).

(46) a. Gaęnigaeˀ waˀenasgwahní:nǫ ˀ?

kaęnikáeˀ	waˀ-	s-	naskw-	a-	hninǫ	-ˀ
which	fact-	2.sg-	animal-	join-	buy	-punc

'Which animal did you buy?'

b. nwadęˀ waˀsnasgwahní:nǫˀ

nwadęˀ	waˀ-	s-	naskw-	a-	hninǫ-	ˀ
what	fact-	you-	animal-	join-	buy-	punc

'What did you buy?' (kind of animal presupposed)

c. gaęnigáeˀ gwíhsgwihs waˀsnasgwahní:nǫˀ

kaęnikáeˀ	kwihskwihs	waˀ-s-naskw-a-hninǫ-ˀ
which	pig	fact-2.sg-animal-join-buy-punc

'Which pig did you buy?

d. Gaęnigaeˀ gwíhsgwis shé:heˀ Mary waˀenasgwahní:nǫ ˀ?

which	pig	you.think	Mary	she.animal-bought.it

'Which pig do you think Mary bought?'

Given these data, we must conclude that the double cannot appear in a position adjoined outside the clause, but rather must originate in an argument position, at least when *wh*-movement is found. Thus, a solution must be found that allows both the IN and the double to originate in the same location. We will cover two solutions that have been proposed in the literature here. The first is Barrie's (2011, to appear) proposal that the IN and the double together form a "big DP". The other is Haugen's (2008, 2009) proposal that both the head and the tail of head movement are spelled out, but they are instantiated by different (but compatible) lexical roots.

We begin with the big DP approach. Following an idea by Sportiche (1996), Barrie (2011, to appear) proposes that the IN and the DP double form a complex "big DP", labelled XP in (47)b. Recall that languages such Mapudungun and Chukchi do not permit doubling or stranding. NI in these languages, Barrie argues, (relatively) uncontroversially assumes that the verb selects a bare root or nP. The interesting case is (47)b, which we now discuss.

(47) a.

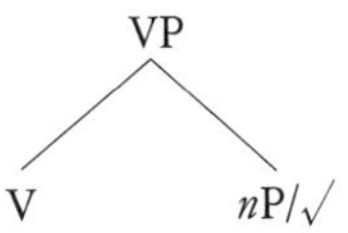

b.

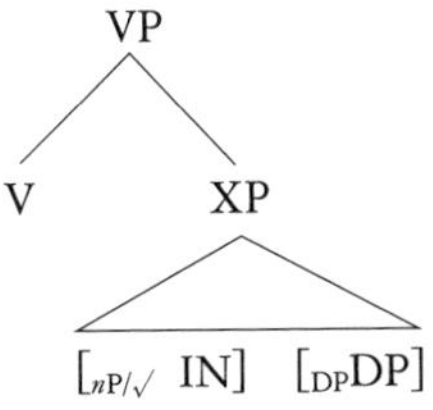

One of Rosen's objections to Baker's syntactic approach to NI is that stranding is available independently of NI. Thus, if the IN undergoing head movement is responsible for stranding in the examples Baker discusses, what gives rise to stranding in non-NI constructions? Rosen argues that two different mechanisms would be required for what is essentially the same phenomenon. The solution Barrie proposes easily accounts for the independence of stranding and NI. The full DP inside XP can contain a lexical N or not depending on what the language allows. Consider the following schematic for the possibilities in Northern Iroquoian (English words used).

(48)	[$_{nP}$ fruit][DP this apple]	I fruit-ate this apple.	doubling
	[$_{nP}$ fruit][DP this]	I fruit-ate this.	stranding
	[$_{DP}$ this apple]	I ate this apple.	full DP, no NI
	[$_{DP}$ this]	I ate this.	stranding with no NI

The strength of this analysis is that it can account for the co-existence of doubling and stranding in a number of languages, including the fact that doubling is available only with unaccusatives in Mapudungun (see Barrie, to appear for details). This strength, however, could be the proposal's undoing if it turns out that Southern Tiwa does indeed allow stranding only and no doubling.

We end this section with a brief discussion of Haugen's (2008, 2009) proposal for doubling in Uto-Aztecan languages. Haugen starts with the observation that doubling often, but now always, involves a cognate object as in the English *sleep the sleep of the dead*. Haugen proposes that both the head and the tail of the chain can be spelled out under a Distributed Morphology framework. He further suggests that in the case of hyponymous objects as in (45)c the head, the IN, can be spelled out by a different root that has compatible features. He goes so far as to propose a feature geometry of the relevant semantic features to ensure that only a semantically compatible root is inserted at PF. Unfortunately, space does not allow us to present a full description of Haugen's in depth analysis.

9. NI as Phrasal Movement

One hold-over from the Government and Binding era is the distinction between HM and phrasal movement, which persists to this day (Aboh 2004; Baker 2009; Roberts 2010). However, with the demise of any formal distinction between X0 and XP and the introduction of Bare Phrase Structure (Chomsky 1995), the concept of HM has been called in to question (Fanselow 2003, Koopman and Szabolcsi 2000, Mahajan 2003). Chomsky (2001, 2000) has suggested relegating HM to PF, but leaves open the possibility that incorporation phenomena may still be part of the overt syntax (Chomsky 2001 : 37). NI certainly cannot be a purely PF phenomenon given its semantic effects, such as frozen scope (van Geenhoven 1998), and syntactic properties, such as changes in argument structure (Baker 1996, Sadock 1986). In response to the growing scepticism regarding the existence of HM, Baker (2009) re-affirms that HM indeed is still needed for NI, but does not address how NI can be implemented in a Bare Phrase Structure framework.

Roberts (2011), in fact, proposes a novel analysis of HM that is consistent with BPS. Additionally, he outlines an approach to a HM analysis of NI within his new framework. Barrie and Mathieu (2012), however, outline numerous problems with Roberts' analysis, instead suggesting that a phrasal movement approach is better able to capture the cross-linguistic properties of NI. Such an analysis is given in detail in Barrie and Mathieu (to appear).

Since space is short we will consider the derivation of one example of NI. Consider the following Ojibwe example (Barrie and Mathieu, to appear, ex (43)). Following Déchaine (1999), Barrie and Mathieu argue that the IN in (48), shown in square brackets, is itself formed by phrasal movement. Their derivation directly mirrors Déchaine's proposed structure for the equivalent in Cree, a closely related language.

(49) mookmaanimi [Ojibwe]

[o-	mookomaan	-im]	-i	-w
[3-	knife	-poss]	-have.vai	-3s

'He/she has a knife.'

This DP, the IN, merges with vP, then participates in roll-up movement to form the incorporated construction as follows (example (46) from Barrie and Mathieu).

(50)

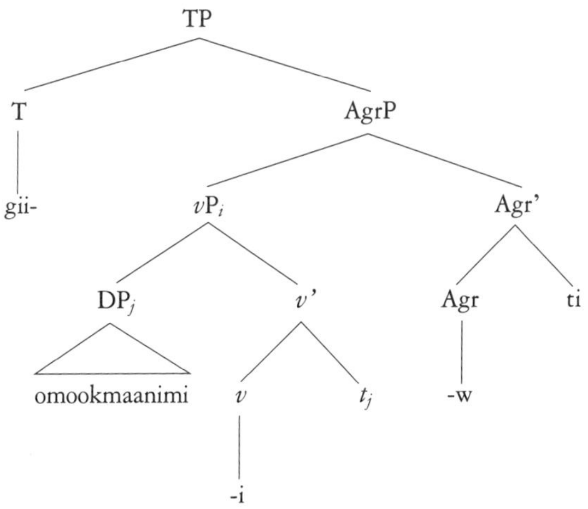

We do not have space to discuss the ramifications for this proposal for NI or word formation in general.

10. Future Directions

Although this chapter focuses on the syntactic properties of NI, the semantic properties have played a role in directing the analysis of NI. Although semantic properties of NI have been described in detail previously (Bonvillain 1989, Mithun 1979, 1984), van Geenhoven (1998) first tied together the syntactic and semantic properties of NI. Massam (2001) described a phenomenon in Niuean similar to NI in terms of its semantics, but not its syntax, and Dayal (2011) explicitly described the properties of semantic incorporation in Hindi. Since then, constructions whose syntax is unlike NI, but whose semantics do correspond to those of NI have been brought into the general discussion of NI (Barrie and Li 2013, 2015, Chi 1992, Sato 2010).

To summarize, then, we have seen that an understanding of NI involves an understanding of the morphological, syntactic and semantic properties of this phenomenon. It was suggested that many of these properties are all tied together by the hypothesis that NI involves a verb selecting a reduced nominal phrase, although many details remain to be worked out. One tentative suggestive linked the semantic properties of NI to the availability of differentiated Case. Again, though, the precise details are far from clear. What is clear, however, is that a full understanding of NI and its associated properties will come only by broadening the empirical base of this phenomenon by including those languages not traditionally thought of as having NI. Barrie and Li (2013, 2015), for instance compared Mandarin Chinese data to that of Northern Iroquoian. Sato (2010) examined Japanese data in which idiomatic readings arise only when the direct object lacks Case marking, suggesting a link between Case (or reduced structure) and idiomaticity, a hallmark semantic property of NI. Thus, in addition to laying out the history and current state of research into NI, it is hoped that this discussion serves as a springboard for further research on this topic.

References

Aboh, E.(2004), "Snowballing movement and generalized pied-piping," In Triggers (Eds.), *Anne Breitbarth and Henk Van Riemsdijk*, The Hague: Mouton de Gruyter, 15-48.

Ackema, P.(1999), *Issues in Morphosyntax*, Amsterdam, Philadephia: John Benjamins.

Ackema, P., & Neeleman, A.(2004), *Beyond Morphology: Interface Conditions on Word Formation*, Oxford: Oxford University Press.

Alexiadou, A.(1997), *Adverb Placement: A Case Study in Antisymmetric Syntax*. Amsterdam: John Benjamins.

Allen, B. J., Gardiner, D., & Frantz, D.(1984), "Noun incorporation in Southern Tiwa," *International Journal of American Linguistics* 50, 292-311.

Anderson, S.(1982), "Where's morphology?," *Linguistic Inquiry* 13, 571-612.

Arad, M.(2005), *Roots and Patterns: Hebrew Morpho-Syntax*, Dordrecht: Springer.

Aronoff, M.(1994), *Morphology by Iteslf: Stems and Inflectional Classes*, Cambridge, MA: MIT Press.

Baker, M. C.(1988), *Incorporation: A Theory of Grammatical Function Changing*, Chicago, IL: University of Chicago Press.

Baker, M. C.(1996), *The Polysynthesis Parameter*, Oxford: Oxford University Press.

Baker, M. C.(2001), *The Atoms of Language*, New York: Basic Books.

Baker, M. C., Aranovich, R., & Golluscio, L. A.(2005), "Two types of syntactic noun incorporation: Noun incorporation in Mapudungun and its typological implications," *Language* 81, 138-176.

Baker, M. C.(2009), "Is head movement still needed for noun incorporation?," *Lingua* 119, 148-165.

Barrie, M.(2012), "Noun incorporation and the lexicalist hypothesis," *Studies in Generative Grammar* 22, 235-261.

Barrie, M., & Mathieu, E.(2012), "Head movement and noun incorporation," *Linguistic Inquiry* 43, 133-142.

Barrie, M., & Li, Y.-H. A.(2013), "The semantics of (Pseudo)incorporation and case," Paper presented at *The Syntax and Semantics of Pseudo-Incorporation*

Workshop (DGfS 2013), Potsdam, Germany.

Barrie, M., & Li, Y.-H. A.(2015), "Analysis and synthesis: Objects," In *Chinese Syntax in a Cross-linguistic Perspective*, (Eds.), Yen-Hui Audrey Li, Andrew Simpson and Dylan Tsai, Oxford: Oxford University Press, 179-206.

Barrie, M.(to appear), "Two kinds of structural noun incorporation," *Studia Linguistica*.

Barrie, M., & Mathieu, É.(to appear), "Noun incorporation and XP movement," *Natural Language and Linguistic Theory*.

Bonvillain, N.(1989), "Body, mind, and idea: Semantics of noun incorporation in Akwesasne Mohawk," *International Journal of American Linguistics* 55, 341-358.

Bricker, V. R.(1978), "Antipassive construction in Yucatec Maya," In *Papers in Mayan Linguistics*, (Ed.), Nora C. England, Columbia, MO: University of Missouri, 3-24.

Chi, H.(1992), "Noun incorporation: A Chinese case?," *Word* 43, 233-248.

Chomsky, N.(1970), "Remarks on nominalization," In *Readings in English Transformational Grammar*, (Eds.), Roderick Jacobs and Peter Rosenbaum, Washington: Georgetown UP, 184-221.

Chomsky, N.(1995), *The Minimalist Program*, Cambridge, MA: MIT Press.

Chomsky, N.(2000), "Minimalist inquiries: The framework," In *Step by Step: Essays on Minimalist Syntax in Honor of Howard Lasnik*, (Eds.), Roger Martin, D. Michaels and Juan Uriagereka, Cambridge, MA: MIT Press, 89-156.

Chomsky, N.(2001), "Derivation by phase," In *Ken Hale: A Life in Language*, (Ed.), Michael Kenstowicz, Cambridge, MA: MIT Press, 1-52.

Chung, S.(1978), *Case Marking and Grammatica. Relations in Polynesian*, Austin, TX: University of Texas Press.

Chung, S., & Ladusaw, W.(2004), *Restriction and Saturation, Cambridge*, MA: MIT Press.

Cuoq, J.-A.(1866), *Etudes philologiques sur quelques langues sauvages*, Montreal, QC: Dawson Brothers.

Dayal, V.(2011), "Hindi pseudo-incorporation," *Natural Language and Linguistic Theory* 29, 123-167.

de Reuse, W.(2008), "Denominal verbs in Apachean languages," *International Journal of American Linguistics* 74, 423-438.

Déchaine, R.-M.(1999), "What algonquian morphology is really like: Hockett revisited," In *Workshop on Structure and Constituency in the Languages of the Americas*, (Eds.), Leora Bar el, Rose-Marie Déchaine and Charlotte Reinholtz, Cambridge: MIT Press, 25-72.

Di Sciullo, A. M., & Williams, E.(1987), *On the Definition of Word*, Cambridge, MA: MIT Press.

Fanselow, G.(2003), "Münchhausen-style head movement and the analysis of verb second," *UCLA Working Papers in Linguistics* 13, 40-76.

Gerdts, D. B.(1998), "Incorporation," In *The Handbook of Morphology*, (Eds.), Andrew Spencer and Arnold M. Zwicky, Malden, MA: Blackwell, 84-100.

Gerdts, D. B., & Hukari, T. E.(2008), "Halkomelem denominal verb constructions," *International Journal of American Linguistics* 74, 489-510.

Harmelink, B. L.(1992), "La incorporación nominal en el mapudungun," *Lenguas Modernas* 19, 129-137.

Harrison, S.(1979), *Mokiliese Reference Grammar*, Honolulu: University of Hawai'i Press.

Haugen, J. D.(2008a), "Denominal verbs in Uto-Aztecan," *International Journal of American Linguistics* 74, 439-470.

Haugen, J. D.(2008b), *Morphology at the Interfaces: Reduplication and Noun Incorporation in Uto-Aztecan*, Amsterdam/Philadelphia: John Benjamins.

Haugen, J. D.(2009), "Hyponymous objects and late insertion," *Lingua* 119, 242-262.

Hirose, T.(2003), *Origins of Predicates: Evidence from Plains Cree*, London: Routledge.

Julien, M.(2002), *Syntactic Heads and Word Formation*, Oxford: Oxford University Press.

Koenig, J.-P., & Michelson, K.(2008), "Revisiting the realization of arguments in Iroquoian," Paper presented at *Annual Meeting of the Linguistic Society of America*, Chicago, IL.

Koopman, H., & Szabolcsi, A.(2000), *Verbal Complexes*, Cambridge, MA: MIT Press.

Kratzer, A.(1996), "Severing the external argument from its verb," In *Phrase Structure and the Lexicon*, (Eds.), Johan Rooryck and Laurie Zaring, Dordrecht: Kluwer.

Kroeber, A. L.(1909), "Noun incorporation in American languages," Paper presented at *XVI. Internationaler Amerikanisten-Kongress*, 2nd, Vienna and Leipzig.

Li, Y.-H. A.(2010), "Case and objects," Paper presented at *GLOW in Asia VIII*, Beijing Language and Culture University.

Lounsbury, F. G.(1949), *Iroquoian Morphology*, Yale University: Ph.D. Dissertation.

Mahajan, A.(2003), "Word order and (remnant) VP movement," In *Word Order and Scrambling*, (Ed.), Simin Karimi, Malden, MA: Blackwell Publishers, 217-237.

Marantz, A.(1997), "No escape from syntax: Don't try morphological analysis in the privacy of your own lexicon," *University of Pennsylvania Working Papers in Linguistics* 4, 201-225.

Marantz, A.(2013), "Locality domains for contextual allomorphy across the interfaces," In *Distributed Morphology Today: Morphemes for Morris Halle*, (Eds.), Ora Matushansky and Alec Marantz, Cambridge, MA: MIT Press, 95-116.

Marlett, S. A.(2008), "Denominal verbs in Seri," *International Journal of American Linguistics* 74, 471-488.

Massam, D.(2001), "Pseudo noun incorporation in Niuean," *Natural Language and Linguistic Theory* 19, 153-197.

Massam, D.(2009), "Noun incorporation: essentials and extensions," *Language and Linguistics Compass* 3, 1076-1096.

Mathieu, E.(2013), "Denominal verbs in Ojibwe," *International Journal of American Linguistics* 79, 97-132.

McKay, G. R.(1975), *Rembarnga: A language of Central Arnhem Land*, Australian National University: Ph.D. Dissertation.

Merlan, F.(1976), "Noun incorporation and discourse reference in modern Nahuatl," *International Journal of American Linguistics* 42, 177-191.

Michelson, K.(1991), "Possessor stranding in Oneida," *Linguistic Inquiry* 22, 756-761.

Miner, K. L.(1986), "Noun stripping and loose incorporation in Zuni," *International Journal of American Linguistics* 52, 242-254.

Mithun, M.(1979), "Some semantics of polysynthesis,: In *The Fifth LACUS Forum*, (Ed.), Adam Makkai, New York, NY: Hornbeam Press, 37-44.

Mithun, M.(1984), "The evolution of noun incorporation," *Language* 60, 847-894.

Mithun, M.(2004), "The non-universality of obliques," Paper presented at *Syntax of the World's Languages*, University of Leipzig and Max Planck Institute for Evolutionary Anthropology.

Muro, A.(2009), *Noun Incorporation: A New Theoretical Perspective, Dipartimento di Discipline Linguistiche, Comunicative e dello Spettacolo*, Universitá degli Studi di Padova: Ph.D. Dissertation.

Öztürk, B.(2009), "Incorporating agents," *Lingua* 119, 334-358.

Pollock, J.-Y.(1989), "Verb movement, universal grammar, and the structure of IP," *Linguistic Inquiry* 20, 356-424.

Rice, K.(1991), "Intransitives in Slave (Northern Athapaskan): Arguments for unaccusatives," *International Journal of American Linguistics* 57, 51-69.

Roberts, I.(2010), *Agreement and Head Movement: Clitics, Incorporation, and Defective Goals*, Cambridge, MA: MIT Press.

Roberts, I.(2011), "Head-movement and the minimalist program," In *The Oxford Handbook of Linguistic Minimalism*, (Ed.), Cedric Boeckx, Oxford: Oxford University Press, 195-219.

Rosen, S. T.(1989), "Two types of noun incorporation: A lexical analysis," *Language* 65, 294-317.

Sadock, J.(1986), "Some notes on noun icorporation," *Language* 62, 19-31.

Sapir, E.(1911), "The problem of noun incorporation in American Languages," *American Anthropologist* 13, 250-282.

Sato, Y.(2010), "Bare verbal nouns, idiomatization and incorporation in Japanese," Paper presented at *Theoretical East Asian Linguistics*, 6, Peking University.

Spencer, A.(1995), "Incorporation in Chukchi," *Language: Journal of the Linguistic Society of America* 71, 439-489.

Sportiche, D.(1996), "Clitic constructions," In Phrase Structure and the Lexicon, (Eds.), Johan Rooryck and Laurie Zaring, 213-276.

van Geenhoven, V.(1998), *Semantic Incorporation and Indefinite Descriptions: Semantic and Syntactic Aspects of Noun Incorporation in West Greenlandic*: Dissertations in Linguistics. (DiLi). Stanford, CA. Stanford, CA: Center for the Study of Language and Information.

Williams, E.(1981), "On the notions 'lexically related' and 'head of a word'," *Linguistic Inquiry* 12, 245-274.

Wiltschko, M.(2009), "√Root incorporation: Evidence from lexical suffixes in Halkomelem Salish," *Lingua* 119, 199-223.

Woodbury, H.(2003), *Onondaga-English/English-Onondaga Dictionary*, Toronto, ON: University of Toronto Press.

한국어 접속문의 통사론*

이정훈

1. 서론

통사구조는 어휘 항목과 구조 형성 규칙을 토대로 형성된다.1) 그렇다면 한국어 접속문의 통사구조는 어떠하며,2) 또 그 구조는 어떤 어휘 항목에 의해, 그리고 어떤 구조 형성 규칙에 의해 형성되는가? 이 글은 바로 이 질문에 대해 명시적으로 답함으로써 한국어 접속문의 통사론을 공고히 하는 것을 목적으로 한다. 특히 경험적 현상에 대한 고려는 물론이고 이론 구성에도 유의함으로써 한국어 접속문에 대한 체계적 이해를 심화하고자 한다.

논의 순서는 다음과 같다. 먼저 2절에서는 이 글이 출발점으로 삼는

---

* 이 글은 이정훈(2008가)와 이정훈(2015)에서 논의한 내용을 토대로 한다.

1) 어휘 항목과 규칙으로 깔끔하게 환원되지 않는 통사구조도 존재한다(이정훈 2014가 참고). 이런 것들은 그 자체가 구조를 지닌 채 어휘 항목처럼 어휘부에 등재되는 것으로 본다.

2) 이 글의 접속문은 소위 대등 접속문을 가리킨다. 그리고 '비가 오고, 바람이 불었다'와 같은 예에서 접속절은 '비가 오고'(선행절)와 '바람이 불었다'(후행절)를 가리키며, 접속문은 '비가 오고, 바람이 불었다' 전체를 가리킨다.

접속문의 통사구조를 제시하고 이 구조에서 제기되는 문제를 명확히 한다. 이 통사구조의 미진한 점을 해소하고 접속문이 형성되는 구체적인 과정을 밝히는 작업은 3절과 4절에서 이루어진다. 2절~4절의 논의를 토대로 5절에서는 소위 내포 접속문과 다항 접속문의 형성 과정을 살핀다. 끝으로 6절에서는 논의 내용을 간추리고 남은 문제를 간략히 언급하면서 글을 맺는다.

2. 접속문의 통사론의 지향과 그 출발점

한국어 접속문의 통사구조에 대한 시각은 사뭇 다양하다. 접속문의 통사구조로 평판 구조(flat structure)를 제시하는 견해가 있는 한편으로 계층 구조(hierarchical structure)를 제시하는 견해도 있으며, 계층 구조를 택한 경우도 부가 구조를 채택하는 견해와 그렇지 않은 견해로 나뉜다. 물론 부가 구조를 택한 견해도 구체적인 부가 위치 등에 대한 시각에서 차이를 보이며, 부가 구조가 아닌 구조, 예를 들어 접속절을 명시어에 위치시키는 견해도 접속절과 관련된 명시어의 정체나 위치 등에서 차이를 보인다.[3)]

접속문의 통사구조에 대한 시각이 다양하게 존재하게 된 것은 접속문의 문법적 특성이 복잡하고 다양한 때문이기도 하지만 특히 각 시각이 서로 다른 가설을 토대로 삼고 있기 때문이다. 그런데 서로 다른 가설을

3) 한국어 접속문의 통사구조에 대한 논의의 흐름은 유현경(1986), 김영희(1988), 김지홍(1998), 최웅환(2002), 고재설(2003), 김정대(2004), 허철구(2004), 양정석(2007), 이정훈(2008가), 김용하(2009) 등 참고.

토대로 하는 이론들은 서로 비교하기도 어려울 뿐더러 우열을 가르기는 더욱 어렵다. 따라서 접속문에 대한 통사적 논의는 다음의 두 가지 방향을 취하게 된다.

첫째, 여러 제안을 서로 비교하기보다는 어느 한 제안을 선택하고 선택한 제안의 이론적 타당성을 제고해야 한다. 특히 접속문 이외의 통사 현상에 부담을 야기하지 않도록, 나아가 접속문 이외의 영역에서도 유효하도록 이론을 구성해야 한다.

둘째, 채택한 제안을 토대로 접속문과 관련된 다양한 현상을 해명해야 한다. 이는 제안된 통사구조의 경험적 타당성을 확인하는 의의를 지니는 바, 다루어지는 현상이 다양하면 할수록 제안된 통사구조의 경험적 타당성은 제고된다.

위와 같은 인식을 바탕으로 이 글은 일단 접속문의 통사구조로 접속어미 Conj '-고'가 선행절의 핵으로 기능함으로써 ConjP를 형성하고 이 ConjP가 후행절의 VP에 부가되는 아래의 구조를 채택하고 논의를 시작하고자 한다.[4]

4) (1)에 표시하지는 않았지만 활용, 즉 어간과 어미의 통합은 핵 이동에 의한다. 자세한 사항은 이정훈(2007, 2008나) 등 참고.

(1) 접속문의 통사구조 (이정훈 2008가/2008나 : 702 참고)

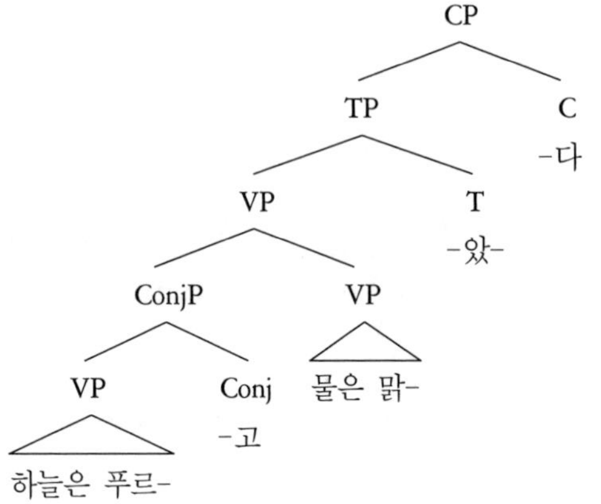

위의 구조는 어떤 장점을 지니는가? 아래에서 알 수 있듯이 접속문에서는 "선행절이나 후행절 어느 것도 성분절 자격으로의 위치 이동이 자유스럽지 못하다"(최재희 1985 : 149).

(2) 영희는 놀고 철수는 공부한다.
가. *철수는 [영희는 놀고] 공부한다.
나. *영이는 [철수는 공부한다] 놀고.

(1)은 위의 특성을 바로 포착한다. 이동은 아래에서 위로 위치를 바꾸는 것인데 (1)에서 위로 이동하면서 선행절, 즉 ConjP가 후행 VP 속에 들어가거나 후행절이 선행절 ConjP 속에 들어갈 수는 없기 때문이다.

그렇다고 해서 (1)이 장점만을 지닌 것은 아니다. 접속 관련 현상 중에는 (1)의 한계를 드러내는 것도 존재하기 때문이다. 예를 들어 Conj '-고'가 ConjP로 투사한다고 확언하기 어렵다(3.3절 참고). 또한 ConjP 투사 여부와 관련된 것이기도 한데 (1)은 아래 제시한 명사구 접속의 통사구조와 이질적인바, 접속문과 명사구 접속 사이의 차이도 석연치 않다.

(3) 명사구 접속의 통사구조 (이정훈 2008나 : 98)

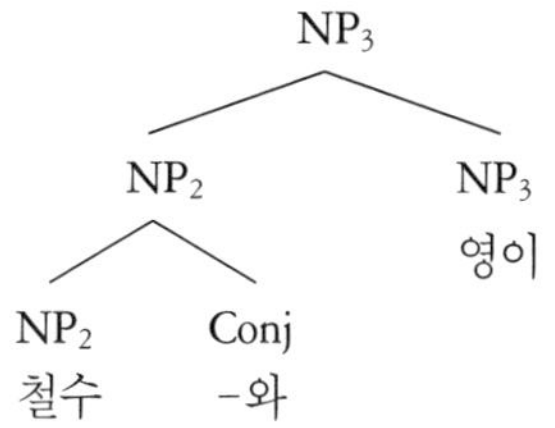

접속문과 명사구 접속이 평행하게 다루어지는 것이 타당하다면 (1)처럼 (3)에도 ConjP가 나타나거나 아니면 (3)처럼 (1)에도 ConjP가 등장하지 않아야 한다.

위와 같은 사정을 고려할 때 무엇을 논의해야 하는가는 분명하다. (1)의 장점은 계승하고, 그 단점은 극복한 새로운 제안을 찾아야 한다. 즉, 접속문의 통사구조 (1)을 논의의 출발점으로 선택했으므로 이제 위에서 언급한 두 가지 방향의 연구가 요청된다. 첫째, (1)의 이론적 타당성을 제고해야 하는바, 이를 위해서는 (1)이 제기하는 문제를 구체화하고 그에 대한 답을 모색해야 한다. 그러면 (1)의 문제가 해소된 개선안이 나타나게 된다. 둘째, 접속문과 관련된 현상 가운데 (1)의 개선안으로 해명할 수 있는 현상이 얼마나 되는지 검토해야 한다. 지금부터는 절을 달리하여 이 두 가지 사항을 논의하고자 하는데 먼저 (1)의 이론적 타당성 제고에 초점을 맞춘다.

3. 접속어미의 통사 특성

접속어미는 그 명칭에서도 알 수 있듯이 접속의 기능을 발휘하는 어미로서 접속문의 통사구조 형성에서 핵심을 담당한다.[5] 그런데 (1)의 통사구조만으로는 접속어미의 접속 기능이 어떻게 구현되는지 알기 어렵다. 심지어 부가 형상은 전형적으로 수식어와 피수식어 사이의 관계와 통하므로 ConjP가 VP에 부가된 형상은 접속의 기능과 사뭇 어울리지 않는 듯하다.[6] 이에 아래와 같은 문제가 대두된다.

> 問$_1$ 접속어미의 접속 기능은 어떻게 구현되는가?
> 問$_2$ 접속의 구조가 왜 부가 구조인가?

위의 두 문제를 풀면 (1)의 이론적 토대가 좀 더 확고해질 것이다. 그렇다면 문제를 어떻게 해결할 수 있을까? 지금부터 3절~4절에 걸쳐 위에 제시한 두 문제를 하나씩 차례로 살피기로 하는데, 일단 문제를 푸는 단서로서 다음의 두 가지 사실에 주목해 보자.

---

5) 고재설(2003 : 150-154)는 '그리고'를 접속사로 제시하고 접속어미 '-고'는 '형태론적 폐쇄를 위한 장치'로 간주하였다. 접속어미 '-고'에 접속 기능이 없다고 보는 셈인데 이는 소위 내포 접속문에 나타나는 접속어미의 문제와도 관련된다. 접속어미가 접속의 기능이 아니라 단순히 형태론적 요인에 의해 동원되는 요소라는 제안은 김용하(2009)에서도 볼 수 있다. 김용하(2009)에서 접속의 기능은 접속어미가 아니라 추상적인 기능범주가 담당한다. 이 글은 접속어미의 접속 기능을 인정하고, 추상적인 기능범주가 아니라 어미와 같은 구체적인 언어 형식을 중시하는 입장에서 논의를 진행한다(이정훈 2008나, 2011 참고). 또한 5.1절에서 논의하듯이 내포 접속문의 접속어미도 다른 경우와 마찬가지로 접속의 기능을 지닌다고 본다.

6) 이와 관련하여 김용하(2009)는 "구 구조 상 지위가 완전히 동일한 두 접속절 중 어느 것이 다른 어느 것에 부가되었다는 것을 전혀 정당화할 수가 없다(김용하 2009 : 6)"이라고 하였다. 이 비판에서 자유로우려면 問$_2$에 대한 답을 제시해야 하는바, 4절과 5.1절에서 구체적으로 논의한다.

(4) 가. 접속문을 형성하려면 접속어미에 더해 접속어미로 접속되는 둘 이상의 성분이 필요하다.[7)]

나. 접속은 동질적인 범주를 대상으로 한다.

(4가)와 (4나)는 접속문의 대표적인 특성인바, 지금부터는 이 두 특성을 토대로 위에 제시한 문1과 문2의 답을 찾기로 한다.

3.1. 접속어미의 어휘적 속성

(4가)와 (4나) 중에서 (4가)는 접속어미가 두 자리 술어에 버금가는 성격을 지님을 의미한다. 즉, 타동사와 같은 두 자리 술어가 어휘적 속성으로 두 개의 논항을 취하듯이 접속어미는 어휘적 속성에 의해 두 개의 성분과 결합한다. 이를 도식화해서 나타내면 아래와 같다.

(5) 접속어미(Conj)의 어휘적 속성 : A ___ B

위의 어휘적 속성이 의미하는 바는 두 가지이다. 첫째, 접속어미 Conj는 두 개의 성분 A와 B 사이에 분포한다. 둘째, 접속어미 Conj는 A, B와 어울리며 하나의 성분을 형성한다. 이 두 가지 사항으로 인해 'A, B, Conj'는 [A Conj B]와 같은 접속 구성을 형성하게 된다.[8)]

---

7) 때로 '가 밥 먹자. 나 나 밥 먹었는데/먹었거든'과 같은 담화의 나에서 보듯이 (4가)를 위반하는 예가 나타나기도 한다. 하지만 이런 경우는 관습적으로 후행절이 생략된 경우에 해당하는 것으로 (4가)에 대한 반증이 되지 않는다. 관습적 후행절 생략이 문법화되면 접속어미에서 유래한 종결어미가 나타나게 된다.

8) 접속조사와의 구분을 고려하면 (5)의 A와 B는 동사성 [V]을 지녀야 하므로 $A_{[V]}$, $B_{[V]}$가 된다. 물론 접속조사는 명사성 [N]과 어울리므로 '$A_{[N]}$ __ $B_{[N]}$'으로 어휘적 속성이 명세된다. 한편 접속어미의 분포적 특성, 즉 A 앞이나 B 뒤가 아니라 A와 B 사이에 분포하는 특성은,

접속어미의 어휘적 속성을 (5)로 보면 세 개 이상의 성분이 접속된 경우는 접속어미의 어휘적 속성이 두 번 이상 발현된 것으로 해석된다. 예를 들어 접속어미가 두 번 출현하면 접속어미의 어휘적 속성도 두 번 발현되는 것이 당연하므로 (6)은 (7가)나 (7나)의 구조를 지니게 된다.[9)]

(6) 하늘은 푸르고 물은 맑고 바람은 시원했다.

(7) 가. [[[$_{A}$ 하늘은 푸르-] -고 [$_{B}$ 물은 맑-]] -고 [$_{C}$ 바람은 시원하-]] -았-다.

나. [[$_{A}$ 하늘은 푸르-] -고 [[$_{B}$ 물은 맑-] -고 [$_{C}$ 바람은 시원하-]]] -았-다.

(7)에서 Conj '-고'의 어휘적 속성은 어떻게 충족되는가? 먼저 (7가)에서는 A와 B가 동원되어 선행 Conj '-고'의 어휘적 속성이 충족되고 이를 통해 형성된 [A -고 B]와 C가 동원되어 후행 Conj '-고'의 어휘적 속성이 충족된다. 다음으로 (7나)에서는 B와 C가 동원되어 후행 Conj '-고'의 어휘적 속성이 충족되고 이를 통해 형성된 [B -고 C]와 A가 동원되어 선행 Conj '-고'의 어휘적 속성이 충족된다.

세 개의 절이 접속되는 경우 첫 번째 절과 두 번째 절이 하나의 성분을 이루기도 하고 두 번째 절과 세 번째 절이 하나의 성분을 이루기도 한다고 보는 셈인데, 두 가지 성분 구조의 존재는 아래와 같은 현상을 통해 지지될 수 있다.[10)]

4절의 논의를 고려하면, 어휘적 속성으로 따로 명시할 필요가 없다. 따라서 접속어미의 어휘적 속성은 '$A_{[V]}$, $B_{[V]}$', 즉 '동사성을 지닌 두 개의 성분'으로 충분하다.

9) 두 개의 절로 이루어진 접속문은 이항 접속문이라고 하고 세 개 이상의 절로 이루어진 접속문은 다항 접속문이라고 한다. (6)과 같은 다항 접속문이 (7)의 두 가지 구조를 지니는 까닭은 5.2절 참고.

(8) 가. 하늘은 푸르고 물은 맑고, 게다가/더불어 바람도 시원했다.
나. 하늘은 푸르고, 게다가/더불어 물도 맑고 바람도 시원했다.

별다른 이상이 없는 한 쉼표로 표시한 끊어짐의 억양이나 '게다가'나 '더불어'와 같은 요소의 삽입도 성분구조에 민감하다고 보는 것이 합리적이다. 따라서 (8가)는 (7가)를, (8나)는 (7나)를 지지한다고 할 수 있다.[11]

의미적인 면에서도 두 가지 성분 구조는 지지되는데 아래 (9)에서 (9가)는 (7가)와 어울리고 (9나)는 (7나)와 어울린다.

(9) 가. 사는 곳은 자고로 주위가 깨끗하고 인심이 좋거나 직장과 가까워야 한다.
→ [[[주위가 깨끗하-] -고 [인심이 좋-]] -거나 [직장과 가깝-]]
나. 내일은 전국에 걸쳐 비가 내리고 곳에 따라 돌풍이 동반되거나 안개가 끼겠습니다.
→ [[비가 내리-] -고 [[돌풍이 동반되-] -거나 [안개가 끼-]]]

3.2. 동질성과 확장 투사

(4나)는 소위 동질 성분 접속 법칙(law of coordination of likes. Williams

---

10) 접속문의 성분 구조적 특성은 명사구 접속에서도 나타난다(이정훈 2008나 : 89-101 참고). 한편 '[[하늘은 푸르-] -고 [물은 맑-] -고 [바람은 시원하-]]' 구조, 즉 평판 구조에 대해서는 따로 논의하지 않는다. 평판 구조의 가능성을 탐구하기에 앞서 이분지(binary branching)를 기반으로 하는 일반적인 통사구조 차원에서 접속문의 통사구조를 해명하려는 의도 때문이다. 평판 구조의 가능성에 대한 논의는 후일을 기약한다.

11) 물론 '하늘은 푸르고, 더불어 물은 맑고, 게다가 바람은 시원했다'에서 보듯이 매 접속절 뒤에 휴지와 '게다가/더불어'가 나타날 수도 있다. 이는 (7가)의 구조를 지니든 (7나)의 구조를 지니든 접속절들 하나하나가 제각기 독자적인 성분이기 때문에 나타나는 당연한 현상이다.

1978)으로 알려진 것으로 이에 따르면 접속은 통사범주가 동질적인 성분을 대상으로 적용된다.12) 그런데 이와 관련해 명확히 할 것이 있다. (10가)는 동질적인 통사범주가 접속한 예에 해당하는 것이 확실하지만 (10나)는 어떤가?

(10) 가. [$_{VP}$ [$_{VP}$ 하늘은 푸르-] -고 [$_{VP}$ 물은 맑-]] -았-다.
나. [$_{?P}$ [$_{HP}$ 어머니는 이곳에 오-시-] -고 [$_{VP}$ 동생은 그곳에 가-]] -았다.

'어머니는 이곳에 오시고 동생은 그곳에 갔다'가 아무런 이상을 지니지 않으므로 (10나)의 통사구조도 이상을 지니지 않는다고 보아야 한다. 그런데 동질 성분 접속 법칙과 관련하여 (10나)의 HP와 VP가 동질적인가? 또 HP와 VP가 접속한 '?P'는 무엇인가? 다시 말해 HP와 VP가 접속하면 어떤 통사범주가 되는가?

방금 위에서도 지적했듯이 (10나)가 직접적으로 반영된 '어머니는 이곳에 오시고 동생은 그곳에 갔다'는 별다른 이상을 지니지 않는다. 따라서 이론 구성의 측면에서 HP와 VP는 동질적인 것으로 간주되는 것이 타당하다. 따라서 동질 성분 접속 법칙에서 '동질성'은 소위 확장 투사(extended projection. Grimshaw 2003)를 대상으로 함을 알 수 있다. 확장 투사에 따르면 HP를 포함하여 어미가 투사한 구는 V의 확장 투사가 되므로

12) 김용하(2009)는 이러한 범주 동질성이 접속의 의미와 통하는 것으로 파악하였다. 한편 동질 성분 접속 법칙에는 [[$_{KP}$ 철수의] 그리고 [$_{CP}$ 영이에게서 받은]] 책'(철수가 저자이며 영이에게서 받은 책, 영이에게서 받아서 철수가 소유하고 있는 책 등)이나 'Pat has become [$_{DP}$ a banker] and [$_{AP}$ very conservative]'와 같은 예외가 존재하는데 이에 대한 요약적 논의는 Progovac(2003 : 251-253) 참고. 사실 ''동일' 성분 접속 법칙'이 아니라 ''동질' 성분 접속 법칙'으로 한 것도 예외적 존재를 염두에 두었기 때문이다.

VP와 동질적인 것으로 간주되고, 이에 따라 HP와 VP의 접속이 동질 성분 접속 법칙을 준수하는 것으로 간주된다.

위의 논의를 토대로 (10나)의 '?P'가 무엇일지 고려해 보자.13) HP와 VP가 하나로 접속되었으므로 언뜻 VP와 HP가 섞인 VHP 같은 것이 '?P'의 정체일 듯하지만, 별로 탐탁하지 않다. VHP가 VP와 HP를 동시에 나타내는 것이라 해도 V의 확장 투사 HP는 VP와 통하므로 VHP와 HP는 구분이 어렵기 때문이다. 더군다나 어휘범주 V와 H가 투사한 VP, HP에 더해 어휘범주로 존재하지 않는 VH가 투사한 VHP라는 투사 범주를 인정해야 하는 부담도 무시하기 어렵다.14) 따라서 '?P'는, VP나 HP와 전혀 다른 범주를 상정하지 않으면, 다시 말해 외심 구조(exocentric structure)의 가능성을 배제하면, HP나 VP일 수밖에 없다. 그렇다면 이 둘 중 무엇일까?

'?P'의 정체가 HP라고 해 보자. 그러면 (10나)는 (11)로 파악되며, 이 구조라면 H '-으시-'의 영향력이 후행 VP에까지 미칠 가능성이 대두된다.15)

---

13) 사실 (1)의 구조에 따르면 (7나)에서 '?P'는 VP가 된다. ConjP [$_{ConjP}$ 어머니는 이 곳에 오시고]가 VP에 부가되기 때문이다. 그러나 3.3절에서 논의하듯이 Conj는 ConjP로 투사하지 않으며 접속어미에 의해 접속되는 두 성분이 투사한다. 이러한 맥락에서 (10나)의 '?P'가 무엇인지 밝히고자 한다.

14) VHP 유형의 범주를 적극적으로 옹호한 시각은 김의수(2007)에서 볼 수 있다. 김의수(2007)은 "애초에는 어떤 구를 IP나 CP로 표시했다가 나중에는 사실상 그들이 VP와 다를 바 없다고 하는 것은 하나의 대상에 대한 정의에서 일관성을 잃는 처사이다(김의수 2007 : 121)"에서 알 수 있듯이 확장 투사를 인정하지 않는다. 여기서는 김의수(2007)과는 다른 방향, 즉 확장 투사를 인정하며, V나 H처럼 어휘항목으로 존재하는 어휘범주(의 투사)만을 인정하는 방향을 택한다.

15) 이는 A와 B의 접속으로 A의 성격이 B에까지 확산되거나 B의 성격이 A에까지 확산되는 경우를 염두에 둔 것이다. 예를 들어 존칭 체언 $N_{[+H]}$와 비존칭 체언 $N_{[-H]}$가 접속된 명사구 NP [$_{NP}$ $N_{[+H]}$ Conj $N_{[-H]}$]는 [+H] 성격을 띠기도 하는데(안병희 1982, 이정복 2001, 이정훈 2008나 : 97-98), 이는 존칭 체언의 성격이 비존칭 체언에까지 확산되어 접속 명사

(11) [$_{HP}$ [$_{HP}$ 어머니는 이곳에 오-시-] -고 [$_{VP}$ 동생은 그곳에 가-]] -았다.

그러나 사실은 이와 달라서 후행 VP에는 H '-으시-'의 영향력이 미치지 않는다. 다시 말해 (12)에서 '아버님'은 H '-으시-' 일치의 대상이 되지 않고, 이에 따라 존경법의 대상도 되지 않는다.[16)]

(12) [$_{HP}$ [$_{HP}$ 어머니는 이곳에 오-시-] -고 [$_{VP}$ 아버님은 그곳에 가-]] -았다.

따라서 (10나)의 '?P'를 'HP'로 보면 (11)의 구조에서 H '-으시-'가 후행 VP에 영향력을 미치지 않도록 하는 조건을 설정해야 한다.

시각을 달리하여 '?P'가 VP라고 해 보자. 그러면 (10나)는 (13)으로 구체화되며, 이 구조라면 위와 같은 조건은 불필요하다. (11)과 달리 (13)에서는 H '-으시-'의 영향력이 후행 VP에 미칠 가능성이 보이지 않기 때문이다.

(13) [$_{VP}$ [$_{HP}$ 어머니는 이곳에 오-시-] -고 [$_{VP}$ 동생은 그곳에 가-]] -았다.

그렇다면 (11)과 (13) 중에서 어느 것을 택해야 하는가? 언뜻 이론의 경제성을 고려하면, 조건, 즉 (11)에서 H '-으시-'가 후행 VP에 영향력을 미치지 않도록 하는 조건을 필요로 하지 않는 (13)이 선호될 듯하다. 그러나 (11)이 필요로 하는 조건이 사실은 'H '-으시-'의 영향력은 H

구 전체가 존칭으로 판단되는 현상으로 해석할 수 있다.

16) '아버님'이 존경법의 대상이 되려면 '[$_{HP}$ [$_{HP}$ 어머니는 이곳에 오-시-] -고 [$_{HP}$ 아버님은 그곳에 가-시-]] -었-다'에서 보듯이 H '-으시-'가 후행절에도 따로 나타나야 한다. 이를 포함하여 H '-으시-' 일치에 대해서는 이정훈(2008나, 2014다) 참고.

'-으시-'와 통합하는 VP에 국한된다' 정도이며, 이런 조건은 H '-으시-' 일치 이외의 현상에서도 성립하는 것이기 때문에 (11)보다 (13)이 이론적으로 경제적이라고 보기 어렵다. 다시 말해 A와 B가 결합하는 경우, A의 영향력이 B에 미치는 것은 언어의 일반적 속성이므로 (11)을 위해 동원되는 조건이 이론적으로 별다른 부담을 야기하지 않는다.

이론의 경제성에서 눈을 돌려 아래와 같은 현상에 주목해 보자. 아래는 (11)과 (13) 중에서 어느 쪽을 지지하는가?

(14) 어머니는 이곳에 오시고 아버님은 그곳에 가셨다.

(15) 가. $[_{HP}$ $[_{HP}$ 어머니는 이곳에 오시고 아버님은 그곳에 가-] -으시-] -었다

나. $[_{HP}$ $[_{VP}$ 어머니는 이곳에 오시고 아버님은 그곳에 가-] -으시-] -었다

(11)을 택하면 (14)는 (15가)로 분석된다. 그런데 (15가)는 H '-으시-'가 HP와 결합하는 구조로서 이러한 구조는 한국어의 일반성에 어긋난다. 일반적으로 한국어는 H '-으시-'가 HP와 결합하는 구조를 포함해서 어떤 어미 X가 XP와 결합하는 구조를 보이지 않기 때문이다.[17] 이와 달리 (13)을 반영한 (15나)는 방금과 같은 문제를 내포하지 않는다.

---

17) 어미 X가 XP와 결합한 구조 $[_{XP}$ $[_{XP}$ … X] X]와 달리 $[_{XP}$ [YP $[_{XP}$ … X] Y] X] 구조는 허용된다. 예를 들어 공손법 Hum(humble) '-습-'과 '-이-'는 $[_{CP}$ $[_{HumP}$ $[_{TP}$ $[_{HumP}$ $[_{VP}$ 물은 맑-]-습-]-더-]-이-]-다](물은 맑습디다)에서 보듯이 인식 시제 범주 T '-더-'가 투사한 TP를 사이에 두고 함께 나타나는데(이정훈 2008나 : 193-194 참고), 이렇게 같은 범주가 간격을 두고 거듭 나타나는 현상은 여러 언어에서 두루 관찰된다(Cinque 1999, Boeckx 2008 등 참고). 그렇다면 어미 X가 XP와 결합하는 경우는 아예 존재하지 않는가? 이와 관련하여 '-았었-'은 시제 T가 TP와 결합한 경우에 해당할 가능성이 존재하며(임칠성 1990, 이정택 2013 등 참고), '형태소 중가' 현상도 주목을 요한다(김완진 1975 참고).

H '-으시-'가 VP와 결합하는 구조는 지극히 일반적이고 당연한 것이기 때문이다. 이러한 점을 고려하여 여기서는 (10나)의 '?P'를 VP로 파악한다.[18)]

3.3. 동질성의 확인

동질 성분 접속 법칙을 위해서는 접속에 참여하는 성분의 동질성을 확인하는 방법이 명시되어야 한다. 그렇다면 동질성은 어떻게 확인될 수 있을까? 이에 대해 여기서는 Conj는 핵이지만 투사하지 않으며, 대신에 Conj와 통합하는 성분의 통사범주가 투사된 결과 접속 성분의 동질성이 확인되는 것으로 보고자 한다.[19)]

언뜻 통사적 핵임에도 불구하고 ConjP로 투사하지 않는 것이 이상할 수도 있다. 하지만 ConjP의 존재에 대한 증거가 부재하므로, 예를 들어 ConjP가 선택(selection)되는 경우가 발견되지 않으므로 ConjP의 존재를 인정하기 어렵다.[20)]

18) 그렇다면 어떻게 HP와 접속어미 '-고' 그리고 VP가 모여서 VP가 형성되는가? 이 의문에 대한 답은 4절과 5.1절 참고.

19) 접속조사와 보조사도 투사하지 않는 핵에 속한다(이정훈 2008나 : 89-105 참고). 그래서 (3)에서 보듯이 NP와 접속조사가 결합하면 NP가 된다. 한편 X', XP 등은 투사와 관련해 두 가지 정보를 지닌다. 하나는 투사의 결과 그 '통사범주'가 X에 속한다는 것이고, 다른 하나는 '투사 층위'가 각각 중간 투사, 최대 투사라는 것이다. 접속어미가 투사하지 않는 핵이라는 것은 '통사범주'에 대한 것이며, '투사 층위'에서는 접속어미도 투사한다. 5절 참고.

20) 접속 구성이 선택과 무관함은 Munn(1993 : 21-23)에서도 지적되었다. 한편 '하늘은 푸르고 물은 맑고 했다'와 같은 소위 내포 접속문을 [$_{VP}$ [$_{ConjP}$ 하늘은 푸르-고 물은 맑-고] 하-] 식으로 이해해서 '하-'가 ConjP를 선택하는 것으로 보고 ConjP가 존재한다고 할 수도 있는데 '하-'가 지지 동사(support verb)라는 점에서 수용하기 어렵다. 내포 접속문에 대한 구체적 논의는 5.1절 참고.

위의 제안을 [$_A$ [$_B$ 하늘은 푸르-] -고 [$_C$ 물은 맑-]]에 적용하면 A의 통사범주는 Conj '-고'의 어휘속성에 따라 접속에 참여하는 B와 C가 투사해서 결정하게 되는바, 이로 인해 B의 통사범주와 C의 통사범주는 동질적일 수밖에 없게 된다. B와 C 둘이 투사해서 하나의 성분으로 묶여야 하는데 이 둘의 통사범주가 서로 이질적이면 투사에서 모순이 생겨 파탄이 초래되기 때문이다. 그렇다면 B와 C는 구체적으로 어떻게 투사하는가? 이에 대해서는 다음 절, 특히 4.2절에서 살핀다.

3.4. 정리

지금까지의 논의를 따르면 처음에 접속문의 통사구조로 제시한 (1)은 (16)으로 개정된다.[21] 개정의 핵심은 ConjP가 사라지고 VP가 그 자리를 대신하게 된 것이다.

(16)

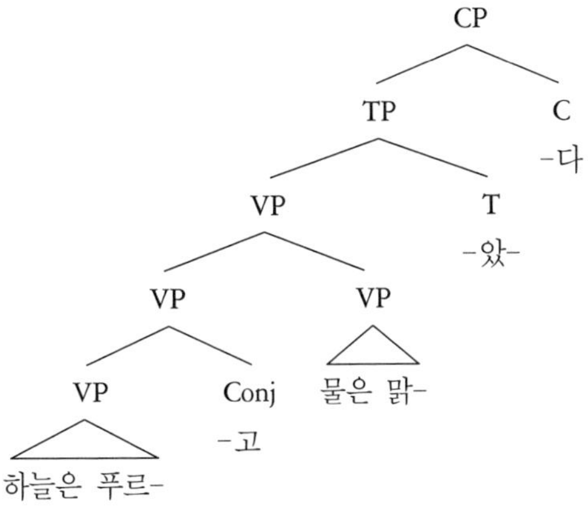

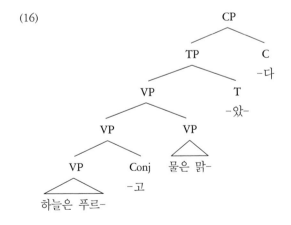

21) 접속문의 통사구조에 대한 개정은 한 번 더 이루어지며 최종 통사구조는 (44)에 제시한다.

위에서 접속어미 Conj '-고'는 투사하지 않으며 접속어미에 의해 접속되는 두 VP가 투사한다. 그렇다면 두 VP는 구체적으로 어떻게 투사하는가? 먼저 접속어미 Conj '-고'와 VP [$_{VP}$ 하늘은 푸르-]가 결합하면 VP [$_{VP}$ 하늘은 푸르-]가 투사해서 그 결과 '하늘은 푸르-고'의 범주가 VP가 된다. 나아가 이렇게 형성된 VP [$_{VP}$ 하늘은 푸르-고]와 VP [$_{VP}$ 물은 맑-]이 결합하면 둘이 함께 병렬적으로 투사하는바,[22] 그 결과 '하늘은 푸르고 물은 맑-'의 범주는 VP가 된다.

또한 3절을 시작하면서 제시한 두 문제 가운데 첫 번째 것에 대한 답도 구한 셈인데 문제를 다시 가져오고 그에 대한 답을 간략히 제시하면 아래와 같다.

> 문$_1$ 접속어미의 접속 기능은 어떻게 구현되는가?
>
> 답$_1$ 접속 기능은 둘 이상의 동질적인 성분이 결합해서 하나의 성분을 이루는 것이며, 접속어미는 어휘적 속성, 즉 두 개의 성분을 취하는 속성과 투사하지 않는 핵의 속성을 통해 접속의 기능을 구현한다.

4. 접속어미의 통사구조 형성

한국어는 전형적인 후 핵 언어(head final language)에 속한다. 따라서 (17가)의 V와 평행하게 접속어미 Conj도 (17나)에서 보듯이 접속 성분보다

22) A와 B가 통합하여 [A B]를 형성하면 A와 B 둘 중 하나가 투사해서 AP [$_{AP}$ A B]나 BP [$_{BP}$ A B]가 되기도 하지만 A와 B 둘 다가 병렬적으로 투사해서 [$_{AP\ \&\ BP}$ A B]가 되기도 한다. 물론 이 경우 A와 B는 동질적이어야 한다. 이와 관련한 구체적인 논의는 이정훈(2014마) 참고.

후행할 것으로 예측된다.

(17) 가. 선녀가 나무꾼을 버렸다.

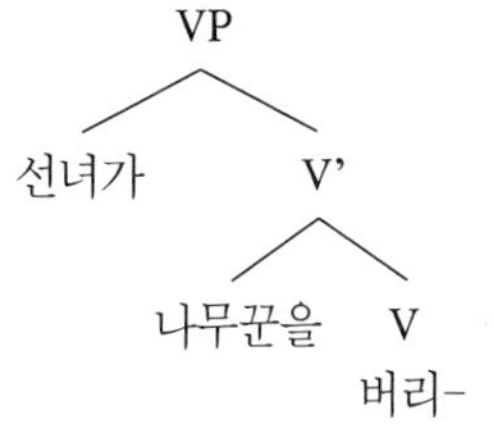

나.

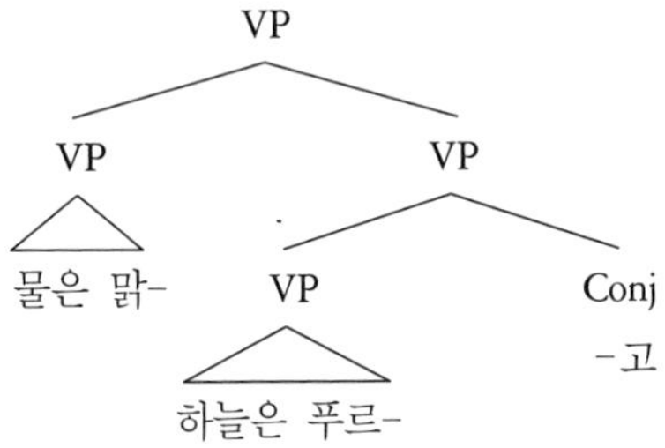

그런데 '*물은 맑- 하늘은 푸르-고 -았다'가 성립하지 않는 데서 잘 알 수 있듯이 (17나)는 그대로 실현될 수는 없고 조정을 거쳐야 한다. 조정의 핵심은 VP [$_{VP}$ 물은 맑-]의 V '맑-'과 어미 T '-았-', C '-다'의 통합을 보장하는 것으로 구체적으로는 두 가지 조정이 가능하다.

4.1. 통사구조 형성 1

먼저 아래에서 보듯이 어미 T '-았-', C '-다'가 VP [$_{VP}$ 물은 맑-]과 통합하고 이렇게 형성된 CP [$_{CP}$ [$_{TP}$ [$_{VP}$ 물은 맑-]-았-]-다]가 접속에 참여하는 방법이 있다.

(18) 물은 맑았다, 하늘은 푸르고.

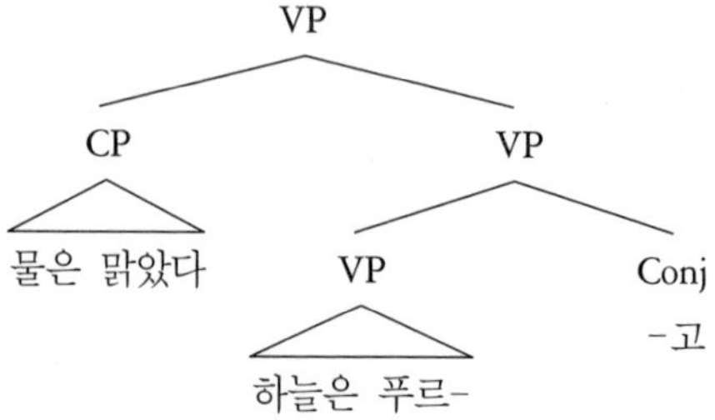

위에서 CP [CP 물은 맑았다]는 V의 확장 투사이므로 VP [VP 하늘은 푸르-]와 접속되는 것이 문제를 일으키지는 않는다.

그런데 위의 분석은 (19가)에서 선행절 '하늘은 푸르고'가 후행절 뒤로 후치(postposing)되어 (19나=18)이 된다고 보지 않음을 의미한다. 다시 말해 (19가)는 (19가)대로 형성되고 (19나)는 (19나)대로 각각 형성된다(이정훈 2009 참고).

(19) 가. 하늘은 푸르고 물은 맑았다.
　　 나. 물은 맑았다, 하늘은 푸르고.

그렇다면 위와 같은 판단을 지지하는 근거는 있는가?[23] 이에 대해 접속문에서의 대용 현상을 증거로 제시할 수 있는데 우선 아래에서 보듯이 접속문에서는 역행 대용이 불가능하다는 점에 주목해 보자.[24]

---

23) 이에 대해 이정훈(2009)는 접속문에서의 생략 현상을 근거로 제시하였다. 이어서 논의하듯이 대용 현상도 또 하나의 근거가 된다.

24) 참고로 재귀사의 경우에는 논란의 여지가 존재한다. 예를 들어 유현경(1986)과 김영희(1988)은 재귀사의 경우 역행 대용은 물론이고 순행 대용도 불가능하다고 보지만, 양정석(2007 : 76-83)은 '*자기가 웃고, 돌이가 떠든다', '?자기가 일부러 깃발을 들고, 철수가 앞에 나섰다', '자기 아버지는 돈이 없지만, 철수는 왠지 씀씀이에 여유가 있다', '자기 아들

(20) 가. 돌이는 안내문$_i$을 찍어 내었고 철이는 그것$_i$을 돌렸다.
나. *돌이는 그것$_i$을 찍어 내었고 철이는 안내문$_i$을 돌렸다.
(김지홍 1998 : 31)

흥미로운 것은 선후행절의 순서가 역전되어도 (20)과 마찬가지로 역행 대용이 여전히 불가능하다는 사실이다.

(21) 가. *철이는 그것$_i$을 돌렸다, 돌이는 안내문$_i$을 찍어 내었고.
나. 철이는 안내문$_i$을 돌렸다, 돌이는 그것$_i$을 찍어 내었고.

(20)과 (21)의 평행성은 (20)에서 '돌이는 안내문을 찍어 내었고'와 '돌이는 그것을 찍어 내었고'가 선행절로 간주되듯이 (21)에서 '철이는 그것을 돌렸다'와 '철이는 안내문을 돌렸다'가 선행절로 간주되어야 함을 의미하고, 또 (20)의 '철이는 그것을 돌렸다'와 '철이는 안내문을 돌렸다'가 후행절로 간주되듯이 (21)의 '돌이는 안내문을 찍어 내었고'와 '돌이는 그것을 찍어 내었고'가 후행절로 간주되어야 함을 의미한다. 따라서 접속문에서 선행절이 후행절 뒤로 후치되는 현상은 존재하지 않는 것으로 판단된다.

물론 (19나)가 일반적인 후치 현상, 즉 후보충(after-thought. 이정훈 2014라 : 144-180 참고) 현상과 평행한 모습을 보이기도 한다. 예를 들어 (22)와 (23)을 비교하면 쉽게 알 수 있듯이 후치 성분이 문말 억양을 취하는 현상이 접속문에서도 나타난다.

이 시험에 낙방했으나 김씨는 승진에 성공했다' 등의 예를 들며 다른 견해를 제시한다. 접속문에서의 재귀사 대용에 대한 전반적인 검토는 김종록(1993가, 나) 참고.

(22) 가. 철수가 영이를 만났니?
　　나. 철수가 만났니? 영이를?
(23) 가. 하늘은 푸르고 물은 맑았니?
　　나. 물은 맑았니? 하늘은 푸르고?

하지만 문말 억양이 통사적으로 독자성을 지닌 핵 Ω임을 고려하면,[25] (23)이 '하늘은 푸르고'의 후치를 보장하지는 않는다. 아래에서 보듯이 (18)에 따르면 '하늘은 푸르고'는 후치 없이도 Ω의 영향권에 놓이기 때문이다.

(24) 물은 맑았니? 하늘은 푸르고?

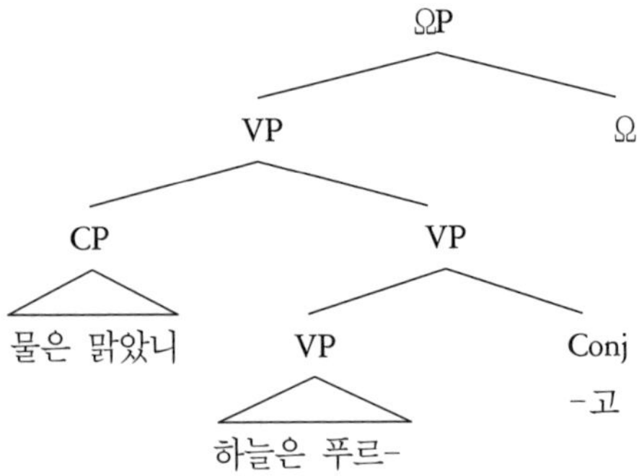

(24)에서 문말 억양 Ω는 CP [$_{CP}$ 물은 맑았니]도 성분지휘하고 VP [$_{VP}$ 하늘은 푸르-고]도 성분지휘한다. 그리고 CP의 핵 C '-니'는 VP [$_{VP}$ 하늘은 푸르-고]를 성분지휘하지 못하므로 문말 억양 Ω의 영향력이 VP [$_{VP}$ 하늘은 푸르-고]에 미치는 것을 차단하지 못하며, Conj '-고'도 CP

25) 문말 억양은 문장의 최상위에 존재한다. 이 점에 착안한 범주 명칭이 Ω이다. 자세한 사항은 이정훈(2014라 : 147-153) 참고.

[$_{CP}$ 물은 맑았니]를 성분지휘하지 못하므로 문말 억양 Ω의 영향력이 CP [$_{CP}$ 물은 맑았니]에 미치는 것을 차단하지 못한다.[26] 따라서 CP와 VP 각각이 문말 억양을 동반할 수 있게 된다.[27]

4.2. 통사구조 형성 2

(17나)가 실제로 구현되는 두 번째 방안은 연결어미 Conj '-고'가 선후행 VP 사이에 나타나는 '하늘은 푸르고 물은 맑았다'에 해당하는 것으로 아래 (25)~(27)의 과정을 거쳐 형성된다.

(25) 가.

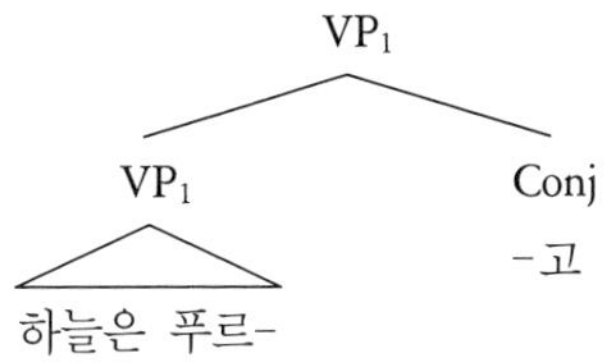

26) A가 B는 물론이고 C와도 관계를 맺을 수 있는데 B가 C를 성분지휘하는 경우, 다시 말해 [[[… C] B] A]와 같은 구조가 나타나면 A와 C의 관계는 차단된다. A가 C에 이르는 길을 B가 중간에서 막는 셈이다. 이러한 현상을 흔히 차단 효과(blocking effect)나 개입 효과(intervention effects)라고 하며 여러 언어의 다양한 현상에서 관찰된다(Beck & Kim 1997, Pesetsky 2000, Rizzi 2011 등 참고). 참고로 '하늘은 푸르고 물은 맑았니?'에서 선행절 [하늘은 푸르고]가 문말 억양을 동반하지 못하는 것은 '-니'가 선행절을 성분지휘하면서 문말 억양과 선행절의 관계를 차단하기 때문이다. 마찬가지 이유로 '철수가 영이를 만났니?'에서 '철수가'와 '영이를'도 문말 억양을 동반하지 못한다.

27) 한편 (18), (24)에 따르면 시제 T '-았-'은 후행 VP를 성분지휘하지 못한다. 따라서 통사구조적 시제 해석에 따르면(이정훈 2014나 참고), 후행 VP는 과거 시제로 해석될 수 없다. 그런데 (18), (24)에서 후행 VP는 얼마든지 과거로 해석될 수 있다. 이는 통사구조만이 시제 해석을 담당하는 것이 아님을 의미하며, 특히 선행절 '물은 맑았다, 물은 맑았니'의 과거 시제 해석이 후행절에까지 영향을 미침을 의미하는 듯하다. 이와 관련하여 Roberts (1989) 참고.

나.

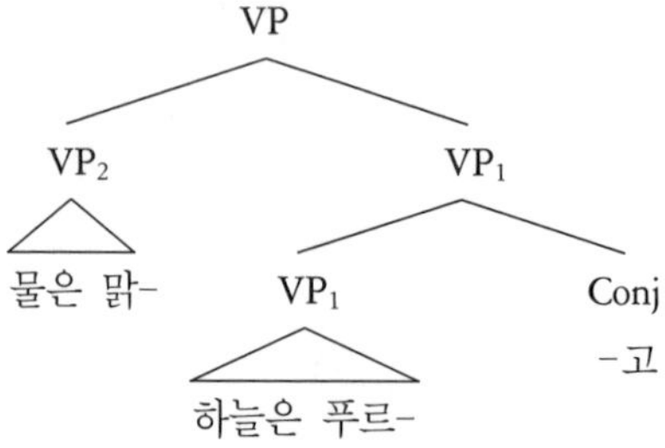

접속어미 Conj '-고'는 어휘적 속성에 따라 두 개의 성분과 결합해야 한다. Conj '-고'가 두 개의 VP와 결합한다고 해 보자. (25가)는 두 개의 VP 중 하나가 Conj '-고'와 결합한 단계를 나타낸 것으로 접속어미 Conj는 투사하지 않으므로 VP_1이 투사하여 [하늘은 푸르-고]는 VP_1이 된다.

(25가)에 VP_2로 표시한 또 하나의 VP가 결합하면 (25나)가 된다. 3.3절과 3.4절에서의 논의에 따라 (25나)에서는 VP_1과 VP_2 둘 다가 병렬적으로 투사하고 이에 따라 전체 구성의 범주는 VP가 된다.

그런데 어순 실현 등을 고려하면 VP_1과 VP_2 둘 가운데 하나가 핵으로 간주되어야 한다. 핵 말 언어인 한국어는 핵이 뒤에 오는 어순으로 실현되는데 이를 위해 어느 것이 핵인지 정해져야 하는 것이다.

이런 상황에서 VP_1이 핵으로 간주된다고 하자. 그러면 적격한 결과가 산출되지 않는다. VP_1이 핵이면 (25나)는 (26가)가 되고 여기에 어미 T '-았-'이 결합하면 (26나)가 되는데,

(26) 가.

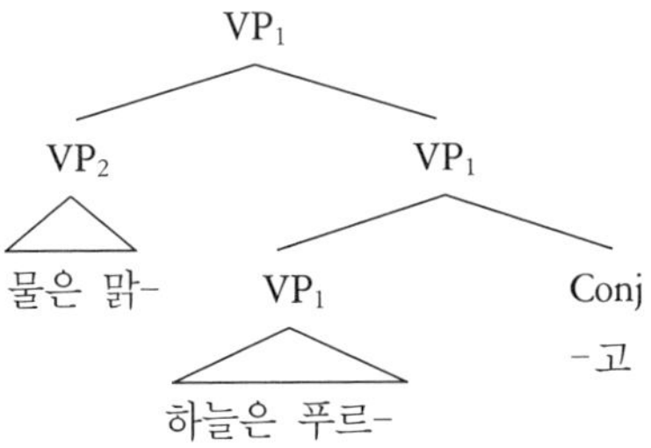

나.

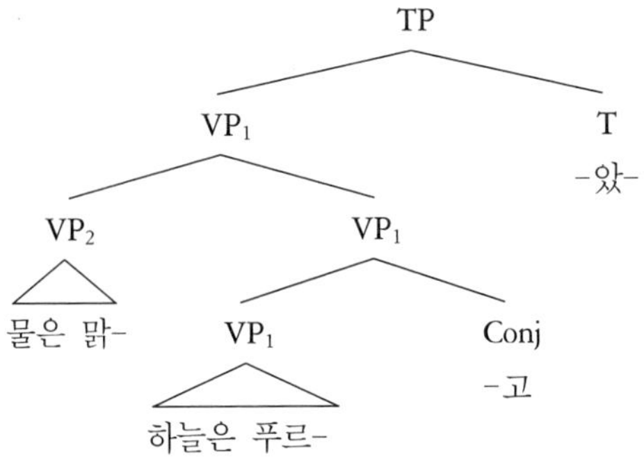

(26나)에서는 VP_2의 V '맑-'이 T '-았-'으로 핵 이동하지 못하기 때문에 '*물은 맑- 하늘은 푸르고 -았다'와 같은 적격하지 못한 결과만이 산출되기 때문이다.[28] 그래서 VP_1이 핵으로 간주되려면 VP_2가 직접 접속에 참여해서는 안 되고 (18)처럼 어미를 갖추고 접속에 참여해야 한다.

(25나)에서는 VP_1뿐만 아니라 VP_2도 투사하므로 이제 VP_1이 아니라 VP_2가 핵으로 간주된다고 해 보자. 그러면 후 핵 언어라는 한국어의 특성에 따라 VP_2가 후행하는 (27)이 나타나게 된다.

28) 대략적으로 핵 이동은 $[_{XP}$ ZP $[_{X'}$ YP X]] 구조에서 보충어 YP의 핵 Y가 XP의 핵 X로 이동하는 방식으로 적용된다. (26나)에서는 VP_2가 T '-았-'의 보충어가 아니므로 VP_2의 핵 V '맑-'이 T '-았-'으로 핵 이동하지 못한다. 한국어의 핵 이동에 대해서는 이정훈(2007, 2008나) 및 거기에 소개된 연구들 참고.

(27)

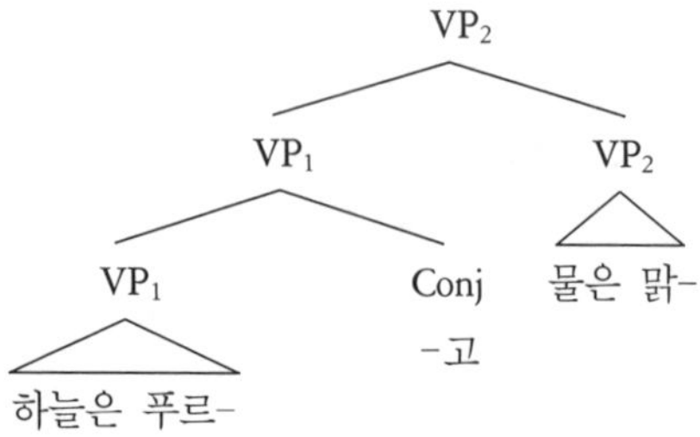

나아가 (27)에 T '-았-', C '-다'가 결합하면 VP_2의 핵 V '맑-'이 T '-았-'으로 핵 이동하고 이어 '맑-았-'이 '-다'로 핵 이동하게 되므로 (26)에서와 같은 문제는 제기되지 않고, '하늘은 푸르고 물은 맑았다'가 형성된다.

4.3. 정리

핵이 후행하는 한국어의 일반적인 속성을 반영한 (17나)는 접속의 통사적 속성과 핵 이동에 의한 활용(conjugation)에 따라, 다시 말해 [VP_1 -고 VP_2]에서 VP_1과 VP_2가 병렬적으로 투사하고 핵 이동이 특정한 방식에 따라 작동함에 따라 (18)과 (27), 이 두 가지로 실현된다. 그런데 (18)이든 (27)이든 둘 다 부가 구조라는 특징을 지니는바, (18)은 CP가 VP에 부가되는 모습을 보이고, (27)은 VP_1이 VP_2에 부가되는 모습을 보인다. 중요한 것은 부가 구조가 막연한 가정이 아니라 접속의 특성에 따른 귀결이라는 점인데 이로서 3절을 시작하며 제시한 두 문제 중 두 번째 문제에 대한 답을 제시할 수 있게 된다.

문$_2$ 접속의 구조가 왜 부가 구조인가?
답$_2$ Conj는 통사적 핵이지만 투사하지 않는다. 그리고 접속에서 투사는 병렬적으로 이루어진다. 이로 인해 접속은 부가 구조로 나타난다.

그런데 부가구조는 접속어미가 두 개의 VP를 필요로 한다는 점을 충분히 나타내지 못하는 약점을 지닌다. 이 약점을 극복하려면, V가 논항을 취하면서 그 투사 층위가 V', V"로 증가하듯이, 접속어미와 VP가 결합하면서 투사 층위에 변화가 있어야 한다. 이렇게 투사 층위에 변화가 있다고 해 보자. 그러면 방금 위에 제시한 답2는 아래와 같이 개정되고 접속이 부가구조를 취하는 어색함은 사라진다.

> 답2 접속은 부가 구조가 아니다. 다른 경우와 마찬가지로 접속도 구조를 형성하며 투사 층위가 증가한다.

그렇다면 투사 층위의 변화는 실제로 어떻게 포착할 수 있는가? 절을 달리하여 내포 접속문과 다항 접속문을 살피면서 의문을 풀기로 한다.

5. 내포 접속문과 다항 접속문

앞서 2절에서 지적했듯이 접속의 통사론은 두 가지 방향을 취한다. 하나는 접속 현상을 설명할 수 있는 이론 체계를 구성하는 것이고, 다른 하나는 이론 체계의 경험적 타당성을 제고하는 것이다. 이 둘 가운데 3절과 4절에서는 앞의 것에 초점을 두고 논의를 진행하였는데 이 절에서는 뒤의 것에 초점을 두고 논의를 진행한다. 특히 내포 접속문과 다항 접속문을 설명함으로써 3절과 4절의 논의를 통해 마련한 이론, 즉 '접속문의 통사론'의 경험적 타당성을 한층 더 공고히 하고자 한다.

5.1. 내포 접속문

한국어에는 접속절마다 접속어미가 등장하며 지지 동사(support verb) '하-'가 동반되는 내포 접속문이 존재한다.

(28) 내일은 비가 오-고 바람이 불-고 한다.
[참고] 내일은 비가 오-고 바람이 분다. (김영희 2003 : 174 참고)

내포 접속문에서 무엇보다 주목되는 사실은 방금 위에서도 지적했듯이 모든 접속절이 접속어미를 취한다는 점인데, 이는 범상치 않은 문제를 제기한다. 예를 들어 고재설(2003)의 지적을 살펴보자.

(29) 위의 예들에서는 선행절의 말미에 나타나는 '-고'가 후행절의 말미에도 반복되어 나타난다. 여기에서 선행절의 '-고'가 접속사로서 그것을 후행절과 접속시켜 주는 기능을 한다면, 후행절의 '-고'는 그것을 무엇과 접속시켜 주는가? 접속될 제3의 절은 어디에도 존재하지 않는다(고재설 2003 : 151).[29]

위의 지적대로 내포 접속문 (28)에서 후행하는 접속어미, 즉 '바람이 불고'의 '-고'는 접속의 기능을 지니지 않는 듯하다. 그래서 (28)에 참고로 제시했듯이 후행 접속어미가 나타나지 않아도 무방한 듯하다.

그러나 무시할 수 없이 분명하며 또 (28)에서 직접 관찰할 수 있는 것은 다음의 두 가지 사실이다. 첫째, 선행하는 접속어미는 물론이고 후행하는 접속어미도 VP [$_{VP}$ 바람이 불-]과 결합하고 있으며, 둘째, 동일한

29) 이러한 인식을 바탕으로 고재설(2003)은 접속어미 '-고'의 접속 기능을 인정하지 않는다. 각주 5) 참고.

접속어미가 반복되고 있다.[30)]

위의 두 사실 가운데 첫째 사실은 앞서 살핀 접속어미의 어휘적 속성에 배치되는 듯이 보인다. 접속어미는 그 어휘적 속성에 따라 하나가 아니라 두 개의 VP를 취해야 하기 때문이다. 그런데 (28)은 아무런 이상을 지니지 않는다. 선행 접속어미도 하나의 VP [$_{VP}$ 비가 오-]와 결합하고 있고, 후행 접속어미도 하나의 VP [$_{VP}$ 바람이 불-]과 결합하고 있는데 별다른 이상이 나타나지 않는다. 그렇다면 겉보기와는 달리 (28)에서도 접속어미의 어휘적 속성이 준수되고 있는 것은 아닐까? 다시 말해 (28)에서도 접속어미는 두 개의 VP를 취하고 있는 것은 아닐까?

위와 관련하여 두 번째 사실, 즉 동일한 접속어미의 반복은 주목을 요한다. 동일한 접속어미의 반복은 크게 보아 아래와 같은 반복 현상에 속하며, 반복 현상에서 반복되는 성분은 문법적으로 하나로 간주되기 때문이다.[31)]

(30) 가. 영이를, 철수가 영이를 만났다.
　　　영이 전공은 국어학이었다, 국어학.
　　나. 영이가 철수를 만나기는 만났다.
　　　민수가 드디어 논문을 썼습니다, 썼어요.
　　　순이는 그 논문을 읽고, 읽고 또 읽었다.
(이정훈 2014라 : 39, 225 참고)

---

30) 김영희(2003)은 동일 접속어미 반복으로 인해 내포 접속문이 "의미상 접속절들이 음성적으로 실현된 수보다 더 많이 해석되는 '개방성'을 지니"게 된다고 본다(김영희 2003 : 173).

31) 사실 반복은 복사(copy)와 결합이 복합된 작용이다(이정훈 2014라 : 237-248 참고). 예를 들어 '철수가 영이를 만났다'에서 '영이를'을 복사해서 문두에 결합하면 (30가)의 첫 번째 예가 된다. (30나)는 V 복사·결합과 그에 따른 약간의 조정이 가미된 경우이다. 그리고 반복의 효과는 문법보다는 의미적, 화용적, 수사적 측면에서 잘 드러난다.

(28)에서도 VP 두 개를 취하는 접속어미의 어휘적 속성이 준수되리라는 추측과 반복되는 성분, 즉 반복되고 있는 접속어미들이 문법적으로 하나의 접속어미라는 해석을 합하면, 내포 접속문 (28)의 형성 과정을 아래 (31)~(34)와 같이 설명할 수 있게 된다. 편의상 주제어 '내일은'은 고려하지 않는다.

먼저 여타의 접속문과 마찬가지로 내포 접속문의 접속어미도 어휘적 속성에 따라 두 개의 VP와 결합해야 한다. 두 개의 VP 가운데 일단 하나의 VP와 결합했다고 해 보자. 그러면 아래와 같은 구조가 나타난다.

(31)

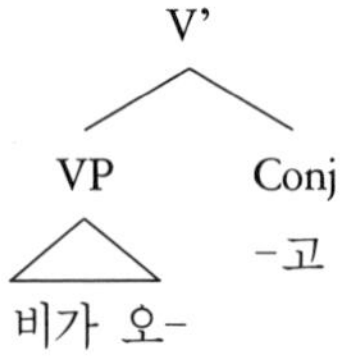

Conj가 투사하는 핵이라면 VP와 Conj가 결합한 구성의 통사범주는 Conj가 된다. 하지만 Conj는 투사하지 않고 VP가 투사하므로 VP와 Conj가 결합한 구성의 통사범주는 V가 된다. 그리고 필요한 성분 중 하나와만 결합했으므로 투사 층위는 어깨점 하나(')가 된다. 그래서 VP와 Conj가 결합하면 (31)에서 보듯이 V'가 된다.[32]

두 개의 VP 가운데 하나가 결합했으므로 이제 '나머지 하나의 VP'도 결합해야 한다. '나머지 하나의 VP'가 접속에 참여하여 구조를 형성하는 방식은 둘로 나뉜다. 먼저 3절~4절에서 살핀 식으로 구조가 형성될 수 있다. 다음으로, 내포 접속문의 독자성이 잘 드러나는 방식인데, Conj가

32) 지금까지 VP 하나와 Conj가 결합한 결과를 VP로 나타낸 것은 편의상의 조치였다.

반복되고 반복에 의해 등장한 Conj에 '나머지 하나의 VP'가 결합하면서 구조가 형성될 수도 있다.

(32) 가.

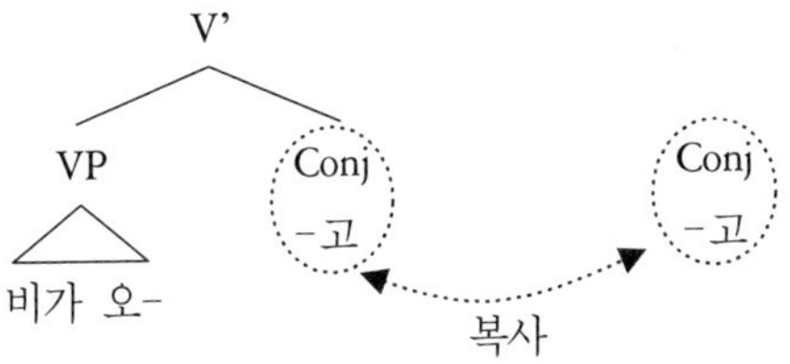

나.

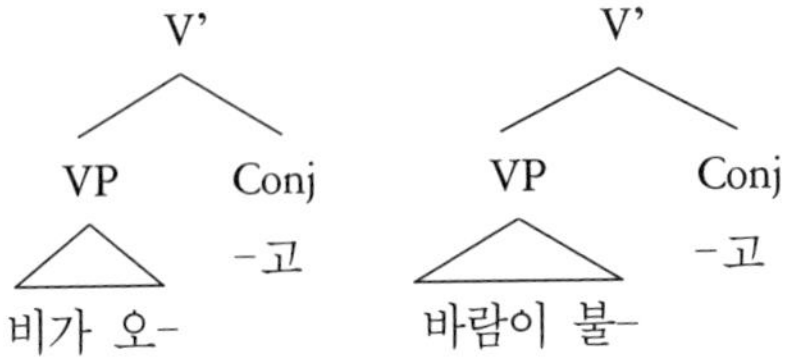

(32가)는 접속어미 Conj의 복사를 나타내고 복사를 통해 등장한 Conj는 (32나)에서 보듯이 '나머지 하나의 VP'와 결합한다. 이렇게 형성된 (32나)의 두 V'가 결합한다고 해 보자. 그러면 그 결과는 어떻게 될까?

일단 통사범주는 V가 될 것이다. V'와 V'가 결합해서 V 이외의 다른 통사범주가 나타날 리는 없기 때문이다. 이제 투사 층위를 정해야 하는데, (32가)와 (32나)에 두 번씩 나타난 Conj가 문법적으로는 하나라는 점에 주목해 보자. 그러면 (32가)와 (32나)를 합하면, 즉 (32가)와 (32나)가 결합해서 병렬적으로 투사하면 필요한 두 개의 VP를 모두 갖추는 셈이 되어서 그 투사 층위는 어깨점 둘(")이 되고, 더 이상의 VP는 필요로 하지 않으므로 어깨점 둘이 곧 최대 투사 층위가 된다. 그래서 (32)에 제시한 두 V'가 결합하면 (33)이 형성된다.[33)]

33) 이런 식의 구조 형성은 한국어에만 국한된 것도 아니며 접속문에만 국한된 것도 아니다.

(33)

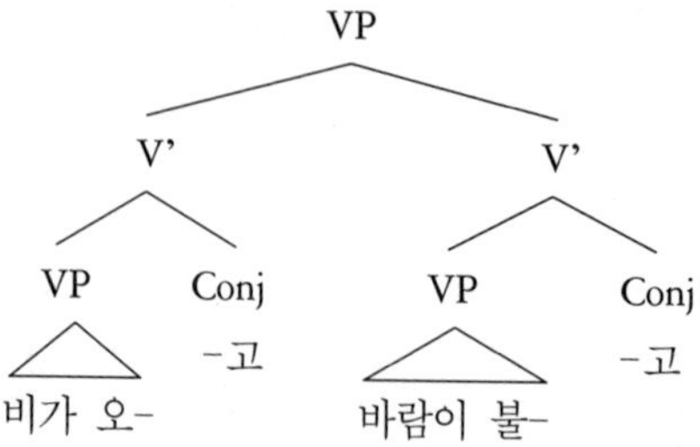

(33)에 어미와 지지 동사 '하-'만 도입되면 내포 접속문의 구조 형성이 완료되는데 이는 별다른 논의를 필요로 하지 않는다. (33)에 어미가 결합하면, V '오-'와 V '불-'이 어미로 핵 이동할 수 없으므로,[34] 지지 동사 '하-'가 동원되어 어미의 의존성이 해소될 수밖에 없기 때문이다.

(34)

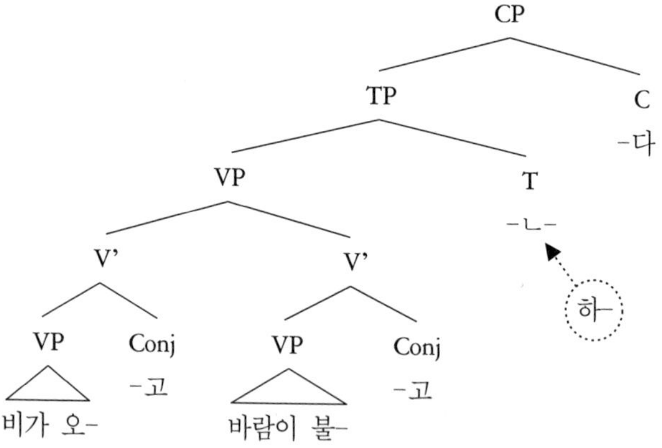

내포 접속문이 (31)~(34)의 과정을 거쳐 형성되는 것으로 보면, 내포

Bobaljik & Brown(1997), Nunes(2001), Citko(2005), Carnie(2010) 등 참고.

34) (33)에서 V '오-'와 '불-'은 Conj '-고'로 핵 이동하며 그 결과 의존성이 해소된 '오고'와 '불고'가 나타난다. 의존성이 해소된 '오고'와 '불고'는 핵 이동의 대상이 되지 않는다.

접속문과 내포 접속문이 아닌 접속문은 본질적으로 동질적인 것이 된다. 다만 VP 두 개를 취하는 접속어미의 어휘적 속성이 어떻게 충족되느냐, 특히 접속어미 복사가 동원되느냐의 여부에서만 차이를 드러낼 뿐이다.[35] 구조 형성 규칙이 다르게 적용됨으로써 서로 다른 모습의 접속문이 나타나는 것으로 보게 된 셈인데, 이를 토대로 기능적 분화도 기대할 수 있게 된다. 즉, 하나의 근원이지만 거기서 나오는 두 갈래 길이 있고, 그 두 갈래 길 각각이 기능적으로 독자성을 띠고 분화하는 것이 충분히 가능하므로 내포 접속문과 그 밖의 접속문 사이의 기능 분화 역시 충분히 가능한 것이 된다.[36]

5.2. 다항 접속문

때로 이론은 괴팍한 것은 곧잘 설명하면서도 일반적이고 흔한 것을 설명하는 데 곤란을 겪곤 한다. 이는 접속문의 통사론도 마찬가지일 수 있어서 괴팍하다 할 수 있는 내포 접속문을 설명하는 이론이라고 해서 평범한 접속문까지도 설명할 수 있다고 확신할 수는 없다. 그래서 평범하고 전형적인 접속문도 충분히 검토해야 하는데, 앞서 두 개의 절이 접속한 이항 접속문은 살폈으므로 여기서는 세 개 이상의 절이 접속에 참여하는 다항 접속문을 살핀다.

과연 지금까지 구성해 온 접속문의 통사론은 전형적이고도 평범한 접

35) 더불어 (29)에 제시한 고재설(2003)의 비판에서도 자유롭게 된다. 접속어미의 접속 기능, 즉 두 개의 VP를 취해서 다시 VP가 되는 기능은 내포 접속문에서도 그대로 유지되기 때문이다.

36) 예를 들어 내포 접속문은 여타 접속문과 달리 '개방성'을 지닌다. 각주 30) 참고.

속문인 다항 접속문을 말끔히 설명할 수 있는가? 이 질문에 긍정적으로 답하려면 무엇보다도 앞서 (6)으로 제시한 아래 (35)가 (7), 즉 (36)의 두 가지 구조를 지니는 것을 보장해야 한다.

(35) 하늘은 푸르고 물은 맑고 바람은 시원했다.
(36) 가. [[[하늘은 푸르-] -고 [물은 맑-]] -고 [바람은 시원하-]] -았-다.
　　나. [[하늘은 푸르-] -고 [[물은 맑-] -고 [바람은 시원하-]]] -았-다.

다항 접속문과 관련해 우선 분명히 해야 하는 것은 (35)에 나타난 두 개의 접속어미가 서로 구분된다는 점이다. 하나의 접속어미가 복사되어 둘로 실현된 내포 접속문과 달리 애초에 두 개의 접속어미 '-고'가 동원되어 (35)가 형성된다고 보는 것인데, 이는 아래에서 보듯이 동일한 접속어미가 아니라 서로 다른 접속어미가 동원될 수도 있기 때문이다.

(37) 가. 하늘은 푸르-고 물은 맑-고 바람은 시원했다. (= 35)
　　나. 하늘은 푸르-고 물은 맑-으며 바람은 시원했다.
　　다. 하늘은 푸르-며 물은 맑-고 바람은 시원했다.

다항 접속문에 등장하는 접속어미들이 서로 구분된다는 것은 각각의 접속어미들이 제각기 구조 형성에 참여함을 의미한다. 그렇다면 접속어미가 어휘적 속성에 의해 두 개의 성분을 요구하므로 두 개의 접속어미가 등장하면 네 개의 VP가 필요할 듯하다. 그런데 (35)에서 확인할 수 있듯이 두 개의 접속어미가 필요로 하는 것은 네 개가 아니라 세 개의 VP이다. 이러한 사실이 의미하는 것은 무엇인가? 하나의 VP가 공유되거나 제3의 방법이 있음을 의미하는 것은 아닐까?

'공유'와 '제3의 방법' 둘 중에 먼저 '공유'를 택해보자. 다시 말해 접속어미의 어휘적 속성을 존중하고 동시에 (35)가 지지하는 사실, 즉 접속어미 두 개로 접속되는 것은 세 개의 VP라는 사실도 존중하기 위해 두 접속어미가 하나의 VP를 공유한다고 하자.[37] 그러면 (35)는 아래와 같은 과정을 거쳐 형성된다.

먼저 두 개의 접속어미가 하나씩의 VP와 결합하고, 이를 통해 형성된 두 V'가 다시 결합한다. 나무그림으로 보이면 아래와 같다.

(38)

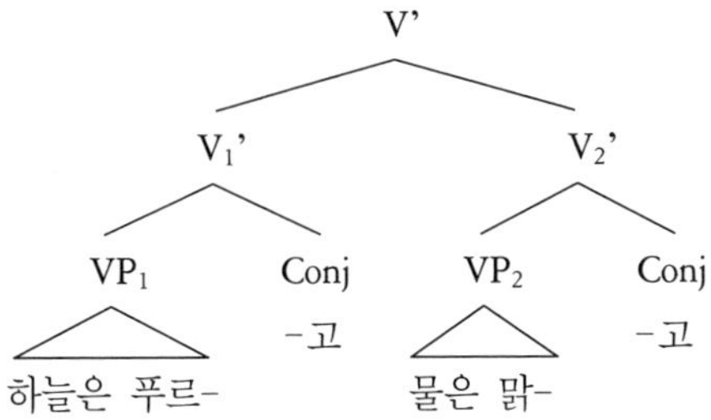

위의 나무그림에서 분명히 할 사항은 다음의 두 가지이다. 첫째, (38)에서 V'는 V_1'일 수도 있고 V_2'일 수도 있다. 전자라면 '물은 맑고 하늘은 푸르고' 어순이 나타나고 후자라면 '하늘은 푸르고 물은 맑고' 어순이 나타나게 된다. 둘째, V_1'와 V_2'의 결합은 충분히 허용된다. 즉, V_1'와 V_2'의 결합이 아무런 문제를 야기하지 않는다. 예를 들어 A와 B가 결합하면 그 결과 나타나는 [$_C$ A B]에서 C, 즉 결합 결과의 통사범주와 투사 층위가 정해져야 하는데, (38)에서 결합 결과의 통사범주와 투사

37) 공유 현상은 '영이가 사과를 깎아 먹었다'와 같은 소위 연속 동사 구문(serial verb construction)에서도 나타난다. 방금 제시한 예에서 '영이가'와 '사과를'은 V '깎-'과 V '먹-'의 논항으로 공유되고 있다. 연속 동사 구문에 대해서는 정태구(1995), 남미혜(1996), 이정훈(2006) 등 참고.

층위는 V'로 정해진다.[38] 또한 이어지는 논의에서 확인할 수 있듯이 V_1'와 V_2'가 결합하지 않으면 다항 접속문 (35)는 형성될 수 없다. (38)은 허용될 뿐만 아니라 다항 접속문 형성을 위해서는 필요한 것이다.

(38)에서 두 접속어미는 VP 하나씩을 취했다. 이제 접속어미의 어휘적 속성을 충족하려면 VP 하나씩이 더 결합해야 하는데, 서로 다른 두 개의 VP가 동원되는 대신에 하나의 VP가 '공유'된다고 하자. 그러면 아래와 같은 나무그림이 나타난다. 편의상 (38)의 V'가 V_2'일 경우를 제시한다.

(39)

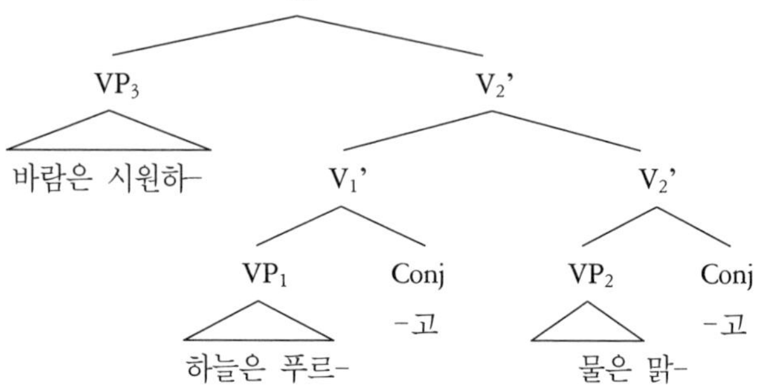

위에서 VP_3은 선행 접속어미 Conj '-고'와 후행 접속어미 Conj '-고'에 공유된다. 그래서 접속어미 두 개의 어휘적 속성이 충족된다. 공유 덕분으로 선행 접속어미 Conj '-고'는 VP_1에 더해 VP_3을 취하게 되고, 후행 접속어미 Conj '-고'는 VP_2에 더해 VP_3을 취하게 되는 것이다. 남은 것은 어미 결합인데, 4.2절에서 살폈듯이 어미 결합을 위해서는 (39)

38) (38)에서는 V_1'와 V_2'가 병렬적으로 투사한다. 그래서 결합 결과의 통사범주는 V가 되며, 또한 V_1'가 V_2'의 논항도 아니고 V_2'가 V_1'의 논항도 아니므로 투사 층위는 증가하지 않고 어깨점 하나가 그대로 유지된다. 그렇다면 V_1'와 V_2'가 결합하면 왜 병렬적으로 투사하는가? 왜냐하면 병렬적 투사 이외의 길이 없기 때문이다. 이와 관련한 사항은 이정훈(2014마) 참고.

의 VP가 VP_3으로 정해져야 한다. 그래야만 VP_3의 핵 V '시원하-'가 어미로 핵 이동할 수 있기 때문이다. 그러면 아래와 같은 구조가 나타나고 여기에 핵 이동이 적용되면 (35)가 된다.

(40)

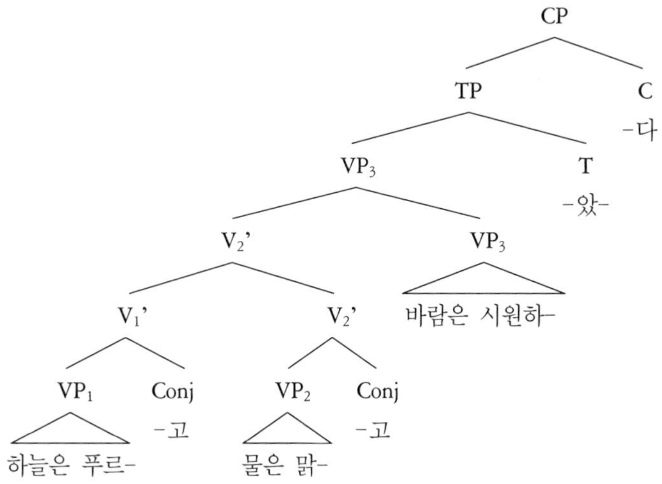

(40)은 (35)의 두 가지 구조 (36가), (36나) 중에 (36가)에 해당한다. 그렇다면 (36나)의 구조는 어떻게 형성되는가? 여기서 '공유'와는 다른 '제3의 방법'이 나타난다. '제3의 방법'을 구체적으로 제시하면 아래 (41)~(43)과 같다.

(41)

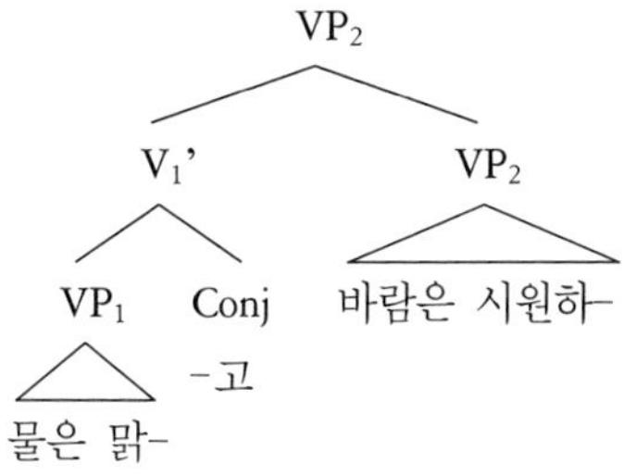

(41)은 접속어미 Conj '-고'가 두 개의 VP와 결합한 것으로 지금까지의 논의에 새로 보탤 것은 없다.

(41)에 '하늘은 푸르고'가 더해지고 어미가 결합하면 구조 형성이 종결되는데 우선 '하늘은 푸르고'부터 형성해 보자. 그러면 (42)가 되는데 이것만으로는 접속어미 Conj '-고'의 어휘적 속성을 충족시킬 수 없다. Conj '-고'의 어휘적 속성를 충족하려면 두 개의 VP가 결합해야 하는데 (42)에서는 하나의 VP만 결합했기 때문이다.

(42)

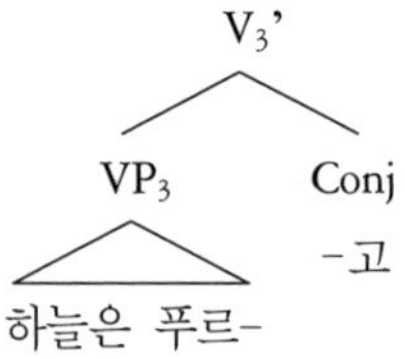

(42)의 접속어미 Conj '-고'의 어휘적 속성을 충족시키기 위해서는 VP 하나가 더 필요하다. 그런데 마침 VP 하나가 (41)에 마련되어 있다. 따라서 (41)을 (42)에 결합하면 접속어미의 어휘적 속성은 충족된다. 여기에 더해 어미 결합을 위해서는 (41)과 (42)의 결합에서 (41)이 핵으로 간주되어야 함을 고려하면 (43)이 나타나게 된다.[39]

39) (42)가 핵으로 간주되면 어간과 어미의 결합이 원활하지 않게 되어 파탄을 초래한다. 문법은 (41)과 (42)의 결합을 허용하고, (41)이 핵으로 간주되는 것에 더해 (42)가 핵으로 간주되는 것도 허용한다. 다만 (42)가 핵으로 선택되면 그 결과가 비문법적인 것으로 판단되어 걸러질 따름이다. 따라서 문법에 어떤 것이 핵으로 기능하는가를 따로 정해둘 필요는 없다.

(43)

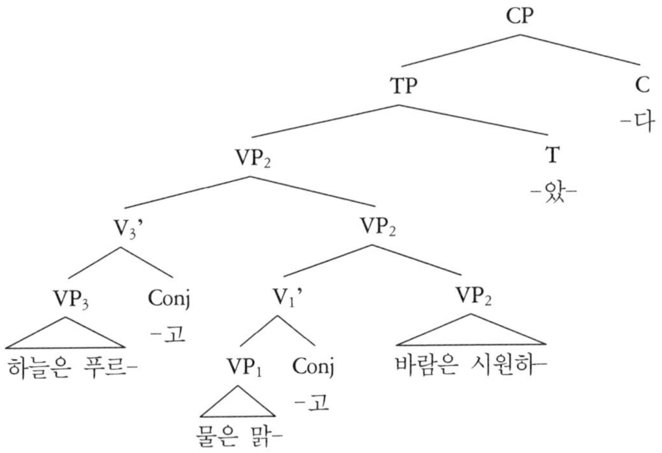

위의 구조는 (36나)와 어울리는바, 이제 (35)와 (36)으로 제기한 문제는 해결한 셈이 된다.

6. 결론

접속문의 통사론은 개별성과 더불어 일반성도 지닌다. 접속문을 둘러싼 여러 현상 중에는 접속문만의 통사적 특성을 반영한 것도 있고 접속문 외의 영역에서도 유효한 통사적 특성을 반영한 것도 있기 때문이다. 이러한 인식을 바탕으로 이 글은 접속문의 개별성과 일반성을 조화롭게 포착할 수 있는 방안을 구축해 보았다. 논의 내용을 간추리고 남은 문제 두 가지를 제시하면서 글을 맺기로 한다. 먼저, 주요 사항을 간략히 항목화하여 정리하면 아래와 같다.

첫째, 접속어미는 통사범주를 투사하지 않는다. 그래서 VP와 접속어미 Conj가 결합해서 [VP Conj]가 형성되면 Conj가 아니라 VP가 [VP Conj]의 통사범주를 정하게 된다.

둘째, 접속어미는 두 개의 동사성 성분을 취한다. 이에 다항 접속문도 이항 접속문 식의 구조를 지닌 것으로 해석된다.

셋째, 위의 첫째와 둘째 사항으로 인해 소위 동질 성분 접속 법칙이 성립한다. 또한 동질성 여부는 확장 투사 차원에서 결정되는바, V가 투사한 VP와 어미가 투사한 HP, TP, CP 등은 서로 동질적이다.

넷째, 접속어미는 통사범주는 투사하지 않지만 투사 층위에서는 투사의 성격을 지닌다. 예를 들어 VP 하나와 접속어미 Conj가 결합하면 어깨점 하나 층위가 되고 여기에 VP 하나가 더 결합하면 최대 투사 층위가 된다. 다만 접속어미 Conj는 통사범주를 투사하지 않으므로 통사구조에 Conj', ConjP가 나타나지는 않고 대신에 V', VP 등이 나타난다.

첫째~넷째 사항을 한 눈에 파악하는 차원에서 이항 접속문의 통사구조 하나를 예로 보이면 아래와 같다.[40]

(44)

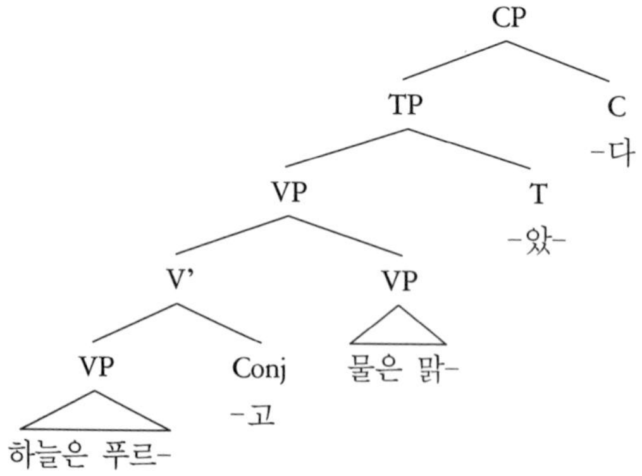

40) 이 글을 시작하며 채택한 통사구조 (1)은 (16)으로 개정되었었다. 이제 (16)은 다시 아래 (44)로 개정된다.

접속어미 Conj가 통사범주에 더해 투사 층위에서도 투사하면 (44)의 V' [$_{V'}$ 하늘은 푸르-고]와 VP [$_{VP}$ 하늘은 푸르고 물은 맑-]은 각각 Conj', ConjP가 된다. 하지만 접속어미 Conj는 통사범주를 투사하지 않으며 대신에 VP [$_{VP}$ 하늘은 푸르-]와 VP [$_{VP}$ 물은 맑-]의 통사범주가 투사하므로 (44)에서 보듯이 Conj', ConjP가 아니라 V', VP가 나타난다.

다섯째, 이항 접속문의 접속어미와 내포 접속문이나 다항 접속문의 접속어미는 같은 존재이다. 다만 접속문을 형성하는 과정이나 접속어미의 특성을 충족시키는 방식에서의 차이가 이항 접속문, 다항 접속문, 내포 접속문 등의 분화를 가져온다.

여러 가지를 보태고 다듬어야 하겠지만 근본적인 차원에서 검토해야 할 과제 두 가지를 제시하면 아래와 같다.

먼저, 접속문이 평판 구조일 가능성을 면밀히 고찰해야 한다. 평판 구조는 아예 불가능한 것인가, 아니면 성립할 수 있는 것인가? 후자라면, 접속문은 이 글에서 제시한 구조, 즉 계층 구조에 더해 평판 구조를 지니는 것인가? 만약 그렇다면 언제 계층적 통사구조가 선택되고 언제 평판적 통사구조가 선택되는가?

다음으로, 이 글에서 대상으로 삼은 접속문과 명사구 접속을 통합해서 다룰 수 있는가? 이러한 통합이 이루어지면 '접속문의 통사론'과 '명사구 접속의 통사론'을 아우르는 '접속의 통사론'이 나타날 것이다.

이들 과제 및 관련된 여러 문제에 대한 검토는 후일을 기약하며 글을 맺는다.

참고문헌

고재설(2003), "국어 대등 접속문의 성립 조건과 구조," 언어학 11, 대한언어학회, 135-156.

김영희(1988), "등위 접속문의 통사 특성," 한글 201 · 202, 한글학회, 83-117.

김영희(2003), "내포 접속문," 한글 261, 한글학회, 173-206.

김완진(1975), "음운론적 유인에 의한 형태소 중가에 대하여," 국어학 3, 국어학회, 7-16.

김용하(2009), "한국어 등위 접속문의 구조적 표상에 대한 새로운 접근," 현대문법연구 58, 현대문법학회, 1-37.

김의수(2007), "문장은 내심적인가 외심적인가," 국어학 49, 국어학회, 107-136.

김정대(2004), "한국어 접속문의 구조," 국어국문학 138, 국어국문학회, 121-152.

김종록(1993가), "국어 접속문 구성에서의 '자기' 대용 현상 (Ⅰ)," 문학과 언어 25, 문학과 언어학회, 67-92.

김종록(1993나), "국어 접속문 구성에서의 '자기' 대용 현상 (Ⅱ)," 국어교육연구 14, 국어교육학회, 253-274.

김지홍(1998), "접속 구문의 형식화 연구," 배달말 23, 배달말학회, 1-78.

남미혜(1996), "국어의 연속 동사 구성 연구," 박사학위논문, 서울대학교.

안병희(1982), "중세국어 경어법의 한두 문제," 백영 정병욱 선생 환갑기념논총 간행위원회 편, 백영 정병욱 선생 환갑기념논총, 일조각. [안병희(1992)에 재수록]

안병희(1992), 국어사 연구, 문학과 지성사.

양정석(2007), "국어 연결어미 절의 통사론: 핵 계층 이론적 분석과 프롤로그 구현," 배달말 40, 배달말학회, 33-97.

유현경(1986), "국어 접속문의 통사적 특질에 대하여," 한글 191, 한글학회, 77-104.

이정복(2001), "복수 인물에 대한 경어법 사용 연구," 어문학 74, 한국어문학회, 45-67.

이정택(2013), "형태소 복합 '-았었-'에 관한 연구," 겨레어문학 51, 겨레어문학회, 499-519.

이정훈(2006), "'V-어V' 합성동사 형성 규칙과 범주 통용," 어문학 91, 한국어문학회, 129-161.

이정훈(2007), "국어 어미의 통합단위," 한국어학 37, 한국어학회, 149-179.

이정훈(2008가), "한국어 접속문의 구조," 생성문법연구 18, 한국생성문법학회, 115-135.

이정훈(2008나), 조사와 어미 그리고 통사구조, 태학사.

이정훈(2009), "접속구성에서의 생략과 방향성 제약," 언어와 정보 사회 10, 서강대학교 언어정보연구소, 239-260.

이정훈(2011), "중간투사 범주 X' 이동의 가능성," 생성문법연구 36, 한국생성문법학회, 765-782.

이정훈(2014가), "통사적 변이와 구문 형성," 현대문법연구 76, 현대문법학회, 23-41.

이정훈(2014나), "통사구조와 시제 해석," 어문연구 42, 한국어문교육연구회, 63-91.

이정훈(2014다), "'-으시-' 일치의 통사론," 서정목 외, 한국어 어미의 문법, 역락, 53-106.

이정훈(2014라), 한국어 구문의 문법, 태학사.

이정훈(2014마), "동사구 주제화 구문의 통사론," 국어학 72, 국어학회, 205-233.

이정훈(2015), "접속어미의 통사와 접속문의 통사구조," 한국어학 66, 한국어학회, 49-85.

임칠성(1990), "이른바 '과거완료'의 '-았었-'에 대하여," 한국언어문학 28, 한국언어문학회, 473-492.

정태구(1995), "논항구조 이론과 연쇄 동사: 영어와 한국어를 중심으로," 생성문법연구 5, 한국생성문법학회, 63-95.

최웅환(2002), "국어 접속문의 통사적 표상에 대한 연구," 언어과학연구 23, 언어과학회, 225-248.

최재희(1985), "'-고' 접속문의 양상," 국어국문학 94, 국어국문학회, 139-165.

허철구(2004), "대등접속문의 통사 구조," 배달말 36, 배달말학회, 55-87.

Beck, S. & S. S. Kim(1997), "On WH- and operator scope in Korean," *Journal of East Asian Linguistics* 6, 339-384.

Bobaljik, J. & S. Brown(1997), "Interarboreal operations : Head movement and the extension requirement," *Linguistic Inquiry* 28, 345-356.

Boeckx, C.(2008), *Bare Syntax*, Oxford University Press.

Carnie, A.(2010), *Constituent Structure*, 2nd edition, Oxford University Press.

Cinque, G.(1999), *Adverbs and Functional Heads*, Oxford University Press.

Citko, B.(2005), "On the nature of merge: External merge, internal merge, and parallel merge," *Linguistic Inquiry* 36, 475-496.

Grimshaw, J.(2003), "Extended projection," In *Words and Structure*, CSLI Publication, 1-73.

Munn, A.(1993), "Topics in the syntax and semantics of coordinate structure," Doctoral Dissertation, University of Maryland.

Nunes, J.(2001), "Sideward movement," *Linguistic Inquiry* 32, 303-344.

Pesetsky, D.(2000), *Phrasal Movement and Its Kin*, MIT Press.

Progovac, L.(2003), "Structure for Coordination," In L. Cheng & R. Sybesma (Eds.), *The Second GLOT International State-of-the-Article Book*, Mouton de Gruyter, 241-287.

Rizzi, L.(2011), "Minimality," In C. Boeckx (Ed.), *The Oxford Handbook of Linguistic Minimalism*, Oxford University Press, 220-238.

Roberts, C.(1989), "Modal subordination and pronominal anaphora in discourse," *Linguistics and Philosophy* 12, 683-721.

Williams, E.(1978), "Across-the-board rule application," *Linguistic Inquiry* 9, 31-43.

구문문법이론과 중국어 문법*

어휘부와 구문의 상호작용

강 병 규

1. 서론

이 글에서는 구문문법적인 관점에서 중국어 어휘부와 구문의 상호작용 양상을 논의하고자 한다. 그 중에서도 논항 구조의 핵심이 되는 동사가 구문 안에서 어떻게 논항정보를 인가받고 구현하는지를 살피고자 한다. 구문문법(construction grammar) 이론에서는 구문의 논항 실현 과정이 어휘부와 구문의 상호작용을 통해서 실현된다고 본다. 논항 실현 과정에서 동사만이 모든 논항정보를 투사한다고 보지 않는다. 오히려 구문이 특정한 의미를 가지고 있고 그 안에 논항성분과 술어동사가 일정한 기능을 하게 된다는 입장이다. 동사의 의미역 정보는 구문의 의미에 부합될 때에만 온전하게 실현된다. 특정한 의미를 가진 구문은 동사의 의미

* 이 글은 필자가 발표한 두 편의 학술지 논문의 내용을 기초로 작성하였음을 밝혀둔다. 더 자세한 내용은 강병규(2013), 강병규(2015)를 참고하기 바람.

역 정보를 제한하기도 한다. 반대로 구문적 의미를 실현하기 위해 새로운 논항성분이 추가될 수도 있다고 본다.

최근 들어 구문문법 이론은 인지언어학적 정신을 계승할 수 있는 새로운 문법 모델로서 각광을 받고 있다. 이 문법 이론이 주목을 받게 된 이유는 인지언어학적인 접근 방법을 기초로 하면서도 문법의 형식화를 추구하기 때문이다. 인지언어학의 이론들은 대개 의미(범주화, 의미의 전형성 등)를 강조해 왔다. 이에 비해 형식적인 측면의 체계성이 약한 것이 사실이다. 문장의 의미나 기능을 설명할 때도 그림이나 도형 등을 많이 사용한다. 이에 비해 구문문법은 의미와 형식을 모두 고려하여 형식주의의 틀을 가급적 많이 사용한다. 초기의 구문문법 이론을 구상한 Fillmore와 Kay 등도 인지언어학적 기초 위에 형식주의의 틀을 최대한 많이 도입하고자 했다.[1] 구문문법 이론에서는 인지언어학 이론의 약점으로 평가되는 문법의 형식화가 강조된다. 다시 말하면 형식주의의 틀 안에서 인지언어학의 의미 구조를 최대한 설명하려는 것이 구문문법 이론의 핵심이다.

구문문법 이론이 체계화된 것은 길게 잡아도 30년 밖에 되지 않는다. 그럼에도 불구하고 언어학계에서는 상당한 영향력을 미치고 있다. 특히 Lakoff와 Fillmore의 연구에 기초하여 구문문법적 접근을 시도한 Goldberg(1995)의 '논항구조에 대한 구문문법적 접근(*A Construction Grammar Approach to Argument Structure*)'이라는 연구는 구문문법 연구에 새로운 전기

1) Östman and Fried(2005 : 1)에 따르면 구문문법 이론은 다음과 같은 몇 가지 점을 강조한다.
(A) 문법규칙의 형식화(형식+의미) 추구
(B) 인지언어학 관점에서 언어 현상을 설명
(C) 음운, 형태, 통사, 의미, 화용의 통합적 설명
(D) 언어 보편성을 탐구

를 마련하였다고 평가 받고 있다. 필자가 구글 학술 검색 사이트에서 조회한 인용지수에 따르면 Goldberg(1995)의 연구는 인용횟수가 무려 4,100회를 넘어선다.2) 학술 검색 사이트에서 '구문문법(Construction Grammar)'이라고 검색하면 Goldberg, Fillmore, Croft, Jackendoff 등의 연구가 두드러지는데 그 중에서 Goldberg의 인용지수가 가장 높다. 그만큼 Goldberg (1995)가 구문문법 이론의 확산에 큰 영향을 미쳤다고 할 수 있다. 이 저작은 한국어나 중국어, 일본어로도 모두 번역이 되어 있다. 중국어학계에서도 구문문법 이론은 상당한 반향을 일으켰다.

Goldberg(1995)와 같은 혁신적인 연구는 선배 연구자들의 기초가 있었기 때문에 가능했다. 그녀의 지도교수인 Lakoff의 게슈탈트(Gestalt) 문법이론과 은유적 언어 분석 모델은 구문문법의 중요한 이론적 토대이다. 또한 구문의 형식화 측면에서는 Kay and Fillmore의 '틀 의미론(Frame Semantics)'이 직접적인 영향을 미쳤다. 이러한 선행 연구는 1980년대 Berkeley 대학의 인지과학 프로젝트와 밀접한 관련을 가진다. 인지과학 프로젝트는 인간의 인지구조를 새롭게 이해하기 위해 시도된 학제적 연구이다. 그 중에 언어에 대한 인지과학적 분석도 중요한 과제이다. 왜냐하면 인간의 언어는 인지구조를 가장 정밀하게 보여주는 수단이기 때문이다. 인지언어학적 언어 모델은 언어학, 심리학, 철학, 수학, 컴퓨터과학 등이 종합적으로 고려된 것이고 구문문법도 그 중의 한 갈래라고 할 수 있다.

구문문법의 최근 연구에서는 Goldberg and Jackendoff(2004)의 영어 결과구문에 대한 분석이 기존의 생성문법적인 관점과 대비되어 주목을 받

2) 구글 학술검색 사이트(http://scholar.google.co.kr) 참조.

고 있다. 또한 Croft(2001, 2005)에서는 유형학적인 측면에서 구문의 유형을 논하면서 소위 모든 언어 단위를 구문으로 삼아야 한다는 '급진적 구문문법(Radical Construction Grammar)'을 주장하기도 하였다. Goldberg(2006)에서는 구문이 인간의 기억에서 저장되고 습득되는 기제에 대해서 논의하였다. 특히 언어 습득의 측면에서 구문적 지식이 어휘 지식처럼 학습된다는 것을 주장하였다. 그는 심리학적인 증거와 코퍼스 통계적인 증거를 통해 구문의 존재를 일반화시키고자 하였다.[3]

구문문법은 1980년대 이후로 지난 30년 동안 이론적인 발전을 이룩했지만 여전히 많은 도전을 받고 있는 것도 사실이다. 하나의 구문 체계 안에서 어휘, 통사, 의미, 화용 정보를 설명해 내는 것은 매우 어려운 일이기 때문이다. 문법의 형식화를 추구한다고 하지만 그것이 과연 가능할지에 대해 의구심을 가지는 학자들도 있다. 형식문법을 추구하는 생성문법론자들의 시각에서 그들의 도전은 어쩌면 무모하게 보일 수도 있을 것이다. 필자의 생각에도 구문문법 이론은 현재에도 여전히 수정과 보완이 이루어지는 단계에 있다고 판단된다. 아직까지도 완벽하게 체계화되지 않은 이론이다. 구문의 종류는 얼마나 되며 유형은 또 어떻게 나누어지는지 아직은 확정하지 못하고 있다. 2012년도를 기준으로 지금까지 7차례의 '구문문법 국제학술대회(ICCG)'가 개최되었지만 여전히 구문의 종류와 유형에 대한 모색 단계에 있다.[4] 어떻게 보면 구문은 어휘부의

3) Goldberg는 프린스턴대학 심리학과에 재직하면서 인지심리학과 언어학을 통섭적으로 관찰하면서 구문문법의 새로운 모델을 발전시켜 가고 있다. 또한 학부과정에서 수학을 전공한 경험으로 인해 수학적 연산과 프로그램적인 지식도 풍부하여 언어를 형식적으로 표현해 내는 데에도 매우 뛰어난 통찰력을 가지고 있다고 판단된다. 그는 수학과 언어학과 심리학을 아우르는 종합적인 연구를 통해 새로운 방식으로 구문의 형식과 의미를 설명하고 있다.

4) 2012년도 제7회 구문문법 국제학술대회(7th International Conference on Construction Grammar : ICCG-7)가 한국에서 개최되었다. 이 때 Adele Goldberg, Laura Michaelis, Mirjam

지식처럼 열린 범주일지도 모른다. 빈도가 높고 의미적으로 분명한 구문들을 목록화하는 데에도 상당한 시간이 걸리리라 생각된다. Croft(2005 : 277)에서 주장하듯이 구문은 언어-특정적(language-specific)이기 때문에 언어 보편적으로 존재하는 구문은 없다고 본다면 구문의 유형을 일반화해 내는 것은 큰 과제일 수밖에 없다.

그럼에도 불구하고 상당수의 언어학자들은 구문문법적 가설이 언어의 본질을 포착하고 있다고 믿고 있다. 이는 적어도 통사구조가 어휘부와 연결 규칙만으로는 모두 설명되지 않기 때문일 것이다. 구문문법은 영어학계에서도 상당한 반향을 일으켰고 중국어학계에도 상당한 영향을 끼쳤다. 지난 10년 사이에 중국과 대만의 언어학자들이 구문문법에 가진 관심의 정도는 아주 크다. 그 중에서도 중국 대륙의 陸儉明(2004, 2008, 2011), 沈家煊(2000, 2006, 2009), 張伯江(1999), 張國憲(2001) 등과 같은 학자들의 평가가 큰 영향을 미쳤다. 이들은 구문문법 이론이 형태변화가 적은 중국어 구문을 해석하는 데 매우 유용한 방법론이라고 주장하였다. 이러한 경향을 반영하는 것이 2000년대 이후로 구문문법 이론을 적용한 학술논문의 수량 증가 현상이다. 중국어 학술 논문 사이트를 찾아보면 '구문문법(構式語法)'이론이 언급된 최근 논문들이 수십 편에 달한다.

그러나 중화권 학계의 연구경향과 비교해 볼 때 한국의 중국어학계에서는 구문문법이론이 아직 큰 주목을 받고 있지는 못하다. 2010년도 이전의 논문에서 구문문법을 논의한 자료가 거의 없는 실정이다. 물론 최근 들어 김보영(2012), 박미애(2012), 박재승 · 이나현(2012) 등의 논문이 나왔지만 여전히 소수에 불과하다. 아직까지는 구문문법적인 관점의 연구

Fried, Benjamin Bergen 교수 등이 기조 강연자로 참석하였다.

는 활성화 되지 못했다. 그러나 인지언어학 이론의 발전 과정에서 구문문법 이론은 상당한 비중을 차지한다. 국어학계에서도 구문문법 이론에 대한 관심이 점점 높아지고 있다. 이러한 상황을 고려할 때 국내에서도 구문문법 이론에 기반한 연구가 더 활발히 이루어질 필요가 있다.

이 글은 이러한 현실을 감안하여 먼저 구문의 문법적 지위와 어휘부와 구문의 상호작용 양상을 살펴보고 중국어 문법에 적용할 수 있는 실례를 들어 설명하는 방식으로 논의를 전개하고자 한다. 특히 구문의 핵심이라고 할 수 있는 동사와 논항들의 실현 관계를 중심으로 구문문법적 분석 방법을 소개하기로 하겠다.

2. 구문문법 이론의 주요 특징

2.1. 구문의 정의

구문문법 이론이 나오기 이전부터 '구문'이라는 명칭은 우리에게 아주 익숙한 용어이다. 예컨대 영문법에서 능동구문, 수동구문, 비교구문, 분사구문, 사역구문 등과 같이 '구문'이라는 명칭이 익숙하게 사용된다. 중국어 문법서에서도 '把'구문, '被'구문, '是…的'구문, 이중목적어구문(쌍빈어구문)처럼 빈번하게 사용되는 것이 '구문'이라는 용어이다. 구조주의 언어학에서도 '구문'이라는 명칭은 사용되어 왔으며 심지어 생성문법에서도 통사부에서 만들어지는 다양한 문장들을 '구문'이라는 이름으로 명명하기도 한다. 이처럼 '구문'이라는 용어는 보편적으로 사용되는 문법 범주이다.

그러나 구문문법 이론에서 정의하는 '구문'의 개념은 약간 다르다. 구문문법에서 정의하는 구문은 단순히 문장 층위의 통사적 단위만을 가리키지 않는다. 구문이라는 것은 구나 절과 같은 통사적 범주를 넘어서서 독립적인 의미를 가지는 하나의 구성체를 가리킨다. 즉 문법 체계 안에서 어떤 구성체가 그 구성성분으로부터 예측될 수 없는 새로운 의미를 가지면 모두 '구문(construction)'으로 간주된다. 이러한 관점에서 Goldberg (1995 : 4)는 '구문'을 다음과 같이 정의하고 있다.

(1) 구문의 정의 (Goldberg 1995 : 4)

어떤 C가 형식과 의미의 짝(Fi, Si)이고 그 Fi의 어떤 양상, 또는 Si의 어떤 양상이 C의 구성 성분이나 이미 확립된 다른 구문으로부터 정확하게 예측할 수 없다면 C는 하나의 구문이다[5].

(1)의 정의에 따르면 언어 체계 속에서 어떤 구성체의 형식이나 의미가 그 구성성분으로부터 예측될 수 없는 것이면 모두 구문이 된다. 여기에서 중요하게 언급되는 개념은 '형식(form)'과 '의미(meaning)'의 짝이다. 구문은 반드시 다른 것과 구별되는 형식과 의미를 가진다. 만약 이러한 정의를 받아들이게 되면 어휘부와 구문의 구별은 모호해진다. 실제로 Croft(2005 : 275), Goldberg(2006 : 5)에서는 廣義의 '구문'을 문장 층위, 구 층위, 단어 층위, 심지어 형태소 층위를 모두 포괄하는 개념으로 이해한다.

그러나 일반적으로 狹義의 '구문'이라고 하면 구 층위(phrase level)의 구문을 의미한다. 예를 들어 영어나 중국어의 '이중타동구문(ditransitive construction)',

---

5) "C is a construction iff_{def} C is a form-meaning pair $\langle F_i, S_i \rangle$ such that some aspect of F_i or some aspect of S_i is not strictly predictable from C's component parts or from other previously established constructions."

'결과구문(resultative construction)', '사역이동구문(caused motion construction)' 등이 그러하다. 아래의 예문은 이러한 구문의 실례를 보여준다.

(2) Pat faxed Bill the letter. (이중타동구문)
(Pat이 Bill에게 팩스로 편지를 보냈다.)
(3) Pat hammered the metal flat. (결과구문)
(Pat이 쇠를 망치질로 납작하게 만들었다.)
(4) Pat sneezed the napkin off the table. (사역이동구문)
(Pat이 재채기를 해서 냅킨을 탁자에서 떨어뜨렸다.)

(2-4)에서 '팩스보내다(fax)'는 이중목적어를 취하고 있고, '망치질하다(hammer)'는 결과적 의미를 가지고 있고, '재채기하다(sneeze)'라는 자동사가 사역이동구문의 술어로 사용되었다.

2.2. 구문의 문법적 지위

'구문'으로 통칭되는 문법 범주를 어떻게 이해하고 해석할 것인지에 대해서는 여러 가지 이견이 존재한다. 즉, 구문의 문법적 지위를 어떻게 볼 것인가에 대한 관점이 다양하다. 한 가지 관점은 구문을 단지 어휘들이 합쳐져서 만들어진 결과물로 보는 것이다. 만약 이러한 경우라면 구문은 규칙으로 파생된 결과물이기 때문에 덜 중요하게 된다. 중요한 기제는 어휘부에서 작동한다. 이렇게 문법을 기술하면 어휘부의 문법정보가 매우 핵심적인 역할을 한다. 구문은 어휘들의 논항정보와 통사부 생성규칙으로 얼마든지 생성될 수 있는 열린 범주이다. 현재 가장 체계적이라 평가되는 생성문법도 이러한 입장을 취하고 있다고 보여진다. 생성문법의 위세와는 비교가 불가능할 수도 있겠지만 어휘기능문법(LFG)이나 중심어 구구조문법(HPSG) 등과 같은 통합기반문법에서도 기본적으로는 어휘부에 많은 문법정보를 기술한다.

생성문법과 비교할 때 구문문법에서는 구문의 의미가 특별히 강조된다. 이러한 관점에 따르면 구문은 독립적인 형식과 의미를 가지는 단위이다. 어휘가 언어적 관습에 의해 만들어진 지식의 목록체인 것처럼 구문도 화자의 언어적 지식이 구조화된 단위로 보는 것이다. 또한 통사적으로 다른 형태의 구문은 저마다 특별한 의미와 기능을 가진다. 예를 들어 다음의 문장을 보자.

(5) 가. John gave Mary an apple.
(John이 Mary에게 사과를 주었다.)
나. John gave an apple to Mary
(John이 사과를 Mary에게 주었다.)

위의 두 예문은 모두 "John이 Mary에게 사과를 주었다"라는 명제 의미를 가진다. 그러나 두 문장의 명제 의미가 동일하다고 해서 반드시 동일한 의미 전달 효과를 가지지는 않는다. 이들은 실제로 화용적 차이가 존재한다. (5가)는 의미의 초점이 '사과(an apple)'에 있다. 반면에 (5나)는 초점이 'Mary'에 놓인다. 즉, 전자는 John이 Mary에게 준 것이 '사과'이고, 후자는 John이 사과를 'Mary'에게 주었다는 의미를 나타낸다. 구문문법적인 관점에서 보자면 이중목적어 구문이 'to+NP'와 같은 여격 구문으로 전환될 때 기능상의 차이가 유발된다. 만약 기능상의 차이가 없으면 두 가지 형태의 구문이 쓰일 이유가 없다. 흔히 말하는 여격 교체 현상도 일어나지 않는다. 예를 들어 "그에게 키스하다(give him a kiss)",

"그를 발로 차다(give him a kick)" 등의 구문은 이미 초점 자체가 "a kiss"나 "a kick"에 놓여 관습적으로 사용되기 때문에 여격구문으로 전환되는 것이 어색하다.

(6) 가. give him a kiss
(그에게 키스하다)
*나. give a kiss to him

(7) 가. give him a kick
(그를 발로 차다)
*나. give a kick to him (Goldberg 1995 : 94)

구문문법이 가지고 있는 기본적인 전제는 심리학에서 말하는 '게슈탈트(Gestalt)'적인 사유 체계이다. 전체는 결코 부분의 합으로만 이해할 수 없다. 전체는 그 자체로서 의미를 가진다. 구문도 구문을 이루는 구성요소인 어휘만으로 설명되지 못한다. 구문도 그 자체로 특정한 의미를 가진다. 구문문법에서는 두 가지 다른 통사 형태가 동일한 기저 형태에서 파생되었을 것이라는 가설을 인정하지 않는다. 만약 표면적인 통사 구조가 다르면 의미나 화용적 기능도 다르다고 본다. 완전히 동의적인 구문은 존재하지 않으며 저마다 특별한 기능을 가진다.

지난 10여년간 중국어학계에서도 구문의 중요성을 설명하기 위해 많은 연구들이 이루어졌는데 그 중에 전형적으로 들고 있는 다음과 같은 예문이 있다.

(8) 가. 他的父親死了.
(그의 아버지께서 돌아가셨다.)

나. 他死了父親.
(그는 아버지를 여위었다.)

위의 예문은 모두 "그의 아버지께서 돌아가셨다"라는 명제 의미를 가진다. 그러나 (8가)가 단순히 "그의 아버지께서 돌아가셨다"라는 사실을 객관적으로 서술하는 반면, (8나)는 주어인 '그(他)'의 입장에서 "아버지를 여위었다"는 의미를 나타낸다. (8가-나)는 동일한 어휘 성분들로 이루어져 있지만 구문이 가지는 전체적인 의미는 다르다. 이러한 예들은 중국어에서도 구문이 독립적인 의미를 가진다는 증거로 많이 인용되어 왔다(沈家煊 2006, 2009 ; 陸儉明 2008).

이처럼 구문문법에서는 통사적 차이가 의미적 차이를 수반한다는 것을 전제로 한다. Goldberg(1995 : 67)에서도 구문의 구별적인 원리가 제시되어 있다. 그것은 바로 언어조직의 심리적 기제로서의 '비동의성 원리(The Principle of No Synonymy)'이다.

(9) 비동의성 원리(The Principle of No Synonymy) Goldberg(1995 : 67)
만약 두 구문이 통사적으로 구별되면 의미적이나 화용적으로도 구별되어야 한다.(If two constructions are syntactically distinct, they must be semantically or pragmatically distinct.)

비동의성의 원리는 구문문법 이론의 중요한 토대이다. 모든 구문은 구별적이며 독립적인 의미를 가지는 개체이다. 그리고 그러한 개체들이 모여서 거대한 언어체계를 이루고 있는 것이다. 언어는 단지 어휘들로 해체되거나 분해되고 다시 조립되는 것이 아니다.

Goldberg and Jackendoff(2004)에서는 구문문법이론의 몇 가지 특징을

제시하였다.

(가) 어휘부(lexicon)와 통사 규칙(rule)이 엄격히 나눠지지 않는다.
(나) 구 층위(phrase level)에서 구문 전체가 하나의 의미로 포착된다.
(다) 구의 패턴을 결정하는데 어휘의 역할만을 강조하지 않는다.
(라) 어휘부의 개념을 구문의 패턴으로까지 확장시킨다.
(마) 구문은 일종의 숙어와 같이 독립적이고 관습적인 의미를 가진다.
(바) 구문이 논항 성분을 통제할 수 있다.
(사) 논항 실현은 동사와 구문의 상호작용을 통해 이루어진다.

2.3. 구문 문법 이론의 장점

구문문법 이론처럼 구문의 독립적인 의미와 기능을 인정하게 되면 어떤 장점이 있을까? 우선적으로 생각해 볼 수 있는 것이 문법 정보 기술에 있어 어휘부에 지나친 부담을 줄여준다는 점을 들 수 있다. 오늘날 많은 문법 이론에서는 언어의 단위를 잘게 쪼개서 분석하려는 경향이 강하다. 문장을 쪼개어 구로 나누고, 구는 다시 단어로 나눈다. 단어로 나누고 나면 다시 조립을 해야 한다. 문장 생성을 일종의 조립 과정이라고 이해하고 부품이 되는 어휘에 여러 가지 기능을 부여한다. 어휘부에 의미, 논항정보, 통사 규칙 등을 자세히 기술한다. 이렇게 하다 보면 어휘부에 무수히 많은 정보들이 기록된다. 어휘부에 지나친 정보가 들어가면 어휘부를 처리하는데 지나친 부담이 될 수 있다. 어휘부의 정보가 복잡해지면 내부의 충돌이 생길 수도 있다.

구문문법 이론에서 장점으로 제시하고 있는 또 한 가지는 어휘부에 묘사하기 힘든 형식[6]의 의미 구조이다. 다음의 예를 보자.

(10) 가. Mary baked him a cake.
(Mary가 그에게 케이크를 구워줬다.)
나. John kicked Bill the ball.
(John이 Bill에게 공을 차 주었다.)

(10)에서는 '빵을 굽다(bake)', '(공을) 차다(kick)'이 '그를 위해(for him)', 'Bill에게(to Bill)'처럼 전치사를 사용하지 않고 이중목적어 구문을 사용하였다. 그렇다고 빵을 굽거나 공을 차는 것이 전형적인 수여동사는 아니다. 그런데 이들은 아무 형태표지 없이 "~에게 ~해 주다"라는 의미로 사용되었다. 언뜻 보기에 예외적이고 비전형적인 활용 형태는 'bake'와 'kick'이란 어휘부에 묘사하기가 쉽지 않다.

중국어에도 아무런 형태적 표지 없이 구문에서의 어순 배열로 다른 문법적 의미를 나타내는 예가 적지 않다. 다음을 보기로 하자.

(11) 가. 她的臉紅了。
(그녀의 얼굴이 빨개졌다.)
나. 她紅了臉。
(그녀는 얼굴을 붉혔다.)

(12) 가. 他的工作經驗非常豊富。
(그의 업무 경험은 아주 풍부하다.)
나. 通過實踐，豊富了工作經驗。
(실무를 통해 업무경험을 풍부하게 했다.) (馬雯娜, 2012 : 29-30)

---

6) 어떤 경우에는 형태적 표지 없이 일정한 문법적 기능을 나타내기도 한다. 예를 들어 '사역' 의미를 표현할 때 사역표지를 사용할 수도 있지만 아무런 사역표지를 사용하지 않고 구문만으로도 나타낼 수 있다. "~에게 ~를 주다"라는 수여의 의미를 나타낼 때도 수혜격이나 대상표지를 사용하지 않고 구문만으로 나타낼 수 있다. 음성적, 어휘적으로 구현되지는 않지만 구문에서 새로운 문법의미가 파생되는 형식은 어휘부에 일일이 묘사하기 힘들다.

(11-12)에서는 중국어 형용사 ‘붉다(紅)’, ‘풍부하다(豊富)’의 용례를 들고 있다. 이들은 아무런 표지 없이 ‘X를 붉게 하다’, ‘X를 풍부하게 하다’와 같이 사역의 의미를 가지기도 한다. 그런데 ‘X(=NP)를 풍부하게 하다’라는 사역의미는 어디에서 나오는가? 이를 만약 어휘함수 형식으로 표현한다면 어휘부에 ‘[x CAUSE [BECOME [y <STATE>]]]’라는 의미구조를 설정할 수 있다.[7] 그러나 구문문법에서는 사역의 의미를 어휘부에 부여하지 않고 구문에 부여한다. “S+Pred(술어)+NP’라는 구문이 사역의 의미를 가지는 하나의 틀(frame)이 된다. 이를 생성문법처럼 “丰富了i 工作經驗 t_i”라는 기저구조에서 이동한 것으로 설명하지 않는다. 사역의 의미는 어휘의 의미 구조 속에 있다고 보지 않고 구문에 있다고 보는 것이다. 구문 안에서 일부의 형용사들이 관습적으로 ‘VO’ 형태로 사용되면서 사역의미를 가진다는 설명이다. 사실 형태적 표지가 없는 문법적 의미는 어휘부에서 기술하기가 쉽지 않다. 구문문법 이론에서는 그것을 인정하고 구문에서 해결하려고 한다. 구문이 많은 결정권을 가지고 있다. 구문이 필요하면 어휘부에 없던 의미를 파생시키기도 한다. 반대로 어휘부의 기능들이 구문의 필요에 따라 억제되고 제한되기도 한다는 입장이다.

3. 구문문법에서의 논항 실현 원리

본 장에서는 논항들이 어떻게 실현되는지를 살펴보기로 한다. 구문문법 관점에서는 구문의 논항실현에 관여하는 것이 동사와 구문 두 가지

7) 임정현(2006 : 221) 참조.

이다. 동사는 어휘부의 기본 어휘 개념 구조를 가지는 핵심적 요소이다. 그리고 구문은 하나의 추상적인 개념을 나타내는 의미의 틀(frame)로서 논항 실현을 인가한다. 논항의 구체적인 실현은 동사와 구문이 서로 통합(fusion)되어 완성된다.

3.1. 동사와 구문의 상호 작용

어휘부를 강조하는 기존의 논항구조 분석에서는 대개 다음과 같은 논항 실현 원리를 따른다.

(13) 논항 실현 원리(Argument Realization Principle : ARP)
통사부는 (술어의) 사건 구조 템플릿의 개별 하위 사건을 나타내기 위해 반드시 논항 XP가 있어야 한다.

(14) 하위 사건 식별 조건(Subevent Identification Condition : SIC)
사건구조 템플릿의 하위 사건은 반드시 통사부의 어휘적 술어에 의해서 식별(또는 확인)되어야 한다. (Rappaport Hovav and Levin 1998 : 112)

(13-14)는 생성문법을 비롯한 어휘 중심의 문법 모델에서 취하고 있는 논항 실현 원리이다. 이러한 논항 실현 원리에 따르면 통사부에서는 적어도 하나의 술어와 그 논항이 나타나야 한다. 그리고 사건구조의 논항은 반드시 어휘적 술어(동사)에 의해 식별되고 인가되어야 한다. 예를 들어 활동(activity)를 나타나는 동사는 '[X ACT <MANNER>]', 성취(achievement)를 나타내는 동사는 '[BECOME [X <STATE>]]'와 같은 사건구조를 가지게 되고 'X'는 통사부에서 논항으로 실현된다. 이 논항 'X'를 결정하는

것은 어휘부의 동사이다. 통사부에서는 연결규칙(linking rule)'에 의해서 그 논항이 실현될 뿐이다. 구문은 논항정보를 통제할 권한이 없다. 임정현(2006 : 221)에서는 Rappaport Hovav and Levin(1998) 등의 논의에 기초하여 중국어 동사의 논항구조가 통사구조로 사상되는 과정을 다음과 같이 예시하고 있다.

(15) 張三打了李四。 (張三이 李四를 때렸다.)
가. 어휘개념구조 : [x ACT ON y]
| | ← 연계규칙(linking rule)
나. 논항구조 : 打 (동작주 <대상역>)
| |
다. 어법구조 : 張三 打了 李四。

그러나 구문문법적인 관점에서는 (15)의 논의에서 (15가)와 (15나)의 어휘개념구조가 중요하다는 것을 인정하면서도 (15다)의 어법구조 또한 중요한 논항실현의 주체로 간주한다. Goldberg(2005 : 19)에서는 Rappaport Hovav and Levin(1998) 등이 주장하는 동사 중심의 논항 실현 원리만으로는 완전하지 않다고 하였다. 왜냐하면 어떠한 경우에는 동사에서 논항이 파생된다고 보기 어려운 예들도 있기 때문이다.

(16) 가. Mary gave him a book.
(Mary는 그에게 책 한 권을 주었다.)
나. I sent him a letter.
(나는 그에게 편지 한 통을 보냈다.)

(17) 가. Mary baked [him] a cake.
(Mary가 그에게 케이크를 구워줬다.)

나. John kicked [Bill] the ball.
(John이 Bill에게 공을 차 주었다.)

(18) Pat sneezed [the napkin] off the table.
(Pat이 재채기를 해서 냅킨을 탁자에서 떨어뜨렸다.)

(16)에서는 'gave', 'sent'의 동사가 "X에게 Y를 주다"라는 어휘개념 구조를 가진다. 이 경우에는 어휘부의 논항정보와 구문 실현간의 괴리가 일어나지 않는다. 그러나 (17)의 예문에서 '빵을 굽다(bake)', '발로 차다(kick)'라는 동사는 전형적으로 하나의 대상역을 가지는 2항 술어이지 "X에게 Y를 주다"의 의미를 가진 3항 술어라고 보기 어렵다. (18)에서도 '재채기하다(sneeze)'는 전형적인 자동사이므로 '냅킨'이라는 목적어 논항을 가진다고 어휘부에 기술하는 것은 타당하지 않다. 그렇다면 (17)의 'him', 'Bill'이나 (18)의 'the napkin'과 같은 논항은 어디에서 인가를 받아 어법구조로 실현되는지가 문제가 된다. 구문문법에서는 이러한 논항은 어휘부가 아닌 구문적 의미를 충족하는 과정에서 추가된 것이라고 설명한다.

구문문법에서 논항 실현 원리는 대개 다음과 같이 나누어 볼 수 있다.

(19) 동사와 구문의 상호 작용을 통한 논항 실현 (Goldberg 1995 : 50-52)
가. verb－참여자역(participant role)
동사가 어떤 참여자역을 윤곽화(profile)시킬지를 결정함.
예) hand(건네다) <hander(동작주), handee(수용자), handed(피동작주)>
나. 구문(construction)－논항역(argument role)
agent(동작주), patient(피동작주), recipient(수용자) 등과 같은 논항역이 통사적으로 구현되는 틀(frame)로서 논항역(argument

role)을 결정함.

예) 이중타동구문(X Causes Y to Receive Z)의 틀(Frame)

"Mary handed him a glass of water."

Sem	CAUSE-RECEIVE	< agt	rec	pat >
	| R	|	|	|
R : instance, means	hand ↓	<hander ↓	handee ↓	handed> ↓
Syn	V	SUBJ	OBJ_1	OBJ_2

← 참여자역과 논항역의 통합 (fusion of roles)

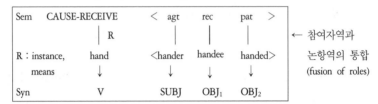

(19)는 구문문법에서 동사와 구문이 통합되어 논항을 실현하는 실례를 보인 것이다. Goldberg(1995)는 Jackendoff(1990)의 통합(fusion)이라는 용어를 빌려 동사의 어휘개념구조와 구문의 기능이 상호작용하는 과정을 설명하였다. 이 과정에서 동사는 어떤 사건구조의 참여자를 윤곽화(profile)시키는 것을 담당한다. '윤곽화'는 참여자역의 어떤 부분을 부각시키느냐를 의미한다. 예컨대 '건네다(hand)'와 같은 동사는 '건네는 사람(hander)', '건네는 물건(handed)', '받는 사람(handee)' 세 가지를 모두 윤곽화시킨다. 그런데 어떠한 경우에는 비슷한 의미를 나타내는 동사라고 하더라도 부각시키는 대상이 다를 수 있다. 똑같이 '물건을 훔친다'는 의미를 가지더라도 영어의 'rob'과 'steal'은 서로 다른 측면을 윤곽화시킨다. 'rob'은 누구에게서 훔쳤는지를 강조하기에 "도둑이 피해자에게서 훔쳤다"는 것이 윤곽화된다. 반면에 'steal'은 피해자보다는 무엇을 훔쳤는지를 부각시킨다. 즉 'steal <thief(도둑), goods(훔친 물건)>'이 윤곽화된다. 이렇게 사건구조에서 어떠한 측면을 윤곽화시킬 것인지는 어휘 고유의 속성으로서 동사마다 다르게 표현된다.

구문은 추상화된 하나의 틀로서 일정한 논항 역과 통사구조를 관장하는 역할을 한다. 구문문법적인 용어에서 보자면 논항역(또는 의미역)은 'Sem'으로 표시하고 통사구조는 'Syn'으로 표시한다. 그리고 그 틀 안에서 술어(Pred)가 하나의 개체로서 통합된다. 이것을 Goldberg의 방식으로 도식화 한 것이 아래와 같다.

〈표 1〉 Goldberg(1995)의 동사와 구문의 통합 도식

Sem	CAUSE-RECEIVE	<	agt	rec	pat	>	
	│R		│	│	│		← 참여자역과
R : instance,	PRED	<				>	논항역의 통합
means	↓		↓	↓	↓		(fusion of roles)
Syn	V		SUBJ	OBJ_1	OBJ_2		

구문의 도식화 방식은 학자마다 약간씩 다르다. 예를 들어 Michaelis (2005 : 48)는 Fillmore의 틀 의미론 모델로 아래의 표와 같이 프랑스어의 미완료상 구문을 도식화했다.

〈표 2〉 Michaelis(2005)의 미완료상 구문 도식

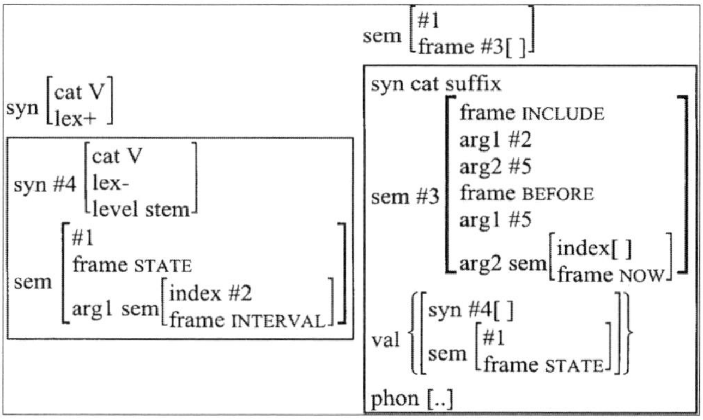

<표 1>과 <표 2>의 도식은 형태가 다르다. 그러나 공통적으로 구문

을 '통사구조(Syn)'와 '의미구조(Sem)'로 나누고 그 안에 동사 범주를 기술하고 있다. 구문의 전체적인 형식과 의미는 하나의 틀로 형식화 된다. 논항의 의미역도 모두 구문에서 확정된다. 어휘부의 동사는 사건구조의 기본 참여자역 또는 결합가(valency) 정보를 가지지만 구문의 일부로 통합되어 해석된다. 전체 구조와 의미는 구문을 통해 결정된다.

3.2. 동사와 구문 의미의 불일치와 조화

때로는 구문에서 동사가 제공하지 않은 논항이 추가될 수 있다. 이에 대해 Goldberg(1995 : 52)는 '불일치(mismatch)'라는 용어를 사용했다. Michaelis (2004 : 24)는 불일치를 해결하는 과정을 'coercion'이라는 용어로 설명하였는데 같은 맥락에서 이해할 수 있다. 'coercion'은 어휘적 속성과 구문적 속성이 서로 불일치를 보일 때 불일치적 요소들의 조화과정을 해석해 내는 방식을 의미한다. 다음의 예를 보기로 한다.

(20) John kicked [Bill] the ball.
가. 동사(verb)－'kick' : <kicker(공을 차는 사람), kicked(공)>
나. 구문(construction)－이중타동구문(X Causes Y to Receive Z)
<agent(동작주), ***recipient(수용자)***, patient (피동작주)>
다. 불일치의 해결 과정 : 구문에서 'recipient(수용자)' 논항의 추가

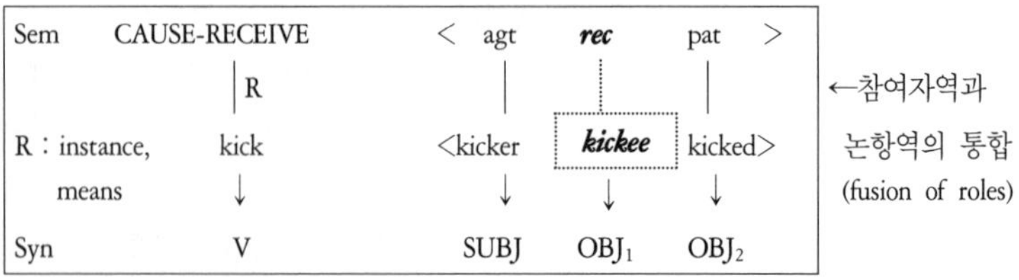

(20다)에서 점선으로 표시된 것은 구문 차원에서 새롭게 추가된 논항을 나타낸다. 원래 동사 'kick'은 어휘차원에서 '(공을 발로) 차는 사람'과 '공'만을 윤곽화한다. 수용자(recipient)는 동사 'kick'의 필수 논항이 아니다. 그러나 구문의 차원에서 볼 때 "John이 Bill에게 공을 차 주었다"라는 의미를 표현하려면 수용자 논항이 필요하다. "John kicked [Bill] the ball"에서 'Bill'이라는 논항이 실현된 것은 구문의 필요에 의해서 추가된 것이다. 화자가 어떤 의도를 가지고 이중타동구문을 선택했을 때 경우에 따라서는 어휘부에 없는 논항도 추가될 수 있다. 이러한 관점에서 보자면 구문문법에서 논항실현의 주체는 동사보다는 구문이다. 동사는 구문의미에 종속된다.[8)]

중국어에도 동사의 참여자역과 구문의 의미가 불일치를 보이는 예들이 적지 않다. 때로는 어휘 층위에서 규정하기 힘든 논항성분이 구문 층위에서 보이는 현상들이 존재한다. 1가 동사가 2개의 논항을 취하기도 하고 2가 동사가 3개의 논항을 취하기도 한다. 이러한 예들은 모두 구문적 필요에 의해서 논항이 추가되었다고 볼 수 있다.

(21) 가. 我 吃了 三个苹果。 陸儉明(2011 : 232)
나. 我 吃了 [他] 三个苹果。
(나는 그에게서 사과 3개를 얻어 먹었다.)

(22) 가. 他 仍 [我] 一個球。 沈家煊(2000 : 291)
(그가 나에게 공을 하나 던졌다.)

---

8) Michaelis(2004 : 25)는 '덮어쓰기 원리(Override Principle)'를 설정하여 구문이 동사의 의미를 통제한다고 주장하였다. 어휘 항목이 의미적으로 통사적 문맥과 양립할 수 없다면 어휘항목의 의미는 그것이 속해있는 구조적 의미에 순응해야 한다.

나. 他 介紹 [我] 一個朋友。

(그는 나에게 친구 하나를 소개했다.)

다. 我 買了 [他] 一件衣服。

(나는 그에게서 옷 한 벌을 샀다)

(23) 가. 張三 跑了 [一身汗]。 (1가 동사 → 2가 동사)

나. 張三 高 [李四] [一個頭]。(형용사 → 3개 논항)

陸儉明(2011 : 234)

(21-23)에서 '[X]'라고 표시된 논항은 동사(형용사)에서 파생되기 보다는 구문적 필요에 의해 추가된 것이다. 이러한 동사와 구문의 상호작용을 통해 논항이 추가되는 과정을 도식화보면 <표 3>과 같다. 지면관계상 <표 3>에서는 (22가)만을 예로 들어 도식화 하였다.

〈표 3〉 "他 仍 [我] 一個球" 구문 도식

Sem	CAUSE-RECEIVE	< agt	***rec***	pat >
	│R	│	┆	│
R : instance, means	仍 ↓	< 他 ↓	*我* ↓	一個球> ↓
Syn	V	SUBJ	OBJ_1	OBJ_2

← 참여자역과 논항역의 통합 (fusion of roles)

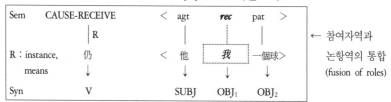

물론 위의 중국어 용례는 자주 사용되지는 않고 일정한 성분 제약도 따른다. 그러나 만약 이러한 상황을 구문적 의미로 기술하면 하나의 특수한 구문이 될 수 있다.

4. 구문의 논항 실현과 화용적 요소의 관계

구문의 논항 구조 실현에 있어서 담화·화용적 요소도 중요한 역할을 한다. 엄밀히 말하면 특수한 구문들이 만들어지게 되는 이면에는 늘 담화·화용적 요인과 관계되어 있다. 구문이 만들어지고 사용되는 데에는 화제(topic)나 초점(focus), 대조, 강조 등과 같은 전형적인 화용적 요인들이 작용을 한다.

4.1. 화용적 요인에 의한 논항 생략

Goldberg(2005)에서는 영어 구문에서 논항이 생략되는 현상에 주목하면서 화용적 요인이 중요한 기제로 설정되어야 한다고 주장한다. 구문은 필요에 따라 동사에서 예측되지 않은 논항이 추가될 수도 있지만 반대로 논항이 생략될 수도 있다. 특히 논항이 생략되는 것은 많은 경우에 화용적 요인과 관계가 된다. 다음의 예를 보기로 하자.

(24) 가.*Pat sneezed [Ø] off the table.
나. Pat sneezed [the napkin] off the table.
(Pat이 재채기를 해서 탁자에서 냅킨을 떨어뜨렸다.)

(25) 가. Pat sneezed [Ø] onto the computer screen.
나. Pat sneezed [mucus] onto the computer screen.
(Pat이 컴퓨터 모니터를 향해 재채기를 했다.)

(24-25)는 공통적으로 "Pat이 재채기를 해서 X를 Y로 이동하게 하였

다"라는 의미를 가진다. 이러한 유형은 '사역이동(Caused-Motion)' 구문으로 분류된다. 사역이동 구문의 의미는 'X Causes Y to Move Z'로 표현된다. 그런데 문제는 (24가)에서는 '냅킨(napkin)'이라는 논항이 생략될 수 없다. (24나)처럼 '피동작주(patient)' 논항이 있어야 자연스러운 문장이 된다. 이에 비해 (25가)에서는 피동작주 논항이 생략되어도 문장이 성립한다. (25가)의 구문에서 피동작주 논항은 재채기를 해서 컴퓨터 스크린으로 이동한 '침, 콧물' 따위가 된다. 이를 굳이 표현한다면 (25나)처럼 '콧물(mucus)'과 같은 명사가 추가된다. 그러나 많은 경우에는 '콧물' 같은 명사는 생략되고 (25가)처럼 사용되는 것이 자연스럽다. 똑같은 사역이동구문이고 똑같은 동사(sneeze)를 사용했는데 (24가)는 어색하지만 (25가)는 자연스럽다.

Rappaport Hovav and Levin(1998 : 108)의 논항 실현 원리(ARP)에 따르면 논항은 반드시 통사부에서 실현되어야 한다. 사건구조를 나타내는 논항은 반드시 통사부에 나타나야지 생략되면 안 된다. 영어의 경우에는 특히 그러하다. 그러나 다음과 같은 예문에서도 필수 논항이 생략될 수 있다.

(26) 가. Pat contributed [Ø] to the United Way.
나. Pat contributed [the money] to the United Way.
(Pat이 United Way에 (돈을) 기부했다.)

(27) 가. Pat donated [Ø] to the United Way.
나. Pat donated [his used clothes] to a charity.
(Pat은 자신이 입던 옷을 자선단체에 기증했다.)

Goldberg(2005)에서는 영어의 사역이동구문의 하위 부류 중에 (A) 신체기관의 물질 따위를 몸 밖으로 배설 또는 방출(emission)하는 의미, (B) 돈이나 물건을 대가 없이 기부하거나 기증하는 의미를 가지는 구문은 논항이 생략될 수 있다고 기술하였다.

(28) X Causes Y to Move Z (Y 논항 생략)
가. Pat sneezed [Ø] onto the computer screen.
(Pat이 컴퓨터 모니터를 향해 재채기를 했다.)
나. Pat vomited [Ø] into the sink.
(Pat이 싱크대에 토했다.)
다. Pat contributed [Ø] to the United Way.
(Pat이 United Way에 기부했다.)

Sem	CAUSE-MOTION	< source	theme	direction >
	│R	│	│	│
R : instance, means	$V_{emission,\ contribution}$	<		>
	↓	↓	↓	↓
Syn	V	SUBJ	[Ø]	OBL

(28)의 구문에서 논항 Y가 생략되는 가장 큰 요인은 담화적 현저성(discourse prominence)이 낮기 때문이다.[9] 담화적 현저성은 문장에서 강조되는 것이나 초점, 사회적 관습 등이 모두 포괄되는 개념이다. 신체 기관의 배설물은 대개 구체적으로 표현되기 보다는 감춰지고 드러나지 않는 경향이 있다. 당연히 담화상에서 강조나 초점이 되지 않는다. 물건을 기증하거나 기부하는 행위도 좋은 의도이지만 물건이나 돈을 드러내기 보다는 감추어 표현하는 것이 사회적 관습에 맞다. 이러한 것을 흔히

9) Goldberg(2005 : 29)에서는 담화적 현저성이 낮은 상황에서의 논항 생략 원리(Principle of Omission under Low Discourse Prominence)라고 하였다.

'공손성(politeness)'라고 말하기도 한다. 담화상에서의 '공손성'은 어휘적 수단을 사용해서 드러내기도 하지만 때로는 숨김으로써 '공손성'을 나타낸다. 여러 가지 존대법은 공손성을 드러내는 대표적인 언어행위이다. 반대로 금기시하고 돌려서 말하는 것은 감춤으로서 공손성을 드러내는 것이다.

4.2. 구문 실현에 화용적 요소의 반영

중국어나 한국어에서의 논항 생략은 영어보다 훨씬 빈번하다. 한국어에서 화제화 되지 않거나 초점이 아닌 주어와 목적어는 자주 생략된다. 예를 들어 "밥 먹었니?"라고 물어볼 때 "아직 안 먹었어."라고 대답하는 것은 아주 자연스럽다. 중국어에서도 담화상에서 이미 알고 있거나 강조될 필요가 없는 성분들은 자주 생략된다.

(29) 가 : 你看過京劇嗎?
　　　당신은 경극을 본 적이 있나요?
　　나 : 沒看過[京劇]。
　　　본 적 없어요.

(30) 가 : 老師給你多少分 ?
　　　선생님이 당신에게 몇 점을 줬어요?
　　나 : [老師] 給我90分。
　　　나에게 90점을 주었어요.

중국어 뿐만 아니라 한국어, 일본어, 헝가리어 등과 같은 여러 언어에서 논항생략 현상은 매우 자주 관찰된다. 이렇게 성분생략이 자유로운 언어에서 논항 실현의 원리를 어휘부와 통사규칙의 연결로만 설명하는 것은 어떻게 보면 비효율적일 수 있다. 굳이 논항생략을 설명하려면 기저구조를 설정하여 기저구조에는 존재하지만 표면구조에서는 통사적으로 실현되지 않는다는 방식으로 설명해야 한다. 그러나 논항이 표면구조에서 드러나지 않은 이유는 통사부 내부보다는 담화화용적 요인과 같은 외부적 요소에 의해 일어난다.

구문문법 이론 틀에서는 논항실현과 생략의 과정을 정보구조나 담화화용적 요인과 연관지어 통합적으로 설명한다. 문장의 화제와 초점, 강조, 사회적 관습, 공손성, 습관 등을 나타내는 여러 가지 담화적 요인이 구문의 논항 실현에 작용한다고 해석한다. 담화적 현저성이 높으면 유표적인 논항 실현이 이루어지지만 담화적 현저성이 낮으면 논항이 생략될 수 있다고 보는 것이다.[10]

이러한 점을 감안하여 구문의 논항 실현 원리를 설명하는 도식에 층위를 하나 더 설정할 수 있다. 예를 들어 (28)에서 "Pat sneezed [Ø] onto the computer screen."과 같은 구문은 화용적 요인의 영향을 받아 논항 실현이 제약받는 것으로 기술할 수 있다.

10) 영어에서도 이미 알고 있거나 초점이 될 필요가 없는 성분들이 생략되는 예들도 많이 있다. 다음의 예가 그러하다.

(a) A tiger only kills [Ø] at night.

(b) The chef chopped [Ø] and diced [Ø] all day.

〈표 4〉 담화적 현저성이 낮은 논항의 생략(Goldberg 2005 : 31)

Prag	$P_{emphasized}$	(non-focal)(politeness)			← 담화 층위
Sem	CAUSE-MOTION	< source	theme	direction >	← 의미 층위
	R				
R : instance, means	$sneeze_{emission}$	<sneezer		goal >	← 어휘 층위
	↓	↓	↓	↓	
Syn	V	SUBJ	[Ø]	OBL	← 통사 구조

위에서 보는 바와 같이 논항실현의 세 가지 층위가 설정되어 있다. (A)어휘 층위 : 동사의 어휘개념구조와 참여자역을 윤곽화한다. (B)통사 · 의미층위 : 구문의 논항을 통사적으로 실현한다. (C) 담화 · 화용적 층위 : 화제, 초점, 강조, 사회적 관습 등을 반영한다. 이렇게 어휘층위와 통사층위와 담화층위가 상호작용을 하여 구문의 논항실현을 결정한다. 이를 간단히 요약하면 다음과 같다.

(가) 구문문법은 '어휘 층위, 통사 층위, 의미 층위, 담화 층위'를 모두 고려한다.
(나) 구문의 논항 실현은 어휘 요소와 구문요소 및 담화적 요소가 상호 작용하여 완성된다. 구문은 '일치의 원리(The Correspondence Principle)'를 따른다.
(다) 구문은 담화적 현저성을 높이기 위해 논항 성분들을 주제화, 초점화 등의 방법을 통해 부각시킬 수 있다.
(라) 구문은 담화적 현저성을 낮추기 위해 논항 성분들을 가리거나(shadow)거나 생략할 수 있다. 구문은 담화적 현저성이 약화된 상황에서의 생략원리(The Principle of Omission under Low Discourse Prominence)를 따른다.

요컨대 구문문법 이론은 통사론과 의미, 화용론을 엄격하게 구분하지 않는다. 가급적 하나의 문법 모델 안에 어휘, 통사, 화용적 요소를 모두 기술해 내는 것이 목표이다. 과연 수많은 화용적 원리까지 문법 체계 안에 다 담아낼 수 있을지는 의문이지만 기본적인 방향은 통합적인 문법 모델을 구축하는 것이다. 그러나 현재로서는 담화/화용적 요소는 일부만 구문에 반영하고 있다. 왜냐하면 모든 담화/화용적 요소를 형식화하기는 현실적으로 불가능하기 때문이다. 아직까지는 화제화나 초점, 대조, 강조 등과 같은 비교적 기술하기 쉬운 요인들을 구문 실현에 반영하고 있다. 이러한 측면에서 보자면 구문문법은 하향식(Top-down) 문법 기술이 아니라 상향식(Bottom-up) 문법 기술 방식을 취하는 이론이다. 그리고 철저히 경험과 용례에 기반해서 규칙을 귀납해 내는 '용례 기반 모델(Usage-based Model)'이다.[11)]

5. 중국어 구문의 분석 방법－이중타동구문을 중심으로

본장에서는 구문문법 관점에서의 중국어 구문 분석 실례를 보기로 한다. 선행 연구들을 종합해서 볼 때 중국어 구문 분석에 구문문법 이론을 적용한 연구는 대개 '특수구문'이라 불리는 것이 많다. 유형별로 보면 '이중타동구문', '존현문', '把-구문', '결과보어구문', '사동문'이 두드러진다. 이 유형 중에서 이 글에서는 지면관계상 '이중타동구문(V+NP_1+

11) Jeremy K. Boyd and Adele E. Goldberg(2011)에서는 사람들이 어떻게 구문의 의미를 습득해 가는지를 흥미롭게 다루고 있다. 이 연구에서는 사람들이 철저히 입력(Input)된 언어 지식에 기초해서 규칙을 만들어 나간다는 것을 실험을 통해 증명해 보이고 있다. 그리고 규칙과 추론은 이미 경험하고 받아들인 용례를 통해 만들어진다고 하였다. 이 밖에도 용례-기반 모델에 대해서는 Goldberg(2006 : 215)를 참고할 수 있다.

NP₂)'을 중심으로 중국어 구문의 특징을 살펴보기로 하겠다.

5.1. 수여 의미와 획득 의미

이중타동구문(ditransitive construction)은 타동성의 관점에서 정의할 때 두 개의 논항에 타동성이 부여되는 구문이다. 일반적으로 단항타동구문(monotransitive construction)에서는 동작주(agent : A)가 하나의 피동작주(patient : P)에게 영향력을 행사한다. 이에 비해 이중타동구문에서는 동작주가 두 개의 논항에 영향력을 행사한다. 중국어에서도 일부의 동사는 이중타동구문으로 사용되어 두 개의 논항에 영향력을 행사하는 사건구조를 가질 수 있다. 편의상 사건구조의 참여자를 '동작주(A)', '수용자(recipient : R)', '객체(theme : T)'라고 하면 이들 사이에는 일종의 소유물의 전이(transfer)가 일어난다. 그런데 중국어는 전이의 방향이 쌍방향적이다. 하나는 수여구문에서처럼 동작주가 객체를 수용자에게 전달하는 '우향전이(右向轉移)' 사건구조이고 다른 하나는 동작주가 다른 사람에게서 소유물을 가져오는 '좌향전이(左向轉移)' 사건구조이다. 다음의 예문을 보자.

(31) 老師 給 我 一本書 了。 (수여)
(선생님이 나에게 책 한 권을 주셨다.)

(32) 他 告訴 我 一个好消息 了。 (수여)
(그가 나에게 좋은 소식 하나를 알려주었다.)

(33) 他 偸了 我家 一輛自行車。 (획득)
(그가 우리 집에서 자전거 한 대를 훔쳤다.)

(34) 我 收 了 他 一百塊錢。 (획득)
(내가 그에게서 100원을 받았다.)

위에서 보는 바와 같이 중국어 이중타동구문의 의미는 다양하다. 특히 객체(T)의 전달이 양방향으로 이루어진다는 특징이 있다. 영어의 이중타동구문의 중심 의미가 '수여(Agent Causes Recipient to Receive Theme)'인 것과 달리 중국어는 '획득(Agent Receives Theme from Source)'의 의미를 가지기도 한다.12) 전달의 방향 면에서 전자를 '우향전이(X→Y)'라고 한다면 후자는 '좌향전이(X←Y)'이다.

범언어적으로 볼 때 소유물이 '우향전이'되는 수여구문은 보편적으로 관찰된다. 그러나 소유물이 '좌향전이'되는 이중타동구문이 사용되는 언어는 상대적으로 적다. 특히 중국어와 같이 이중목적어 구문의 형태로 표현되는 언어는 더욱 적다. 영어를 비롯한 독일어, 프랑스어, 스페인어, 러시아 등에서도 좌향전이 이중목적어 구문은 존재하지 않는다. 세계의 언어 중에 Jaminjung 언어와 Emai 언어 등과 같이 드물게 좌향전이 이중타동구문이 관찰되기는 하지만 동사의 종류가 중국어만큼은 다양하지 않다.13)

구문문법 관점에서 중국어의 이중타동구문을 고찰한 연구를 보면 '수여'와 '획득'의 의미를 어떻게 이해할 것인가가 논의의 쟁점이 된다. 張伯江(1999)은 중국어 이중타동구문이 비록 '획득'의 의미를 가지고 있지만 이것은 '수여'의 의미에서 파생되어 나온 것이라고 하였다. '획득'은 환유의 기제를 통하여 전달의 방향성이 바뀐 것뿐이라고 하였다. 宋文

12) 이중타동구문의 의미에 대한 설정은 Goldberg(1995 : 142)를 기초로 하였다.
13) Malchukov et al.(2010 : 55) 참조.

輝・閻浩然(2007)도 사용빈도의 측면에서 수여의 의미가 획득의 의미보다 높기 때문에 중심 의미는 '수여'의 의미로 보는 것이 낫다고 주장하였다.

그러나 張國憲(2001), 石毓智(2004), 陸儉明(2011), 김보영(2012) 등에서는 중국어의 이중타동구문은 수여와 획득의 의미를 모두 가진다고 보았다. 획득의 의미가 수여의 의미에서 파생되어 나왔다는 증거는 없다는 것이다. 오히려 중국어 이중타동구문의 중심의미는 '수여'나 '획득'을 포괄하는 '성공적인 전달(transfer)'에 있다고 주장했다. 필자도 이러한 주장이 합리적이라고 생각한다. 그 근거로 다음의 몇 가지를 들 수 있다.

첫째, 역사적으로 볼 때 중국어는 '수여' 의미 이외에 '획득'의 의미를 가지는 이중타동구문이 자주 관찰된다. 張國憲(2001)은 고대중국어에서 '동사+간접목적어+직접목적어' 구문이 수여와 획득의 의미를 포함한다고 하였다.[14] 일부의 동사는 '수여'의 의미로 해석될 수도 있고 '획득'의 의미로도 해석될 수 있다. 예컨대 고대중국어 동사 '受'는 '주다/받다'의 의미를 모두 가진다. '假'도 문맥에 따라 '빌리다', '빌려주다'의 의미를 나타낼 수 있다고 하였다(石毓智, 2004). 이렇게 보자면 고대중국어의 이중타동구문에서 'X'와 'Y' 사이에 'Z'라는 물건이 전달되는 과정이 쌍방향성을 가지는 경향이 있다. 그 방향성이 '수여'가 되기도 하고 '획득'이 될 수도 있다. 張國憲(2001 : 517)이 주장한 대로 '수여'와 '획득'의 의미를 엄밀히 구분하기 힘든 경우도 있다. 따라서 중국어 이중타동구문의 중심의미를 '수여' 만으로 설정하는 것은 타당하지 않다.

14) 張國憲(2001 : 515)에서는 '획득'의 의미를 나타낼 때 '동사+간접목적어+직접목적어' 구문을 전형적으로 사용한다고 하였다. 이에 비해 '수여'의 의미는 '동사+직접목적어+간접목적어' 어순을 취하기도 한다. 중국어 일부 방언에서도 '수여' 의미는 직접목적어가 앞에 오는 경향이 있다. 그러나 취득의 의미는 주로 '동사+간접목적어+직접목적어' 어순만을 사용한다.

둘째, 현대중국어에도 '수여'와 '획득'으로 모두 해석될 수 있는 동사들이 있다는 점이다. 다음의 예를 보자.

(35) 가. 我 借了 他 一本書。 (X→Y (수여) X←Y(획득))
나. I borrowed him a book. (X→Y (수여))
(36) 가. 我 租了 他 一間房子。 (X→Y (수여) X←Y(획득))
나. I rented him a room(house). (X→Y (수여))

(35-36)에서 중국어 동사는 'X가 Y에게 빌려주다'의 의미를 가지기도 하고 'X가 Y에게서 빌리다'의 의미를 가지기도 한다. 그러나 영어는 동일한 구문에서 수여의 의미('borrow', 'rent')만을 나타낸다. 한국어 동사도 기본의미는 쌍방향성을 가지지만 구문에서 실현될 때는 '에게'와 '에게서'와 같은 조사나 '-어주다' 등의 보조용언을 통해 수여와 획득을 구분한다. 이에 비해 중국어는 동일한 구문이 두 가지 의미를 모두 가질 수 있다.

셋째, 중국인들을 대상으로 한 언어 인지 실험을 통해서도 '수여'의 의미가 '획득'의 의미보다 우위에 있다는 증거는 없다. 예를 들어 김보영(2012 : 30)에서는 중국인들을 대상으로 "S+V(동사)+NP_1(간접목적어)+NP_2(직접목적어)"구문에 대한 이해도를 조사하였는데 그 결과 '수여'와 '획득'의 의미는 대등한 수준으로 나타났다.15)

15) 김보영(2012)의 실험은 대학 학력을 가진 중국어 모어화자 20명을 대상으로 실시한 것이다. 통계학적으로 실험설계가 잘 된 20개 이상의 자료는 충분히 참고할 만한 가치가 있다. 다만 이 연구에서 Type과 Token에 대한 해석이 불명확하다고 판단되어 부록의 통계자료를 참고하여 다소 수정하였다.

〈표 5〉 이중타동구문에 사용될 수 있는 동사에 대한 인지 실험

설문 문항		
구문	다음 구문에 들어갈 수 있는 동사 10개를 써보시오. : **S** + **V**(동사) + **NP**$_1$(간접목적어)+**NP**$_2$(직접목적어) 예) “張三 ( ) 李四 什麽東西。”	
응답 결과		
유형	수여류 동사	획득류 동사
동사 유형(Types)	19개	20개
총빈도(Tokens)	61	84
평균	3.05	4.2

위의 표에서 보이듯이 중국인 모어 화자를 대상으로 이중타동구문에 사용될 수 있는 동사의 유형을 조사한 결과 수여류 동사가 19개, 획득류 동사가 20개이다. 획득류 동사의 비율이 결코 적지 않다. 이 결과에 근거할 때 중국어 모어 화자들이 이중타동구문에서 ‘수여’ 의미뿐만 아니라 ‘획득’의 의미를 중요하게 생각한다고 추정할 수 있다.

5.2. 중국어 이중타동구문의 구문 의미

중국어는 공시적 증거와 통시적 증거를 통해 볼 때 이중타동구문의 의미를 높은 층위에서 설정할 필요가 있다. 영어처럼 단순히 ‘수여’의 의미에서 파생된다고 보는 것은 문제가 있다. 張國憲(2001), 石毓智(2004), 陸儉明(2011)의 관점처럼 ‘획득’의 의미도 중요한 자질로 포함시켜야 한다.

중국어 이중타동구문의 구문적 의미를 규정할 때 두 가지 측면을 생각해야 한다. 첫째는 “S+V+NP$_1$+NP$_2$” 구문에서 술어동사 ‘V’가 나타내는 의미가 무엇인지에 대한 문제이다. 술어동사의 의미를 고려한다면 중국어 이중타동구문은 ‘쌍방향적인 전달’이 타당하다. 중국어 이중타동

구문은 '쌍방향적인 전달'을 핵심의미로 설정하고 그 하위에 수여 구문과 획득 구문으로 나누어진다. 두 번째로 고려해야 하는 것은 "S+V+NP_1+NP_2" 구문에서 논항간의 의미 관계이다. 이중타동구문에서 'NP_1'과 'NP_2'의 관계는 소유권의 이동과 밀접한 관련을 가진다. '수여'의 의미에서는 주어로 실현되는 동작주가 간접목적어인 'NP_1'에게 소유권을 이전하는 의미가 있다. 'NP_2'는 소유물이다. 반대로 '획득'의 의미에서는 소유물 'NP_2'가 동작주에게로 넘어온다. 즉 논항 간에는 '소유관계의 변화'가 일어난다. 朱德熙(1982 : 117-119)와 陸儉明(2011 : 235)에서도 'NP_1'과 'NP_2' 사이에는 소유관계가 있다고 했다. 그리고 이중타동구문을 통해 소유물이 다른 소유주에게로 전달된다는 의미를 나타낸다.

(37) 가. 買了他一所房子。 (그에게서 집을 한 채 샀다.)
나. 買了他的一所房子。

(38) 가. 偸了我一張郵票。 (나에게서 우표를 한 장 훔쳤다.)
나. 偸了我的一張郵票。

(39) 가. 收了你兩百塊錢。 (너에게서 200원을 받았다)
나. 收了你的兩百塊錢。 朱德熙(1982 : 118)

이러한 것을 종합하면 중국어 이중타동구문은 'X와 Y사이에 소유물 Z의 성공적인 전달과 소유권의 이전'이라는 의미로 설정할 수 있다. 전달과 소유권의 이전 방식은 'X→Y'의 방향으로 이루어질 수도 있고 'X←Y'의 방향으로 이루어질 수 있다. 구문문법적 관점에서 이 두 유형의 구문은 각각 상위 구문에서 하위 구문으로 나누어진다. 이를 도식화해 보면 다음과 같다.

(40) 중국어 이중타동구문 : X와 Y사이에 Z가 전달됨.
(X Causes Y to Transfer Z)
가. X가 Y에게 Z를 수여함.(X Causes Y to Receive Z)
나. X가 Y에게서 Z를 획득함.(X Receives Z from Y)

〈표 6〉 중국어 이중타동구문의 구문 도식

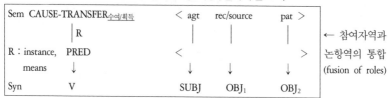

Sem	CAUSE-TRANSFER수여/획득	< agt	rec/source	pat >
	│R	│	│	│
R : instance, means	PRED	<		>
	↓	↓	↓	↓
Syn	V	SUBJ	OBJ_1	OBJ_2

← 참여자역과 논항역의 통합 (fusion of roles)

위의 도식은 Goldberg(1995)에서 영어의 이중타동구문을 'CAUSE-RECEIVE'라고 분석한 것과 다르다. <표 6>에서는 상위 구문의 의미가 'CAUSE-TRANSFER'로 설정되었다. 여기에서 '전달(transfer)'은 '소유물의 전달'과 '소유권의 이전'이라는 의미가 내포되어 있다. 그리고 전달의 방향은 쌍방향적이다. 이와 관련하여 김보영(2012 : 51)은 중국어 이중타동구문 내부의 다양한 종류의 구문들을 서로 연결시키는 도식을 제시하였다. 그는 이중타동구문의 중심 의미를 '쌍방향적인 전달'로 설정하고 그 하위에 수여 구문과 획득 구문을 설정하였다. 그리고 각각 하위 구문을 구체적인 물건을 전달하는 수여 구문, 추상적인 정보를 전달하는 구문, 호칭의 전달하는 구문, 정당한 방법으로 획득하는 구문, 상대방에게서 강제로 탈취하는 구문 등으로 나누었다. 이러한 이중타동구문간의 연결 작업은 국내에서는 최초로 시도되었다는 측면에서 의의가 있다고 판단된다.

5.3. 비전형적인 중국어 이중타동구문의 논항 실현

중국어 동사 중에는 이중타동구문으로 사용되는 것과 그렇지 않은 것이 있다. '주다(給)'는 이중타동구문으로 사용되는 가장 전형적인 동사이다. 수여류 이외에 취득류 동사 중에서 '훔치다(偷)', '빼앗다(搶)' 등도 이중타동구문에 사용된다. 그러나 이러한 동사 이외에도 필요에 따라 이중타동구문으로 사용되는 비전형적인 동사들이 있다. 아래의 (41-42)가 전형적인 이중타동구문인 반면 (43-44)는 비전형적인 이중타동구문이다.

(41) 我給了他三個蘋果。 전형적(수여)
(나는 그에게 사과 3개를 주었다.)

(42) 我偷了他三個蘋果。 전형적(획득)
(나는 그에게서 사과 3개를 훔쳤다.)

(43) 我吃了他三個蘋果。 비전형적(획득)
(나는 그에게서 사과 3개를 얻어 먹었다.)

(44) 我拿了他三個蘋果。 비전형적(획득)
(나는 그에게서 사과 3개를 가져왔다.)

(41-42)는 현대중국어에서 자주 사용되는 이중타동구문이지만 (43-44)는 자주 사용되지 않는 이중타동구문이다. (43)에서 '먹다(吃)'는 일반적으로 목적어를 하나만 취하는 동사인데 '$V+NP_1+NP_2$'형식으로 사용되었다. (44)의 '가지다(拿)'도 일반적으로 목적어를 하나만 취하는 동사인데 2개의 목적어가 출현하였다.

朱德熙(1982)과 陸儉明(2011)에서는 이러한 구문들을 '취득류' 이중목적어 구문이라고 하였다. 그런데 이러한 구문들은 일정한 통사적·의미적 제약을 가진다. 다음의 예를 보자.

(45) 我買了他一所房子。
(내가 그에게서 집 한 채를 샀다.)

(46) 他收了你兩百塊錢。
(그가 너에게서 200위엔을 받았다.)

이들의 문장구조는 'V+NP_1+NP_2' 형식을 취하는데 이 때 'NP_1'은 사람을 가리키는 유정명사가 대부분이다. 'NP_2'는 수량명사구조를 취해야 한다. 또한 취득류의 의미를 나타내는 'V+NP_1+NP_2' 구조에서 'NP_1'과 'NP_2'는 소유관계(領屬關係)를 가져야 한다. 'NP2'는 반드시 'NP_1'이 소유하고 있거나 소유물의 일부분이 되어야 한다. 陸儉明(2011 : 236)에서는 이러한 구조를 '(總共/一共)V+NP_1(指人與事)+NP_2(數量名結構)'라고 하였다.

취득류 이중타동구문은 목적어가 1개인 타동문으로 바꾸어 표현할 수도 있다. 그러나 이렇게 형식을 바꾸어 표현할 경우 의미 초점이 달라진다. 예를 들어 "누구(NP_1)에게서 물건(NP_2)을 훔치다"라는 의미와 "누구(NP_1)의 물건(NP_2)을 훔치다"라는 의미는 같지 않다. 중국어에서도 취득류 이중목적어 구문을 'V+[NP_1+的+NP_2]'로 바꾸어 표현하면 의미가 달라진다. 그러나 이렇게 표현할 경우 그 전달하는 의미가 다를 수 있다.

(47) 小偷 偷了 [王老師]NP_1 [一幅畫]NP_2。
<신정보, 초점>
(도둑이 왕 선생님에게서 그림 하나를 훔쳤다.)

(48) 小偸　偸了［一幅王老師的畵]NP_1。
　　　　　<신정보, 초점>
　　(도둑이 왕 선생님의 그림 하나를 훔쳤다.)

(47)에서는 도둑이 왕선생님에게서 그림 하나를 훔쳐갔다는 것을 나타낸다. 이 문장의 초점은 왕선생님이 그림 하나를 도둑 맞았다는 데에 있다. 그러나 이에 비해 (48)는 왕선생님의 그림을 훔쳤다는 의미이고 그 초점은 왕선생님의 그림에 놓인다. '的'자구로 연결된 명사구는 소유를 나타내기도 하고 직접 그린 작품이라는 의미를 내포하기도 한다. 만약 왕선생님이 화가라면 작품의 창작자를 가리킨다. 도둑이 박물관에서 훔쳤을 수도 있고 김선생님 집에 소장된 왕선생님 그림을 훔쳤을 수도 있다. 따라서 (47)과 (48)는 전달하고자 하는 의미의 초점도 다르기 때문에 별개의 구문으로 볼 수 있다.[16)]

이상의 통사적·의미적 특징을 고려하면 취득류의 이중타동구문은 "행위자가 'NP_1'로부터 'NP_2'를 획득한다"라는 구문적 의미를 나타낸다. 이러한 구문에 자주 사용되는 동사는 취득의 의미가 비교적 명확한 동사들이다. 그러나 일부의 동사들은 '취득'의 의미가 없음에도 불구하고 사용되기도 한다. 구문문법적 시각에서 보자면 이러한 이중타동구문은 특수한 구문적 필요에 따라 사용된다고 할 수 있다. 다음을 보기로 하자.

(49) 我吃了［他］三個蘋果。
　　(그에게서 사과 3개를 얻어 먹었다.)

16) 구문의 종류와 소유관계의 차이에 대해서는 陸儉明(2011 : 239)을 참조하기 바람.

가. 동사(verb)－'吃' : <먹는 사람, 먹는 대상>

나. 구문(construction)－이중타동구문(X Causes Y to Transfer Z)
<agent(동작주), ***source(근원)***, patient(피동작주)>

다. 불일치의 해결 과정 : 구문에서 'source(근원)' 논항의 추가

〈표 7〉 "我吃了他三個蘋果"의 논항실현 과정

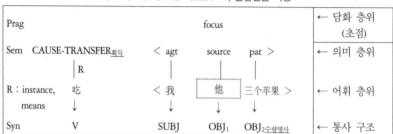

Prag			focus		← 담화 층위 (초점)
Sem	CAUSE-TRANSFER획득	< agt	source	pat >	← 의미 층위
	│R	│	│	│	
R : instance, means	吃 ↓	< 我 ↓	他 ↓	三个苹果 > ↓	← 어휘 층위
Syn	V	SUBJ	OBJ$_1$	OBJ$_2$수량명사	← 통사 구조

<표 7>에서 점선으로 표시된 '他'는 구문 차원에서 새롭게 추가된 논항을 나타낸다. 원래 동사 '吃'는 어휘 차원에서 '(음식을) 먹는 사람'과 '먹는 대상'만을 윤곽화한다. '근원(source)'는 동사 '吃'의 필수 논항이 아니다. 그러나 구문의 차원에서 볼 때 "내가 그에게서 사과 3개를 (얻어) 먹었다"라는 의미를 표현하려면 하나의 논항이 더 필요하다. "我吃了[他] 三個蘋果"에서 '他'라는 논항이 실현된 것은 누구에게서 사과를 얻어 먹었는지를 나타내기 위해서이다. 화자가 일정한 의도를 가지고 이중타동구문을 선택했을 때 경우에 따라서는 어휘부에 없는 논항도 추가될 수 있다. 이러한 관점에서 보자면 구문문법에서 논항실현의 주체는 동사보다는 구문이다. 동사는 구문의미에 종속된다.

5.4. 이중타동구문 표현 형식의 확장

중국어 이중타동구문의 전달 의미는 다른 형식을 통해서도 표현될 수 있다. 예를 들어 'V+給' 결과보어 구문이나 전치사 구문으로 나타낼 수 있다. 그러나 술어동사에 따라 교체가 가능하기도 하고 불가능하기도 하다.

(50) 가. 送她一件衣服。 (그녀에게 옷 한 벌을 보내다.)
나. 送給她一件衣服。(그녀에게 옷 한 벌을 보내주다.)
다. *給(*向)她送一件衣服。

(51) 가. 借他一本書。 (그에게 책 한 권을 빌리다).
나. 借給他一本書。 (그에게 책 한 권을 빌려주다.)
다. 向(*給)他借一本書。

이러한 구문 교체 현상과 관련해서는 이미 중국어학계에서 많은 논의가 이루어졌다. 朱德熙(1982)의 '給'구문 변환 분석 연구를 비롯하여 顧陽(1999), 周長銀(2000), 沈陽(2002) 등의 중국학자 뿐만 아니라 박정구(1995), 최규발(2000), 전기정(2003)과 같은 국내 학자들도 '給'구문의 교체 현상의 의미와 기능에 대해 논하고 있다.[17] 이들 연구의 주요 관심은 중국어 이중타동구구문과 관계가 되는 'V+NP_1+NP_2', '[V+給]+NP_1+NP_2', '給+NP_1+V+NP_2', 'V+NP_1+給+NP_2' 구문 유형의 특징과 차이점을 밝히는 것이었다. 중국어 이중타동구문이 통사적으로 구별된 형식을 가지는 것은 당연히 의미나 화용적 기능의 차이를 유발한다. 예를 들어 'V+給' 동보 복합어를 사용한 구문은 일반적인 이중타동구문에 비해 전달의

17) 전기정(2003 : 166-182)에서 재인용함.

결과가 더 부각된다. 이러한 유형으로 사용될 수 있는 동사는 수여 의미가 있는 구문으로 제한된다. 획득 의미의 구문은 'V+給' 동보 복합어 구문을 사용할 수 없다.

유형학적으로 볼 때 이중타동구문의 통사적 표현 형식은 중립정렬(이중목적어구문), 간접정렬(여격구문), 부차정렬(secundative), 연속동사 구문(serial verb construction), R-T 명사화(소유주-소유물 명사화) 형식[18] 등과 같이 다양하다. 이 중에 중국어의 이중타동구문에서 나타날 수 있는 통사적 표현 형식으로는 아래의 세 가지를 들 수 있다.

(가) 중립정렬과 이중목적어 구문

他	偷 了	別人	很多東西。
NP_1	V *asp*	NP_2	NP_3
그가	다른 사람에게서 많은 물건을 훔쳤다.		

(나) 간접정렬과 여격구문(사격구문)

他	向 別人	偷 了	很多東西。
NP_1	P-NP_2	V *asp*	NP_3
그가	다른 사람에게서 많은 물건을 훔쳤다.		

(다) 단항정렬과 R-T 명사화 구문

他	偷 了	別人 的 (很多)東西。
NP_1	V *asp*	[NP_2 *genitive* NP_3]
그가	다른 사람의 (많은) 물건을 훔쳤다.	

18) 이 글에서는 Margetts and Austin(2007)과 Malchukov et al.(2010)의 관점에 따라 넓은 의미에서 R-T 명사화 구문도 이항타동사건을 나타내는 통사적 표현 형태로 보고 이를 연구 범위에 포함시켰다. Malchukov et al.(2010 : 15)에 따르면 러시아 북부 Nganasan 언어, 시베리아 북부 Even 언어가 이러한 유형에 속한다고 보았다.

구문 문법적 관점에서 볼 때 중국어 이중타동구문과 여격 구문 등은 통사 형식이 다르므로 의미적 차이도 다르다. 통사 형식이 다르면 의미나 화용적 차이를 유발한다. 그러나 그 역은 꼭 참이라고 할 수 없다. 즉, 의미/화용적 차이가 있다고 해서 항상 통사 형식이 구별되어 쓰이는 것은 아니다. 다른 통사 형식의 정보구조(화제, 초점, 대조 등)는 다를 수 있지만 그렇다고 모든 화용적 요소를 표현하기 위해 통사 형식을 무한히 만들어 낼 수는 없다. 언어는 경제성의 원리를 추구함과 동시에 최대 표현의 원리를 추구한다. 경제성의 원리와 최대 표현의 원리는 늘 줄다리기를 한다. 어떤 경우에는 경제성의 원리가 더 강하게 작동하여 최소한의 언어 형식을 유지하지만 어떤 경우에는 최대 표현의 원리가 강하여 다양한 표현 형식으로 사용되기도 한다.[19] 그러나 원심력과 구심력이 균형을 이루어 회전하는 물체가 바깥으로 튕겨나가지 않는 것처럼 최대 표현의 원리와 경제성의 원리는 일정한 균형을 유지한다. 또한 물체가 힘의 작용역에 따라 작은 원을 그리기도 하고 큰 원을 그리기도 하는 것처럼 언어별로 표현 형식이 단순하기도 하고 다양하기도 하다.

중국어 이중타동구문과 다른 구문의 교체 현상도 이러한 관점에서 볼 수 있다. 예를 들어 중국어 '보내다(送)', '가르치다(教)', '묻다(問)', '빌리다(借)' 등의 동사는 이중타동구문과 'V+給' 구문 두 가지가 사용될 수 있다. 그러나 동사에 따라 선호되는 형식이 다르다. 'X가 Y에게 Z를 전달하다'의 의미를 나타낼 때 '가르치다(教)', '묻다(問)'는 이중타동구문($V+NP_1+NP_2$)이 선호된다. 이에 비해 '빌리다(借)'가 수여의미로 해석될

19) 구문의 최대 표현이 원리와 경제성의 원리는 Goldberg(1995 : 67-68)를 참고함. 그리고 정보구조와 문장 형식에 대한 논의는 Lambrecht(고석주 외 譯, 2000)을 참고함.

때는 'V+給' 구문(V+給+NP_1+NP_2)의 사용비율이 높고 획득의 의미를 나타낼 때는 이중타동구문이나 여격구문의 사용비율이 높다. 이처럼 동사에 따라 다양한 형식으로 표현되기도 하고 최대한 경제적으로 한 가지 형식에 치우쳐 사용되기도 한다. 물론 다른 통사 형식이 사용되면 의미 화용적 차이가 존재한다. 그러나 의미적 차이를 구별하기 위해 모든 동사가 균등한 비율로 통사 형식을 취하는 것은 아니다. 실제 언어 사용의 측면에서는 어느 한 가지 형식이 선호되는 경향이 있다. 이러한 경향은 중국어 코퍼스 관찰을 통해서 관찰할 수 있다. 아래의 표를 보기로 하자.

〈표 8〉 중국어 이중타동구문과 다른 구문의 사용비율

동사 의미	문형	구문유형	사용빈도	비율
보내다(送)	V+(NP_1)+(NP_2)	Ditransitive	680	0.76
	[V+給]+NP_1+(NP_2)	Ditransitive	218	0.24
	P+NP_1+V+NP_2	Dative	0	0.00
가르치다(教)	V+(NP_1)+(NP_2)	Ditransitive	261	0.92
	[V+給]+NP_1+(NP_2)	Ditransitive	24	0.08
	P+NP_1+V+NP_2	Dative	0	0.00
묻다(問)	V+(NP_1)+(NP_2)	Ditransitive	2156	0.99
	[V+給]+NP_1+(NP_2)	Ditransitive	0	0.00
	P+NP_1+V+NP_2	Dative	29	0.01
빌리다(借)	V+(NP_1)+(NP_2)	Ditransitive	61	0.46
	[V+給]+NP_1+(NP_2)	Ditransitive	52	0.39
	P+NP_1+V+NP_2	Dative	20	0.15
훔치다(偷)	V+(NP_1)+(NP_2)	Ditransitive	10	0.77
	[V+給]+NP_1+(NP_2)	Ditransitive	0	0.00
	P+NP_1+V+NP_2	Dative	3	0.23
빼앗다(搶)	V+(NP_1)+(NP_2)	Ditransitive	18	0.72
	[V+給]+NP_1+(NP_2)	Ditransitive	0	0.00
	P+NP_1+V+NP_2	Dative	7	0.28

위의 표는 중국어 코퍼스에서 '$V+NP_1+NP_2$', '[V+給]$+NP_1+NP_2$', 'P(=給, 向, 和, 跟)$+NP_1+V+NP_2$'의 사용빈도를 조사한 것이다.[20] 초보적인 분석 결과에 따르면 이중타동구문이 선호되는 동사도 있고 여격구문이 선호되는 동사도 있다. 모든 동사에서 균등한 비율로 교체되지는 않는다. 이를 통해 중국어 동사별로 어느 정도 선호되는 구문이 정해진다는 것을 알 수 있다.[21]

(52) 가. 借他一本書。
　　나. 借給他一本書。　　(수여) ← 선호됨
　　다. 向他借一本書。　　(획득) ← 선호됨

(53) 가. 教他使用方法。　　(수여) ← 선호됨
　　나. 教給他使用方法。
　　다. *向他教使用方法。

(54) 가. 搶他一塊肉。　　(획득) ← 선호됨
　　나. *搶給他一塊肉。
　　다. 向他搶一塊肉。

Gries and Stefanowitsch(2004)에 따르면 영어에서도 이중타동구문과 'to' 여격구문(to-dative construction) 사이에 비대칭성이 보인다고 하였다. 소위 이중타동구문과 여격 구문의 교체 현상이 상당히 관습적이고 동사

20) 이 글에서는 북경대학 CCL코퍼스에서 문학작품만을 대상으로 그 사용빈도와 비율을 계산하였다. 코퍼스 통계 분석에 대해서는 추후의 연구에서 자세히 검토하고 논의할 예정이다.

21) 선호도는 중국어 코퍼스의 사용빈도와 비율에 기초한 것이므로 절대적인 것은 아니다. 사용비율이 높다고 하여 절대적으로 선호되는 구문이라는 필연성은 없다. 그러나 일정한 경향성을 보여준다는 측면에서 이해할 수 있다.

의존적이라고 하였다. 따라서 구문문법 이론을 적용할 때 의미별로 묶을 수도 있지만 때로는 동사별로 구체적으로 표현할 필요도 있다. Gries and Stefanowitsch(2004)는 일종의 관습적 결합 방식인 '연어(collocation)'의 개념을 구문과 결합하여 '연어구문(collostruction)'이라는 용어를 사용하였다. 이론적으로는 하나의 두 가지 형식이 가능하지만 실제로는 대개 한 형식이 선호된다.

(55) 가. John told me the news. ← 선호됨
나. ?John told the news to me.
(John이 나에게 그 소식을 알려 주었다.)

(56) 가. ?John brought Mary the book.
나. John brought the book to Mary. ← 선호됨
(John이 그 책을 Mary에게 가져다 주었다)

Gries and Stefanowitsch(2004)는 동사와 구문의 사용이 상당히 관습적이고 언어 특정적이라는 가정 하에 실제 영어 코퍼스를 사용하여 통계 분석하였다. 결과적으로 많은 동사별로 어느 한 구문에 높은 선호도를 보인다.

〈표 9〉 영어 동사의 이중타동구문과 여격 구문 사용비율

이중타동구문 선호		
	이중타동	여격
tell	0.98	0.02
teach	0.94	0.06

To-여격 구문 선호		
	이중타동	여격
bring	0.08	0.92
pass	0.06	0.94

위의 표에 제시된 동사 중에서 'tell', 'teach'은 이중타동구문을 사용

되는 비율이 매우 높다. 반면에 여격 구문으로 사용되는 비율은 매우 낮다. 그러나 동사 'bring', 'pass'는 이중타동구문으로 사용되는 비율이 매우 낮고 여격구문으로 사용되는 비율이 매우 높다.[22] 이러한 동사들은 상당히 관습적으로 한 구문을 선호한다. 물론 의미적 차이를 나타내기 위해 두 가지 구문을 모두 사용할 수는 있지만 빈도를 조사하면 확실히 어느 한 구문에 편중되어 있다. 이러한 비대칭성은 이중타동구문과 여격 구문의 교체가 아무런 제약없이 자유롭게 일어나지 않음을 보여준다. 또한 이는 동일한 기저구조에서 자유롭게 파생되지 않는다는 구문문법적인 관점을 지지하는 증거로 활용되기도 한다.[23]

이중타동구문과 관계된 다양한 표현 형식은 언어 유형학적인 관점에서도 비교할 필요가 있다. 언어 유형학적으로 볼 때 이중타동구문의 통사적 실현 양상은 매우 다양하다. 어떤 언어에서는 이중타동구문으로 사용될 수 있는 것이 1~2개의 동사에 불과하지만 어떤 언어에서는 수십 개의 동사가 이중타동구문으로 사용될 수 있다. 'A'라는 언어에서는 이중타동구문으로 사용될 수 있지만 'B'라는 언어에서는 여격 구문으로만 사용된다[24]. 예를 들어 영어의 'show'는 'show me a picture'처럼 사용되지만 중국어는 그렇지 않다. 중국어에서는 '[給我]+看+NP'만 가능하

22) 위의 표에서 제시한 통계 수치는 Gries and Stefanowitsch(2004)의 자료를 사용비율로 환산하여 표시한 것이다. 지면관계상 일부 동사만을 제시하였고 사용빈도, 유의확률 등에 대한 자세한 통계수치는 생략하였다.

23) 중국어와 영어의 이중타동구문 교체 현상을 보면 어휘부 '동사'의 특성이 매우 중요하다는 점은 분명하다. 그러나 이것이 결코 '동사' 중심의 문법 기술을 의미하는 것은 아니다. 어휘적 특징도 구문의 틀 안에서 실현되기 때문이다. 이중타동구문의 논항도 어휘부와 구문이 상호작용하여 나타난다. 여전히 구문의 필요에 따라 이중타동구문으로 사용될 수 있는 유형들도 적지 않기 때문이다.

24) Haspelmath(2008) 참조.

지 '*看(給)+我+NP'는 불가능하다. 반대로 중국어에서는 "他偸了小李一輛自行車"이 가능하지만 영어에서는 "He stole a bicycle from Xiao Li" 처럼 전치사 구문만이 사용된다. 중국어의 이중타동구문과 전치사 구문의 교체 현상을 다른 언어들과 비교해 보면 일정한 특징이 관찰된다. 그러기 위해서는 중국어 내부만 보지 않고 다른 언어들을 관찰하는 시도가 병행되어야 한다.

5.5. 이중타동구문의 문법적 특징

중국어 이중타동구문의 내부 논항이 목적어로 실현되는 경우 간접목적어는 직접목적어에 선행한다. 이러한 기본 어순을 가지는 이중목적어는 상호간에 구별되는 몇 가지 특징이 있다.

(가) 목적어의 복잡성 차이

'V+NP_1+NP_2'구조에서 'NP_1'은 대개 짧고 간단한 성분이고 'NP_2'는 길고 복잡한 성분이다. 즉, 이중목적어 구문에서의 목적어 배열은 복잡성이 점차 증대되는 방향으로 배열된다.

(57) [贏]V [他]NP_1 [那五十萬兩銀子]NP_2
단순 복잡

(58) [騙]V [她]NP_1 [2000餘元租房款]NP_2
단순 복잡

(59) [搶去]V [我]NP_1 [三十多張皮子]NP_2
단순 복잡

위에서 보이듯이 짧고 간단한 목적어가 먼저 오고 복잡한 목적어가 뒤에 오는 소위 'short-before-long'의 경향성이 있다. 간접목적어는 대명사, 단순명사 등의 짧은 성분이다. 이에 비해 직접목적어는 수식어가 포함된 복잡한 성분이다. 이는 Dik(1978[2006] : 351)에서 제시한 '복잡성 증가의 원칙(LIPOC)'과도 부합되는 어순 배열이다. 즉 모든 성분들은 기본 어순 구조 내에서 중심성분 파악에 장애가 되지 않고 복잡성이 최소화되는 방향으로 배열되려는 경향이 있다. 중국어의 이중타동구문은 '$V+NP_1+NP_2$' 어순이다. 만약 'NP_1'의 복잡성이 증가하면 동사와 'NP_2'의 거리는 멀어진다. 이러한 구문은 선호되지 않는다. 'NP_1' 명사구가 복잡하고 무거울수록 이중목적어 구문은 선호되지 않는다. 간접목적어가 복잡하고 길어지면 직접목적어의 파악에 장애가 되기 때문이다.

(나) 목적어의 한정성 차이

목적어의 한정성에 있어서도 간접목적어와 직접목적어는 다른 경향을 보인다. 일반적으로 간접목적어는 대명사, 고유명사와 같은 한정적인 성분이다. 이에 비해 직접목적어는 수량사를 동반한 비한정적인 성분이다.

(60) 騙了我們300萬元。

(61) 搶了李四一百塊錢。

그러나 한정성 제약은 때로 모호할 수도 있다. 한정성 측면에서 간접목적어와 직접목적어는 일정한 차이가 존재하지만 절대적인 것은 아니다. 코퍼스 조사에 따르면 상황에 따라 두 개의 목적어가 모두 비한정적으로 해석될 수도 있다. 아래의 예문에서 간접목적어인 '別人'은 문맥에 따라 불특정한 대상을 가리킬 수도 있다.

(62) 가. 偷了他很多東西。(그에게서 많은 물건을 훔쳤다)
나. 偷了別人很多東西。(다른 사람에게서 많은 물건을 훔쳤다)

한편 직접목적어는 특별한 경우가 아니고는 비한정적이어야 한다. 정보구조의 관점에서 문장의 뒤에 오는 성분일수록 신정보일 가능성이 높다. 신정보는 대개 초점을 받기 마련이다. 초점을 받는 신정보는 대부분 비한정적이다. 이러한 어순 배열 원리에 따르면 동사구 맨 뒤에 오는 직접목적어는 비한정적이어야 자연스럽다. 코퍼스 조사 결과 이 제약은 상당히 강하게 작용하는 것을 알 수 있었다. 만약 직접목적어가 한정적인 성분이면 (63나)와 같이 주제화되는 것이 선호된다.

(63) 가. *偷了別人那個東西。
나. 那個東西被別人偷了。(그 물건은 다른 사람이 훔쳐갔다)

(다) 목적어의 유정성 차이

유정성(animacy)의 측면에서도 간접목적어와 직접목적어는 일정한 차이가 있다. 이중타동구문에서 간접목적어는 유정성이 높다. 이에 비해 직접목적어는 일반적으로 유정성이 낮다. 간접목적어는 인칭대명사나 소유주 명사가 대부분이다. 반면 직접목적어는 소유물을 나타내는 객체 명사가 다수를 차지한다. Malchukov et al.(2010 : 20)는 R-논항과 T-논항의 현저성(prominence)의 차이가 클 때 이중목적어 구문이 사용된다고 하였다. 범언어적으로 R논항은 일반적으로 현저성(유정성, 주제성, 대명사성, 한정성

등)이 높다. 이에 비해 직접목적어인 T-논항은 현저성이 낮다. 직접목적어는 무정물인 경우가 많고 대개는 비한정 명사가 사용된다. 만약 T-논항이 유정물이고 한정적이면 R-논항과 비교할 때 차이가 없게 된다. 이런 경우에 여러 언어에서는 이중목적어 구문이 아닌 다른 구문으로 실현된다.[25)]

그러나 程樂樂・黃均鳳(2010 : 149)에서도 지적했듯이 중국어 구문에서는 간접목적어가 반드시 [+유정성(animacy)] 자질을 가지는 것은 아니다. 코퍼스에는 유정성이 없는 명사도 간접목적어로 사용되는 예가 종종 발견된다. 대표적인 것이 기관 단위나 장소를 나타내는 명사이다. 이들은 물건의 소유 기관이나 장소를 가리킨다. (64)과 비교해서 (65-67)의 간접목적어는 모두 [-유정성] 자질을 가진다. 드물지만 (68)의 경우처럼 직접목적어도 동사에 따라 [+유정성] 자질을 가지지도 한다.

(64) 偸了我幾百塊錢。 NP₁[+유정성] NP₂[-유정성]

(65) 偸了家裏幾百塊錢。 NP₁[-유정성] NP₂[-유정성]

(66) 偸走了銀行十萬元錢。 NP₁[-유정성] NP₂[-유정성]

(67) 偸了中文系幾輛自行車。 NP₁[-유정성] NP₂[-유정성]

25) 범언어적으로 R논항과 T논항의 유정성/지시성/한정성의 차이가 없을 경우에는 간접정렬(indirective alignment)를 취하는 경향이 있다고 한다. 예를 들어 영어에서는 R논항이 전치사를 동반한 여격(dative) 형태로 실현된다. ‘give him a book’은 자연스럽지만 ‘gave him the book’은 덜 선호된다. 이럴 때는 오히려 ‘give the book to him’이 오히려 선호된다. Khanty 언어에서도 T논항이 주제성이 낮으면 R논항이 다른 표지를 가지지 않지만 T논항이 한정적이거나 주제성이 높으면 여격표지 등이 부가된다. 즉 여러 언어에서 R논항과 T논항이 모두 한정적이거나 유정물이거나 대명사인 경우에는 이중목적어 구문이 아닌 다른 구문으로 실현된다.(Malchukov et al., 2010 : 20)

(68) 搶去了<u>我們村一個女人</u>。 NP_1[-유정성] NP_2[+유정성]

중국어 이중목적어의 유정성 자질은 상대적인 차이가 있는 것이지 절대적인 것은 아니다. 물론 가장 전형적인 이중타동구문에서는 행위자가 어떤 객체에 대해 영향력을 행사해서 다른 소유주로부터 빼앗아 오는 것을 나타내므로 논항간의 유정성 위계는 존재한다. 유정성의 위계에서 주어로 실현되는 행위주가 가장 높고 간접목적어가 그 다음이며 직접목적어는 가장 낮다. 그러나 이 경향성은 상대적인 것이지 절대적인 것이 아니다. 때로는 유정성의 위계가 벗어나는 경우도 있다. 범언어적으로 이중타동구문은 간접목적어가 유정물인 경우에 국한되는 언어가 많다는 사실에 비추어 보면 중국어는 이 점에서 특징적이라고 할 수 있다.

5.6. 최대구별논항가설과 이중타동구문의 타동성

타동성과 관련하여 최대 구별 논항 가설(The Maximally Distinct Argument Hypothesis)은 최근의 연구에서 많이 언급되는 원리이다. Kittilä(2002)와 Næss(2007)에서는 타동성과 관련된 범언어적인 특징을 토대로 타동성의 본질에 대해 논의하면서 다음과 같은 가설을 제시하였다.

(69) 최대 구별 논항 가설(The Maximally Distinct Argument Hypothesis)
"전형적인 타동절은 2개의 참여자가 사건에 참여하는 그들의 역할 면에서 의미적으로 최대한 구별되는 것이다."[26] (Næss 2007 : 44)

26) "A prototypical transitive clause is one where the two participants are maximally semantically distinct in terms of their roles in the event described by the clause."

Næss(2007 : 44)에서는 전형적인 타동사 구문일수록 사건의 참여자가 뚜렷하게 구별되어야 한다고 하였다. 즉, 의지적인 사건의 주동자로서의 '동작주(agent)'와 그 영향을 받는 '피동작주(patient)'가 구별되어야 한다.

이 글은 '최대 구별 논항 가설'이 타동구문의 사용조건을 포괄적으로 설명하는데 효과적인 원리라고 판단한다. 이미 이러한 가설은 Hopper and Thompson(1980), Kittilä(2002), Næss(2007)에서 상세히 논증된 적이 있다. 그리고 유형론적으로도 여러 언어에서 그러한 특징이 관찰되기도 하였다.

그러나 '최대 구별 논항 가설'을 단항타동구문이 아닌 이중타동구문에 확대 적용할 때는 더 세심한 관찰이 필요하다. A-논항과 P-논항만 대립되는 단항타동구문에서는 의미적으로나 통사적으로 이원적 대립관계를 표현하기가 수월하다. 이에 비해 이중타동구문에서는 A-논항, R-논항, T-논항처럼 3개가 존재하게 되어 상호간에 구별적 특징이 복잡한 양상을 띠게 된다. 실제로 여러 언어에서 동작주인 A-논항의 영향을 더 많이 받는 정도에 따라 R-논항과 T-논항의 통사적 행태가 다르게 나타난다. 또한 R-논항과 T-논항 상호간에도 최대한 구별적으로 표현되기 위한 통사적·의미적 장치가 필요하다.

이 글은 이러한 점에 주의해서 '최대 구별 논항 가설'을 중국어에 적용하여 전형적인 이중타동구문에서 드러나는 타동성의 자질을 다음과 같이 제시하고자 한다.

(가) 전형적인 이중타동구문은 사건에 참여하는 3개의 논항이 최대한 구별적으로 표현되어야 한다.
(나) 이중타동구문의 사건 구조는 사건을 적극적으로 주동하는 하나의

실체와 그것에 의해 수동적으로 영향을 받는 두 개의 실체가 의미적으로 최대한 구별되어야 한다.

(다) 동작주(A-논항)는 의미적으로 자주성과 의지성과 통제력이 높아야 한다.

(라) 피동작주는 R-논항과 T-논항으로 나뉘고 이 두 논항은 모두 동작주의 강한 영향을 받는 수동적인 대상이다.

(마) R-논항과 T-논항도 의미적으로나 통사적으로 최대한 구별되어야 한다.

(바) R-논항은 상대적으로 유정성이 높지만 T-논항은 비교적 낮다.

(사) R-논항은 대개 주제성이 높고 한정적인데 반해 T-논항은 주제성이 낮고 비한정적이다.

(아) R-논항은 비교적 짧고 간단한 명사구인데 반해 T-논항은 비교적 길고 복잡한 성분으로서 목적어의 복잡성이 점차 증대되는 방향으로 배열된다.

이러한 최대 구별 범주로서의 중국어 이중타동구문의 타동성 자질을 정리하면 다음과 같다.

〈표 5〉 최대 구별 범주로서의 이중타동구문의 타동성 자질

타동성 자질	A-논항	R-논항	T-논항
자주성(volitionality)	+	-	-
의도성(instigation)	+	-	-
통제성(control)	+	-	-
피영향성(affectedness)	-	+	+
유정성(animacy)	+	(+)	-
주제성(topicality)	+	(+)	-
한정성(definiteness)	+	(+)[27]	-
정보초점(focus)	-	+	+
통사적 무거움(heavyness)	(+)	-	+

중국어 이중타동구문은 타동성의 관점에서 볼 때 다양한 속성을 내포하며 정도성을 가진다. 구문별로 타동성이 강한 것과 약한 것이 있다. 타동성이 강한 구문일수록 3개의 논항이 주어와 목적어로 표현되어 의미적으로 구별되는 특징을 가진다. 반대로 타동성이 약할수록 동작주와 피동작주가 구별적으로 표현되지 않는다. 동작주가 생략되거나 피동작주가 생략되거나 직접논항으로 표현되지 않으면 타동성은 약하다고 할 수 있다.

6. 결론

이 글에서는 구문문법적인 관점에서 구문의 논항 구조가 어떻게 실현되는지를 고찰하였다. 구문문법 이론에서는 구문의 논항 실현 과정이 어휘부와 구문의 상호작용을 통해서 실현된다고 본다. 어휘부에서는 동사가 논항 실현의 기본 정보를 가진다. 그러나 동사만으로는 논항 실현 여부를 결정할 수 없다. 동사의 논항 정보는 구문의 의미에 부합될 때에만 온전하게 실현된다. 통사적 구성체인 구문은 독립적인 의미를 가지고 동사의 논항 실현을 결정한다. 특정한 의미를 가진 구문은 동사의 논항을 제한하기도 한다. 반대로 구문의 의미를 표현하기 위해서 새로운 논항을 추가할 수도 있다. 구문문법 이론은 게슈탈트적인 접근 방식을 전제로 한다. 전체는 결코 부분의 합으로만 이해할 수 없다. 전체는 그 자체로

---

27) 자질 항목에 괄호 '(+)'로 표시한 것은 일반적으로 그러한 자질을 가지지만 상황에 따라 그렇지 않은 경우도 있음을 나타낸다.

서 특별한 의미를 가진다. 구문도 구성 요소인 어휘 정보만으로는 설명되지 못한다. 구문도 그 자체로 특정한 의미를 가지기 때문에 완전히 동의적인 구문은 존재하지 않는다. 구문이 다르면 나타내는 의미 기능도 다르다.

이 글에서는 구문문법 이론이 중국어와 같은 고립어의 논항 실현을 효과적으로 설명해 줄 수 있다고 보고 논의를 전개하였다. 중국어는 형태변화가 적고 어순이 비교적 고정적인 언어이다. 어순의 배열에 따라 특정한 구조와 의미가 만들어진다. 어순 배열에 의해 만들어진 구조는 각각 하나의 구문으로 분류될 수 있다. 하나의 중국어 구문에서는 특히 동사가 논항 실현의 기본 정보를 가지고 있다. 그러나 논항이 통사구조 안에서 제대로 실현되기 위해서는 구문의 인가를 받아야 한다. 이는 중국어 이중타동구문에서의 논항 실현 과정을 통해서도 확인할 수 있다. 중국어 이중타동구문은 일정한 형식적인 특징이 있고 그것이 전달하는 독립적인 의미가 존재한다. 이 형식과 의미에 부합하도록 술어와 논항들이 배열된다. 전형적인 수여류 동사와 취득류 동사는 이중타동구문에서 2개의 목적어 논항을 다 실현시킬 수도 있고 생략할 수도 있다. 반대로 동사 자체에는 그런 기능이 없지만 이중타동구문의 술어로 사용되는 예들이 있는데 이 경우에는 구문의 필요에 의해 2개의 목적어 논항이 실현되는 것이다. 이 글에서는 비전형적인 이중타동구문들도 구문의 틀에서 보면 설명이 가능하다는 것을 알 수 있었다.

구문문법은 1990년대 이후로 이론적인 발전을 거듭해 왔지만 여전히 많은 도전을 받고 있는 것도 사실이다. 하나의 구문 체계 안에 어휘, 통사, 의미, 화용 정보를 담아내는 것은 매우 어려운 일이기 때문이다. 구문의 문법적 의미를 형식화한다고 하지만 그것이 과연 가능할 지에 대해 의구심을 가지는 학자들도 있다. 극도의 형식문법을 추구하는 학자들의 시각에서 이러한 접근 방식은 불가능해 보일 수도 있을 것이다. 필자의 생각에도 구문문법 이론이 보편성을 획득하려면 지속적인 수정과 보완이 이루어져야 할 것이다. 구문문법 관점의 연구 방식에는 동의하지만 여전히 진행 중인 이론이 중국어 구문 분석에 어떤 장점이 있는지는 계속 논의가 필요하다. 중국어 구문의 의미와 기능에 대한 체계적인 연구도 계속 진행되어야 한다.

참고문헌

강병규(2013), "구문문법이론에 기초한 중국어 동사의 논항실현양상고찰－이중타동구문을 중심으로," 중국문학 75, 한국중국어문학회, 217-254.

강병규(2015), "현대중국어 좌향전이 이중타동구문의 논항실현양상 고찰," 언어와 정보 사회 24, 언어정보연구소, 17-48.

김보영(2012), 구문문법의 관점으로 본 중국어 이중타동구문 연구, 석사학위논문, 서울대학교.

박미애(2012), "현대중국어 동사복사문의 구문의미 연구," 중국어문학논집 74, 중국어문학연구회, 253-281.

박재승·이나현(2012), "중국어 상태보어 청유문에 관한 연구," 중국학연구 61, 중국학연구회, 167-189.

박정구(1995), "만다린 '給'의 용법과 그 통사특징에 대한 고찰," 중국언어연구 3, 한국중국언어학회, 1-30.

연재훈(2011), 한국어 구문 유형론, 태학사.

임정현(2006), "어휘 의미와 의미 구조의 상호작용－현대중국어 경험주 술어를 중심으로," 중국문학 47, 한국중국어문학회, 211-232.

전기정(2003), 현대중국어 쌍빈어문 연구, 박사학위논문, 고려대학교.

Knud Lambrecht 著, 고석주 외 譯(2000), 정보 구조와 문장 형식, 월인.

Simon C. Dik 저, 육준철 역(1978[2006]), 기능문법론, 홍익출판사.

馬雯娜(2012), "使動義形賓結構的韻律、語法特徵," 중국학보 66.

盧　建(2003), "影響予奪不明双賓句語義理解的因素," 中國語文 第5期.

石毓智(2004), "漢英雙賓結構差別的概念化原因," 外語教學與研究 第2期.

宋文輝·閻浩然(2007), "再論現代漢語雙賓語句的句式原型," 語文研究 第2期.

沈家煊(2000), "句式和配價," 中國語文 第4期.

沈家煊(2006), "'王冕死了父親"的生成方式：兼說漢語"糅合'造句," 中國語文 第4期.

沈家煊(2009), "計量得失和計較得失:再論"王冕死了父親"的句式意義和生成方式," 語言教學與研究 第5期.

陸儉明(2004), "構式語法理論與漢語研究," 中國語文 第5期.

陸儉明(2008), "構式語法理論的價值與局限," 南京師範大學學報 第5期.

陸儉明(2011), "再談"他吃了三個蘋果"一類結構的性質," 構式語法研究, 上海外語教育出版社.

張伯江(1999), “現代漢語的雙及物結構式,” 中國語文 第3期.

張國憲(2001), “制約奪事成分句位實現的語義因素,” 中國語文 第6期.

程樂樂・黄均鳳(2010), 現代漢語索取雙賓句研究, 武漢大學出版社.

朱德熙(1982), 語法講義, 商務印書館.

Croft, W.(2001), *Radical Construction Grammar: Syntactic Theory in Typological Perspective*, The Oxford University Press.

Croft, W.(2005), *Logical and Typological Arguments for Radical Construction Grammar, Construction Grammars*, John Benjamins Publishing Company.

Goldberg, A. E. & Jackendoff, R.(2004), “The English Resultative as a Family of Constructions”, *Language* 80, 532-568.

Goldberg, A. E.(1995), *A Construction Grammar Approach to Argument Structure*, The University of Chicago Press.

Goldberg, A. E.(2005), *Argument realization: The role of constructions, lexical semantics and discourse factors, Construction Grammars*, John Benjamins Publishing Company.

Goldberg, A. E.(2006), *Constructions at Work*, The Oxford University Press.

Gries, S. T. & Stefanowitsch, A. (2004), “Extending collostructional analysis: A corpus-based perspective on alternations”, *International Journal of Corpus Linguistics* 9-1, 97 - 129.

Haspelmath, M.(2008), *Ditransitive Constructions: Towards a new Role and Reference Grammar Account, Investigation of the Syntax-Semantics-Pragmatics Interface*, John Benjamins Publishing Company.

Hopper, P. J. & Thompson, S. A(1980), “Transitivity in Grammar and Discourse”, *Language* 56, 251-299.

Jackendoff, R.(1990), *Semantic Structures*, Cambridge University Press.

Jeremy, K. B. & Goldberg, A. E.(2011), “Learning What not to Say: The Role of Statistical Preemption and Categorization in A-Adjective Production”, *Language* 87-1, 55-83.

Kay, P. & Fillmore, C. J.(1999), “Grammatical Constructions and Linguistic Generalizations: The What's X Doing Y? Construction”, *Language* 75, 1-33.

Kittilä, S.(2002), *Transitivity: Towards a Comprehensive Typology*, University of Turku.

Lakoff, G. & Johnson, M.(1980),“The metaphorical structure of the human conceptual system", *Cognitive Science* 4, 195-208.

Margetts & Austin(2007). "Three participant events in the languages of the world: towards a crosslinguistic typology", *Linguistics* 45, 393-451.

Michaelis, L. A.(2004), "Type Shifting in Construction Grammar: An Integrated Approach to Aspectual Coercion", *Cognitive Linguistics* 15-1, 1-67.

Næss, A.(2007), *Prototypical Transitivity*, John Benjamins Publishing Company.

Östman, J. O. & Fried, M.(2005), *The Cognitive Grounding of Construction Grammar, Construction Grammars*, John Benjamins Publishing Company.

Rappaport Hovav, M. & Levin, B (1998). *Building Verb Meanings. In M. Butt & W. Geuder (Eds.), The Projection of Arguments: Lexical and Compositional Factors*, Cambridge University Press.

찾아보기

ㄱ

ㅅ

ㅇ

ㅈ

ㅊ

저자 소개(논문 게재 순)

신승용 영남대학교
황화상 서강대학교
정한데로 가천대학교
정인기 서강대학교
전재연 서강대학교
박종언 동국대학교
M. Barrie 서강대학교
이정훈 서강대학교
강병규 서강대학교

언어와 정보사회 학술 총서 03

언어 현상과 언어학적 분석

초판 인쇄 2015년 10월 12일
초판 발행 2015년 10월 22일

지은이 신승용 황화상 정한데로 정인기 전재연 박종언 M. Barrie 이정훈 강병규
펴낸이 이대현
편 집 이소희
디자인 이홍주

펴낸곳 도서출판 역락
주 소 서울시 서초구 동광로 46길 6-6 문창빌딩 2층
전 화 02-3409-2058, 2060
팩 스 02-3409-2059
등 록 1999년 4월 19일 제303-2002-000014호
이메일 youkrack@hanmail.net
역락블로그 http://blog.naver.com/youkrack3888

값 40,000원
ISBN 979-11-5686-219-2 94700
979-11-85530-81-9 (세트)

* 파본은 구입처에서 교환해 드립니다.

이 도서의 국립중앙도서관 출판시도서목록(CIP)은 서지정보유통지원시스템 홈페이지(http://seoji.nl.go.kr)와 국가자료공동목록시스템(http://www.nl.go.kr/kolisnet)에서 이용하실 수 있습니다.(CIP제어번호 : CIP2015027253)